纪念版

中华现代学术名著丛书

乡土中国 生育制度 乡土重建

费孝通 著

图书在版编目(CIP)数据

乡土中国 生育制度 乡土重建/费孝通著.—北京：
商务印书馆，2017(2025.8重印)
(中华现代学术名著丛书：120年纪念版)
ISBN 978-7-100-15243-3

Ⅰ.①乡… Ⅱ.①费… Ⅲ.①农村社会学—研究—
中国 Ⅳ.①C912.82

中国版本图书馆CIP数据核字(2017)第223560号

权利保留，侵权必究。

《乡土中国》据生活·读书·新知三联书店1985年版排印
《生育制度》据商务印书馆1999年版排印
《乡土重建》据观察社1948年版排印

中华现代学术名著丛书
(120年纪念版)
乡土中国 生育制度 乡土重建
费孝通 著

商 务 印 书 馆 出 版
(北京王府井大街36号 邮政编码100710)
商 务 印 书 馆 发 行
三河市春园印刷有限公司印刷
ISBN 978-7-100-15243-3

2017年12月第1版	开本710×1000 1/16
2025年8月第3次印刷	印张34¾ 插页2

定价：168.00元

费 孝 通

(1910—2005)

《城乡协调发展》后记

这本《城乡协调发展》论文集是七五计划期间的国家社会科学研究课题"小城镇与新型城乡关系的研究"的研究成果。这个课题是在我的倡议和指导下进行的，也是六五计划时期"小城镇研究"的延展。

提出这个研究课题的学术背景，我在1984年发表的《社会调查自白》和1989年发表的《四年思路回顾》两文里已经讲过。六五期间一部分社会学工作者根据当时中国农村经济发展的新形势提出了"小城镇"的研究，研究成果见于《小城镇·大问题》、《小城镇·新开拓》、《小城镇·再探索》及《小城镇区域与国境小城镇的……》等几本论文集。这个时期研究工作主要就"小城镇"本身的性质、类型、分布、发展"等课题进行了初步研究

作者手迹

中华现代学术名著丛书
（120年纪念版）
出版说明

商务印书馆自1897年始创，以"昌明教育，开启民智"为宗旨，于建馆翌年便出版了《马氏文通》，这部学术经典既是中国学术现代化的标志之一，也开启了商务印书馆百年学术出版的序幕。

其后，商务印书馆一直与中华现代学术相伴而行，出版了大批具有鲜明原创精神并富于学术建树的经典著作，诸多开山之著、奠基之作都是在本馆首次问世。这些学术经典的出版，使本馆得以引领现代学术发展，激动社会思想潮流，参与民族新文化的构筑，也分享中国学界的历史荣光。

1949年以后，本馆虽以迻译世界学术名著、编纂中外辞书为侧重，但原创学术著作的出版从未止步。2009年起，我馆陆续出版"中华现代学术名著丛书"，全面整理中华现代学术成果，深入探寻现代中国的百年学脉。

丛书收录上自晚清下至1980年代末中国原创学术名著（包括外文著作），以人文社会科学为主，涵盖文学、历史学、哲学、

出版说明

法学、政治学、经济学、社会学、教育学、地理学、心理学、科学史等众多学科。意在辨章学术，考镜源流，收录各学科学派的名家名作，展现传统文化的新变，追溯现代文化的根基。丛书立足于精选、精编、精校，冀望无论多少年，皆能傲立于书架，更与"汉译世界学术名著丛书"共相辉映，昭示中华学术与世界学术于思想性和独创性上皆可等量齐观，为中国乃至东方学术在世界范围内赢得应有的地位。

2017年2月11日，商务印书馆迎来了120岁的生日。为纪念本馆与中华现代学术风雨同行的这段历程，我们整体推出"中华现代学术名著丛书"120年纪念版（200种），既有益于文化积累，也便于研读查考，同时向长期支持丛书出版的诸位学界通人致以感激和敬意。

"新故相推，日生不滞。"两个甲子后的今天，商务印书馆又站在了一个新的历史节点上。传承前辈的出版精神，迎接时代的新使命，且行且思，我们责无旁贷。

商务印书馆编辑部
2017年11月

凡 例

一、"中华现代学术名著丛书"收录晚清以迄20世纪80年代末,为中华学人所著,成就斐然、泽被学林之学术著作。入选著作以名著为主,酌量选录名篇合集。

二、入选著作内容、编次一仍其旧,唯各书卷首冠以作者照片、手迹等。卷末附作者学术年表和题解文章,诚邀专家学者撰写而成,意在介绍作者学术成就、著作成书背景、学术价值及版本流变等情况。

三、入选著作率以原刊或作者修订、校阅本为底本,参校他本,正其讹误。前人引书,时有省略更改,倘不失原意,则不以原书文字改动引文;如确需校改,则出脚注说明版本依据,以"编者注"或"校者注"形式说明。

四、作者自有其文字风格,各时代均有其语言习惯,故不按现行用法、写法及表现手法改动原文;原书专名(人名、地名、术语)及译名与今不统一者,亦不作改动。如确系作者笔误、排印舛误、数据计算与外文拼写错误等,则予径改。

五、原书为直(横)排繁体者,除个别特殊情况,均改作横排简体。其中原书无标点或仅有简单断句者,一律改为新式标点，专名号从略。

六、除特殊情况外，原书篇后注移作脚注，双行夹注改为单行夹注。文献著录则从其原貌，稍加统一。

七、原书因年代久远而字迹模糊或纸页残缺者，据所缺字数用"□"表示；字数难以确定者，则用"（下缺）"表示。

目 录

乡土中国

重刊序言 ··· 3
乡土本色 ··· 6
文字下乡 ··· 12
再论文字下乡 ··· 19
差序格局 ··· 25
系维着私人的道德 ····································· 33
家族 ··· 40
男女有别 ··· 46
礼治秩序 ··· 51
无讼 ··· 57
无为政治 ··· 62
长老统治 ··· 67
血缘和地缘 ·· 72
名实的分离 ·· 79
从欲望到需要 ··· 84
后记 ··· 90

生育制度

派与汇（代序）	潘光旦	101
第一章 种族绵续的保障		142
第二章 双系抚育		160
第三章 婚姻的确立		170
第四章 内婚和外婚		179
第五章 夫妇的配合		192
第六章 社会结构中的基本三角		206
第七章 居处的聚散		219
第八章 父母的权力		236
第九章 世代间的隔膜		251
第十章 社会性的断乳		262
第十一章 社会继替		274
第十二章 世代参差		286
第十三章 单系偏重		293
第十四章 以多继少		300
第十五章 续绝		311
第十六章 亲属扩展		320

乡土重建

中国社会变迁中的文化结症	339
乡村·市镇·都会	353
论城·市·镇	360
不是崩溃而是瘫痪	369

基层行政的僵化 …………………………………… 377
再论双轨政治 ……………………………………… 388
损蚀冲洗下的乡土 ………………………………… 398
黎民不饥不寒的小康水准 ………………………… 411
地主阶层面临考验 ………………………………… 421
现代工业技术的下乡 ……………………………… 431
分散在乡村里的小型工厂 ………………………… 440
乡土工业的新形式 ………………………………… 447
自力更生的重建资本 ……………………………… 456
节约储蓄的保证 …………………………………… 465
对于各家批评的总答复（后记）………………… 475

费孝通先生学术年表 ……………………… 费宗惠 张荣华 499
费孝通眼中的"礼"与"文化" ……………………………… 杨清媚 535

乡土中国

重刊序言

这本小册子的写作经过,在《后记》里已交代清楚。这里收集的是我在四十年代后期,根据我在西南联大和云南大学所讲"乡村社会学"一课的内容,应当时《世纪评论》之约,而写成分期连载的14篇文章。

我当时在大学里讲课,不喜欢用现存的课本,而企图利用和青年学生们的接触机会,探索一些我自己觉得有意义的课题。那时年轻,有点初生之犊的闯劲,无所顾忌地想打开一些还没有人闯过的知识领域。我借"乡村社会学"这讲台来追究中国乡村社会的特点。我是一面探索一面讲的,所讲的观点完全是讨论性的,所提出的概念一般都没有经过琢磨,大胆朴素,因而离开所想反映的实际,常常不免有相当大的距离,不是失之片面,就是走了样。我敢于在讲台上把自己知道不成熟的想法,和盘托出在青年人的面前,那是因为我认为这是一个比较好的教育方法。我并不认为教师的任务是在传授已有的知识,这些学生们自己可以从书本上去学习,而主要是在引导学生敢于向未知的领域进军。作为教师的人就得带个头。至于攻关的结果是否获得了可靠的知识,那是另一个问题。实际上在新闻的领域中,这样要求也是不切实际的。

在教室里讲课和用文字传达,公开向社会上发表,当然不能看作一回事。在教室里,教师是在带领学生追求知识,把未知化为已知。在社会上发表一种见解，本身是一种社会行动，会引起广泛的社会效果。对实际情况不正确的反映难免会引起不良的影响。我是明白这个道理的，在发表这些文章之前，犹豫过。所以该书初次出版时在《后记》中向读者恳切说明：由于刊物的编者"限期限日的催稿，使我不能等很多概念成熟之后再发表。""这算不得是定稿，也不能说是完稿，只是一种尝试的记录罢了。"尝试什么呢？尝试回答我自己提出的"作为中国基层社会的乡土社会究竟是个什么样的社会"这个问题。

这书出版是在1947年，离今已有37年。三联书店为什么建议我把这本小册子送给他们去重刊，我不知道。我同意他们的建议是因为我只把它看成是我一生经历中留下的一个脚印，已经踏下的脚印是历史的事实，谁也收不回去的。现在把它作为一件反映解放前夕一些年轻人在知识领域里猛闯猛攻的标本，拿出来再看看，倒另有一番新的意义。至于本书内容所提出的论点，以我现有的水平来说，还是认为值得有人深入研究的，而且未始没有现实的意义。

这本小册子和我所写的《江村经济》、《禄村农田》等调查报告性质不同。它不是一个具体社会的描写，而是从具体社会里提炼出的一些概念。这里讲的乡土中国，并不是具体的中国社会的素描，而是包含在具体的中国基层传统社会里的一种特具的体系，支配着社会生活的各个方面。它并不排斥其他体系同样影响着中国的社会，那些影响同样可以在中国的基层社会里发生作用。搞清楚我所谓乡土社会这个概念，就可以帮助我们去理解具体的中国社会。概念在这个意义上，是我们认识事物的工具。

我这种尝试，在具体现象中提炼出认识现象的概念，在英文中可以用 Ideal Type 这个名词来指称。Ideal Type 的适当翻译可以说是观念中的类型,属于理性知识的范畴。它并不是虚构,也不是理想,而是存在于具体事物中的普遍性质,是通过人们的认识过程而形成的概念。这个概念的形成既然是从具体事物里提炼出来的,那就得不断地在具体事物里去核实,逐步减少误差。我称这是一项探索,又一再说是初步的尝试,得到的还是不成熟的观点,那就是说如果承认这样去做确可加深我们对中国社会的认识,那就还得深入下去,还需要花一番工夫。

这本书最初出版之后,一搁已有 37 年。在这一段时间里,由于客观的条件,我没能在这方面继续搞下去。当三联书店提出想重刊此书时,我又从头读了一遍。我不能不为当时那股闯劲所触动。而今老矣。回头看,那一去不复返的年轻时代也越觉得可爱。我愿意把这不成熟的果实奉献给新的一代年轻人。这里所述的看法大可议论,但是这种一往无前的探索的劲道,看来还是值得观摩的。让我在这种心情里寄出这份校订过的稿子给书店罢。

1984 年 10 月 11 日

乡 土 本 色

从基层上看去，中国社会是乡土性的。我说中国社会的基层是乡土性的，那是因为我考虑到从这基层上曾长出一层比较上和乡土基层不完全相同的社会，而且在近百年来更在东西方接触边缘上发生了一种很特殊的社会。这些社会的特性我们暂时不提，将来再说。我们不妨先集中注意那些被称为土头土脑的乡下人。他们才是中国社会的基层。

我们说乡下人土气，虽则似乎带着几分藐视的意味，但这个土字却用得很好。土字的基本意义是指泥土。乡下人离不了泥土，因为在乡下住，种地是最普通的谋生办法。在我们这片远东大陆上，可能在很古的时候住过些还不知道种地的原始人，那些人的生活怎样，对于我们至多只有一些好奇的兴趣罢了。以现在的情形来说，这片大陆上最大多数的人是拖泥带水下田讨生活的了。我们不妨缩小一些范围来看，三条大河的流域已经全是农业区。而且，据说凡是从这个农业老家里迁移到四围边地上去的子弟，也老是很忠实地守着这直接向土里去讨生活的传统。最近我遇着一位到内蒙旅行回来的美国朋友，他很奇怪地问我：你们中原去的人，到了这最适宜于放牧的草原上，依旧锄地播种，一家家划着小小的一方地，种植起来；真像是向土里一钻，看不到其他利用这片地的方法了。我记得我的老师史禄国先生也告诉过我，远在西伯利亚，中国人住下了,不管天气如何,还是要下些种子,试试看能不能种地。——这样说来,我们的民族确是和泥土分不开的了。从土里长出过光荣的历史,自然也会受到土的束缚,现在很有些飞不上天的样子。

靠种地谋生的人才明白泥土的可贵。城里人可以用土气来藐视乡下人,但是乡下,"土"是他们的命根。在数量上占着最高地位的神,无疑的是"土地"。"土地"这位最近于人性的神,老夫老妻白首偕老的一对,管着乡间一切的闲事。他们象征着可贵的泥土。我初次出国时,我的奶妈偷偷地把一包用红纸裹着的东西,塞在我箱子底下。后来,她又避了人和我说,假如水土不服,老是想家时,可以把红纸包裹的东西煮一点汤吃。这是一包灶上的泥土。——我在《一曲难忘》的电影里看到了东欧农业国家的波兰也有着类似的风俗,使我更领略了"土"在我们这种文化里所占和所应当占的地位了。

农业和游牧或工业不同,它是直接取资于土地的。游牧的人可以逐水草而居,飘忽无定;做工业的人可以择地而居,迁移无碍;而种地的人却搬不动地,长在土里的庄稼行动不得,侍候庄稼的老农也因之像是半身插入了土里,土气是因为不流动而发生的。

直接靠农业来谋生的人是粘着在土地上的。我遇见过一位在张北一带研究语言的朋友。我问他说在这一带的语言中有没有受蒙古话的影响。他摇了摇头,不但语言上看不出什么影响,其他方面也很少。他接着说:"村子里几百年来老是这几个姓,我从墓碑上去重构每家的家谱,清清楚楚的,一直到现在还是那些人。乡村里的人口似乎是附着在土上的,一代一代的下去,不太有变动。"——这结论自然应当加以条件的,但是大体上说,这是乡土社会的特性之一。我们很可以相信,以农为生的人,世代定居是常态,迁移是变态。大旱大水,连年兵乱,可以使一部分农民抛井离乡;即使像抗战这样大事件所引起基层人口的流动,我相信还是微乎其微的。

当然,我并不是说中国乡村人口是固定的。这是不可能的,因为人口在增加,一块地上只要几代的繁殖,人口就到了饱和点;过剩的人口自得宣泄出外,负起锄头去另辟新地。可是老根是不常动的。这些宣泄出外的人,像是从老树上被风吹出去的种子,找到土地的生存了,又形成一个小小的家族殖民地,找不到土地的也就在各式各样的运命下被淘汰了,或是"发迹了"。我在广西靠近瑶山的区域里还看见过这类从老树上吹出来的种子,拼命在垦地。在云南,我看见过这类种子所长成的小村落,还不过是两三代的事;我在那里也看见过找不着地的那些"孤魂",以及死了给狗吃的路毙尸体。

不流动是从人和空间的关系上说的,从人和人在空间的排列关系上说就是孤立和隔膜。孤立和隔膜并不是以个人为单位的,而是以住在一处的集团为单位的。本来,从农业本身看,许多人群居在一处是无需的。耕种活动里分工的程度很浅,至多在男女间有一些分工,好像女的插秧,男的锄地等。这种合作与其说是为了增加效率,不如说是因为在某一时间男的忙不过来,家里人出来帮帮忙罢了。耕种活动中既不向分工专业方面充分发展,农业本身也就没有聚集许多人住在一起的需要了。我们看见乡下有大小不同的聚居社区,也可以想到那是出于农业本身以外的原因了。

乡下最小的社区可以只有一户人家。夫妇和孩子聚居于一处有着两性和抚育上的需要。无论在什么性质的社会里,除了军队、学校这些特殊的团体外，家庭总是最基本的抚育社群。在中国乡下这种只有一户人家的小社区是不常见的。在四川的山区种梯田的地方，可能有这类情形，大多的农民是聚村而居。这一点对于我们乡土社会的性质很有影响。美国的乡下大多是一户人家自成一个单位，很少屋檐相接的邻舍。这是他们早年拓殖时代，人少地多的结果，同时也保持了他们个别负责、独来独往的精神。我们中国很少类似的情形。

中国农民聚村而居的原因大致说来有下列几点：一、每家所耕的面积小，所谓小农经营，所以聚在一起住，住宅和农场不会距离得过分远。二、需要水利的地方，他们有合作的需要，在一起住，合作起来比较方便。三、为了安全，人多了容易保卫。四、土地平等继承的原则下，兄弟分别继承祖上的遗业，使人口在一地方一代一代地积起来，成为相当大的村落。

无论出于什么原因，中国乡土社区的单位是村落，从三家村起可以到几千户的大村。我在上文所说的孤立、隔膜是就村和村之间的关系而说的。孤立和隔膜并不是绝对的，但是人口的流动率小，社区间的往来也必然疏少。我想我们很可以说，乡土社会的生活是富于地方性的。地方性是指他们活动范围有地域上的限制，在区域间接触少，生活隔离，各自保持着孤立的社会圈子。

乡土社会在地方性的限制下成了生于斯、死于斯的社会。常态的生活是终老是乡。假如在一个村子里的人都是这样的话，在人和人的关系上也就发生了一种特色，每个孩子都是在人家眼中看着长大的，在孩子眼里周围的人也是从小就看惯的。这是一个"熟悉"的社会，没有陌生人的社会。

在社会学里，我们常分出两种不同性质的社会：一种并没有具体目的,只是因为在一起生长而发生的社会;一种是为了要完成一件任务而结合的社会。用 Tonnies 的话说:前者是 Gemeinschaft,后者是 Gesellschaft;用 Durkheim 的话说:前者是"有机的团结",后者是"机械的团结"。用我们自己的话说,前者是礼俗社会,后者是法理社会。——我以后还要详细分析这两种社会的不同。在这里我想说明的是生活上被土地所围住的乡民,他们平素所接触的是生而与俱的人物,正像我们的父母兄弟一般,并不是由于我们选择得来的关系,而是无须选择,甚至先我而在的一个生活环境。

熟悉是从时间里、多方面、经常的接触中所发生的亲密的感觉。这感觉是无数次的小磨擦里陶炼出来的结果。这过程是《论语》第一句里的"习"字。"学"是和陌生事物的最初接触,"习"是陶炼,"不亦悦乎"是描写熟悉之后的亲密感觉。在一个熟悉的社会中,我们会得到从心所欲而不逾规矩的自由。这和法律所保障的自由不同。规矩不是法律,规矩是"习"出来的礼俗。从俗即是从心。换一句话说,社会和个人在这里通了家。

"我们大家是熟人,打个招呼就是了,还用得着多说么?"——这类的话已经成了我们现代社会的阻碍。现代社会是个陌生人组成的社会,各人不知道各人的底细,所以得讲个明白;还要怕口说无凭,画个押,签个字。这样才发生法律。在乡土社会中法律是无从发生的。"这不是见外了么?"乡土社会里从熟悉得到信任。这信任并非没有根据的,其实最可靠也没有了,因为这是规矩。西洋的商人到现在还时常说中国人的信用是天生的。类于神话的故事真多:说是某人接到了大批瓷器,还是他祖父在中国时订的货,一文不要地交了来,还说着许多不能及早寄出的抱歉话。——乡土社会的信用并不是对契约的重视,而是发生于对一种行为的规矩熟悉到不假思索时的可靠性。

这自是"土气"的一种特色。因为只有直接有赖于泥土的生活才会像植物一般地在一个地方生下根,这些生了根在一个小地方的人,才能在悠长的时间中,从容地去摸熟每个人的生活,像母亲对于她的儿女一般。陌生人对于婴孩的话是无法懂的,但是在做母亲的人听来都清清楚楚,还能听出没有用字音表达的意思来。

不但对人,他们对物也是"熟悉"的。一个老农看见蚂蚁在搬家了,会忙着去田里开沟,他熟悉蚂蚁搬家的意义。从熟悉里得来的认识是个别的,并不是抽象的普遍原则。在熟悉的环境里生长的人,不需要这种原则,他只要在接触所及的范围之中知道从手段到目的间的个别关联。在乡土社会中生长的人似乎不太追求这笼罩万有的真理。我读《论语》时,看到孔子在不同人面前说着不同的话来解释"孝"的意义时,我感觉到这乡土社会的特性了。孝是什么?孔子并没有抽象地加以说明,而是列举具体的行为,因人而异地答复了他的学生。最后甚至归结到心安二字。做子女的得在日常接触中去摸熟父母的性格,然后去承他们的欢,做到自己的心安。这说明了乡土社会中人和人相处的基本办法。

这种办法在一个陌生人面前是无法应用的。在我们社会的急速变迁中,从乡土社会进入现代社会的过程中,我们在乡土社会中所养成的生活方式处处产生了流弊。陌生人所组成的现代社会是无法用乡土社会的习俗来应付的。于是,"土气"成了骂人的词汇,"乡"也不再是衣锦荣归的去处了。

文字下乡

乡下人在城里人眼睛里是"愚"的。我们当然记得不少提倡乡村工作的朋友们,把愚和病贫联接起来去作为中国乡村的征候。关于病和贫我们似乎还有客观的标准可说,但是说乡下人"愚",却是凭什么呢?乡下人在马路上听见背后汽车连续地按喇叭,慌了手脚,东避也不是,西躲又不是,司机拉住闸车,在玻璃窗里,探出半个头,向着那土老头儿,啐了一口:"笨蛋!"——如果这是愚,真冤枉了他们。我曾带了学生下乡,田里长着包谷,有一位小姐,冒充着内行,说:"今年麦子长得这么高。"旁边的乡下朋友,虽则没有啐她一口,但是微微地一笑,也不妨译作"笨蛋"。乡下人没有见过城里的世面,因之而不明白怎样应付汽车,那是知识问题,不是智力问题,正等于城里人到了乡下,连狗都不会赶一般。如果我们不承认郊游的仕女们一听见狗吠就变色是"白痴",也就自然没有理由说乡下人不知道"靠左边走"或"靠右边走"等时常会因政令而改变的方向是因为他们"愚不可及"了。"愚"在什么地方呢?

其实乡村工作的朋友说乡下人愚那是因为他们不识字,我们称之曰"文盲",意思是白生了眼睛,连字都不识。这自然是事实。我决不敢反对文字下乡的运动,可是如果说不识字就是愚,我心里总难甘服。"愚"如果是指智力的不足或缺陷,那么识字不识字却并非愚不愚的标准。智力是学习的能力。如果一个人没有机会学习,不论他有没有学习的能力还是学不到什么的。我们是不是说乡下人不但不识字,而且识字的能力都不及人呢?

说到这里我记起了疏散在乡下时的事来。同事中有些孩子被送进了乡间的小学,在课程上这些孩子样样都比乡下孩子学得快、成绩好。教员们见面时总在家长面前夸奖这些孩子们有种、聪明。这等于说教授们的孩子智力高。我对于这些恭维自然是私心窃喜。穷教授别的已经全被剥夺,但是我们还有别种人所望尘莫及的遗传。但是有一天,我在田野里看放学回来的小学生们捉蚱蜢,那些"聪明"而有种的孩子,扑来扑去,屡扑屡失,而那些乡下孩子却反应灵敏,一扑一得。回到家来,刚来的一点骄傲似乎又没有了着落。

乡下孩子在教室里认字认不过教授们的孩子,和教授们的孩子在田野里捉蚱蜢捉不过乡下孩子,在意义上是相同的。我并不责备自己孩子蚱蜢捉得少,第一是我们无需用蚱蜢来加菜(云南乡下蚱蜢是下饭的,味道很近于苏州的虾干),第二是我的孩子并没有机会练习。教授们的孩子穿了鞋袜,为了体面,不能不择地而下足,弄污了回家来会挨骂,于是在他们捉蚱蜢时不免要有些顾忌,动作不活灵了。这些也许还在其次,他们日常并不在田野里跑惯,要分别草和虫,须费一番眼力,蚱蜢的保护色因之易于生效。——我为自己孩子所作的辩护是不是同样也可以用之于乡下孩子在认字上的"愚"么?我想是很适当的。乡下孩子不像教授们的孩子到处看见书籍,到处接触着字,这不是他们日常所混熟的环境。教授们的孩子并不见得一定是遗传上有什么特别善于识字的能力,显而易见的却是有着易于识字的环境。这样说来,乡下人是否在智力上比不上城里人,至少还是个没有结论的题目。

这样看来,乡村工作的朋友们说乡下人愚,显然不是指他们智力不及人,而是说他们知识不及人了。这一点,依我们上面所说的,还是不太能自圆其说。至多是说,乡下人在城市生活所需的知识上是不及城市里人多,这是正确的。我们是不是也因之可以说乡下多文盲是因为乡下本来无需文字眼睛呢?说到这里,我们应当讨论一下文字的用处了。

我在上一篇里说明了乡土社会的一个特点就是这种社会的人是在熟人里长大的。用另一句话来说,他们生活上互相合作的人都是天天见面的。在社会学里我们称之作 Face to face group,直译起来是"面对面的社群"。归有光的《项脊轩记》里说,他日常接触的老是那些人,所以日子久了可以用脚声来辨别来者是谁。在"面对面的社群里"甚至可以不必见面而知道对方是谁。我们自己虽说是已经多少在现代都市里住过一时了,但是一不留心,乡土社会里所养成的习惯还是支配着我们。你不妨试一试,如果有人在你门上敲着要进来,你问:"谁呀!"门外的人十之八九回答你一个大声的"我"。这是说,你得用声气辨人。在"面对面的社群"里一起生活的人是不必通名报姓的。很少太太会在门外用姓名来回答丈夫的发问。但是我们因为久习于这种"我呀!""我呀!"的回答,也很有时候用到了门内人无法辨别你声音的场合。我有一次,久别家乡回来,在电话里听到了一个无法辨别的"我呀"时,的确闹了一个笑话。

"贵姓大名"是因为我们不熟悉而用的。熟悉的人大可不必如此,足声、声气甚至气味,都可以是足够的"报名"。我们社交上姓名的不常上口也就表示了我们原本是在熟人中生活的,是个乡土社会。

文字发生之初是"结绳记事",需要结绳来记事是为了在空间和时间中人和人的接触发生了阻碍,我们不能当面讲话,才需要找一些东西来代话。在广西的瑶山里,部落有急,就派了人送一枚铜钱到别的部落里去,对方接到了这记号,立刻派人来救。这是"文字",一种双方约好代表一种意义的记号。如果是面对面可以直接说话时,这种被预先约好的意义所拘束的记号,不但多余,而且有时会词不达意引起误会的。在十多年前青年们谈恋爱,受着直接社交的限制,通行着写情书,很多悲剧是因情书的误会而发生的。有这种经验的人必然能痛悉文字的限制。

文字所能传的情、达的意是不完全的。这不完全是出于"间接接触"的原因。我们所要传达的情意是和当时当地的外局相配合的。你用文字把当时当地的情意记了下来,如果在异时异地的圜局中去看,所会引起的反应很难尽合于当时当地的圜局中可能引起的反应。文字之成为传情达意的工具常有这个无可补救的缺陷。于是在利用文字时,我们要讲究文法,讲究艺术。文法和艺术就在减少文字的"走样"。

在说话时,我们可以不注意文法。并不是说话时没有文法,而是因为我们有着很多辅助表情来补充传达情意的作用。我们可以用手指指着自己而在话里吃去一个我字。在写作时却不能如此。于是我们得尽量地依着文法去写成完整的句子了。不合文法的字词难免引起人家的误会,所以不好。说话时我们如果用了完整的句子,不但显得迂阔,而且可笑。这是从书本上学外国语的人常会感到的痛苦。

文字是间接的说话,而且是个不太完善的工具。当我们有了电话、广播的时候,书信文告的地位已经大受影响。等到传真的技术发达之后,是否还用得到文字,是很成问题的。

这样说来,在乡土社会里不用文字绝不能说是"愚"的表现了。面对面的往来是直接接触,为什么舍此比较完善的语言而采文字呢?

我还想在这里推进一步说,在面对面社群里,连语言本身都是不得已而采取的工具。语言本是用声音来表达的象征体系。象征是附着意义的事物或动作,我说"附着"是因为"意义"是靠联想作用加上去的,并不是事物或动作本身具有的性质。这是社会的产物,因为只有在人和人需要配合行为的时候,个人才需要有所表达;而且表达的结果必须使对方明白所要表达的意义。所以象征是包括多数人共认的意义,也就是这一事物或动作会在多数人中引起相同的反应。因之,我们绝不能有个人的语言,只能有社会的语言。要使多数人能对同一象征具有同一意义,他们必须有着相同的经历,就是说在相似的环境中接触和使用同一象征,因而在象征上附着了同一意义。因此在每个特殊的生活团体中,必有他们特殊的语言,有许多别种语言所无法翻译的字句。

语言只能在一个社群所有的相同经验的一层上发生。群体愈大,包括的人所有的经验愈繁杂,发生语言的一层共同基础也必然愈有限,于是语言也愈趋于简单化。这在语言史上是看得很清楚的。

可是从另一方面说,在一个社群所用的共同语言之外,也必然会因个人间的需要而发生许多少数人间的特殊语言,即所谓的"行话"。行话是同行人中的话,外行人因为没有这种经验,不会懂的。在每个学校里,甚至每个寝室里,都有他们特殊的语言。最普遍的特殊语言发生在母亲和孩子之间。

"特殊语言"不过是亲密社群中所使用的象征体系的一部分，用声音来作象征的那一部分。在亲密社群中可用来作象征体系的原料比较多。表情、动作，在面对面的情境中，有时比声音更容易传情达意。即使用语言时，也总是密切配合于其他象征原料的。譬如：我可以和一位熟人说："真是那个！"同时眉毛一皱，嘴角向下一斜，面上的皮肤一紧，用手指在头发里一插，头一沉，对方也就明白"那个"是"没有办法"、"失望"的意思了。如果同样的两个字用在另一表情的配合里，意义可以完全不同。

"特殊语言"常是特别有效，因为它可以摆脱字句的固定意义。语言像是个社会定下的筛子，如果我们有一种情意和这筛子的格子不同也就漏不过去。我想大家必然有过"无言胜似有言"的经验。其实这个筛子虽则有助于人和人间的了解，但同时却也使人和人间的情意公式化了，使每一人、每一刻的实际情意都走了一点样。我们永远在削足适履，使感觉敏锐的人怨恨语言的束缚。李长吉要在这束缚中去求比较切近的表达，难怪他要呕尽心血了。

于是在熟人中，我们话也少了，我们"眉目传情"，我们"指石相证"，我们抛开了比较间接的象征原料，而求更直接的会意了。所以在乡土社会中，不但文字是多余的，连语言都并不是传达情意的唯一象征体系。

我决不是说我们不必推行文字下乡，在现代化的过程中，我们已开始抛离乡土社会，文字是现代化的工具。我要辨明的是乡土社会中的文盲，并非出于乡下人的"愚"，而是由于乡土社会的本质。而且我还愿意进一步说，单从文字和语言的角度中去批判一个社会中人和人的了解程度是不够的，因为文字和语言，只是传情达意的一种工具,并非唯一的工具;而且这工具本身也是有缺陷的,能传的情、能达的意是有限的。所以提倡文字下乡的人,必须先考虑到文字和语言的基础,否则开几个乡村学校和使乡下人多识几个字,也许并不能使乡下人"聪明"起来。

再论文字下乡

在上一篇论"文字下乡"里,我说起了文字的发生是在人和人传情达意的过程中受到了空间和时间的阻隔的情境里。可是我在那一篇里只就空间阻隔的一点说了些话。乡土社会是个面对面的社会,有话可以当面说明白,不必求助于文字。这一层意思容易明白,但是关于时间阻隔上怎样说法呢?在本文中,我想申引这一层意思了。

所谓时间上的阻隔有两方面:一方面是个人的今昔之隔;一方面是社会的世代之隔。让我先从前一方面说起。

人的生活和其他动物所不同的,是在他富于学习的能力。他的行为方式并不固执地受着不学而能的生理反应所支配。所谓学就是在出生之后以一套人为的行为方式作模型,把本能的那一套方式加以改造的过程。学的方法是"习"。习是指反复地做,靠时间中的磨练,使一个人惯于一种新的做法。因之,学习必须打破个人今昔之隔。这是靠了我们人类的一种特别发达的能力,时间中的桥梁,记忆。在动物的学习过程中,我们也可以说它们有记忆,但是它们的"记忆"是在简单的生理水准上。一个小白老鼠在迷宫里学得了捷径,它所学得的是一套新的生理反应。和人的学习不相同的是它们并不靠一套象征体系的。人固然有很多习惯,在本质上是和小白老鼠走迷宫一般的,但是他却时常多一个象征体系帮他的忙。所谓象征体系中最重要的是"词"。我们不断地在学习时说着话，把具体的情境抽象成一套能普遍应用的概念，概念必然是用词来表现的，于是我们靠着词，使我们从特殊走上普遍，在个别情境中搭下了桥梁；又使我们从当前走到今后，在片刻情境中搭下了桥梁。从这方面看去，一个动物和时间的接触，可以说是一条直线的，而人和时间的接触，靠了概念，也就是词，却比一条直线来得复杂。他有能力闭了眼睛置身于"昔日"的情境中，人的"当前"中包含着从"过去"拔萃出来的投影，时间的选择累积。

一个依本能而活动的动物不会发生时间上阻隔的问题，它的寿命是一连串的"当前"，谁也不能剪断时间，像是一条水，没有刀割得断。但是在人却不然，人的当前是整个靠记忆所保留下来的"过去"的累积。如果记忆消失了、遗忘了，我们的"时间"就可说是阻隔了。

人之所以要有记忆，也许并不是因为他的脑子是个自动的摄影箱。人有此能力是事实，人利用此能力，发展此能力，还是因为他"当前"的生活必需有着"过去"所传下来的办法。我曾说人的学习是向一套已有的方式的学习。唯有学会了这套方式才能在人群中生活下去。这套方式并不是每个人个别的创制，而是社会的遗业。小白老鼠并不向别的老鼠学习，每只老鼠都得自己在具体情境里，从"试验错误"的过程中，得到个别的经验。它们并不能互相传递经验，互相学习，人靠了他的抽象能力的象征体系，不但累积了自己的经验，而且还可以累积别人的经验。上边所谓那套传下来的办法，就是社会共同的经验的累积，也就是我们常说的文化。文化是依赖象征体系和个人的记忆而维护着的社会共同经验。这样说来，每个人的"当前"，不但包括他个人"过去"的投影，而且还是整个民族的"过去"的投影。历史对于个人并不是点缀的饰物，而是实用的、不可或缺的生活基础。人不能离开社会生活，就不能不学习文化。文化得靠记忆，不能靠本能，所以人在记忆力上不能不力求发展。我们不但要在个人的今昔之间筑通桥梁，而且在社会的世代之间也得筑通桥梁，不然就没有了文化，也没有了我们现在所能享受的生活。

我说了这许多话，也许足够指明了人的生活和时间的关联了。在这关联中，词是最主要的桥梁。有人说，语言造成了人，那是极对的。《圣经》上也有上帝说了什么，什么就有了，"说"是"有"的开始。这在物质宇宙中尽管可以不对，但在文化中却是对的。没有象征体系也就没有概念，人的经验也就不能或不易在时间里累积，如要生活也不能超过禽兽。

但是词却不一定要文。文是用眼睛可以看得到的符号，就是字。词不一定是刻出来或写出来的符号，也可以是用声音说出来的符号，语言。一切文化中不能没有"词"，可是不一定有"文字"。我这样说是因为我想说明的乡土社会，大体上，是没有"文字"的社会。在上篇，我从空间格局中说到了乡下人没有文字的需要，在这里我是想从时间格局中说明同一结果。

我说过我们要发展记忆，那是因为我们生活中有此需要。没有文化的动物中，能以本能来应付生活，就不必有记忆。我这样说，其实也包含了另一项意思，就是人在记忆上发展的程度是依他们的生活需要而决定的。我们每个人，每一刻，所接触的外界是众多复杂，但是并不尽入我们的感觉，我们有所选择。和我们眼睛所接触的外界我们并不都看见，我们只看见我们所注意的，我们的视线有焦点，焦点依着我们的注意而移动。注意的对象由我们选择，选择的根据是我们生活的需要。与我们生活无关的,我们不关心,熟视无睹。我们的记忆也是如此,我们并不记取一切的过去,而只记取一切过去中极小的一部分。我说记取,其实不如说过后回忆为妥当。"记"带有在当前为了将来有用而加以认取的意思,"忆"是为了当前有关而回想到过去经验。事实上,在当前很难预测将来之用,大多是出于当前的需要而追忆过去。有时这过程非常吃力,所以成为"苦忆"。可是无论如何记忆并非无所为的,而是实用的,是为了生活。

在一个乡土社会中生活的人所需记忆的范围和生活在现代都市的人是不同的。乡土社会是一个生活很安定的社会。我已说过,向泥土讨生活的人是不能老是移动的。在一个地方出生的就在这地方生长下去,一直到死。极端的乡土社会是老子所理想的社会,"鸡犬相闻,老死不相往来"。不但个人不常抛井离乡,而且每个人住的地方常是他的父母之邦。"生于斯,死于斯"的结果必是世代的黏着。这种极端的乡土社会固然不常实现,但是我们的确有历世不移的企图,不然为什么死在外边的人,一定要把棺材运回故乡,葬在祖茔上呢?一生取给于这块泥土,死了,骨肉还得回入这块泥土。

历世不移的结果,人不但在熟人中长大,而且还在熟悉的地方上生长大。熟悉的地方可以包括极长时间的人和土的混合。祖先们在这地方混熟了,他们的经验也必然就是子孙们所会得到的经验。时间的悠久是从谱系上说的,从每个人可能得到的经验说,却是同一方式的反复重演。同一戏台上演着同一的戏,这个班子里演员所需要记得的,也只有一套戏文。他们个别的经验,就等于世代的经验。经验无需不断累积,只需老是保存。

我记得在小学里读书时,老师逼着我记日记,我执笔苦思,结果只写下"同上"两字。那是真情,天天是"晨起,上课,游戏,睡觉",有何可记的呢?老师下令不准"同上",小学生们只有扯谎了。

在定型生活中长大的有着深入生理基础的习惯帮着我们"日出而起,日入而息"的工作节奏。记忆都是多余的。"不知老之将至"就是描写"忘时"的生活。秦亡汉兴,没有关系。乡土社会中不怕忘,而且忘得舒服。只有在轶出于生活常轨的事,当我怕忘记时,方在指头上打一个结。

指头上的结是文字的原始方式,目的就是用外在的象征,利用联想作用,帮助人的记忆。在一个常常变动的环境中,我们感觉到自己记忆力不够时,方需要这些外在的象征。从语言变到文字,也就是从用声音来说词,变到用绳打结,用刀刻图,用笔写字,是出于我们生活从定型到不定型的过程中。在都市中生活,一天到晚接触着陌生面孔的人才需要在袋里藏着本姓名录、通信簿。在乡下社会中黏着相片的身份证,是毫无意义的。在一个村子里可以有一打以上的"王大哥",绝不会因之错认了人。

在一个每代的生活等于开映同一影片的社会中,历史也是多余的,有的只是"传奇"。一说到来历就得从"开天辟地"说起;不从这开始,下文不是只有"寻常"的当前了么?都市社会里有新闻;在乡土社会,"新闻"是稀奇古怪、荒诞不经的意思。在都市社会里有名人,乡土社会里是"人怕出名猪怕壮"。不为人先,不为人后,做人就得循规蹈矩。这种社会用不上常态曲线,而是一个模子里印出来的一套。

在这种社会里,语言是足够传递世代间的经验了。当一个人碰着生活上的问题时,他必然能在一个比他年长的人那里问得到解决这问题的有效办法,因为大家在同一环境里,走同一道路,他先走,你后走;后走的所踏的是先走的人的脚印,口口相传,不会有遗漏。哪里用得着文字?时间里没有阻隔,拉得十分紧,全部文化可以在亲子之间传授无缺。

　　这样说,中国如果是乡土社会,怎么会有文字的呢?我的回答是中国社会从基层上看去是乡土性,中国的文字并不是在基层上发生。最早的文字就是庙堂性的,一直到目前还不是我们乡下人的东西。我们的文字另有它发生的背境,我在本文所需要指出的是在这基层上,有语言而无文字。不论在空间和时间的格局上,这种乡土社会,在面对面的亲密接触中,在反复地在同一生活定型中生活的人们,并不是愚到字都不认得,而是没有用字来帮助他们在社会中生活的需要。我同时也等于说,如果中国社会乡土性的基层发生了变化,也只有在发生了变化之后,文字才能下乡。

差 序 格 局

在乡村工作者看来,中国乡下佬最大的毛病是"私"。说起私,我们就会想到"各人自扫门前雪,莫管他人屋上霜"的俗语。谁也不敢否认这俗语多少是中国人的信条。其实抱有这种态度的并不只是乡下人,就是所谓城里人,何尝不是如此。扫清自己门前雪的还算是了不起的有公德的人,普通人家把垃圾往门口的街道上一倒,就完事了。苏州人家后门常通一条河,听来是最美丽也没有了,文人笔墨里是中国的威尼斯,可是我想天下没有比苏州城里的水道更脏的了。什么东西都可以向这种出路本来不太畅通的小河沟里一倒,有不少人家根本就不必有厕所。明知人家在这河里洗衣洗菜,却毫不觉得有什么需要自制的地方。为什么呢?——这种小河是公家的。

一说是公家的,差不多就是说大家可以占一点便宜的意思,有权利而没有义务了。小到两三家合住的院子,公共的走廊上照例是尘灰堆积,满院生了荒草,谁也不想去拔拔清楚,更难以插足的自然是厕所。没有一家愿意去管"闲事",谁看不惯,谁就得白服侍人,半声谢意都得不到。于是像格兰亨姆的公律,坏钱驱逐好钱一般,公德心就在这里被自私心驱走。

从这些事上来说,私的毛病在中国实在是比愚和病更普遍得多,从上到下似乎没有不害这毛病的。现在已成了外国舆论一致攻击我们的把柄了。所谓贪污无能，并不是每个人绝对的能力问题，而是相对的，是从个人对公家的服务和责任上说的。中国人并不是不善经营，只要看南洋那些华侨在商业上的成就，西洋人谁不侧目？中国人更不是无能，对于自家的事，抓起钱来，拍起马来，比哪一个国家的人能力都大。因之这里所谓"私"的问题却是个群己、人我的界限怎样划法的问题。我们传统的划法，显然是和西洋的划法不同。因之，如果我们要讨论私的问题就得把整个社会结构的格局提出来考虑一下了。

西洋的社会有些像我们在田里捆柴，几根稻草束成一把，几把束成一扎，几扎束成一捆，几捆束成一挑。每一根柴在整个挑里都属于一定的捆、扎、把。每一根柴也都可以找到同把、同扎、同捆的柴，分扎得清楚不会乱的。在社会，这些单位就是团体。我说西洋社会组织像捆柴就是想指明：他们常常由若干人组成一个个的团体。团体是有一定界限的，谁是团体里的人，谁是团体外的人，不能模糊，一定得分清楚。在团体里的人是一伙，对于团体的关系是相同的，如果同一团体中有组别或等级的分别，那也是事先规定的。我用捆柴来比拟，有一点不太合适，就是一个人可以参加好几个团体，而好几扎柴里都有某一根柴当然是不可能的，这是人和柴不同的地方。我用这譬喻是在想具体一些，使我们看到社会生活中人和人的关系的一种格局。我们不妨称之作团体格局。

家庭在西洋是一种界限分明的团体。如果有一位朋友写信给你说他将要"带了他的家庭"一起来看你，他很知道要和他一同来的是哪几个人。在中国，这句话是含糊得很。在英美，家庭包括他和他的妻以及未成年的孩子。如果他只和他太太一起来，就不会用"家庭"。在我们中国"阖第光临"虽则常见，但是很少人能说得出这个"第"字究竟应当包括些什么人。

提到了我们的用字,这个"家"字可以说最能伸缩自如了。"家里的"可以指自己的太太一个人,"家门"可以指伯叔侄子一大批,"自家人"可以包罗任何要拉入自己的圈子,表示亲热的人物。自家人的范围是因时因地可伸缩的,大到数不清,真是天下可成一家。

为什么我们这个最基本的社会单位的名词会这样不清不楚呢?在我看来却表示了我们的社会结构本身和西洋的格局是不相同的,我们的格局不是一捆一捆扎清楚的柴,而是好像把一块石头丢在水面上所发生的一圈圈推出去的波纹。每个人都是他社会影响所推出去的圈子的中心。被圈子的波纹所推及的就发生联系。每个人在某一时间某一地点所动用的圈子是不一定相同的。

我们社会中最重要的亲属关系就是这种丢石头形成同心圆波纹的性质。亲属关系是根据生育和婚姻事实所发生的社会关系。从生育和婚姻所结成的网络,可以一直推出去包括无穷的人,过去的、现在的和未来的人物。我们俗语里有"一表三千里",就是这个意思,其实三千里者也不过指其广袤的意思而已。这个网络像个蜘蛛的网,有一个中心,就是自己。我们每个人都有这么一个以亲属关系布出去的网,但是没有一个网所罩住的人是相同的。在一个社会里的人可以用同一个体系来记认他们的亲属,所同的只是这体系罢了。体系是抽象的格局,或是范畴性的有关概念。当我们用这体系来认取具体的亲亲戚戚时,各人所认的就不同了。我们在亲属体系里都有父母,可是我的父母却不是你的父母。再进一步说,天下没有两个人所认取的亲属可以完全相同的。兄弟两人固然有相同的父母了,但是各人有各人的妻子儿女。因之,以亲属关系所联系成的社会关系的网络来说,是个别的。每一个网络有个"己"作为中心,各个网络的中心都不同。

在我们乡土社会里,不但亲属关系如此,地缘关系也是如此。现代的保甲制度是团体格局性的,但是这和传统的结构却格格不相入。在传统结构中,每一家以自己的地位作中心,周围划出一个圈子,这个圈子是"街坊"。有喜事要请酒,生了孩子要送红蛋,有丧事要出来助殓,抬棺材,是生活上的互助机构。可是这不是一个固定的团体,而是一个范围。范围的大小也要依着中心的势力厚薄而定。有势力的人家的街坊可以遍及全村,穷苦人家的街坊只是比邻的两三家。这和我们的亲属圈子是一样的。像贾家的大观园里,可以住着姑表林黛玉,姨表薛宝钗,后来更多了,什么宝琴、岫云,凡是拉得上亲戚的,都包容得下。可是势力一变,树倒猢狲散,缩成一小团。到极端时,可以像苏秦潦倒归来,"妻不以为夫,嫂不以为叔"。中国传统结构中的差序格局具有这种伸缩能力。在乡下,家庭可以很小,而一到有钱的地主和官僚阶层,可以大到像个小国。中国人也特别对世态炎凉有感触,正因为这富于伸缩的社会圈子会因中心势力的变化而大小。

在孩子成年了住在家里都得给父母膳食费的西洋社会里,大家承认团体的界限。在团体里的有一定的资格。资格取消了就得走出这个团体。在他们不是人情冷热的问题,而是权利问题。在西洋社会里争的是权利,而在我们却是攀关系、讲交情。

以"己"为中心,像石子一般投入水中,和别人所联系成的社会关系,不像团体中的分子一般大家立在一个平面上的,而是像水的波纹一般,一圈圈推出去,愈推愈远,也愈推愈薄。在这里我们遇到了中国社会结构的基本特性了。我们儒家最考究的是人伦,伦是什么呢？我的解释就是从自己推出去的和自己发生社会关系的那一群人里所发生的一轮轮波纹的差序。"释名"于伦字下也说"伦也，水文相次有伦理也"。潘光旦先生曾说：凡是有"仑"作公分母的意义都相同，"共同表示的是条理，类别，秩序的一番意思"。（见潘光旦《说伦字》，《社会研究》第十九期）

伦重在分别，在《礼记·祭统》里所讲的十伦：鬼神、君臣、父子、贵贱、亲疏、爵赏、夫妇、政事、长幼、上下，都是指差等。"不失其伦"是在别父子、远近、亲疏。伦是有差等的次序。在我们现在读来，鬼神、君臣、父子、夫妇等具体的社会关系，怎能和贵贱、亲疏、远近、上下等抽象的相对地位相提并论？其实在我们传统的社会结构里最基本的概念，这个人和人往来所构成的网络中的纲纪，就是一个差序，也就是伦。《礼记·大传》里说："亲亲也、尊尊也、长长也、男女有别，此其不可得与民变革者也。"意思是这个社会结构的架格是不能变的，变的只是利用这架格所做的事。

孔子最注重的就是水纹波浪向外扩张的推字。他先承认一个己，推己及人的己，对于这己，得加以克服于礼，克己就是修身。顺着这同心圆的伦常，就可向外推了。"本立而道生"。"其为人也孝悌，而好犯上者鲜矣，不好犯上而好作乱者，未之有也。"从己到家，由家到国，由国到天下，是一条通路。《中庸》里把五伦作为下之达道。因为在这种社会结构里，从己到天下是一圈一圈推出去的，所以孟子说他"善推而已矣"。

在这种富于伸缩性的网络里，随时随地是有一个"己"作中心的。这并不是个人主义，而是自我主义。个人是对团体而说的，是分子对全体。在个人主义下，一方面是平等观念，指在同一团体中各分子的地位相等，个人不能侵犯大家的权利；一方面是宪法观念，指团体不能抹煞个人，只能在个人们所愿意交出的一分权利上控制个人。这些观念必须先假定了团体的存在。在我们中国传统思想里是没有这一套的，因为我们所有的是自我主义，一切价值是以"己"作为中心的主义。

自我主义并不限于拔一毛而利天下不为的杨朱，连儒家都该包括在内。杨朱和孔子不同的是杨朱忽略了自我主义的相对性和伸缩性。他太死心眼儿一口咬了一个自己不放；孔子是会推己及人的，可是尽管放之于四海，中心还是在自己。子曰："为政以德，譬如北辰，居其所，而众星拱之。"这是很好的一个差序格局的譬喻，自己总是中心，像四季不移的北斗星，所有其他的人，随着他转动。孔子并不像耶稣，耶稣是有超于个人的团体的，他有他的天国，所以他可以牺牲自己去成全天国。孔子呢，不然。

> 子贡曰："如有博施于民，而能济众何如？可谓仁乎？"子曰："何事于仁，必也圣乎！尧舜其犹病诸？夫仁者己欲立而立人，己欲达而达人，能近取譬，可谓仁之方也已。"

孔子的道德系统里绝不肯离开差序格局的中心，"君子求诸己，小人求诸人"。因之，他不能像耶稣一样普爱天下，甚至而爱他的仇敌，还要为杀死他的人求上帝的饶赦——这些不是从自我中心出发的。孔子呢？或曰："以德报怨，何如？"子曰："何以报德？以直报怨，以德报德。"这是差序层次，孔子是决不放松的。孔子并不像杨朱一般以小己来应付一切情境，他把这道德范围依着需要而推广或缩小。他不像耶稣或中国的墨翟，一放不能收。

我们一旦明白这个能放能收、能伸能缩的社会范围就可以明白中国传统社会中的私的问题了。我常常觉得:"中国传统社会里一个人为了自己可以牺牲家,为了家可以牺牲党,为了党可以牺牲国,为了国可以牺牲天下。"这和《大学》的:

> 古之欲明明德于天下者,先治其国,欲治其国者,先齐其家,欲齐其家者,先修其身……身修而后家齐,家齐而后国治,国治而后天下平。

在条理上是相通的,不同的只是内向和外向的路线,正面和反面的说法,这是种差序的推浪形式,把群己的界限弄成了相对性,也可以说是模糊两可了。这和西洋把权利和义务分得清清楚楚的社会,大异其趣。

为自己可以牺牲家,为家可以牺牲族……这是一个事实上的公式。在这种公式里,你如果说他私么?他是不能承认的,因为当他牺牲族时,他可以为了家,家在他看来是公的。当他牺牲国家为他小团体谋利益,争权利时,他也是为公,为了小团体的公。在差序格局里,公和私是相对而言的,站在任何一圈里,向内看也可以说是公的。其实当西洋的外交家在国际会议里为了自己国家争利益,不惜牺牲世界和平和别国合法权益时,也是这样的。所不同的,他们把国家看成了一个超过一切小组织的团体,为这个团体,上下双方都可以牺牲,但不能牺牲它来成全别种团体。这是现代国家观念,乡土社会中是没有的。

在西洋社会里,国家这个团体是一个明显的也是唯一特出的群己界线。在国家里做人民的无所逃于这团体之外,像一根柴捆在一束里,他们不能不把国家弄成个为每个分子谋利益的机构,于是他们有革命、有宪法、有法律、有国会等等。在我们传统里群的极限是模糊不清的"天下",国是皇帝之家,界线从来就是不清不楚的,不过是从自己这个中心里推出去的社会势力里的一圈而已。所以可以着手的,具体的只有己,克己也就成了社会生活中最重要的德性,他们不会去克群,使群不致侵略个人的权利。在这种差序格局中,是不会发生这问题的。

在差序格局中,社会关系是逐渐从一个一个人推出去的,是私人联系的增加,社会范围是一根根私人联系所构成的网络,因之,我们传统社会里所有的社会道德也只在私人联系中发生意义。——这一点,我将留在下篇里再提出来讨论了。

系维着私人的道德

中国乡土社会的基层结构是一种我所谓"差序格局",是一个"一根根私人联系所构成的网络"。这种格局和现代西洋的"团体格局"是不同的。在团体格局里个人间的联系靠着一个共同的架子;先有了这架子,每个人结上这架子,而互相发生关联。"公民"的观念不能不先有个"国家"。这种结构很可能是从初民民族的"部落"形态中传下来的。部落形态在游牧经济中很显著的是"团体格局"的。生活相依赖的一群人不能单独地、零散地在山林里求生。在他们,"团体"是生活的前提。可是在一个安居的乡土社会,每个人可以在土地上自食其力地生活时,只在偶然的和临时的非常状态中才感觉到伙伴的需要。在他们,和别人发生关系是后起和次要的,而且他们在不同的场合下需要着不同程度的结合,并不显著地需要一个经常的和广被的团体。因之他们的社会采取了"差序格局"。

社会结构格局的差别引起了不同的道德观念。道德观念是在社会里生活的人自觉应当遵守社会行为规范的信念。它包括着行为规范、行为者的信念和社会的制裁。它的内容是人和人关系的行为规范,是依着该社会的格局而决定的。从社会观点说,道德是社会对个人行为的制裁力,使他们合于规定下的形式行事,用以维持该社会的生存和绵续。

在"团体格局"中,道德的基本观念建筑在团体和个人的关系上。团体是个超于个人的"实在",不是有形的东西。我们不能具体地拿出一个有形体的东西来说这是团体。它是一束人和人的关系,是一个控制各个人行为的力量,是一种组成分子生活所依赖的对象,是先于任何个人而又不能脱离个人的共同意志……这种"实在"只能用有形的东西去象征它、表示它。在"团体格局"的社会中才发生笼罩万有的神的观念。团体对个人的关系就象征在神对于信徒的关系中,是个有赏罚的裁判者,是个公正的维持者,是个全能的保护者。

我们如果要了解西洋的"团体格局"社会中的道德体系,决不能离开他们的宗教观念的。宗教的虔诚和信赖不但是他们道德观念的来源,而且还是支持行为规范的力量,是团体的象征。在象征着团体的神的观念下,有着两个重要的派生观念:一是每个个人在神前的平等;一是神对每个个人的公道。

耶稣称神是父亲,是个和每一个人共同的父亲,他甚至当着众人的面否认了生育他的父母。为了要贯彻这"平等",基督教的神话中,耶稣是童贞女所生的。亲子间个别的和私人的联系在这里被否定了。其实这并不是"无稽之谈",而是有力的象征,象征着"公有"的团体,团体的代表——神,必须是无私的。每个"人子",耶稣所象征的"团体构成分子",在私有的父亲外必须有一个更重要的与人相共的"天父",就是团体。——这样每个个人人格上的平等才能确立,每个团体分子和团体的关系是相等的。团体不能为任何个人所私有。在这基础上才发生美国《独立宣言》中开宗明义的话:"全人类生来都平等,他们都有天赋不可夺的权利。"

可是上帝是在冥冥之中,正象征团体无形的实在;但是在执行团体的意志时，还得有人来代理。"代理者"Minister 是团体格局的社会中一个基本的概念。执行上帝意志的牧师是 Minister，执行团体权力的官吏也是 Minister，都是"代理者"，而不是神或团体的本身。这上帝和牧师、国家和政府的分别是不容混淆的。在基督教历史里，人们一度再度地要求直接和上帝交通，反抗"代理者"不能真正代理上帝的意旨。同样的，实际上是相通的，也可以说是一贯的，美国《独立宣言》可以接下去说："人类为了保障这些权利，所以才组织政府，政府的适当力量，须由受治者的同意中产生出来；假如任何政体有害于这些目标，人民即有改革或废除任何政体之权。这些真理，我们认为是不证自明的。"

神对每个个人是公道的，是一视同仁的，是爱的；如果代理者违反了这些"不证自明的真理"，代理者就失去了代理的资格。团体格局的道德体系中于是发生了权利的观念。人对人得互相尊重权利，团体对个人也必须保障这些个人的权利，防止团体代理人滥用权力，于是发生了宪法。宪法观念是和西洋公务观念相配合的。国家可以要求人民的服务，但是国家也得保证不侵害人民的权利，在公道和爱护的范围内行使权力。

我说了不少关于"团体格局"中道德体系的话，目的是在陪衬出"差序格局"中道德体系的特点来。从它们的差别上看去，很多地方是刚刚相反。在以自己作中心的社会关系网络中，最主要的自然是"克己复礼"，"壹是皆以修身为本"——这是差序格局中道德体系的出发点。

从己向外推以构成的社会范围是一根根私人联系，每根绳子被一种道德要素维持着。社会范围是从"己"推出去的，而推的过程里有着各种路线，最基本的是亲属：亲子和同胞，相配的道德要素是孝和悌。"孝悌也者其为仁之本欤。"向另一路线推是朋友,相配的是忠信。"为人谋而不忠乎?与朋友交而不信乎?""主忠信,无友不如己者。"孔子曾总结说:"弟子入则孝,出则悌,谨而信,泛爱众,而亲仁。"

在这里我得一提这比较复杂的观念"仁"。依我以上所说的,差序格局中并没有一个超乎私人关系的道德观念,这种超己的观念必须在团体格局中才能发生。孝、悌、忠、信都是私人关系中的道德要素。但是孔子却常常提到那个仁字。《论语》中对于仁字的解释最多,但是也最难捉摸。一方面他一再地要给仁字明白的解释,而另一方面却又有"子罕言利,与命与仁"。孔子屡次对于这种道德要素"欲说还止"。

司马牛问仁。子曰:"仁者其言也讱。"曰:"其言也讱,斯谓之仁已乎?"子曰:"为之难,言之得无讱乎?"

子曰:"我未见好仁者。……盖有之矣,我未之见也。"

孟武伯问:"子路仁乎?"子曰:"不知也。"又问。子曰:"由也,千乘之国,可使治其赋也,不知其仁也。""求也何如?"子曰:"求也,千室之邑,百乘之家,可使为之宰也,不知其仁也。""赤也何如?"子曰:"赤也,束带立于朝,可使与宾客言,不知其仁也。"

孔子有不少次数说"不够说是仁",但是当他积极地说明仁字是什么时,他却退到了"克己复礼为仁","恭宽信敏惠"这一套私人间的道德要素了。他说:"能行五者于天下为仁矣。——恭则不侮,宽则得众,信则人任焉,敏则有功,惠则足以使人。"

孔子的困难是在"团体"组合并不坚强的中国乡土社会中并不容易具体地指出一个笼罩性的道德观念来。仁这个观念只是逻辑上的总合，一切私人关系中道德要素的共相，但是因为在社会形态中综合私人关系的"团体"的缺乏具体性，只有个广被的"天下归仁"的天下，这人和"天下"相配的"仁"也不能比"天下"观念更为清晰。所以凡是要具体说明时，还得回到"孝悌忠信"那一类的道德要素。正等于要说明"天下"时，还得回到"父子，昆弟，朋友"这些具体的伦常关系。

不但在我们传统道德系统中没有一个像基督教里那种"爱"的观念——不分差序的兼爱；而且我们也很不容易找到个人对于团体的道德要素。在西洋团体格局的社会中，公务，履行义务，是一个清楚明白的行为规范。而这在中国传统中是没有的。现在我们有时把"忠"字抬出来放在这位置上，但是忠字的意义，在《论语》中并不如此。我在上面所引"为人谋而不忠乎"一句中的忠，是"忠恕"的注解，是"对人之诚"。"主忠信"的忠，可以和衷字相通，是由衷之意。

子张问曰："令尹子文三仕为令尹，无喜色，三已之，无愠色。旧令尹之政，必以告新令尹。何如？"子曰，"忠矣。"这个忠字虽则近于"忠于职务"的忠字，但是并不包含对于团体的"矢忠"。其实，在《论语》中，忠字甚至并不是君臣关系间的道德要素。君臣之间以"义"相结合。"君子之仕也，行其义也。"所以"忠臣"的观念可以说是后起的，而忠君并不是个人与团体的道德要素，而依旧是对君私人间的关系。

团体道德的缺乏，在公私的冲突里更看得清楚。就是负有政治责任的君王，也得先完成他私人间的道德。《孟子·尽心上篇》有：桃应问，"舜为天子，皋陶为士，瞽瞍杀人，则如之何？"孟子曰："执之而已矣。""然则舜不禁与？"曰："夫舜恶得而禁之，夫有所授之也。""然则舜如之何？"曰："舜视弃天下，犹弃敝屣也。窃负而逃，遵海滨而处，终身䜣然，乐而忘天下。"——这是说舜做了皇帝，不能用对其他国民一样的态度去对待他的父亲。孟子所回答的是这种冲突的理想解决法，他还是想两全，所以想出逃到海滨不受法律所及的地方去的办法。他这样回答是可以的，因为所问的也并非事实问题。另一个地方，孟子所遇到的问题，却更表现了道德标准的缺乏普遍性了。万章问曰："象日以杀舜为事，立为天子，则放之，何也？"孟子曰："封之也，或曰放焉。"万章曰："象至不仁，封之有庳，有庳之人奚罪焉？仁人固如是乎？在他人则诛之，在弟则封之？"孟子的回答是："身为天子，弟为匹夫，可谓亲爱之乎？"

一个差序格局的社会，是由无数私人关系搭成的网络。这网络的每一个结都附着一种道德要素，因之，传统的道德里不另找出一个笼统性的道德观念来，所有的价值标准也不能超脱于差序的人伦而存在了。

中国的道德和法律，都因之得看所施的对象和"自己"的关系而加以程度上的伸缩。我见过不少痛骂贪污的朋友，遇到他的父亲贪污时，不但不骂，而且代他讳隐。更甚的，他还可以向父亲要贪污得来的钱，同时骂别人贪污。等到自己贪污时，还可以"能干"两字来自解。这在差序社会里可以不觉得是矛盾；因为在这种社会中，一切普遍的标准并不发生作用，一定要问清了，对象是谁，和自己是什么关系之后，才能决定拿出什么标准来。

团体格局的社会里，在同一团体的人是"兼善"的，就是"相同"

的。孟子最反对的就是那一套。他说:"夫物之不齐,物之情也,子比而同之,是乱天下也。"墨家的"爱无差等",和儒家的人伦差序,恰恰相反,所以孟子要骂他无父无君了。

家　　族

　　我曾在以上两章中,从群己的关系上讨论到社会结构的格局。我也在那章里提出了若干概念,比如"差序格局"和"团体格局"。我知道这些生疏的名词会引起读者的麻烦,但是为了要表明一些在已有社会学词汇里所没有确当名词来指称的概念,我不能不写下这些新的标记。这些标记并没有使我完全满意,而且也有容易引起误会的地方。譬如有一位朋友看过我那一章的分析之后,曾摇头说,他不能同意我说中国乡土社会里没有团体。他举出了家庭、氏族、邻里、街坊、村落,这些不是团体是什么?显然我们用同一名词指着不同的实体。我为了要把结构不同的两类"社群"分别出来,所以把团体一词加以较狭的意义,只指由团体格局中所形成的社群,用以和差序格局中所形成的社群相区别;后者称作"社会圈子",把社群来代替普通所谓团体。社群是一切有组织的人群。在那位朋友所列举的各种社群中,大体上都属于我所谓社会圈子的性质。在这里我可以附带说明,我并不是说中国乡土社会中没有"团体",一切社群都属于社会圈子性质,譬如钱会,即赛,显然是属团体格局的;我在这个分析中只想从主要的格局说,在中国乡土社会中,差序格局和社会圈子的组织是比较的重要。同样的,在西洋现代社会中差序格局也是同样存在的,但比较上不重要罢了。这两种格局本是社会结构的基本形式,在概念上可以分得清,在事实上常常可以并存的,可以看得到的不过各有偏胜罢了。

在概念上把这两种格局和两种组织区别开来并不是多余的,因为这个区别确可帮助我们对社会结构获得许多更切实的了解,免除种种混淆。在这里我将接着根据这套概念去看中国乡土社会中基本社群——"家"的性质。

我想在这里提出来讨论的是我们乡土社会中的基本社群,这社群普通被称为"大家庭"的。我在《江村经济》中把它称作"扩大了的家庭"(Expanded family)。这些名词的主体是"家庭",在家庭上加一个小或大的形容词来说明中国和西洋性质上相同的"家庭"形式上的分别。可是我现在看来却觉得这名词并不妥当,比较确当的应该称中国乡土社会基本社群作"小家族"。

我提出这新名词来的原因是想从结构的原则上去说明中西社会里"家"的区别。我们普通所谓大家庭和小家庭的差别决不是在大小上,不是在这社群所包括的人数上,而是在结构上。一个有十多个孩子的家并不构成"大家庭"的条件,一个只有公婆儿媳四个人的家却不能称之为"小家庭"。在数目上说,前者比后者为多,但在结构上说,后者却比前者为复杂,两者所用的原则不同。

家庭这概念在人类学上有明确的界说:这是个亲子所构成的生育社群。亲子指它的结构,生育指它的功能。亲子是双系的,兼指父母双方;子女限于配偶所生出的孩子。这社群的结合是为了子女的生和育。在由个人来担负孩子生育任务的社会里,这种社群是不会少的。但是生育的功能,就每个个别的家庭说,是短期的,孩子们长成了也就脱离他们的父母的抚育,去经营他们自己的生育儿女的事务,一代又一代。家庭这社群因之是暂时性的。从这方面说,家庭这社群和普通的社群不完全一样。学校、国家这些社群并不是暂时,虽则事实上也不是永久的,但是都不是临时性的,因为它们所具的功能是长期性的。家庭既以生育为它的功能,在开始时就得准备结束。抚育孩子的目的就在结束抚育。关于这一层意思我在《生育制度》一书中有详细的讨论。

但是在任何文化中,家庭这社群总是赋有生育之外其他的功能。夫妇之间的合作并不因儿女长成而结束。如果家庭不变质,限于亲子所构成的社群,在它形成伊始,以及儿女长成之后,有一段期间只是夫妇的结合。夫妇之间固然经营着经济的、感情的、两性的合作,但是所经营的事务受着很大的限制,凡是需要较多人合作的事务就得由其他社群来经营了。

在西洋,家庭是团体性的社群,这一点我在上面已经说明有严格的团体界限。因为这缘故,这个社群能经营的事务也很少,主要的是生育儿女。可是在中国乡土社会中,家并没有严格的团体界限,这社群里的分子可以依需要,沿亲属差序向外扩大。构成这个我所谓社圈的分子并不限于亲子。但是在结构上扩大的路线却有限制。中国的家扩大的路线是单系的,就是只包括父系这一方面;除了少数例外,家并不能同时包括媳妇和女婿。在父系原则下女婿和结了婚的女儿都是外家人。在父系方面却可以扩大得很远,五世同堂的家,可以包括五代之内所有父系方面的亲属。

这种根据单系亲属原则所组成的社群,在人类学中有个专门名称,叫氏族。我们的家在结构上是一个氏族。但是和普通我们所谓族也不完全相同,因为我们所谓族是由许多家所组成,是一个社群的社群。因之,我在这里提了这个"小家族"的名词。小家族和大家族在结构原则上是相同的,不相同是在数量、在大小上。——这是我不愿用大家庭,而用小家族的原因。一字的相差,却说明了这社群的结构性质。

家族在结构上包括家庭;最小的家族也可以等于家庭。因为亲属的结构的基础是亲子关系,父母子的三角。家族是从家庭基础上推出来的。但是包括在家族中的家庭只是社会圈子中的一轮,不能说它不存在,但也不能说它自成一个独立的单位,不是一个团体。

形态上的差异,也引起了性质上的变化。家族虽则包括生育的功能,但不限于生育的功能。依人类学上的说法,氏族是一个事业组织,再扩大就可以成为一个部落。氏族和部落赋有政治、经济、宗教等复杂的功能。我们的家也正是这样。我的假设是中国乡土社会采取了差序格局,利用亲属的伦常去组合社群,经营各种事业,使这基本的家,变成氏族性了。一方面我们可以说在中国乡土社会中,不论政治、经济、宗教等功能都可以利用家族来担负,另一方面也可以说,为了要经营这许多事业,家的结构不能限于亲子的小组合,必须加以扩大。而且凡是政治、经济、宗教等事物都需要长期绵续性的,这个基本社群决不能像西洋的家庭一般是临时的。家必须是绵续的,不因个人的长成而分裂,不因个人的死亡而结束,于是家的性质变成了族。氏族本是长期的,和我们的家一般。我称我们这种社群作小家族,也表示了这种长期性在内,和家庭的临时性相对照。

中国的家是一个事业组织,家的大小是依着事业的大小而决定的。如果事业小,夫妇两人的合作已够应付,这个家也可以小得等于家庭;如果事业大,超过了夫妇两人所能担负时,兄弟伯叔全可以集合在一个大家里。这说明了我们乡土社会中家的大小变异可以很甚。但不论大小上差别到什么程度,结构原则上却是一贯的、单系的差序格局。

以生育社群来担负其他很多的功能,使这社群中各分子的关系的内容也发生了变化。在西洋家庭团体中,夫妇是主轴,夫妇共同经营生育事务,子女在这团体中是配角,他们长成了就离开这团体。在他们,政治、经济、宗教等功能有其他团体来担负,不在家庭的分内。夫妇成为主轴,两性之间的感情是凝合的力量。两性感情的发展,使他们的家庭成了获取生活上安慰的中心。我在《美国人性格》一书中曾用"生活堡垒"一词去形容它。

在我们的乡土社会中,家的性质在这方面有着显著的差别。我们的家既是个绵续性的事业社群,它的主轴是在父子之间,在婆媳之间,是纵的,不是横的。夫妇成了配轴。配轴虽则和主轴一样并不是临时性的,但是这两轴却都被事业的需要而排斥了普通的感情。我所谓普通的感情是和纪律相对照的。一切事业都不能脱离效率的考虑。求效率就得讲纪律;纪律排斥私情的宽容。在中国的家庭里有家法,在夫妇间得相敬,女子有着三从四德的标准,亲子间讲究负责和服从。这些都是事业社群里的特色。

不但在大户人家,书香门第,男女有着阃内阃外的隔离,就是在乡村里,夫妇之间感情的淡漠也是日常可见的现象。我在乡间调查时特别注意过这问题,后来我又因疏散下乡,和农家住在一所房子里很久,更使我认识了这事实。我所知道的乡下夫妇大多是"用不着多说话的","实在没有什么话可说的"。一早起各人忙着各人的事,没有工夫说闲话。出了门,各做各的。妇人家如果不下田,留在家里带孩子。工做完了,男子们也不常留在家里,男子汉如果守着老婆,没出息。有事在外,没事也在外。茶馆,烟铺,甚至街头巷口,是男子们找感情上安慰的消遣场所。在那些地方,大家有说有笑,热热闹闹的。回到家,夫妇间合作顺利,各人好好地按着应做的事各做各的。做得好,没事,也没话;合作得不对劲,闹一场,动手动脚,说不上亲热。这些观察使我觉得西洋的家和我们乡下的家,在感情生活上实在不能并论。乡下,有说有笑,有情有意的是在同性和同年龄的集团中,男的和男的在一起,女的和女的在一起,孩子们又在一起,除了工作和生育事务上,性别和年龄组间保持着很大的距离。这决不是偶然的,在我看来,这是把生育之外的许多功能拉入了这社群中去之后所引起的结果。中国人在感情上,尤其是在两性间的矜持和保留,不肯像西洋人一般的在表面上流露,也是在这种社会圈局中养成的性格。

男 女 有 别

在上篇我说家族在中国的乡土社会里是一个事业社群,凡是做事业的社群,纪律是必须维持的,纪律排斥了私情。这里我们碰着了中国传统感情定向的基本问题了。在上篇我虽则已说到了一些,但是还想在本篇里再申引发挥一下。

我用感情定向一词来指一个人发展他感情的方向,而这方向却受着文化的规定,所以在分析一个文化范型时,我们应当注意这文化所规定个人感情可以发展的方向,简称作感情定向。"感情"又可以从两方面去看:心理学可以从机体的生理变化来说明感情的本质和种类,社会学却从感情在人和人的关系上去看它所发生的作用。喜怒哀乐固然是生理现象,但是总发生在人事圈局之中,而且影响人事的关系,它们和其他个人的行为一样,在社会现象的一层里得到它们的意义。

感情从心理方面说是一种体内的行为,导发外表的行为。William James 说感情是内脏的变化。这变化形成了动作的趋势,本身是一种紧张状态,发动行为的力量。如果一种刺激和一种反应之间的关联,经过了练习,已经相当固定的话,多少可说成为自动时,就不会发生体内的紧张状态,也就是说,不带着强烈的感情。感情常发生在新反应的尝试和旧反应的受阻情形中。

这里所谓感情相当于普通所谓激动,动了情,甚至说动了火。

用火来形容感情,就在指这动的势和紧张的状态,从社会关系上说感情是具有破坏和创造作用的。感情的激动改变了原有的关系。这也就是说,如果要维持固定的社会关系,就得避免感情的激动。其实,感情的淡漠是稳定的社会关系的一种表示。所以我在上篇曾说纪律是排斥私情的。

稳定社会关系的力量,不是感情,而是了解。所谓了解,是指接受着同一的意义体系。同样的刺激会引起同样的反应。我在论"文字下乡"的两篇里,已说起过熟习所引起的亲密感觉。亲密感觉和激动性的感情是不相同的。它是契洽,发生持续作用;它是无言的,不像感情奔放时铿然有声,歌哭哀号是激动时不缺的配合。

Oswald Spengler 在"西方陆沉论"里曾说西洋曾有两种文化模式:一种他称作阿波罗式的(Apollonian);一种他称作浮士德式的(Faustian)。阿波罗式的文化认定宇宙的安排有一个完善的秩序,这个秩序超于人力的创造,人不过是去接受它,安于其位,维持它;但是人连维持它的力量都没有,天堂遗失了,黄金时代过去了。这是西方古典的精神。现代的文化却是浮士德式的。他们把冲突看成存在的基础,生命是阻碍的克服;没有了阻碍,生命也就失去了意义。他们把前途看成无尽的创造过程,不断的变。

这两种文化观很可以用来了解乡土社会和现代社会在感情定向上的差别。乡土社会是阿波罗式的,而现代社会是浮士德式的。这两套精神的差别也表现在两种社会最基本的社会生活里。

乡土社会是靠亲密和长期的共同生活来配合各个人的相互行为,社会的联系是长成的,是熟习的,到某种程度使人感觉到是自动的。只有生于斯、死于斯的人群里才能培养出这种亲密的群体,其中各个人有着高度的了解。好恶相投,连臭味都一般。要达到这境界,却有一个条件,就是没有什么差别在阻碍着各人间的充分了解。空间的位置,在乡土社会中的确已不太成为阻碍人了解的因素了。人们生活在同一的小天地里,这小天地多少是孤立的,和别群人没有重要的接触。在时间上,每一代的人在同一的周期中生老病死,一个公式。年轻的人固然在没有经历过年长的生活时,可以不了解年长的人的心情,年龄因之多少是一种隔膜,但是这隔膜却是一方面的,年长的人可以了解年轻的人,他们甚至可以预知年轻的人将要碰着的问题。年轻的人在把年长的人当作他们生活的参考蓝图时,所谓"不了解"也不是分划的鸿沟。

　　乡土社会中阻碍着共同生活的人充分了解的却是个人生理上的差别。这差别倒并不是起于有着悬殊的遗传特质,这在世代互婚的小社区里并不会太显著的。永远划分着人们生理差别的是男女两性。正因为还没有人能亲身体会过两性的差别,我们对于这差别的认识,总是间接的;所能说的差别多少只限于表面的。在实际生活中,谁都会感觉到异性的隔膜,但是差别的内容却永远是个猜想,无法领会。

　　在以充分了解来配合人们相互行为的社会中,这性别的鸿沟是个基本的阻碍。只在他们理想的天堂里,这鸿沟才算被克服:宗教家对性的抹煞,不论自觉或不自觉,决不是偶然的。完全的道义必须有充分的了解,无所隔,这就不能求之于生理上早已划下了鸿沟的男女之间。

　　男女生理上的分化是为了生育,生育却又规定了男女的结合。这一种结合基于异,并非基于同。在相异的基础上去求充分了解,是困难的,是阻碍重重的,是需要不断地在创造中求统一,是浮士德式的企图。浮士德是感情的象征,是把感情的激动,不断的变,作为生命的主脉。浮士德式的企图也是无穷止的,因为最后的统一是永远不会完成的,这不过是一个求同的过程。不但这样,男女的共同生活,愈向着深处发展,相异的程序也愈是深,求同的阻碍也愈是强大,用来克服这阻碍的创造力也更需强大,在浮士德的立场说,生命力也因之愈强,生活的意义也因之愈深。

把浮士德式的两性恋爱看成是进入生育关系的手段是不对的。恋爱是一项探险,是对未知的摸索。这和友谊不同,友谊是可以停止在某种程度上的了解,恋爱却是不停止的,是追求。这种企图并不以实用为目的,是生活经验的创造,也可以说是生命意义的创造,但不是经济的生产,不是个事业。恋爱的持续依赖于推陈出新,不断地克服阻碍,也是不断地发现阻碍,要得到的是这一个过程,而不是这过程的结果。从结果说可以是毫无成就的。非但毫无成就,而且使社会关系不能稳定,使依赖于社会关系的事业不能顺利经营。依现代文化来看,男女间感情激动的发达已使生育的事业摇摇欲坠。这事业除非另外设法,由社会来经营,浮士德式的精神的确在破坏这社会上的基本事业。

在乡土社会中这种精神是不容存在的。它不需要创造新的社会关系,社会关系是生下来就决定的。它更害怕社会关系的破坏,因为乡土社会所求的是稳定。它是阿波罗式的。男女间的关系必须有一种安排,使他们之间不发生激动性的感情。那就是男女有别的原则。"男女有别"是认定男女间不必求同,在生活上加以隔离。这隔离非但是有形的,所谓男女授受不亲,而且还是在心理上的,男女只在行为上按着一定的规则经营分工合作的经济和生育的事业,他们不向对方希望心理上的契洽。

在社会结构上,如上篇所说的,因之发生了同性间的组合。这在我们乡土社会中看得很清楚。同性组合和家庭组合原则上是交错的,因为以生育为功能的家庭总是异性的组合。因之,乡土社会中"家庭"的团结受到了这同性组合的影响,不易巩固。于是家族代替了家庭,家族是以同性为主、异性为辅的单系组合。中国乡土社会里,以家族为基本社群,是同性原则较异性原则为重要的表示。

男女有别的界限,使中国传统的感情定向偏于向同性方面去发展。变态的同性恋和自我恋究竟普遍到什么程度,我们无法确说;但是乡土社会中结义性的组织,"不愿同日生,但愿同日死"的亲密结合,多少表示了感情方向走入同性关系的一层里的程度已经并不很浅。在女性方面的极端事例是华南的姊妹组织,在女性文学里所流露的也充满着冯小青式的自恋声调。可惜我们对于中国人的感情生活太少分析,关于这方面的话我们只能说到这里为止了。

缺乏两性间的求同的努力,也减少了一个不在实利上打算的刺激。中国乡土社会中那种实用的精神安下了现世的色彩。儒家不谈鬼,"祭神如神在",可以说对于切身生活之外都漠然没有兴趣。一般人民更会把天国现世化;并不想把理想去改变现实,天国实现在这世界上,而把现实作为理想的底稿,把现世推进天国。对生活的态度是以克己来迁就外界,那就是改变自己去适合于外在的秩序。所以我们可以说这是古典的,也是阿波罗式的。

社会秩序范围着个性,为了秩序的维持,一切足以引起破坏秩序的要素都被遏制着。男女之间的鸿沟从此筑下。乡土社会是个男女有别的社会,也是个安稳的社会。

礼 治 秩 序

普通常有以"人治"和"法治"相对称,而且认为西洋是法治的社会,我们是"人治"的社会。其实这个对称的说法并不是很清楚的。法治的意思并不是说法律本身能统治,能维持社会秩序,而是说社会上人和人的关系是根据法律来维持的。法律还得靠权力来支持,还得靠人来执行,法治其实是"人依法而治",并非没有人的因素。

现代论法理的学者中有些极重视人的因素。他们注意到在应用法律于实际情形时,必须经过法官对于法律条文的解释。法官的解释对象虽则是法律条文,但是决定解释内容的却包含很多因素,法官个人的偏见,甚至是否有胃病,以及社会的舆论都是极重要的。于是他们认为法律不过是法官的判决。这自是片面的说法,因为法官并不能任意下判决的,他的判决至少也须被认为是根据法律的,但是这种看法也告诉我们所谓法治绝不能缺少人的因素了。

这样说来,人治和法治有什么区别呢?如果人治是法治的对面,意思应当是"不依法律的统治"了。统治如果是指社会秩序的维持,我们很难想象一个社会的秩序可以不必靠什么力量就可以维持,人和人的关系可以不根据什么规定而自行配合的。如果不根据法律,根据什么呢?望文生义地说来,人治好像是指有权力的人任凭一己之好恶来规定社会上人和人的关系的意思。我很怀疑这种"人治"是可能发生的。如果共同生活的人们，相互的行为、权利和义务，没有一定规范可守，依着统治者好恶来决定，而好恶也无法预测的话，社会必然会混乱，人们会不知道怎样行动，那是不可能的，因之也说不上"治"了。

所谓人治和法治之别，不在人和法这两个字上，而是在维持秩序时所用的力量，和所根据的规范的性质。

乡土社会秩序的维持，有很多方面和现代社会秩序的维持是不相同的。可是所不同的并不是说乡土社会是"无法无天"，或者说"无需规律"。的确有些人这样想过。返朴回真的老子觉得只要把社区的范围缩小，在鸡犬相闻而不相往来的小国寡民的社会里，社会秩序无需外力来维持，单凭每个人的本能或良知，就能相安无事了。这种想法也并不限于老子。就是在现代交通之下，全世界的经济已密切相关到成为一体时，美国还有大多数人信奉着古典经济学里的自由竞争的理想，反对用人为的"计划"和"统制"来维持经济秩序，而认为在自由竞争下，冥冥之中，自有一双看不见的手，会为人们理出一个合于道德的经济秩序来的。不论在社会、政治、经济各个范围中，都有认为"无政府"是最理想的状态，当然所谓"无政府"决不是等于"混乱"，而是一种"秩序"，一种不需规律的秩序，一种自动的秩序，是"无治而治"的社会。

可是乡土社会并不是这种社会，我们可以说这是个"无法"的社会，假如我们把法律限于以国家权力所维持的规则；但是"无法"并不影响这社会的秩序，因为乡土社会是"礼治"的社会。

让我先说明，礼治社会并不是指文质彬彬，像《镜花缘》里所描写的君子国一般的社会。礼并不带有"文明"、或是"慈善"、或是

"见了人点个头"、不穷凶极恶的意思。礼也可以杀人,可以很"野蛮"。譬如在印度有些地方,丈夫死了,妻子得在葬礼里被别人用火烧死,这是礼。又好像在缅甸有些地方,一个人成年时,一定要去杀几个人头回来,才能完成为成年礼而举行的仪式。我们在旧小说里也常读到杀了人来祭旗,那是军礼。——礼的内容在现代标准看去,可能是很残酷的。残酷与否并非合礼与否的问题。"子贡欲去告朔之饩羊。子曰,赐也,尔爱其羊,我爱其礼。"恻隐之心并没有使孔子同意于取消相当残忍的行为。

礼是社会公认合式的行为规范。合于礼的就是说这些行为是做得对的,对是合式的意思。如果单从行为规范一点说,本和法律无异,法律也是一种行为规范。礼和法不相同的地方是维持规范的力量。法律是靠国家的权力来推行的。"国家"是指政治的权力,在现代国家没有形成前,部落也是政治权力。而礼却不需要这有形的权力机构来维持。维持礼这种规范的是传统。

传统是社会所累积的经验。行为规范的目的是在配合人们的行为以完成社会的任务,社会的任务是在满足社会中各分子的生活需要。人们要满足需要必须相互合作,并且采取有效技术,向环境获取资源。这套方法并不是由每个人自行设计,或临时聚集了若干人加以规划的。人们有学习的能力,上一代所试验出来有效的结果,可以教给下一代。这样一代一代地累积出一套帮助人们生活的方法。从每个人说,在他出生之前,已经有人替他准备下怎样去应付人生道上所可能发生的问题了。他只要"学而时习之"就可以享受满足需要的愉快了。

文化本来就是传统,不论哪一个社会,绝不会没有传统的。衣食住行种种最基本的事务,我们并不要事事费心思,那是因为我们托祖宗之福,一一有着可以遵守的成法。但是在乡土社会中,传统的重要性比现代社会更甚。那是因为在乡土社会里传统的效力更大。

乡土社会是安土重迁的,生于斯、长于斯、死于斯的社会。不但是人口流动很小,而且人们所取给资源的土地也很少变动。在这种不分秦汉,代代如是的环境里,个人不但可以信任自己的经验,而且同样可以信任若祖若父的经验。一个在乡土社会里种田的老农所遇着的只是四季的转换,而不是时代变更。一年一度,周而复始。前人所用来解决生活问题的方案,尽可抄袭来作自己生活的指南。愈是经过前代生活中证明有效的,也愈值得保守。于是"言必尧舜",好古是生活的保障了。

我自己在抗战时,疏散在昆明乡下,初生的孩子,整天啼哭不定,找不到医生,只有请教房东老太太。她一听哭声就知道牙根上生了"假牙",是一种寄生菌,吃奶时就会发痛,不吃奶又饿。她不慌不忙地要我们用咸菜和蓝青布去擦孩子的嘴腔。一两天果然好了。这地方有这种病,每个孩子都发生,也因之每个母亲都知道怎样治,那是有效的经验。只要环境不变,没有新的细菌侵入,这套不必讲学理的应付方法,总是有效的。既有效也就不必问理由了。

像这一类的传统,不必知之,只要照办,生活就能得到保障的办法,自然会随之发生一套价值。我们说"灵验",就是说含有一种不可知的魔力在后面。依照着做就有福,不依照了就会出毛病。于是人们对于传统也就渐渐有了敬畏之感了。

如果我们对行为和目的之间的关系不加推究,只按着规定的方法做,而且对于规定的方法带着不这样做就会有不幸的信念时,这套行为也就成了我们普通所谓"仪式"了。礼是按着仪式做的意思。礼字本是从豊从示。豊是一种祭器,示是指一种仪式。

礼并不是靠一个外在的权力来推行的,而是从教化中养成了个人的敬畏之感,使人服膺;人服礼是主动的。礼是可以为人所好的,所谓"富而好礼"。孔子很重视服礼的主动性,在下面一段话里说得很清楚:

> 颜渊问仁。子曰:"克己复礼为仁。一日克己复礼,天下归仁焉。为仁由己,而由人乎哉?"颜渊曰:"请问其目。"子曰:"非礼勿视,非礼勿听,非礼勿言,非礼勿动。"颜渊曰:"回虽不敏,请事斯语矣。"

这显然是和法律不同了,甚至不同于普通所谓道德。法律是从外限制人的,不守法所得到的罚是由特定的权力所加之于个人的。人可以逃避法网,逃得脱还可以自己骄傲、得意。道德是社会舆论所维持的,做了不道德的事,见不得人,那是不好;受人吐弃,是耻。礼则有甚于道德:如果失礼,不但不好,而且不对、不合、不成。这是个人习惯所维持的。十目所视,十手所指的,即使在没有人的地方也会不能自已。曾子易箦是一个很好的例子。礼是合式的路子,是经教化过程而成为主动性的服膺于传统的习惯。

礼治从表面看去好像是人们行为不受规律拘束而自动形成的秩序。其实自动的说法是不确,只是主动地服于成规罢了。孔子一再地用"克"字,用"约"字来形容礼的养成,可见礼治并不是离开社会,由于本能或天意所构成的秩序了。

礼治的可能必须以传统可以有效地应付生活问题为前提。乡土社会满足了这前提,因之它的秩序可以用礼来维持。在一个变迁很快的社会,传统的效力是无法保证的。不管一种生活的方法在过去是怎样有效,如果环境一改变,谁也不能再依着法子去应付新的问题了。所应付的问题如果要由团体合作的时候,就得大家接受个同意的办法,要保证大家在规定的办法下合作应付共同问题,就得有个力量来控制各个人了。这其实就是法律。也就是所谓"法治"。

　　法治和礼治是发生在两种不同的社会情态中。这里所谓礼治也许就是普通所谓人治,但是礼治一词不会像人治一词那样容易引起误解,以致有人觉得社会秩序是可以由个人好恶来维持的了。礼治和这种个人好恶的统治相差很远,因为礼是传统,是整个社会历史在维持这种秩序。礼治社会是并不能在变迁很快的时代中出现的,这是乡土社会的特色。

无 讼

在乡土社会里,一说起"讼师",大家就会联想到"挑拨是非"之类的恶行。作刀笔吏的在这种社会里是没有地位的。可是在都市里律师之上还要加个大字,报纸的封面可能全幅是律师的题名录。而且好好的公司和个人,都会去请律师作常年顾问。在传统眼光中,都市真是个是非场,规矩人是住不得的了。

讼师改称律师,更加大字在上;打官司改称起诉;包揽是非改称法律顾问——这套名词的改变正代表了社会性质的改变,也就是礼治社会变为法治社会。

在都市社会中一个人不明白法律,要去请教别人,并不是件可耻之事。事实上,普通人在都市里居住,求生活,很难知道有关生活、职业的种种法律。法律成了专门知识。不知道法律的人却又不能在法律之外生活。在有秩序的都市社会中,在法律之外生活就会捣乱社会的共同安全,于是这种人不能不有个顾问了。律师地位的重要从此获得。

但是在乡土社会的礼治秩序中做人,如果不知道"礼",就成了撒野,没有规矩,简直是个道德问题,不是个好人。一个负责地方秩序的父母官,维持礼治秩序的理想手段是教化,而不是折狱。如果有非打官司不可,那必然是因为有人破坏了传统的规矩。在旧小说上,我们常见的听讼,亦称折狱的程序是:把"犯人"拖上堂,先各打屁股若干板,然后一方面大呼冤枉。父母官用了他"看相"式的眼光,分出那个"獐头鼠目",必非好人,重加呵责,逼出供状,结果好恶分辨,冤也伸了,大呼青天。——这种程序在现代眼光中,会感觉到没有道理;但是在乡土社会中,这却是公认正当的。否则为什么这类记载,《包公案》、《施公案》等等能成了传统的畅销书呢?

我在上一次杂话中已说明了礼治秩序的性质。在这里我可以另打一个譬喻来说明:在我们比赛足球时,裁判官吹了叫子,说那个人犯规,那个人就得受罚,用不到由双方停了球辩论。最理想的球赛是裁判员形同虚设(除了做个发球或出界的信号员)。为什么呢?那是因为每个参加比赛的球员都应当事先熟悉规则,而且都事先约定根据双方同意的规则之下比赛,裁判员是规则的权威。他的责任是在察看每个球员的动作不越出规则之外。一个有Sportsmanship的球员并不会在裁判员的背后,向对方的球员偷偷地打一暗拳。如果发生此类事情,不但裁判员可以罚他,而且这个球员,甚至全球队的名誉即受影响。球员对于规则要谙熟,技艺要能做到从心所欲而不逾规的程度,他需要长期的训练。如果发生有意犯规的举动,就可以说是训练不良,也是指导员的耻辱。

这个譬喻可以用来说明乡土社会对于讼事的看法。所谓礼治就是对传统规则的服膺。生活各方面,人和人的关系,都有着一定的规则。行为者对于这些规则从小就熟习,不问理由而认为是当然的。长期的教育已把外在的规则化成了内在的习惯。维持礼俗的力量不在身外的权力,而是在身内的良心。所以这种秩序注重修身,注重克己。理想的礼治是每个人都自动地守规矩,不必有外在的监督。但是理想的礼治秩序并不是常有的。一个人可以为了自私的动机，偷偷地越出规矩。这种人在这种秩序里是败类无疑。每个人知礼是责任，社会假定每个人是知礼的，至少社会有责任要使每个人知礼。所以"子不教"成了"父之过"。这也是乡土社会中通行"连坐"的根据。儿子做了坏事情，父亲得受刑罚，甚至教师也不能辞其咎，教得认真，子弟不会有坏的行为。打官司也成了一种可羞之事，表示教化不够。

在乡村里所谓调解，其实是一种教育过程。我曾在乡下参加过这类调解的集会。我之被邀，在乡民看来是极自然的，因为我是在学校里教书的，读书知礼，是权威。其他负有调解责任的是一乡的长老。最有意思的是保长从不发言，因为他在乡里并没有社会地位，他只是个干事。调解是个新名词，旧名词是评理。差不多每次都由一位很会说话的乡绅开口。他的公式总是把那被调解的双方都骂一顿。"这简直是丢我们村子里脸的事！你们还不认了错，回家去。"接着教训了一番。有时竟拍起桌子来发一阵脾气。他依着他认为"应当"的告诉他们。这一阵却极有效，双方时常就"和解"了，有时还得罚他们请一次客。我那时常觉得像是在球场旁看裁判官吹哨子，罚球。

我记得一个很有意思的案子：某甲已上了年纪，抽大烟。长子为了全家的经济，很反对他父亲有这嗜好，但也不便干涉。次子不务正业，偷偷抽大烟，时常怂恿老父亲抽大烟，他可以分润一些。有一次给长子看见了，就痛打他的弟弟，这弟弟赖在老父身上。长子一时火起，骂了父亲。家里大闹起来，被人拉到乡公所来评理。那位乡绅，先照例认为这是件全村的丑事。接着动用了整个伦理原则，小儿子是败类，看上去就不是好东西，最不好，应当赶出村子。大儿子骂了父亲，该罚。老父亲不知道管教儿子，还要抽大烟,受了一顿教训。这样,大家认了罚回家。那位乡绅回头和我发了一阵牢骚。一代不如一代,真是世风日下。

子曰:"听讼,吾犹人也,必也使无讼乎。"——当时体会到了孔子说这话时的神气了。

现代都市社会中讲个人权利,权利是不能侵犯的。国家保护这些权利,所以定下了许多法律。一个法官并不考虑道德问题、伦理观念,他并不在教化人。刑罚的用意已经不复"以儆效尤",而是在保护个人的权利和社会的安全。尤其在民法范围里,他并不是在分辨是非,而是在厘定权利。在英美以判例为基础的法律制度下,很多时间诉讼的目的是在获得以后可以遵守的规则。一个变动中的社会,所有的规则是不能不变动的。环境改变了,相互权利不能不跟着改变。事实上并没有两个案子的环境完全相同,所以各人的权利应当怎样厘定,时常成为问题,因之构成诉讼,以获取可以遵守的判例,所谓 Test case。在这种情形里自然不发生道德问题了。

现代的社会中并不把法律看成一种固定的规则,法律一定得随着时间而改变其内容。也因之,并不能盼望各个在社会里生活的人都能熟悉这与时俱新的法律,所以不知道法律并不成为"败类"。律师也成了现代社会中不可缺的职业。

中国正处在从乡土社会蜕变的过程中,原有对诉讼的观念还是很坚固地存留在广大的民间,也因之使现代的司法不能彻底推行。第一是现行法里的原则是从西洋搬过来的,和旧有的伦理观念相差很大。我在前几篇杂话中已说过,在中国传统的差序格局中,原本不承认有可以施行于一切人的统一规则,而现行法却是采用个人平等主义的。这一套已经使普通老百姓不明白,在司法制度的程序上又是隔膜到不知怎样利用。在乡间普通人还是怕打官司的，但是新的司法制度却已推行下乡了。那些不容于乡土伦理的人物从此却找到了一种新的保障。他们可以不服乡间的调解而告到司法处去。当然，在理论上，这是好现象，因为这样才能破坏原有的乡土社会的传统，使中国能走上现代化的道路。但是事实上，到司法处去打官司的，正是那些乡间所认为"败类"的人物。依着现行法去判决（且把贪污那一套除外），时常可以和地方传统不合。乡间认为坏的行为却正可以是合法的行为，于是司法处在乡下人的眼光中成了一个包庇作恶的机构了。

有一位兼司法官的县长曾和我谈到过很多这种例子。有个人因妻子偷了汉子打伤了奸夫。在乡间这是理直气壮的，但是和奸没有罪，何况又没有证据，殴伤却有罪。那位县长问我：他怎么判好呢？他更明白，如果是善良的乡下人，自己知道做了坏事决不会到衙门里来的。这些凭借一点法律知识的败类，却会在乡间为非作恶起来，法律还要去保护他。我也承认这是很可能发生的事实。现行的司法制度在乡间发生了很特殊的副作用，它破坏了原有的礼治秩序，但并不能有效地建立起法治秩序。法治秩序的建立不能单靠制定若干法律条文和设立若干法庭，重要的还得看人民怎样去应用这些设备。更进一步，在社会结构和思想观念上还得先有一番改革。如果在这些方面不加以改革，单把法律和法庭推行下乡，结果法治秩序的好处未得，而破坏礼治秩序的弊病却已先发生了。

无 为 政 治

论权力的人多少可以分成两派,两种看法:一派是偏重在社会冲突的一方面,另一派是偏重在社会合作的一方面;两者各有偏重,所看到的不免也各有不同的地方。

从社会冲突一方面着眼的,权力表现在社会不同团体或阶层间主从的形态里。在上的是握有权力的,他们利用权力去支配在下的,发号施令,以他们的意志去驱使被支配者的行动。权力,依这种观点说,是冲突过程的持续,是一种休战状态中的临时平衡。冲突的性质并没有消弭,但是武力的阶段过去了,被支配的一方面已认了输,屈服了。但是他们并没有甘心接受胜利者所规定下的条件,非心服也。于是两方面的关系中发生了权力。权力是维持这关系所必需的手段,它是压迫性质的,是上下之别。从这种观点看去,政府,甚至国家组织,凡是握有这种权力的,都是统治者的工具。跟下去还可以说,政府、甚至国家组织,只存在于阶级斗争的过程中。如果有一天"阶级斗争"的问题解决了,社会上不分阶级了,政府、甚至国家组织,都会像秋风里的梧桐叶一般自己凋谢落地。——这种权力我们不妨称之为横暴权力。

从社会合作一方面着眼的,却看到权力的另一性质。社会分工的结果使得每个人都不能"不求人"而生活。分工对于每个人都是有利的,因为这是经济的基础,人可以花费较少劳力得到较多收获;劳力是成本,是痛苦的;人靠了分工,减轻了生活担子,增加了享受。享受固然是人所乐从的,但贪了这种便宜,每个人都不能自足了,不能独善其身,不能不管"闲事",因为如果别人不好好地安于其位地做他所分的工作,就会影响自己的生活。这时,为了自己,不能不干涉人家了。同样,自己如果不尽其分,也会影响人家,受着人家的干涉。这样就发生了权利和义务,从干涉别人一方面说是权利,从自己接受人家的干涉一方面说是义务。各人都有维持各人的工作、维护各人可以互相监督的责任。没有人可以"任意"依自己高兴去做自己想做的事,而得遵守着大家同意分配的工作。可是这有什么保障呢?如果有人不遵守怎么办呢?这就发生了共同授予的权力。这种权力的基础是社会契约,是同意。社会分工愈复杂,这权力也愈扩大。如果不愿意受这种权力的限制,只有回到"不求人"的境界里去做鲁滨逊,那时才真的顶天立地。不然,也得"小国寡民"以减少权力。再说得清楚些,得抛弃经济利益,不讲享受,像人猿泰山一般回到原始生活水准上去。不然的话,这种权力也总解脱不了。——这种权力我们不妨称之为同意权力。

这两种看法都是有根据的,并不冲突的,因为在人类社会里这两种权力都存在,而且在事实层里,统治者、所谓政府,总同时代表着这两种权力,不过是配合的成分上有不同。原因是社会分化不容易,至少以已往的历史说,只有合作而没有冲突。这两种过程常是互相交割,错综混合,冲突里有合作,合作里有冲突,不很单纯的。所以上面两种性质的权力是概念上的区别,不常是事实上的区分。我们如果要明白一个社区的权力结构就不能不从这两种权力怎样配合上去分析。有的社区偏重在这方面,有的社区偏重在那方面。而且更可以在一社区中，某些人间发生那一种权力关系，某些人间发生另一种权力关系。譬如说美国，表面上是偏重同意权力的，但是种族之间，事实上，却依旧是横暴权力在发生作用。

有人觉得权力本身是具有引诱力的，人有"权力的饥饿"。这种看法忽略了权力的工具性。人也许因为某种心理变态可能发生单纯的支配欲或所谓 Sadism（残酷的嗜好），但这究竟不是正常。人们喜欢的是从权力得到的利益。如果握在手上的权力并不能得到利益，或是利益可以不必握有权力也能得到的话，权力引诱也就不会太强烈。譬如英国有一次民意测验，愿意自己孩子将来做议员或做阁员的人的比例很低。在英国做议员或做阁员的人薪水虽低，还是有着社会荣誉的报酬，大多数的人对此尚且并无急于攀登之意，如果连荣誉都不给的话，使用权力的人真成为公仆时，恐怕世界上许由、务光之类的人物也将不足为奇了。

权力之所以引诱人，最主要的应当是经济利益。在同意权力下，握有权力者并不是为了要保障自身特殊的利益，所以社会上必须用荣誉和高薪来延揽。至于横暴权力和经济利益的关系就更为密切了。统治者要用暴力来维持他们的地位不能是没有目的的，而所具的目的也很难想象不是经济的。我们很可以反过来说，如果没有经济利益可得，横暴权力也就没有多大的意义，因之也就不易发生。

甲团体想用权力来统治乙团体以谋得经济利益，必须有一前提：就是乙团体的存在可以供给这项利益；说得更明白一些，乙团体的生产量必须能超过他的消费量，然后有一些剩余去引诱甲团体来征服他。这是极重要的。一个只有生产他生存必需的消费品的人是并没有资格做奴隶的。我说这话意思是想指出农业社会中横暴权力的限制。在广西瑶山里调查时，我常见到汉人侵占瑶人的土地，而并不征服瑶人来作奴隶。原因当然很多，但主要的一个，依我看来，是土地太贫乏，而种水田的瑶人，并不肯降低生活程度，做汉人的佃户。如果瑶人打不过汉人，他们就放弃土地搬到别处去。在农业民族的争斗中，最主要的方式是把土著赶走而占据他们的土地自己来耕种。尤其是在人口已经很多、劳力可以自足、土地利用已到了边际的时候更是如此。我们读历史，常常可以找到"坑卒几万人"之类的记录，至于见人便杀的流寇，一直到不久之前还是可能遭遇的经验。这种情形大概不是工业性的侵略权力所能了解的。

我并不是说在农业性的乡土社会基础上并不能建立横暴权力。相反，我们常见这种社会是皇权的发祥地，那是因为乡土社会并不是一个富于抵抗能力的组织。农业民族受游牧民族的侵略是历史上不断的记录。这是不错的，东方的农业平原正是帝国的领域，但是农业的帝国是虚弱的，因为皇权并不能滋长壮健，能支配强大的横暴权力的基础不足，农业的剩余跟着人口增加而日减，和平又给人口增加的机会。

中国的历史很可助证这个看法：一个雄图大略的皇权，为了开疆辟土，筑城修河，这些原不能说是什么虐政，正可视作一笔投资，和罗斯福造田纳西工程性质可以有相类之处。但是缺乏储蓄的农业经济却受不住这种工程的费用，没有足够的剩余，于是怨声载道，与汝偕亡地和皇权为难了。这种有为的皇权不能不同时加强它对内的压力，费用更大，陈涉吴广之流，揭竿而起，天下大乱了。人民死亡遍地，人口减少了，于是乱久必合，又形成一个没有比休息更能引诱人的局面，皇权力求无为，所谓养民。养到一个时候，皇权逐渐累积了一些力量,这力量又刺激皇帝的雄图大略,这种循环也因而复始。

为了皇权自身的维持,在历史的经验中,找到了"无为"的生存价值,确立了无为政治的理想。

横暴权力有着这个经济的拘束,于是在天高皇帝远的距离下,把乡土社会中人民切身的公事让给了同意权力去活动了。可是同意权力却有着一套经济条件的限制。依我在上面所说的,同意权力是分工体系的产物。分工体系发达,这种权力才能跟着扩大。乡土社会是个小农经济,在经济上每个农家,除了盐铁之外,必要时很可关门自给。于是我们很可以想象同意权力的范围也可以小到"关门"的程度。在这里我们可以看到的是乡土社会里的权力结构,虽则名义上可以说是"专制""独裁",但是除了自己不想持续的末代皇帝之外,在人民实际生活上看,是松弛和微弱的,是挂名的,是无为的。

长老统治

要了解乡土社会的权力结构,只从我在上篇所分析的横暴权力和同意权力两个概念去看还是不够的。我们固然可以从乡土社会的性质上去说明横暴权力所受到事实上的限制,但是这并不是说乡土社会权力结构是普通所谓"民主"形式的。民主形式根据同意权力,在乡土社会中,把横暴权力所加上的一层"政府"的统治揭开,在传统的无为政治中这层统治本是并不很强的,基层上所表现出来的也并不完全是许多权利上相等的公民共同参与的政治。这里正是讨论中国基层政治性质的一个谜。有人说中国虽没有政治民主,却有社会民主。也有人说中国政治结构可分为两层,不民主的一层压在民主的一层上边。这些看法都有一部分近似;说近似而不说确当是因为这里还有一种权力,既不是横暴性质,也不是同意性质;既不是发生于社会冲突,也不是发生于社会合作;它是发生于社会继替的过程,是教化性的权力,或是说爸爸式的,英文里是 Paternalism。

社会继替是我在《生育制度》一书中提出来的一个新名词,但并不是一个新的概念,这就是指社会成员新陈代谢的过程。生死无常,人寿有限;从个人说这个世界不过是个逆旅,寄寓于此的这一阵子,久暂相差不远。但是这个逆旅却是有着比任何客栈、饭店更复杂和更严格的规律。没有一个新来的人,是在进门之前就明白这一套的。不但如此,到这"逆旅"里来的,又不是由于自己的选择,来了之后又不得任意搬家;只此一家,别无分店。当然,在这大店里有着不同部分;每个部分,我们称之为不同文化的区域,有着不完全一样的规律,但是有规律这一点却并无轩轾。没有在墙壁上不挂着比十诫还多的"旅客须知"的。因之,每个要在这逆旅里生活的人就得接受一番教化,使他能在这些众多规律下,从心所欲而不碰着铁壁。

社会中的规律有些是社会冲突的结果,也有些是社会合作的结果。在个人行为的四周所张起的铁壁,有些是横暴的,有些是同意的。但是无论如何,这些规律是要人遵守的,规律的内容是要人明白的。人如果像蚂蚁或是蜜蜂,情形也就简单了。群体生活的规律有着生理的保障,不学而能。人的规律类皆人为。用筷子夹豆腐,穿了高跟鞋跳舞不践别人的脚,真是难为人的规律;不学,不习,固然不成,学习时还得不怕困,不惮烦。不怕困,不惮烦,又非天性;于是不能不加以一些强制。强制发生了权力。

这样发生的权力并非同意,又非横暴。说孩子们必须穿鞋才准上街是一种社会契约未免过分。所谓社会契约必先假定个人的意志。个人对于这种契约虽则并没有自由解脱的权利,但是这种契约性的规律在形成的过程中,必须尊重各个人的自由意志,民主政治的形式就是综合个人意志和社会强制的结果。在教化过程中并不发生这个问题,被教化者并没有选择的机会。他所要学习的那一套,我们称作文化的,是先于他而存在的。我们不用"意志"加在未成年的孩子的人格中,就因为在教化过程里并不需要这种承认。其实,所谓意志并不像生理上的器官一样是慢慢长成的,这不是心理现象,而是社会的承认。在维持同意秩序中,这是个必需的要素;在别的秩序中也就不发生了。我们不承认未成年的人有意志,也就说明了他们并没有进入同意秩序的事实。

我曾说:"孩子碰着的不是一个为他方便而设下的世界,而是一个为成人们方便所布置下的园地。他闯入进来,并没有带着创立新秩序的力量,可是又没有个服从旧秩序的心愿。"(见本书第240页)。从并不征求、也不考虑他们同意与否而设下他们必须适应的社会生活方式的一方面说,教化他们的人可以说是不民主的,但若说是横暴却又不然。横暴权力是发生于社会冲突,是利用来剥削被统治者以获得利益的工具。如果说教化过程是剥削性的,显然也是过分的。我曾称这是个"损己利人"的工作,一个人担负一个胚胎培养到成人的责任,除了精神上的安慰外,物质上有什么好处呢?"成人"的时限降低到生理上尚是儿童的程度,从而开始"剥削",也许是可以发生的现象,但是为经济打算而生男育女,至少是一件打算得不大精到的亏本生意。

从表面上看,"一个孩子在一小时中所受到的干涉,一定会超过成年人一年中所受社会指摘的次数。在最专制的君王手下做老百姓,也不会比一个孩子在最疼他的父母手下过日子更难过"。(见本书第240页)但是性质上严父和专制君王究竟是不同的。所不同的就在教化过程是代替社会去陶炼出合于在一定的文化方式中经营群体生活的分子。担负这工作的,一方面可以说是为了社会,一方面可以说是为了被教化者,并不是统治关系。

教化性的权力虽则在亲子关系里表现得最明显,但并不限于亲子关系。凡是文化性的,不是政治性的强制都包含这种权力。文化和政治的区别就在这里:凡是被社会不成问题地加以接受的规范,是文化性的;当一个社会还没有共同接受一套规范,各种意见纷呈，求取临时解决办法的活动是政治。文化的基础必须是同意的，但文化对于社会的新分子是强制的，是一种教化过程。

在变化很少的社会里，文化是稳定的，很少新的问题，生活是一套传统的办法。如果我们能想象一个完全由传统所规定下的社会生活，这社会可以说是没有政治的，有的只是教化。事实上固然并没有这种社会，但是乡土社会却是靠近这种标准的社会。"为政不在多言"、"无为而治"都是描写政治活动的单纯。也是这种社会，人的行为有着传统的礼管束着，儒家很有意思想形成一个建筑在教化权力上的王者；他们从没有热心于横暴权力所维持的秩序。"苛政猛于虎"的政是横暴性的，"为政以德"的政是教化性的。"为民父母"是爸爸式权力的意思。

教化权力的扩大到成人之间的关系必须得假定个稳定的文化。稳定的文化传统是有效的保证。我们如果就个别问题求个别应付时，不免"活到老，学到老"，因为每一段生活所遇着的问题都是不同的。文化像是一张生活谱，我们可以按着问题去查照。所以在这种社会里没有我们现在所谓成年的界限。凡是比自己年长的，他必定先发生过我现在才发生的问题，他也就可以是我的"师"了。三人行，必有可以教给我怎样去应付问题的人。而每一个年长的人都握有强制年幼的人的教化权力："出则悌"，逢着年长的人都得恭敬、顺服于这种权力。

在我们客套中互问年龄并不是偶然的，这礼貌正反映出我们这个社会里相互对待的态度是根据长幼之序。长幼之序也点出了教化权力所发生的效力。在我们亲属称谓中，长幼是一个极重要的原则，我们分出兄和弟、姊和妹、伯和叔，在许多别的民族并不这样分法。我记得老师史禄国先生曾提示过我：这种长幼分划是中国亲属制度中最基本的原则,有时可以掩盖世代原则。亲属原则是在社会生活中形成的,长幼原则的重要也表示了教化权力的重要。

文化不稳定,传统的办法并不足以应付当前的问题时,教化权力必然跟着缩小,缩进亲子关系,师生关系,而且更限于很短的一个时间。在社会变迁的过程中,人并不能靠经验作指导。能依赖的是超出于个别情境的原则,而能形成原则、应用原则的却不一定是长者。这种能力和年龄的关系不大,重要的是智力和专业,还可加一点机会。讲机会,年幼的比年长的反而多。他们不怕变,好奇,肯试验。在变迁中,习惯是适应的阻碍,经验等于顽固和落伍。顽固和落伍并非只是口头上的讥笑,而是生存机会上的威胁。在这种情形中,一个孩子用小名来称呼他的父亲,不但不会引起父亲的呵责,反而是一种亲热的表示,同时也给父亲一种没有被挤的安慰。尊卑不在年龄上,长幼成为没有意义的比较,见面也不再问贵庚了。——这种社会离乡土性也远了。

回到我们的乡土社会来,在它的权力结构中,虽则有着不民主的横暴权力,也有着民主的同意权力,但是在这两者之外还有教化权力,后者既非民主又异于不民主的专制,是另有一工的。所以用民主和不民主的尺度来衡量中国社会,都是也都不是,都有些像,但都不确当。一定要给它一个名词的话,我一时想不出比长老统治更好的说法了。

血缘和地缘

缺乏变动的文化里,长幼之间发生了社会的差次,年长的对年幼的具有强制的权力。这是血缘社会的基础。血缘的意思是人和人的权利和义务根据亲属关系来决定。亲属是由生育和婚姻所构成的关系。血缘,严格说来,只指由生育所发生的亲子关系。事实上,在单系的家庭组织中所注重的亲属确多由于生育而少由于婚姻,所以说是血缘也无妨。

生育是社会持续所必需的,任何社会都一样,所不同的是说有些社会用生育所发生的社会关系来规定各人的社会地位,有些社会却并不如此。前者是血缘的。大体上说来,血缘社会是稳定的,缺乏变动;变动得大的社会,也就不易成为血缘社会。社会的稳定是指它结构的静止,填入结构中各个地位的个人是不能静止的,他们受着生命的限制,不能永久停留在那里,他们是要死的。血缘社会就是想用生物上的新陈代谢作用,生育,去维持社会结构的稳定。父死子继:农人之子恒为农,商人之子恒为商——那是职业的血缘继替;贵人之子依旧贵——那是身份的血缘继替;富人之子依旧富——那是财富的血缘继替。到现在固然很少社会能完全抛弃血缘继替,那是以亲属来担负生育的时代不易做到的。但是社会结构如果发生变动,完全依血缘去继替也属不可能。生育没有社会化之前,血缘作用的强弱似乎是以社会变迁的速率来决定。

血缘所决定的社会地位不容个人选择。世界上最用不上意志，同时在生活上又是影响最大的决定，就是谁是你的父母。谁当你的父母，在你说，完全是机会，且是你存在之前的既存事实。社会用这个无法竞争，又不易藏没、歪曲的事实来作分配各人的职业、身份、财产的标准，似乎是最没有理由的了；如果有理由的话，那是因为这是安稳既存秩序的最基本的办法。只要你接受了这原则（我们有谁曾认真地怀疑过这事实？我们又有谁曾想为这原则探讨过存在的理由？）社会里很多可能引起的纠纷也随着不发生了。

血缘是稳定的力量。在稳定的社会中，地缘不过是血缘的投影，不分离的。"生于斯、死于斯"把人和地的因缘固定了。生，也就是血，决定了他的地。世代间人口的繁殖，像一个根上长出的树苗，在地域上靠近在一伙。地域上的靠近可以说是血缘上亲疏的一种反映，区位是社会化了的空间。我们在方向上分出尊卑：左尊于右，南尊于北，这是血缘的坐标。空间本身是浑然的，但是我们却用了血缘的坐标把空间划分了方向和位置。当我们用"地位"两字来描写一个人在社会中所占的据点时，这个原是指"空间"的名词却有了社会价值的意义。这也告诉我们"地"的关联派生于社会关系。

在人口不流动的社会中，自给自足的乡土社会的人口是不需要流动的，家族这个社群包含着地域的涵义。村落这个概念可以说是多余的。儿谣里"摇摇摇，摇到外婆家"，在我们自己的经验中，"外婆家"充满着地域的意义。血缘和地缘的合一是社区的原始状态。

但是人毕竟不是植物，还是要流动的。乡土社会中无法避免的是"细胞分裂"的过程，一个人口在繁殖中的血缘社群，繁殖到一定程度，他们不能在一定地域上集居了，那是因为这个社群所需的土地面积，因人口繁殖，也得不断地扩大。扩大到一个程度，住的地和工作的地距离太远，阻碍着效率时，这个社群就不能不在区位上分裂。——这还是以土地可以无限扩张时说的。事实是，每个家族可以向外开垦的机会很有限，人口繁殖所引起的常是向内的精耕，精耕受着土地报酬递减律的限制，逼着这个社群分裂，分出来的部分另外到别的地方去找耕地。

如果分出去的细胞能在荒地上开垦，另外繁殖成个村落，它和原来的乡村还是保持着血缘的联系，甚至用原来地名来称这新地方，那是说否定了空间的分离。这种例子在移民社会中很多。在美国旅行的人，如果只看地名，会发生这是个"揉乱了的欧洲"的幻觉。新英伦，纽约（新约克）是著名的；伦敦，莫斯科等地名在美国地图上都找得到，而且不止一个。就拿我们自己来说吧，血缘性的地缘更是显著。我十岁就离开了家乡吴江，在苏州城里住了九年，但是我一直在各种文件的籍贯项下填着"江苏吴江"。抗战时期在云南住了八年，籍贯毫无改变，甚至生在云南的我的孩子，也继承着我的籍贯。她的一生大概也得老是填"江苏吴江"了。我们的祖宗在吴江已有二十多代，但是在我们的灯笼上却贴着"江夏费"的大红字。江夏是在湖北，从地缘上说我有什么理由和江夏攀关系？真和我的孩子一般，凭什么可以和她从来没有到过的吴江发生地缘呢？在这里很显然在我们乡土社会里地缘还没有独立成为一种构成团结力的关系。我们的籍贯是取自我们的父亲的，并不是根据自己所生或所住的地方，而是和姓一般继承的，那是"血缘"，所以我们可以说籍贯只是"血缘的空间投影"。

很多离开老家漂流到别地方去的并不能像种子落入土中一般长成新村落,他们只能在其他已经形成的社区中设法插进去。如果这些没有血缘关系的人能结成一个地方社群,他们之间的联系可以是纯粹的地缘,而不是血缘了。这样血缘和地缘才能分离。但是事实上这在中国乡土社会中却相当困难。我常在各地的村子里看到被称为"客边""新客""外村人"等的人物。在户口册上也有注明"寄籍"的。在现代都市里都规定着可以取得该地公民权的手续,主要的是一定的居住时期。但是在乡村里居住时期并不是个重要条件,因为我知道许多村子里已有几代历史的人还是被称为新客或客边的。

我在江村和禄村调查时都注意过这问题:"怎样才能成为村子里的人?"大体上说有几个条件:第一是要生根在土里:在村子里有土地。第二是要从婚姻中进入当地的亲属圈子。这几个条件并不是容易的,因为在中国乡土社会中土地并不充分自由买卖。土地权受着氏族的保护,除非得到氏族的同意,很不易把土地卖给外边人。婚姻的关系固然是取得地缘的门路,一个人嫁到了另一个地方去就成为另一个地方的人(入赘使男子可以进入另一地方社区),但是已经住入了一个地方的"外客"却并不容易娶得本地人做妻子,使他的儿女有个进入当地社区的机会。事实上大概先得有了土地,才能在血缘网中生根。——这不过是我的假设,还得更多比较材料加以证实,才能成立。

这些寄居于社区边缘上的人物并不能说已插入了这村落社群中,因为他们常常得不到一个普通公民的权利,他们不被视作自己人,不被人所信托。我已说过乡土社会是个亲密的社会,这些人却是"陌生"人,来历不明,形迹可疑。可是就在这个特性上却找到了他们在乡土社会中的特殊职业。

亲密的血缘关系限制着若干社会活动,最主要的是冲突和竞争;亲属是自己人,从一个根本上长出来的枝条,原则上是应当痛痒相关,有无相通的。而且亲密的共同生活中各人互相依赖的地方是多方面和长期的,因之在授受之间无法一笔一笔地清算往回。亲密社群的团结性就依赖于各分子间都相互地拖欠着未了的人情。在我们社会里看得最清楚,朋友之间抢着回账,意思是要对方欠自己一笔人情,像是投一笔资。欠了别人的人情就得找一个机会加重一些去回个礼,加重一些就在使对方反欠了自己一笔人情。来来往往,维持着人和人之间的互助合作。亲密社群中既无法不互欠人情,也最怕"算账"。"算账""清算"等于绝交之谓,因为如果相互不欠人情,也就无需往来了。

但是亲属不管怎样亲密,终究还是体外之己;虽说痛痒相关,事实上痛痒是走不出皮肤的。如果要维持这种亲密团体中的亲密,不成为"不是冤家不碰头",也必须避免太重叠的人情。社会关系中权利和义务必须有相当的平衡,这平衡可以在时间上拉得很长,但是如果是一面倒,社会关系也就要吃不消,除非加上强制的力量,不然就会折断的。防止折断的方法之一是减轻社会关系上的担负。举一个例子来说:云南乡下有一种称上赛的钱会,是一种信用互助组织。我调查了参加赛的人的关系,看到两种倾向,第一是避免同族的亲属,第二是侧重在没有亲属关系的朋友方面。我问他们为什么不找同族亲属入赛?他们的理由是很现实的。同族的亲属理论上有互通有无,相互救济的责任,如果有能力,有好意,不必入赛就可以直接给钱帮忙。事实上,这种慷慨的亲属并不多,如果拉了入赛,假若不按期交款时,碍于人情不能逼,结果赛也吹了。所以他们干脆不找同族亲属。其他亲属如舅家的人虽有入赍的，但是也常发生不交款的事。我调查时就看到一位赍首为此发急的情形。他很感慨地说：钱上往来最好不要牵涉亲戚。这句话就是我刚才所谓减轻社会关系上的担负的注解。

社会生活愈发达，人和人之间的往来也愈繁重，单靠人情不易维持相互间权利和义务的平衡。于是"当场算清"的需要也增加了。货币是清算的单位和媒介，有了一定的单位，清算时可以正确；有了这媒介可以保证各人间所得和所欠的信用。"钱上往来"就是这种可以当场清算的往来，也就是普通包括在"经济"这个范围之内的活动，狭义地说就是生意经，或是商业。

在亲密的血缘社会中商业是不能存在的。这并不是说这种社会不发生交易，而是说他们的交易是以人情来维持的，是相互馈赠的方式。实质上馈赠和贸易都是有无相通，只在清算方式上有差别。以馈赠来经营大规模的易货在太平洋岛屿间还可以看得到。Malinowski 所描写和分析的 kula 制度就是一个例证。但是这种制度不但复杂，而且很受限制。普通的情形是在血缘关系之外去建立商业基础。在我们乡土社会中，有专门作贸易活动的街集。街集时常不在村子里，而在一片空场上，各地的人到这特定的地方，各以"无情"的身份出现。在这里大家把原来的关系暂时搁开，一切交易都得当场算清。我常看见隔壁邻舍大家老远地走上十多里在街集上交换清楚之后，又老远地背回来。他们何必到街集上去跑这一趟呢，在门前不是就可以交换的么？这一趟是有作用的，因为在门前是邻舍，到了街集上才是"陌生"人。当场算清是陌生人间的行为，不能牵涉其他社会关系的。

在从街集贸易发展到店面贸易的过程中，"客边"的地位就有了特殊的方便了。寄籍在血缘性社区边缘上的外边人成了商业活动的媒介。村子里的人对他可以讲价钱，可以当场算清，不必讲人情，没有什么不好意思。所以依我所知道的村子里开店面的，除了穷苦的老年人摆个摊子，等于是乞丐性质外，大多是外边来的"新客"。商业是在血缘之外发展的。

地缘是从商业里发展出来的社会关系。血缘是身份社会的基础，而地缘却是契约社会的基础。契约是指陌生人中所作的约定。在订定契约时，各人有选择的自由，在契约进行中，一方面有信用，一方面有法律。法律需要一个同意的权力去支持。契约的完成是权利义务的清算，须要精密的计算，确当的单位，可靠的媒介。在这里是冷静的考虑，不是感情，于是理性支配着人们的活动——这一切是现代社会的特性，也正是乡土社会所缺的。

从血缘结合转变到地缘结合是社会性质的转变，也是社会史上的一个大转变。

名 实 的 分 离

我们把乡土社会看成一个静止的社会不过是为了方便,尤其是在和现代社会相比较时,静止是乡土社会的特点,但是事实上完全静止的社会是不存在的,乡土社会不过比现代社会变得慢而已。说变得慢,主要的意思自是指变动的速率,但是不同的速率也引起了变动方式上的殊异。我在本文里将讨论乡土社会速率很慢的变动中所形成的变动方式。

我在上面讨论权力的性质时已提出三种方式:一是在社会冲突中所发生的横暴权力;二是从社会合作中所发生的同意权力;三是从社会继替中所发生的长老权力。现在我又想提出第四种权力,这种权力发生在激烈的社会变迁过程之中。社会继替是指人物在固定的社会结构中的流动;社会变迁却是指社会结构本身的变动。这两种过程并不是冲突的,而是同时存在的,任何社会决不会有一天突然变出一个和旧有结构完全不同的样式,所谓社会变迁,不论怎样快,也是逐步的;所变的,在一个时候说,总是整个结构中的一小部分。因之从这两种社会过程里所发生出来的两种权力也必然同时存在。但是它们的消长却互相关联。如果社会变动得慢,长老权力也就更有势力;变得快,"父不父,子不子"的现象就会发生,长老权力也会随着缩小。

社会结构自身并没有要变动的需要。有些学者,好像我在上文所提到的那位Spengler,把社会结构(文化中的一主要部分)视作有类于有机体,和我们身体一般,有幼壮老衰等阶段。我并不愿意接受他们的看法,因为我认为社会结构,像文化的其他部分一般,是人造出来的,是用来从环境里取得满足生活需要的工具。社会结构的变动是人要它变的,要它变的原因是在它已不能答复人的需要。好比我们用笔写字,笔和字都是工具,目的是在想用它们来把我们的意思传达给别人。如果我们所要传达的对象是英国人,中文和毛笔就不能是有效的工具了,我们得用别的工具,英文和打字机。

这样说来社会变迁常是发生在旧有社会结构不能应付新环境的时候。新的环境发生了,人们最初遭遇到的是旧方法不能获得有效的结果,生活上发生了困难。人们不会在没有发觉旧方法不适用之前就把它放弃的。旧的生活方法有习惯的惰性。但是如果它已不能答复人们的需要,它终必会失去人们对它的信仰,守住一个没有效力的工具是没有意义的,会引起生活上的不便,甚至蒙受损失。另一方面,新的方法却又不是现存的,必须有人发明,或是有人向别种文化去学习,输入,此外,还得经过试验,才能被人接受,完成社会变迁的过程。在新旧交替之际,不免有一个惶惑、无所适从的时期,在这个时期,心理上充满着紧张、犹豫和不安。这里发生了"文化英雄",他提得出办法,有能力组织新的试验,能获得别人的信任。这种人可以支配跟从他的群众,发生了一种权力。这种权力和横暴权力并不相同,因为它并不是建立在剥削关系之上的;和同意权力又不同,因为它并不是由社会所授权的;和长老权力更不同,因为它并不根据传统的。它是时势所造成的,无以名之,名之曰时势权力。

这种时势权力在初民社会中常可以看到。在荒原上，人们常常遭遇不平常的环境，他们需要有办法的人才，那是英雄。在战争中，也是非常的局面，这类英雄也脱颖而出。现代社会又是一个变迁剧烈的社会，这种权力也在抬头了。最有意思的就是在一个落后的国家要赶紧现代化的过程中，这种权力表现得也最清楚。我想我们可以从这个角度去看苏联的权力性质。英美的学者把它归入横暴权力的一类里，因为它形式上是独裁的；但是从苏联人民的立场来看，这种独裁和沙皇的独裁却不一样，如果我们采用这个时势权力的概念看去，就比较容易了解它的本质了。

这种权力最不发达的是在安定的社会中。乡土社会，当它的社会结构能答复人们生活的需要时，是一个最容易安定的社会，因之它也是个很少"领袖"和"英雄"的社会。所谓安定是相对的，指变得很慢。如果我单说"很慢"，这话句并不很明朗，一定要说出慢到什么程度。其实孔子已回答过这问题，他的答案是"三年无改于父之道"。换一句话来说，社会变迁可以吸收在社会继替之中的时候，我们可以称这社会是安定的。

儒家所注重的"孝"道，其实是维持社会安定的手段，孝的解释是"无违"，那就是承认长老权力。长老代表传统，遵守传统也就可以无违于父之教。但是传统的代表是要死亡的，而且自己在时间过程中也会进入长老的地位。如果社会变迁的速率慢到可以和世代交替的速率相等，亲子之间，或是两代之间，不致发生冲突，传统自身慢慢变，还是可以保持长老的领导权。这种社会也就不需要"革命"了。

从整个社会看，一个领导的阶层如果能追得上社会变迁的速率，这社会也可以避免因社会变迁而发生的混乱。英国是一个很好的例子。很多人羡慕英国能不流血而实行种种富于基本性的改革,但很多人都忽略了他们所以能这样的条件。英国在过去几个世纪中,就整个世界的文化来说是处于领导地位,它是工业革命的老家。英国社会中的领导阶层却又是最能适应环境变动的,环境变动的速率和领导阶层适应变动的速率配得上才不致发生流血的革命。英国是否能保持这个纪录,还得看他们是否能保持这种配合。

乡土社会环境固定,在父死三年之后才改变他的道的速率中,社会变迁也不致引起人事的冲突。在人事范围中,长老保持他们的权力,子弟们在无违的标准中接受传统的统治。在这里不发生"反对",长老权力也不容忍反对。长老权力是建立在教化作用之上的,教化是有知对无知,如果所传递的文化是有效的,被教的自没有反对的必要;如果所传递的文化已经失效,根本也就失去了教化的意义。"反对"在这种关系里是不发生的。

容忍,甚至奖励、反对在同意权力中才发生,因为同意权力建立在契约上,执行这权力的人是否遵行契约是一个须随时加以监督的问题。而且反对,也就是异议,是获得同意的必要步骤。在横暴权力之下,没有反对,只有反抗,因为反对早就包含在横暴权力的关系中。因之横暴权力必需压制反抗,不能容忍反对。在时势权力中,反对是发生于对同一问题不同的答案上,但是有时,一个社会不能同时试验多种不同的方案,于是在不同方案之间发生了争斗,也可以称作"冷仗",宣传战,争取人民的跟从。为了求功,每一个自信可以解决问题的人,都会感觉到别种方案会分散群众对自己的方案的注意和拥护,因之产生了不能容忍反对的"思想统制"。在思想争斗中,主要的是阵线,反对变成了对垒。

名实的分离

回到长老权力下的乡土社会说,反对被时间冲淡,成了"注释"。注释是维持长老权力的形式而注入变动的内容。在中国的思想史中,除了社会变迁急速的春秋战国这一个时期,有过百家争鸣的思想争斗的场面外,自从定于一尊之后,也就在注释的方式中求和社会的变动谋适应。注释的变动方式可以引起名实之间发生极大的分离。在长老权力下,传统的形式是不准反对的,但是只要表面上承认这形式,内容却可以经注释而改变。结果不免是口是心非。在中国旧式家庭中生长的人都明白家长的意志怎样在表面的无违下,事实上被歪曲的。虚伪在这种情境中不但是无可避免而且是必需的。对不能反对而又不切实用的教条或命令只有加以歪曲,只留一个面子。面子就是表面的无违。名实之间的距离跟着社会变迁速率而增加。在一个完全固定的社会结构里是不会发生这距离的,但是事实上完全固定的社会并不存在。在变得很慢的社会中发生了长老权力,这种统治不能容忍反对,社会如果加速地变动,注释式歪曲原意的办法也就免不了。挟天子以令诸侯的结果,位与权,名与实,言与行,话与事,理论与现实,全趋向于分离了。

从欲望到需要

提起了时势权力使我又想到关于社会变迁的另一问题,也就是现在我们常常听到的社会计划,甚至社会工程等一套说法。很明显的,这套名字是现代的,不是乡土社会中所熟悉的。这里其实包含着一个重要的变化,如果我们要明白时势权力和长老权力的差别,我们还得在这方面加以探讨。人类发现社会也可以计划,是一个重大的发现,也就是说人类已走出了乡土性的社会了。在乡土社会里是没有这想法的。在乡土社会中人可以靠欲望去行事,但在现代社会中欲望并不能作为人们行为的指导,于是产生"需要",因之有了"计划"。从欲望到需要是社会变迁中一个很重要的里程碑,让我先把欲望和需要这两个概念区别一下。

观察人类行为,我们常可以看到人类并不是为行为而行为、为活动而活动的;行为或是活动都是手段,是有所为而为的。不但你自己可以默察自己,一举一动,都有个目的,要吃饭才拿起筷子来,要肚子饿了才吃饭……总是有个"要"在领导自己的活动;你也可问别人:"为什么你来呢?有什么事么?"我们也总可以从这问题上得到别人对于他们的行为的解释。于是我们说人类行为是有动机的。

说人类行为是有动机的包含着两个意思:一是人类对于自己的行为是可以控制的。要这样做就这样做,不要这样做就不这样做，也就是所谓意志；一是人类在取舍之间有所根据，这根据就是欲望。欲望规定了人类行为的方向，就是上面所说要这样要那样的"要"。这个"要"是先于行为的，要得了，也就是欲望满足了，我们会因之觉得愉快，欲望不满足，要而得不到，周身不舒服。在英文里欲望和要都是 want，同时 want 也作缺乏解。缺乏不只是一种状态的描写，而是含有动的意思，这里有股劲，由不舒服而引起的劲，它推动了人类机体有所动作，这个劲也被称作"紧张状态"，表示这状态是不能持久，必须发泄的，发泄而成行为，获得满足。欲望——紧张——动作——满足——愉快，那是人类行为的过程。

欲望如果要能通过意志对行为有所控制，它必须是行为者所自觉的。自觉是说行为者知道自己要的是什么。在欲望一层上说这是不错的，可是这里却发生了一个问题，人类依着欲望而行为，他们的行为是否必然有利于个体的健全发展，和有利于社会间各个人的融洽配合，社会的完整和持续？这问题在这里提出来并不是想考虑性善性恶，而是从人类生存的事实上发生的。如果我们走出人类的范围，远远地站着，像看其他生物一般地看人类，我们可以看见人类有着相当久的历史了，他们做了很多事，这些事使人类能生存和绵续下去，好像个人的健全发展和社会的完整是他们的目的。但是逼近一看，拉了那些人问一问，他们却说出了很多和这些目的毫不相关的欲望来了。你在远处看男女相接近，生了孩子，男女合作，抚养孩子，这一套行为是社会完整所必需的，如果没有孩子出生，没有人领孩子，人类一个个死去，社会不是会乱了，人类不是断绝了么？你于是很得意去问这些人，他们却对你说："我们是为了爱情，我们不要孩子，孩子却来了。"他们会笑你迂阔，天下找不到有维持人类种族的欲望的人，谁在找女朋友时想得着这种书本上的大问题？

同样的，你在远处看，每天人都在吃淀粉、脂肪，吃维他命A、维他命C，一篇很长的单子，你又回去在实验室研究了一下，发现一点不错，淀粉供给热量，维他命A给人这个那个——合于营养，用以维持生命。但是你去找一个不住在现代都市的乡下佬问他，为什么吃辣子、大蒜，他会回答你："这才好吃，下饭的呀。"

爱情，好吃，是欲望，那是自觉的。直接决定我们行为的确是这些欲望。这些欲望所引导出来的行为是不是总和人类生存的条件相合的呢？这问题曾引起过很多学者的讨究。我们如果从上面这段话看去，不免觉得人类的欲望确乎有点微妙，他们尽管要这个要那个，结果却常常正合于他们生存的条件。欲望是什么呢？食色性也，那是深入生物基础的特性。这里似乎有一种巧妙的安排，为了种族绵续，人会有两性之爱；为了营养，人会有五味之好。因之，在十九世纪发生了一种理论说，每个人只要能"自私"，那就是充分地满足我们本性里带来的欲望，社会就会形成一个最好、最融洽的秩序。亚当·斯密说"冥冥中那只看不见的手"会安排个社会秩序给每个为自己打算的人们去好好生活的。

这种理论所根据的其实并非现代社会而是乡土社会，因为在乡土社会中，这种理论多少可以说是正确的，正确的原因并不是真是有个"冥冥中"的那只手，而是在乡土社会中个人的欲望常是合于人类生存条件的。两者所以合，那是因为欲望并非生物事实，而是文化事实。我说它是文化事实，意思是人造下来教人这样想的。譬如说，北方人有吃大蒜的欲望，并不是遗传的，而是从小养成的。所谓"自私"，为自己打算，怎样打算法却还是由社会上学来的。问题不是在要的本身，而是在要什么的内容。这内容是文化所决定的。

我说欲望是文化事实,这句话并没有保证说一切文化事实都是合于人类生存条件的。文化中有很多与人类生存条件无关甚至有害的。就是以吃一项来说,如果文化所允许我们入口的东西样样都是合于营养原则的,我们也不至于有所谓毒物一类的东西了。就是不谈毒物,普通的食品,还是可以助证"病从口入"的说法。再说得远一些,我常觉得把"生存"作为人类最终的价值是不太确切的。人类如果和其他动植物有些不同的地方,最重要的,在我看来,就在人在生存之外找到了若干价值标准,所谓真善美之类。我也常喜欢以"人是生物中唯一能自杀的种类"来说明人之异于禽兽的"几希"。——但是,人类主观上尽管有比生存更重要的价值,文化尽管有一部分可以无关及无益于人类的生存,这些不合于生存的条件的文化以及接受不合于生存条件的文化的人,却在时间里被淘汰了。他们不存在了。淘汰作用的力量并不限于文化之内,也有在文化之外的,是自然的力量。这力量并不关心于价值问题;美丑,善恶,真伪,对它是无关的,它只列下若干条件,不合则去,合则留。我们可以觉得病西施是美,但是自然却并不因她美而保留她,病的还是要死的,健康才是生存的条件。自然不禁止人自杀,但是没有力量可以使自杀了的还能存在。

于是另外一种说法发生了。孙末楠在他的名著 *Folkways* 开章明义就说:人类先有行为,后有思想。决定行为的是从试验与错误的公式中累积出来的经验,思想只有保留这些经验的作用,自觉的欲望是文化的命令。

在一个乡土社会中,这也是正确的,那是因为乡土社会是个传统社会,传统就是经验的累积,能累积就是说经得起自然选择的,各种"错误"——不合于生存条件的行为——被淘汰之后留下的那一套生活方式。不论行为者对于这套方式怎样说法,它们必然是有助于生存的。

在这里更可以提到的是,在乡土社会中有很多行为我们自以为是用来达到某种欲望或目的;而在客观的检讨中,我们可以看到这些行为却在满足主观上并没有自觉的需要,而且行为和所说的目的之间毫无实在的关联。巫术是这种行为最明显的例子。譬如驱鬼,实际上却是驱除了心理上的恐惧。鬼有没有是不紧要的,恐惧却得驱除。

在乡土社会中欲望经历了文化的陶冶可以作为行为的指导,结果是印合于生存的条件。但是这种印合并不是自觉的,并不是计划的,乡土文化中微妙的配搭可以说是天工,而非人力,虽则文化是人为的。这种不自觉的印合,有它的弊病,那就是如果环境变了,人并不能做主动的有计划的适应,只能如孙末楠所说的盲目地经过错误与试验的公式来找新的办法。乡土社会环境不很变,因之文化变迁的速率也慢,人们有时间可以从容地做盲目的试验,错误所引起的损失不会是致命的。在工业革命的早期,思想家还可以把社会秩序交给"冥冥中那只看不见的手",其实一直到目前,像美国那样发达的文化里,那样复杂的社会里,居然还有这样大的势力在反对计划经济。但是这时候要维持乡土社会中所养成的精神是有危险的了。出起乱子来,却非同小可了。

社会变动得快,原来的文化并不能有效地带来生活上的满足时,人类不能不推求行为和目的之间的关系了。这时发现了欲望并不是最后的动机,而是为了达到生存条件所造下的动机。于是人开始注意到生存条件的本身了,——在社会学里产生了一个新的概念——"功能"。功能是从客观地位去看一项行为对于个人生存和社会完整上所发生的作用。功能并不一定是行为者所自觉的,而是分析的结果,是营养而不是味觉。这里我们把生存的条件变成了自觉,自觉的生存条件是"需要",用以别于"欲望"。现代社会里的人开始为了营养选择他们的食料,这是理性的时代,理性是指人依了已知道的手段和目的的关系去计划他的行为,所以也可以说是科学化的。

在现代社会里知识即是权力,因为在这种社会里生活的人要依他们的需要去做计划。从知识里得来的权力是我在上文中所称的时势权力;乡土社会是靠经验的,他们不必计划,因为时间过程中,自然替他们选择出一个足以依赖的传统的生活方案。各人依着欲望去活动就得了。

后　记

　　这集子里所收的十四篇论文是从我过去一年所讲"乡村社会学"的课程中所整理出来的一部分。我这门课程已讲过好几遍，最初我采用美国的教本作参考，觉得不很惬意，又曾用我自己调查的材料讲，而那时我正注意中国乡村经济一方面的问题，学生们虽觉得有兴趣，但是在乡村社会学中讲经济问题未免太偏，而且同时学校有土地经济学和比较经济制度等课程，未免重复太多。过去一年我决定另起炉灶，甚至暂时撇开经济问题，专从社会结构本身来发挥。初次试验离开成熟之境还远，但这也算是我个人的一种企图。

　　以我个人在社会学门内的工作说，这是我所努力的第二期。第一期的工作是实地的社区研究。我离开清华大学研究院之后就选择了这方面。二十四年的夏天，我和前妻王同惠女士一同到广西瑶山去研究当地瑶民的生活。那年冬天在山里遭遇了不幸，前妻未获生回，我亦负伤，一直在广州医院度过了春天才北返。在养病期间，我整理了前妻的遗稿，写成了《花篮瑶社会组织》。二十五年夏天我到自己家乡调查了一个村子，秋天到英国，整理材料，在老师 Malinowski 教授指导之下，写成了 Peasant Life in China 一书，在二十七年返国前付印，二十八年出版。返国时抗战已进入第二年，所以我只能从安南入云南，住下了，得到中英庚款的资助，在云南开始实地研究工作,写出了一本《禄村农田》。后来得到农民银行的资助,成立了一个小规模的研究室,附设于云南大学,系云大和燕京大学合作机关。我那时的工作是帮忙年轻朋友们一起下乡调查,而且因为昆明轰炸频繁,所以在二十九年冬迁到呈贡,古城村的魁星阁。这个研究室从此得到了"魁阁"这个绰号。我们进行的工作有好几个计划,前后参加的也有十多人,有结果的是:张子毅先生的《易村手工业》、《玉村农业和商业》、《洱村小农经济》;史国衡先生的《昆厂劳工》、《个旧矿工》;谷苞先生的《化城镇的基层行政》;田汝康先生的《芒市边民的摆》、《内地女工》;胡庆钧先生的《呈贡基层权力结构》。其中有若干业已出版。我是魁阁的总助手,帮着大家讨论和写作,甚至抄钢笔板和油印。三十二年我到美国去了一年,把《禄村农田》、《易村手工业》和《玉村农业和商业》改写成英文,成为 Earthbound China 一书,《昆厂劳工》改写成 China Enters the Machine Age。三十三年回国,我一方面依旧继续做魁阁的研究工作,同时在云大和联大兼课,开始我的第二期工作。第二期工作是社会结构的分析,偏于通论性质,在理论上总结并开导实地研究。《生育制度》是这方面的第一本著作,这本《乡土中国》可以说是第二本。我在这两期的研究工作中虽则各有偏重,但在性质上是连贯的。为了要说明我选择这些方向来发展中国的社会学的理由,我不能不在这里一述我所认识的现代社会学的趋势。

*　　　*　　　*

社会学在社会科学中是最年轻的一门。孔德(Comte)在他《实证哲学》里采取这个名字到现在还不过近一百年,而孔德用这名词来预言的那门研究社会现象的科学应当相等于现在我们所谓"社会科学"的统称。斯宾塞(Spencer)也是这样,他所谓社会学是研究社会现象的总论。把社会学降为和政治学、经济学、法律学等社会科学并列的一门学问，并非创立这名称的早年学者所意想得到的。

　　社会学能不能成为一门特殊的社会科学其实还是一个没有解决的问题。这里牵涉到了社会科学领域的划分。如果我们承认政治学、经济学有它们特殊的领域，我们也就承认了社会科学可以依社会制度加以划分：政治学研究政治制度，经济学研究经济制度等。社会现象能分多少制度也就可以成立多少门社会科学。现在的社会学，从这种立场上说来，只是个没有长成的社会科学的老家。一旦长成了，羽毛丰满，就可以闹分家，独立门户去了。这个譬喻确实是说明了现代社会学中的一个趋势。

　　讥笑社会学的朋友曾为它造下了个"剩余社会科学"的绰号。早年的学者像孟德斯鸠，像亚当·斯密，如果被称作社会学家并非过分，像《法意》，像《原富》一类的名著，包罗万象，单说是政治学和经济学未免偏重。但是不久他们的门徒们把这些大师们的余绪发挥引申，蔚成家数，都以独立门户为荣，有时甚至讨厌老家的渊源。政治学，经济学既已独立，留在"社会学"领域里的只剩了些不太受人问津的、虽则并非不重要的社会制度，好像包括家庭，婚姻，教育等的生育制度，以及宗教制度等等。有一个时期，社会学抱残守缺地只能安于"次要制度"的研究里。这样，它还是守不住这老家的，没有长成的还是会长成的。在最近十多年来，这"剩余领域"又开始分化了。

　　在这次大战之前的几年里，一时风起云涌地产生了各种专门性质的社会学，好像孟汉（Karl Mannheim）的知识社会学，Joachim Wach 的宗教社会学，叶林（Eugen Ehrlich）的法律社会学，甚至人类学家斐司（Raymond Firth）称他 We the Tikopia 的调查报告作亲属社会学。按这种趋势发展下去,都可以独立成为知识学、宗教学、法律学和亲属学的。它们还愿意拖着社会学的牌子,其实并不是看得起老家,比政治学和经济学心肠软一些,而是因为如果直称知识学或宗教学就不易和已经占领着这些领域的旧学问相混。知识学和知识论字面上太近似,宗教学和神学又使人易一见就分得清楚。拖着个"社会学"的名词表示是"以科学方法研究该项制度"的意思。社会学这名词在这潮流里表面上是热闹了,但是实际上却连"剩余社会科学"的绰号都不够资格了,所剩的几乎等于零了。

让我们重回到早期的情形看一看。在孔德和斯宾塞之后有一个时期许多别的科学受了社会学的启发,展开了"社会现象和其他现象交互关系"的研究,我们不妨称作"边缘科学"。这种研究在中国社会学中曾占很重要的地位。我记得在十五年左右以前,世界书局曾出过一套社会学丛书,其中主要的是:社会的地理基础、心理基础、生物基础、文化基础等的题目。孔德早已指出宇宙现象的级层,凡是在上级的必然以下级为基础,因之也可以用下级来"解释"上级。社会现象正处于顶峰,所以从任何其他现象都可以用来解释它的。从解释进而成为"决定论",就是说社会现象决定于其他现象。这样引诱了很多在其他科学里训练出来的学者进入社会学里来讨论社会现象,因而就从社会学里引出了许多派别:机械学派、生物学派、地理学派、文化学派。苏洛金(Sorokin)曾写了一本《当代社会学学说》来介绍这许多派别。这书已有中译本,我在这里不必赘述。(黄凌霜译,商务印书馆出版)

虽则苏洛金对于各家学说的偏见很有批评,但是我们得承认"边缘科学"的性质是不能不"片面"的。着眼于社会现象和地理接触边缘的,自不能希望他会顾到别的边缘。至于后来很多学者一定要比较哪一个边缘为"重要"因而发生争论,实在是多余的。从边缘说,关系是众多的,也可以是多边的,偏见的形成是执一废百的结果。社会学本身从这些"边缘科学"所得的益处,除了若干多余的争论外还有多少,很难下断语,但是对于其他科学却引起了很多新的发展,好像人文生物学、人文地理等等,在本世纪的前期有了重要的进步,不能不说是受了社会学的影响。

社会现象有它的基础,那是无从否认的;其他现象对社会现象发生影响,也是事实;但是社会学不能被"基础论"所独占,或自足于各种"决定论",那也是自明的道理。社会学躲到这边际上来是和我上述的社会科学分家趋势相关的。堂奥既被各个特殊社会科学占领了去,社会学也只能退到门限上,站在门口还要互争谁是大门,怎能不说是可怜相?

社会学也许只有走综合的路线,但是怎样综合呢?苏洛金在批评了各派的偏见之后,提出了个 X+1 的公式,他的意思是尽管各派偏重各派的边缘,总有一个全周。其实他的公式与其说是"综合"不如说是"总和"。总是把各边缘加起来,和是调解偏见。可是加起来有什么新的贡献呢?和事佬的地位也不够作为一门科学的基础。社会学的特色岂能只是面面周到呢?

社会现象在内容上固然可以分成各个制度,但是这些制度并不是孤立的。如果社会学要成为综合性的科学,从边缘入手自不如从堂奥入手。以社会现象本身来看,如果社会学不成为各种社会科学的总称,满足于保存一个空洞的名词,容许各门特殊的社会科学对各个社会制度做专门的研究,它可以从两层上进行综合的工作:一是从各制度的关系上去探讨。譬如某一种政治制度的形式常和某一种经济制度的形式相配合,又譬如在宗教制度中发生了某种变动会在政治或经济制度引起某种影响。从各制度的相互关系上着眼，我们可以看到全盘社会结构的格式。社会学在这里可以得到各个特殊的社会科学所留下的，也是它们无法包括的园地。

以全盘社会结构的格式作为研究对象，这对象并不能是概然性的，必须是具体的社区，因为联系着各个社会制度的是人们的生活，人们的生活有时空的坐落，这就是社区。每一个社区都有它的一套社会结构，各制度配合的方式。因之，现代社会学的一个趋势就是社区研究，也称作社区分析。

社区分析的初步工作是在一定时空坐落中去描画出一地方人民所赖以生活的社会结构。在这一层上可以说是和历史学的工作相通的。社区分析在目前虽则常以当前的社区作研究对象，但这只是为了方便的原因，如果历史材料充分的话，任何时代的社区都同样可作分析对象。

社区分析的第二步是比较研究，在比较不同社区的社会结构时，常会发现每个社会结构都有它配合的原则，原则不同，表现出来结构的形式也不一样。于是产生了"格式"的概念。在英美人类学中这种研究的趋势已经十分明显，好像 Pattern, Configuration, Integration 一类名词都是针对着这种结构方面的研究，我们不妨称之作"结构论"（Structuralism），它是"功能论"（Functionalism）的延续。但是在什么决定"格式"的问题上却还没有一致的意见。在这里不免又卷起"边缘科学"的余波，有些注重地理因素，有些注重心理因素。但这余波和早年分派互讦的情形不完全相同，因为社区结构研究中对象是具体的；有这个综合的中心，各种影响这中心的因素都不致成为抽象的理论，而是可以观察、衡量的作用。

在社区分析这方面，现代社会学却和人类学的一部分通了家。人类学原是一门包罗极广的科学，和社会学一样经历了分化过程，研究文化的一部分也发生了社区研究的趋势。所以这两门学问在这一点上辐辏会合。譬如林德（Lynd）的 *Middletown* 和马林诺斯基（Malinowski）在 Trobriad 岛上的调查报告，性质上是相同的。嗣后人类学者开始研究文明人的社区，如槐南（Warner）的 *Yankee City Series*，艾勃里（Embree）的《须惠村》（日本农村）以及拙作 *Peasant Life in China* 和 *Earthbound China*，更不易分辨是人类学或社会学的作品了。美国社会学大师派克（Park）先生很早就说：社会学和人类学应当并家，他所主持的芝加哥都市研究就是应用人类学的方法，也就是我在上面所说的"社区分析"。英国人类学先进布朗（Radcliffe-Brown）先生在芝加哥大学讲学时就用"比较社会学"来称他的课程。

以上所说的只是社会学维持其综合性的一条路线，另一条路线却不是从具体的研究对象上求综合，而是从社会现象的共相上着手。社会制度是从社会活动的功能上分出来的单位：政治、经济、宗教等是指这些活动所满足人们不同的需要。政治活动和经济活动，如果抽去了它们的功能来看，原是相同的，都是人和人之间的相互行为。这些行为又可以从它们的形式上去分类，好像合作，冲突，调和，分离等不同的过程。很早在德国就有形式社会学的发生，席木尔（Simmel）是这一派学者的代表。冯维瑞（Von Wiese）的系统社会学经贝干（Becker）的介绍在美国社会学里也有很大的影响。派克和盘吉斯（Park and Burgess）的《社会学导论》也充分表明这种被称为"纯粹社会学"的立场。

纯粹社会学是超越于各种特殊社会科学之上的，但是从社会行为作为对象,撇开功能立场,而从形式入手研究,又不免进入心理学的范围。这里又使我们回想到孔德在建立他的科学级层论时对于心理学地位的犹豫了。他不知道应当把心理现象放在社会现象之下,还是之上。他这种犹豫是起于心理现象的二元性:其一是现在所谓生理心理学;其二是现在所谓社会心理学。这两种其实并不隶属于一个层次,而是两片夹着社会现象的面包。纯粹社会学可以说是以最上层的一片为对象的。

总起来说,现代社会学还没有达到一个为所有被称为社会学者共同接受的明白领域。但在发展的趋势上看去,可以说的是社会学很不容易和政治学、经济学等在一个平面上去分得一个独立的范围。它只有从另外一个层次上去得到一个研究社会现象的综合立场。我在这里指出了两条路线,指向两个方向。很可能是再从这两个方向分成两门学问:把社区分析让给新兴的社会人类学,而由"社会学"去发挥社会行为形式的研究。名称固然是并不重要的,但是社会学内容的常变和复杂确是引起许多误会的原因。

*　　*　　*

依我这种对社会学趋势的认识来说,《生育制度》可以代表以社会学方法研究某一制度的尝试,而这《乡土中国》却是属于社区分析第二步的比较研究的范围。在比较研究中,先得确立若干可以比较的类型,也就是依不同结构的原则分别确定它所形成的格式。去年春天我曾根据 Mead 女士的 *The American Character* 一书写成一本《美国人的性格》,并在该书的后记里讨论过所谓文化格式的意思。在这里我不再复述了。这两本书可以合着看,因为我在这书里是以中国的事实来说明乡土社会的特性,和 Mead 女士根据美国的事实说明移民社会的特性在方法上是相通的。

我已经很久想整理这些在"乡村社会学"课上所讲的材料,但是总觉得还没有成熟,所以迟迟不敢下笔。去年暑假里,张纯明先生约我为《世纪评论》长期撰稿,盛情难却,才决定在这学期中,随讲随写,随写随寄,随寄随发表,一共已有十几篇。储安平先生约我在观察丛书里加入一份,才决定重新编了一下,有好几篇重写了,又大体上修正了一遍。不是他们的督促和鼓励,我是不会写出这本书的,但也是因为他们限期限日的催稿,使我不能等很多概念成熟之后才发表,其中有很多地方是还值得推考。这算不得是定稿,也不能说是完稿,只是一段尝试的记录罢了。

三十七年二月十四日于清华胜因院

生育制度

生命科学

派与汇(代序)[*]

一 代序的话

对于孝通的作品,借了作序之名,我又取得一次先睹为快的机会。

这是孝通六七年来在西南联合大学与云南大学开授的一个学程,就叫做"生育制度"。其实所论的不止是生育,凡属因种族绵延的需要而引伸或孝通所称"派生"出来的一切足以满足此基本需要、卫护此重大功能的事物,都讨论到了。它实在是一门"家庭制度",不过以生育制度为名,特别从孝通所讲求的学派的立场来看,确更有点睛一笔之妙。这也是他关于此学程的全部讲稿,历年以来,不断地补充修正,才告完成;只有最后的一两章是最近补写的,因为刚从西南避地归来,旅途困顿,行止不常,又值天气闷热,与西南的大相悬殊,文思汗汁,同其挥洒,极感不能畅所欲言的苦痛,孝通自己颇有因此而将全稿搁置的意思,后来还是经我的劝告,才决定姑先付印。人生几见玉无瑕,何况瑕之所在是很有几分主观的呢?又何况此瑕不比彼瑕,前途是尽有补正的机会的呢?

将近二十年前,我对于家庭问题也曾写过一本书稿,自此迄

---

[*] 本书代序按潘光旦的《政学罪言》(观察社,1948年版)稍作改动。——编者

今，也曾不断地有所论列。我们先后的尝试有一点是相同的，就是都从生育的功能出发。不过有一点是很不同的，我所注意的是问题，不是制度本身；问题需要解决，所以我的用意是在提供一些改革的意见与方案，属于下文所谓社会理想的一路；我的眼光是直截了当的优生学的，属于下文所叙到的生物学派。孝通的则不然。他所注意的是制度本身，用意是在就种族绵延的起点和制度完成的终点之间那一大段社会的与教化的文章，加以推敲分析；他的目的是在研究；他的尝试是学术性的，而属于下文所称社会思想的一路；他的眼光则属于下文将略有说明的所谓功能学派，是社会学派或文化学派的一个。好比造房子，孝通所关心的是，从居住的需要开始，到建筑的完成为止，一面要看房子是怎样构造起的，一面也招呼到和居住直接间接有关的种种需要，和此类需要的未尝不因房子的构成而获得满足；我的却仅仅表示了一个有好房子住的希望，提出了一个好房子的图样来，究属好不好，也还是另一问题。两者相较，无疑的他的尝试要比我的更为基本，更为脚踏实地。也无疑的，他这一番工作应该先做，我的则失诸过早。

我对于功能学派一向没有深究过，近年和孝通不时接触，始取得更进一步的认识；这认识是不是已够清楚，下文所作一部分的交代是不是已够明白，还希望孝通和其他同学派的朋友指点出来。我对于这比较新颖的学派是相当地欣赏的，倒不是因为它新颖，乃是因为它于推陈出新之中能比较的综合，比其他社会学派或文化学派为更有题目中所用的汇字的意趣，下文亦将有说明。不过有一点我希望孝通和其他用功能论的眼光来研究社会与文化现象的朋友们要注意提防，就是下文所论的一般的"我执"心理，特别是此种心理所养成的"一切我自家来"的倾向。功能论既已很有汇的趣味,淘如下文所论,它所称自家之家,门户自不致太狭,派头自不致太小,事实上它和别人所已发生的"通家之好"已经是很显著;但大门墙可以出小气派,表面的通好可能是实际的敷衍,还是不能不在在提防的。例如即就孝通所论列的生育制度而言,功能论者是充分地承认到所谓种族绵延的生物需要的,这表示和生物学已经有了通家之好,但舍此而外,一切构成生育制度的材料与力量,一切其他的条件,好像全是社会自家的了,文化自家的了。这是事实么?我以为不是。鸟类构巢,蜂蚁之类造窝,若论居住的基本需要,它们是和人类一般无二,即同是天赋的要求,是生物学的;但鸟类蜂蚁没有文化,所恃的全属于心理学所称的本能,即一种生物的自然倾向,何独一到人类,全部的居住制度或任何满足一种基本需要的制度,便除了基本需要的最起码的一点而外,都算作社会与文化之赐而和自然的倾向完全绝缘了呢?鸟类蜂蚁是完全本能的,人类则除了起码的一点而外,全是文化的,在事理上总有一些讲不大通。我看问题还是出在"我自家来"的身上,能自家来总是自家来,能不仰仗别人就不仰仗别人,如果把这种精神用在一个人的自尊与独立的发展上,用在教育事业里,原是极好的,但若用在学术的领域里,我们所能得到的,充其极,可能是表面上很完整、内部也很玲珑精致的一大个归根是演绎逻辑的结构,而和现象的比较通体的解释或洞澈的认识不大相干。这就陷进一切学派的泥淖了,学派的主张既成为不可动摇的大前提,于是一切探讨的工夫,名为自果推因,实同自因寻果。

孝通在这本稿子里,大体上并没有表示一切都要自家来,因为他的准备比一般社会学者或人类学者为广博,包括多年的生物学的训练在内。不过提防还是需要的。学者总希望自成一家言,自成一家当然比人云亦云、东拉西扯、随缘拼凑、一无主张的前代的笔记家和当代普通的教科书作家要高出不知多少筹,但如求之太亟,则一切自家来的结果或不免把最后通达之门堵上。孝通在本书里有若干处是有些微嫌疑的。在不察者可能认为一家之言,必须如此说出,否则不足以为一家之言。但在博洽明达的读者便不免以"自画"两字目之了。有一两处最后已经孝通自己加以改正。至于本书条理的畅达轩豁,剖析的鞭辟入里,万变而不离功能论的立场,章法井然,一气贯串,则也未始不是一家言的精神的充分表示,在学殖荒落、思想杂遝的今日,也正复有它的贡献,初不因我的期勉的话而有丝毫损色。不过我深知对于孝通的作品,外间欣赏以至于恭维的反应决不怕太少,陈义较高而互相勖勉的话还得让老朋友来说。

  大概孝通是要我说这一类的话的,所以要我写这篇序;我也乐于接受这差使,因为我比较能说的也就是这一类的话。我说过,我对功能论没有深切的研读,我不能用同一学派的立场,就孝通的议论,或加以推挽,或寻求罅漏,而写成一篇就书论书的序;我只能就一个更广泛的立场,更超脱的展望,抱着对孝通一个更通达远大的期待,写成了一篇代序;好在在这样一个立场、展望、与期待之中,功能论还是有它的不可磨灭的地位。

二 释派与汇

  天下凡属有发展的过程的事物似乎都取一个梭子形的公式,起初单纯,中段复杂,末了又归于一种新的单纯;或起初笼统,中段分化,末了又归于一种新的笼统,我们叫它做综合。如果延展下去，这笼统或综合可能是又一节新分化的准备，而终于再来一个梭子似的过程。自然现象界一切有循环性的东西都可以说是采用了这样一个公式的，因为我们知道，所谓循环也者决不是一个单纯的循环，好比一根铁丝做成的圈子似的，乃是一度循环之中，必有一个比较分化而复杂的段落，而循环的起点与终点也并不衔接，即可能是弹簧式的。植物化学家所盛称的育气的循环（the nitrogen cycle）就是如此。水的循环，大之如液体与气体的更迭变化，小之如江河湖海的流转分布，也都循着这个公式。生物滋长与嬗递世代，由种子发展为个体，由个体归结到种子，走的也是这条路。而个体由单纯的幼冲时代，经过成熟而繁变的壮年之后，以归于衰老，也有相似的情形，因为衰老也是比较单纯的；以人而论，文学家如莎翁就称之为"第二个童年"；一个人经过了所谓不惑、知命、耳顺的年龄之后，总是比较的饱经风露，炉火纯青，看得开，放得下，换言之，他的生活必然的要比壮年人简单得多了。

　　文化、学术、思想的演变也似乎未能外此。把人类文化当一个总集体看，如此，把民族文化或文化的各方面分开来看，也复如此；不过如果分开了看，有的民族或方面所已经历的可能不止是一个梭子罢了。就思想一方面论，以中国为例，春秋战国以前，是单纯的一个时期，春秋战国那一段，百家争鸣，不衷一是，是分化而复杂的，而秦汉以降，儒家蔚为主流，又复比较的归于综合单纯，以迄于最近，好像又正在酝酿着一个分化而复杂的新时期。以西洋为例，也有相似的形势，荷马所代表的希腊时代的思想说不上复杂两个字，从希腊全盛到灭亡的时期，好比我们的春秋战国，是变化多端的，而自基督教的传播以迄于三四百年前，显然又归宿到一个虽不融通而也还单纯的段落；三四百年以来，文艺复兴、宗教改革、科学兴起、工业革命等等，一面是思想日趋复杂的因，一面也未尝不是思想日趋繁变的果；目前西洋的思想还是在这第二度分化与夹杂的段落之中，短期内是否会有一个新的综合，虽不可必，但端倪已经有了一些，下文当续有讨论。

时人喜欢把思想比做水，例如说"思潮"。水是动的，绝对的止水或死水是不能想象的；思想也是动的，自身的发展是动，与生活的相互影响也是动，绝对不动的思想也是一样的不能想象。所以在相当限度以内，这比喻的用法是有它的方便的。我在本文题目里也用到形容水的两个字，派与汇，派指思想的分歧，汇指思想的会聚，派是分析，汇是综合，派是家数，汇是集成。学派的说法是一向有的。汇的说法也是明说暗说的都有；《百川学海》一类的书名是暗说的，"文汇阁"、《文汇报》一类的名称就明说了。春秋战国时代的诸子百家，每一子每一家是一个学派。到孔子被人称为"集大成"，就有汇的意思了；是否真集大成，真汇，固然是另一问题。孟子说孔子，提到"河海之于行潦"，那汇的意思更是显然；又提到"盈科而后进"，那盈科两字也有汇的意思；至于后代的学术思想究属进了没有，那也是另一个问题。

三　社会思想与汇

上文说到西洋的思想三四百年来始终是分化而繁变的，这自然是一个大体与纲要的说法。若论其目，则大分化之中也未尝没有小综合，大纷纭之中未尝没有单纯化的企求，流派的大奔放之中未尝没有汇合的尝试。19世纪就是这样一个企求与尝试的时期。

派与汇（代序）

就社会思想一方面来说，我们很容易联想到几个尝试的人，孔德、达尔文、斯宾塞尔、马克思、福洛伊德等，不过福洛伊德已经跨到20世纪的初年了。这几个人中间，孔德是相当成功的；达尔文所注意的事实虽若限于生物方面，但他所提出的汇合的原则——演化论，经由斯宾塞尔、赫胥黎，以及大批的所谓社会进化论者的引伸推广之后，确乎发生过不少融会贯通的力量。马克思和福洛伊德都有一番"汇"的苦心，但因其专门注重生命的真实的某一两个方面，有如饮食男女，其结果，至少就思想一方面说，适促成了派别的加强的发展，比较通盘的汇合的影响无由见到。如果生命的真实，推本穷源，只限于饮食与男女两件大欲，则马、福两人虽没有一人得窥全豹，至少还能平分春色或平分秋色（究竟是春色秋色，要看读者的襟怀，在此无须确定），而事实上生命的真实所包含的似乎决不止此。

说到孔德的尝试相当成功，我们又很容易的会联想到他的"科学的级层说"，后来演化论发达之后，又有人叫做"现象的演程说"；正唯各类现象的演出有先后迟早，斯各门科学的地位有本末高下；无论级层说也罢，演程说也罢，从此以后，我们对万殊的物象，算是有了一个综合的看法，如果宇宙有如一挂大网，自有其脉络可寻，从此也就纲举而目张，通体可以概见了。也无论用的是哪一个说法，以至于其他大同小异的说法，有如斯宾塞尔的无机、有机、超有机的三界说，我们总承认，宇宙肇基于化学、物理的种种活动，进而发生生物、生理、心理的种种现象，再进而产生社会，形成文化。中间的小层次不论，这下、中、上的三层与层层相因的原则是确立了。这最上层的社会与文化，尽管气象万千，变化莫测，决不是无端发生的，决不是单独创出的，也决不是独立的、隔离的、而与理化生物的境界全不相干的；尽管花明柳暗，别有洞天，却并不在天上，而依然以寻常的天时地理、山川陵谷做基础,也始终和洞天以外的天时地理、山川陵谷毗连衔接,可以出入交通。这一点小小的综合,在目前看来,虽若老生常谈,卑不足道,在立说的当初,却自有其开拓襟怀、网罗万有的意义,令人油然起宇宙一家、万物一体的感想,而使纷纭杂遝的思想学说得收衷于一是的效果。

达尔文的贡献也就是在这条路线上。不过有广狭的两部分。广的就是适用于一切现象的一般的演化原则,可以归入上节的话里,无须重说。狭的部分是所谓有机演化论,就是就三界中的中间一界特殊的作一番原委的推寻与因素的剖析。这推寻与剖析的过程大体上有如下述。起点是马尔塞斯在他的《人口论》中所已发挥的蕃殖与其限制的普遍事实。第二步是变异与遗传现象的发见与观察。第三步,由于变异与遗传的事实,进而推论并注视到物类间的竞争(事实上未尝不包括物类之间的互助现象在内)。第四步,终于到达一个适者生存的结论,所谓淘汰或选择者是,而所谓适,指的当然是变异或遗传品性与环境的两相调适,而选择的结果便是各个物种的形成了。蕃殖、变异、遗传、竞争、选择或淘汰、调适或位育,与最后物种的形成,一边是生物学家所观察到的现象,一边也就成为演化论者的几个基本概念,其中一大部分也时常被称为演化的成因。我叙到这些概念,因为它们对于前途社会思想的继续发展大都有很密切的关系,说见下文。

四　社会思想与派

不错的,孔德与达尔文所做的都不能不说是一番集成与总汇的工作。不过学术思想是动的,是要继续发展的,大概不会因有人加以总汇而从此停顿,从此安于一个盈科而不进的局面;在二千多年前的中国思想界固然发生过这种情形,在求知特别迫切、竞争特别剧烈、而科学方法已趋于成熟的近代西洋是决不会的。一向天下大势,分久必合,合久必分,而近代的天下大势,分虽可久,而合则未必持久,于是从19世纪下半叶以迄于今,于一度总汇之后,紧接着一个新的分派的局面,而"派"的种子原早就寄寓在"汇"的中间。这话就又回到孔德与达尔文了。

现象的演程或科学的级层就替分派的趋向种下一个根苗,每一个"程"或"层"逐渐引伸、扩展,而独立自主起来,终于成为一个学派。上文简括的只说了三个级层,其实还不止此。化学与物理可以分做两层;而生理可以从生物里划分出来;后来心理学日趋发达,骎骎乎自成一层,社会与文化,不用说,也大可以分成两层。这样一来,派别就已经多得可观了。还不止此。每一层次本身就并不简单。物理中有数理,其他级层的现象中也未尝没有数理,数理是经,一切科学是纬,从笛卡尔以来,要成一门科学而不讲数量的分析,是大家公认为不可能的;于是社会思想的学派,可能又添上一个数理派,单独存在,或作为理化派的一个支派,而事实上确乎有。它如力学、重学等也都演成若干支派,所以物理学派也往往叫做机械学派。循了层次上推,接着是一些地理学派,我说一些,因为其中也不止一二家数,有的注重天象天气,有的着意地形地势,有的关心居家区位,产物作业,这样已经是好几家了。以上都属于所谓无机的级层。

再上是生物派了。这一派的分支之多是更要在机械与地理两学派之上。生物体和机械体不同,是所谓有机的,即部分之间有一种活的功能上的紧密的联系。社会思想家中有人认为社会就是这样一个活的物体，于是就有了有机论的一个支派。在生物学界里，这有机体的概念是在演化论发展之前早就有的，不过过此以后我们就要想到达尔文了。蕃殖的概念产生了人口论或人口数量论的支派；人口论不是人口学，人口学是研究人口本身的，人口论是想以人口的蕃殖作为社会现象与社会变迁的一个解释的。变异、遗传、选择三个概念是分不开的，因此也有人引为根据，构成一派解释社会的理论，认为社会的治乱、文化的盛衰、民族的兴替，可以用变异的多寡、遗传的良窳、选择的正负来说明；所谓优生论或民族品质论的成为一个支派，就是这样来的。竞争的概念则演而为一派战争论，有的认为社会进步非仰仗战争不可，有的认为初期虽然如此，社会文化进展到相当程度，暴力之争势必减少而归于消灭，所以这派的内容也并不单纯。物种的概念也没有落空，所谓种族论，或种族武断论，认为种族有高下优劣，一成而不易变，愈以为不变，则其为武断也愈甚。这些支派之间，不用说，有的是比较独立的，有的不免彼此纠缠，例如选择论之于种族论，有的不大武断的种族论者大都是接受了选择论的。演化理论是一大堆概念中唯一没有演成一个社会思想的支派的似乎只有"调适"或"位育"的概念，可能是因为它比较的最富有综合性，最有"汇"的意味；大凡讲调适就不能不讲关系，每个物体本身内部的关系，物体与物体之间的关系，物体与所处境地的关系，都得讲求到家，因此就不容易分而成派，不特不容易从有机的级层分出来，抑且不容易和无机及超有机的各级层完全绝缘，独行其是。不过至 20 世纪初叶以后，特别是最近的一二十年，上面这一段话又见得不甚适用，位育的概念终于帮同推演了一个新的学派出来，说见下文。

心理学是比较后起的一门科学，孔德在他的级层说里根本来不及提到它，后人虽有意把它补进那级层的祖庙里去，但昭穆的地位很难确定，有的人，即心理学家自己以及对心理学特别阿好的人，主张设位应在生物学之上，社会学之下，意思是，心理现象虽须溯源生物现象，它自身则是社会现象的生命赋与者；另有一部分人却以为没有群居生活的交相感应，则根本就不会有我们所了解的心理生活，我们的心理生活，和动物心理不同，动物心理可以老老实实地归入生物学与生理学，而我们的不能，我们的心理是团体的、社会的，所以位应在社会科学之上，也就是在社会科学之后。这一笔官司现在还并没有打完，我们留待下文再论。不过心理学者一面对外打这官司，对内却也有阋墙之争，就是，也有派别分化，例如本能论、行为论、与情欲兴趣论。本能论与情欲论和生物学派的遗传论很近，承认一切社会行为有先天的倾向以至于先天的命定；行为论则和生理学有密切的关系，不过研究的人但就行为的表见下手，但就看得见的事物刺激与动作反应着眼，生理的内幕他是不管的。大概地说，三个支派之中，本能论和情欲论与生物的级层为近，而行为论则不得不倾向于社会的级层，因为刺激的来源与反应的对象多少总有好几分社会的意义。

社会与文化的级层不妨并在一起叙述。孔氏的科学级层里原先没有列出文化，大概认为科学而外的一般文化可以纳入社会的级层中，不须另列。到演程说出，始明白把它列入，位在社会之上之后。换言之，如果级层与演程可以比做一座塔的话，这些是塔顶上的一二层了。欲穷千里目，更上一层楼，行百里者半九十，这一二层的地位虽极崇高，其所经历的风云变幻也较其他层次为多而亲切，但总须以在前在下的各级层做基础，一个虚悬的塔尖，或一座浮空的临春、结绮一类的高阁的建筑，是不能想象的。上文所叙述的许多学派的所以存在，所以发展，目的可以说就在教这塔尖不落虚空。这些学派中人各把解释社会与文化的理论，一套一套地抬出来，倒不完全因为他们都是好事之徒，想巴结社会，讨好文化，也不完全因为他们有些中国人脾气，想以卖老或自居长辈的方法，来占人家便宜，还是因为各级现象之间是存在着一种不容抹杀的本末先后与前因后果的关系，社会与文化既属后起，尽管挺秀有加，令人生畏，在追寻种种成因的时候，自不宜完全数典忘祖，饮水忘源。可能因为这种态度发展得过分了些，也可能因为祖宗太多，各说各的，历久不衷一是，也可能因为有的理论所从出的级层毕竟是太远了些，中间跳过了好几个其他的级层，说出话来总有几分不着边际，隔靴搔痒——这一类的原因终于激出了一个反应，就是，从事于社会与文化研究的人被激而就其自己所属的级层中寻求解释，而形成了若干理论的套数。这便是社会学派与文化学派的一大部分的由来了。社会与文化级层中的部分特别多，关系也特别复杂，所以自谋解释的努力本来就可以收几分效果；但学派中人到此，不免更强调这"自谋"与"自家来"的原则，求人不如求己的原则，并且进一步地认为理应如此，认为别级层中的学者的拦入社会与文化的领域是越俎代谋，是舍己耘人，是一个错误。这态度一来，其所以成为一两个单独的学派，就更见得壁垒森严了。

　　社会学派的支流自也是不一而足。其分化的根据是一些概念上的不同与着重点的互异。我们不妨先把这些概念比较拉杂的胪列一下，事实上也很难避免拉杂，一则这些概念本身就不够清楚，再则它们中间也不免有掩叠与重复之处。每一概念自必有其对待，例如：形式对待内容；纯理对待事实与问题；人伦关系对待人的自身；集体的表象对待个人的行为；意识环境的外铄对待人的固有；动态对待静态；常经对待畸变；一般的结构功能对待零星局部的分析；等等。每一对概念的上面一个是社会学派的支派们所特别注意以至于认为非从此着眼便不成其为社会之学的，至于对方所包括的种切，则虽在社会之内，虽未尝不是社会现象的一部分，却不是社会研究的道地的对象，而应该交给生物学、心理学，以及其他的社会科学如政治学、经济学之类，归它们去推敲。这样了解的社会学与社会思想，因此有人就称它们为道地社会学与道地社会学派，好比道地药材一样，也有人称此派社会思想为唯社会论，好比唯心论唯物论一般。

文化学派，也有人叫它做心理社会学派，从某一种方面看，可以和社会学派划分得相当清楚，就是它比社会学派要具体。"不求人"的精神，上文说过，是一样的。比较具体之所在是它能运用文化的多方面或某一方面来解释文化，解释者虽仅仅是文化的一二方面，而被解释者当然是文化与社会的全部了。到目前为止，用文化的一方面来解释社会文化全部的努力自然也不止一家，其中历史比较最久、而也最有些效果的是经济与生产技术，就是马克思的一派，其次是宗教与伦理，再其次也许是法律；尝试的人都不算少。它如教育、艺术、语言文字、风俗习惯、舆论清议、科学、哲学，零星提出的也颇不乏人。即就三四十年来中国的救国论调与改革论调而言，已经可以看出此种情形来，发为议论的人虽未必都成派别，但信念既笃，主张又很绝对，行动又很积极，可知成派的趋向，始终存在，所缺的是一些成套的理论工夫而已。读者如不厌噜苏，我们不妨极简单地数说一下。在经济一方面，民生主义、共产主义、社会主义、计划经济一类的议论，我们应有尽有，是最不惮烦言的。

基督教的"中华归主"运动、其他宗教的有组织的努力、孔教会或孔学会一类的团体活动、政府对于心理建设的号召、新生活运动的提倡、一般人对于世风与人心不古的烦言，则都假定如果宗教与道德上了轨道，全部的社会生活便得所安定，诸般的社会问题便自然解决。从清末维新以至今日，全部法治的主张，全部教育的努力，自各有其一些社会思想的背景。检字方法、索引方法，以及文字本身的改革方案，三四十年来，也多至不胜枚举，目的也无非是想经此途径推广教育，革新文化，而达成社会的改造。艺术一方面，比较荦荦大者我们至少可以提出蔡孑民先生的美育运动和王光祈先生的音乐救国论，在提倡的人一定认为如果广大的民众不懂得审美，如果音乐不普遍发达，中国的社会与文化便始终不会走上健全的路。

上文两节话的用意端再表示在社会思想的不算太大的领域里，思想之流，即在最近百年以内，如何由派分而汇合，更由汇合而派分的一些迹象。这分合聚散的过程，事实上当然比我们在这里所说到的要复杂得多。从机械学派到文化学派中间一大串的大小派别，当然决不会完全由孔、达两氏的一二番汇合的努力里很单纯地推演而出；它们自分别的还有别的来源，哲学的、科学的、宗教的、艺术的、种种思潮，对于这些派别的构成，自也有它们的贡献，例如18世纪物理科学的发达之于机械学派，哲学中唯物一元论之于经济学派，基督教传统之于宗教学派，都是极明显的。

五　社会思想与社会理想

社会思想，根据它的立场或观察的据点看，可以分做上文所叙的大小派别,如果根据用意或目的来看,它又可被划分为两种或三种。第一种是比较严格的社会思想。第二种应该叫做社会理想。第三种是社会玄想或社会冥想。普通谈论社会思想的人是不这样分的,但这分法实际上是相当的重要,百年来社会理论界的纠纷混乱,一半虽由于派别之多,一半也未始不由于这样一个分法的未经大家公认。为讨论的方便起见,我们不妨先列一个表:

	对象	目的	运用的心理方面	理论方法
社会思想	以往及目前的社会	了解,说明,解释	理智的体认与分析为多	因果的推寻,关系与关联的发现;归纳逻辑为多
社会理想	未来的社会	改造至于革命	意志,情绪,信仰为多	演绎逻辑为多,强作综合或至于武断
社会冥想	未来以至于莫须有的社会	憧憬,慰藉,逃遁	情绪的依恋,至于感伤主义;幻觉,白日梦,至于错觉	可根本不问方法,不用逻辑

上表四个栏目里,目的一栏自是最关重要,因目的不同,其他节目就势必不能一样。严格的社会思想既志在解释,则势不能没有具体的物象,而此种物象正可取给予以往与当前的社会。反转来说,以往与当前的种种社会现象原是需要了解的,它们的来龙去脉以及相互的关系也需要弄一个清楚,正好比自然界的一切现象一样。社会现象也需要一番观察、整理、分类、量断,才可以让我们充分地了解,才成为一门或几门科学;在构成科学之前与之际,也必有其种种假设,种种理论上的探索,这就是社会思想了。社会思想提出的问题是,社会曾经是什么,现在是什么,以前的"曾经是"和目前的"是"中间,又有些什么渊源;对于将来可能是什么,社会思想家或许愿意鉴往知来的作一番推测,但这不是他的主要的任

务：至于未来的社会应该是什么，如何而可以尽善尽美，他是搁过不问的，若问，他是暂时放弃了社会思想家的地位而采用了理想家的身份，才问的。

社会理想的用意是在改造社会，改造的工夫势不能用之于过去的社会，即用之于已经在某一种趋势中的当前的社会，也不免徒劳无功，于是就不能不以未来的社会做对象了。反转来说，未来的社会也确乎是需要我们措意的。人是有希冀的一种动物；他的生活的很大的一部分是寄托在过去的留恋与未来的指望之中。宗教家觉得最引人入胜而足以支持他的生命的东西，是前途的那个乐园或任何理想的世界。不过理想的社会大概不会自己来到的，它需要人力的招致，于是，第一步，我们必须建立一些鹄的，认定一些路线，制成一些计划。这鹄的、路线、计划一类的东西我们统称之曰理想，不是思想。第二步，我们对此理想，必须培植一番情绪，养成一番信念，务使此理想得因多人的拳拳服膺而长久维持；这也就是宣传组织的一步。第三步，不用说，是企图实现这理想的种种努力了。社会理想所运用的心理生活的方面，显然的与社会思想所运用的不同，它要的是更坚强的意志，更热烈的情绪，在求其实现的时候，又需要活泼的动作。理智的分析当然不会没有，因为它多少总须利用一些历史的经验和学术的结论，来支持它自己，来为自己张目，不过这些终究不是主要的心理成分。又因为理想是不轻易改动的东西，它是一切的准绳，一切的大前提，这一部分理智的活动极容易走上自因推果或演绎的一路，以至于趋于武断抹杀，武断其与自己符合的部分，而抹杀其与自己冲突的部分。这并不是说社会思想家就不会武断抹杀，不，他也一样地有这种趋势，特别是在他暂时放弃思想家的身份的时候，不过一经踱出思想家的岗位,他就容易被人指摘,因而不能不多自检点;一向是理想家的人就不然了,人们对理想家的武断抹杀,取的也往往是一个容忍以至于拥护的态度,容忍的是一般不认真的人,拥护的是认真而同具此种理想的心理倾向的人。

思想、理想,以及第三种的冥想,是不能绝对划分的。理想家多少得利用一些思想,而思想家也随时可以蹀出而成理想家。理想家的理想,如果完全不理会经验与现实,但凭一己的爱憎臆断,而形成一套或一些不大成套的看法,认为社会必须如此这般,他才踌躇满志,不枉此一生,他就进入了冥想的境界了。冥想虽无疑地牵涉到社会,一种如意算盘的社会,实际上可以说是没有社会的目的的,它既不想解释社会,又不想改造社会;冥想家总觉得当前的社会太不像样子,他认识不来,也不求认识,社会也不认识他,他对此社会,也丝毫动摇不了,社会也休想影响到他,社会与他,可以说是绝了缘的。但他又并不甘心,因为人总是需要社会的;事实上的好社会不可得,至少想象上的好社会他是可以有的,因为人是富有想象能力的一种动物。于是,他在他的脑海或心田里就建立起这样一个社会来,并且在他看来是一个尽善尽美的社会。外国的象牙之塔与中国的空中楼阁一类的建筑物,就是这样来的。这决不是三年建筑不成的道旁之室,而是信手拈来都成的妙谛。一部分宗教徒所憧憬的天国或极乐世界也就是这东西;我说一部分,因为其余应当归入理想家的范畴。冥想的唯一的社会意义,可能是给现实社会一个对照,一些讽刺,给那些太满意于现实的人一些刺激,太困顿于现实之中的人一些慰藉,好比诗歌文艺的慰藉一样,此外便没有了。如果冥想中真有一些新的意境,足供未来推进社会的参考,足以激发此种推进的努力,那又就该归入理想的范围,而不完全是冥想了。冥想的意义终究是个人的,而不是社会的;始于心理上的慰安,终于生活上的逃遁,或始于单纯的幻觉以进入复杂的幻觉而成白日梦,而终于单纯的错觉以进于有组织的错觉而成疯狂,始终是个人的。一个人出家,我们喜欢用"遁入空门"一类的语气来形容他,是再恰当没有的。不过我们必须了解,从社会的立场看,那门虽是空的,从个人心理的立场看,它是绝对的不空,它是由冥想得来的一个极复杂的世界,一个光怪陆离的社会的代用品。

在本文的讨论里,我们除了指出冥想之多而且杂,可能成为目前社会理论界所以扰攘纷纭不可究诘的一种因缘之外,我们在这方面不准备再说更多的话。社会上总有一部分人,倾向于以幻觉为真知,以梦境为实境,至少认为它们可能成为真知实境;上自主持风教而握有权力的大老,下至不满意于现实而亟切于改革的青年,胸怀冥想之体,而意图收思想与理想之用的,正是大有人在。社会的情况愈紊乱,则此种分子势必愈多。他们该是空门中的人物,但目前既没有空门可作归宿,他们也决没有作此归宿的企求,于是冥想终于造成了一种满天飞和到处沾惹与纠缠的势态。关于这种势态,我们是应该郑重地注意,而于虚实之间,作一番明白的审辨。我们下文的讨论还是集中在思想与理想的两个范围,并且认为二者各有其重要的社会意义,界限虽须划清,轻重难分轩轾。

六　社会思想与哲学概念

上文叙述各学派的时候,我们始终称它们为社会思想,其实根据刚才的讨论,可知任何思想的派别一离开了解释的岗位,而自觉的想以解释所得,来影响未来的社会生活时,它就成为一个理想的派别;而事实上大部分的派别,在解释的工作自以为大体完成,羽毛大致丰满的时候,都有一种超现实与超空间的企求,第一步的表现是来一个历史哲学,来个所谓"史观",第二步就是过问到未来的社会了。

不过这并不是说除了上文所已叙述的派别而外,社会理想便没有别的派别,或别的派别的分法。这当然是有的。如果上面的分法是从科学与科学的级层产生出来,则另一个分法可能推溯到哲学方面,而以若干主要而相对的哲学概念做出发点,例如,唯心论对待唯物论,机械的宇宙观或原子的宇宙观对待有机的宇宙观,理性主义对待经验主义,神召对待人为,命定论对待自由意志论,全体对待部分,或社会主义对待个人主义,渐进的历史观对待革命的历史观,法治对待人治,竞争对待合作,平等对待差异,保守对待进取,道义对待功利,文质的对待,体用的对待,等等。有的概念当然不属于纯粹的哲学,而属于专派的哲学,例如历史哲学、生物哲学、以至于社会哲学自身,但其为一些基本的哲学概念,有非科学所能盘诘的,则一。根据了这些来讲社会理想的派别,有的比较清楚,例如个人主义之于社会主义,大部分却不容易划分,甚至于不可能划分,因为概念上的掩叠太多,每一对对待的概念固然彼此不相混淆,但每两对概念之间却不是彼此互相摈斥,例如同一服膺社会主义,有人主张渐进,而有人主张急进。不过根据了这些概念而产生的理想上的特征与形成的派别之间的更进若干步的分化,终于演出了许许多多的支流,是一个重要的事实,值得我们注意的。

话到这里,好像又在说回去了。社会思想的汇与派,上文是叙述过的了。根据科学级层而来的社会理想的汇与派，因此也算有过一些交代。从哲学概念引伸出来的社会理想又怎样呢？受过哲学概念的影响的社会理想又怎样呢？上文约略提到过一些此种概念的"派"，它们的"汇"又如何呢？这问题就大了，大到社会理论的圈子之外，严格地说，是不在本文范围以内的。不过既有牵连，我也不妨约略提到我私人的一些看法来。思想，哲学思想，在西洋的历史里，只有两个很短的时期中有过汇的尝试，一是希腊文艺全盛的时代，二是文艺复兴的时代；但两次都没有成功，尤其是第二次。此外可以说全部是派别擅场的时期，至多，在表面上，因为甲派压倒了乙派，给读史者一个汇合的印象而已。试思上文所胪列的若干成对的概念，两两对峙，各走极端，有如神召之与人为，唯心之与唯物，社会之与个人……，如何才得以汇合起来。绝对的二元论始终只是二元论，是一元不起来的；至多，它只能造成两种局势，一是分期的互为消长的局势，二是同床而各梦的局势，或换一个比喻，有如泾清渭浊，初则同 河床而清浊分明，终则分道扬镳而各行其是。西洋的神学家努力了二千年，始终没有能把善恶的原则统一于上帝；近代的科学家也忙碌了三四百年，想把唯心论分解成唯物论，想把精神的现象化验为物质的现象，也始终没有成功，始终只好把它搁在一边，或加以根本否认，或认为别具境界，不可思议；都是这一路上的例子。即使成功了，所得的结果也不过是一个兼并的局面，而不是一个汇合的局面。

总之，社会理论或社会学说，就其中比较严格的思想的一部分来看，在近代是先有过一番汇的努力，然后又分成许多的家数；就其中理想的一部分来看，因为牵涉到更大的哲学以至于形而上学的领域，受到它们种种对峙而冲突的概念的影响，至少就近代而论,与截至目前为止,汇合的努力可以说等于没有,而对峙与冲突对于社会理想的分化的影响却是很显然。我们不容易把现有的社会理想,像社会思想一般,分成若干界限分明的派别,但上文已经说过,每一派的社会思想都有踱出而成为社会理想的企求,当其踱出的时候,便是这些对峙而冲突的概念取得用武之地的机会了。因此,同一思想的学派,当其引伸为理想时,势必进一步以至进若干步的分化成若干支流,多少成为一分二,二分四……的格局。到此,我们看到,社会思想与理想的派别之分可能有三种的由来:一是依据科学级层的,流派之多,我们在上文已经大致看到;二是从一些哲学概念引伸出来的,这一类的学派不容易独立存在,但也还有;三是两者之和的结果,就是由于哲学概念影响到了依据级层的流派,从而产生的更零星的分化,这当然又是很多的。近代社会学说的繁复,社会理论的纷扰,学派之间的分工合作,固亦有之,彼此的排挤攻讦究属是一个更普遍的现象,解决问题的努力,固亦有之,而所引起的新问题,所酿成的一般的动荡不安,可能是更多更大,推源溯本,这显然是因素的一个了。所以接着我们不能不把分派的利弊问题作为进一步的讨论的对象。

七 社会思想分派的利弊

社会思想的分派虽属人为,亦自有其趋势。造成这趋势的因素很多:生活环境是多方面的,并且随时可能发生变化,一也;人的智能情性是不一律的,对多方面环境的反应不会一样,二也;群居生活因此有分工合作的倾向与需要,三也;文化演变,学术随方面而累积,而一经累积,亦自有其趋势,四也;学术与思想是智识的两个层次,比较具体而固定者为学术,比较抽象而动荡者为思想,两者互为因果,彼此推挽,更不免增益此种自动分化的趋势,五也;思想分化既自有其趋势,我们对于学派的发展的一个基本态度,不应该是,因有利而欲其多,因有弊而欲其少,而是,网罗各学派的种种长处,而祛除其短处。

不过利弊的问题是存在的。在这里,我们又得把社会思想与社会理想分开了说。大抵思想分派的利弊参半,而理想分派则弊多于利,其何以有此分别,留待下文说明。思想分派之利在一个专字,唯其专,故精到、细密、彻底。社会生活的底蕴是多方面而极错综复杂的,一人之身,在短短的几十年的生命里,很难希望取得一个全盘通澈的了解,凡属有志于了解的人,势只能作一些局部的尝试,即,各就其兴趣与专门学术的准备所及,集中精力在此种底蕴的某一方面,作一番贯彻的分析与推论。一人如此,多人如此,一方面如此,各方面如此,则分工合作的结果,对于后学,对于对社会只能作些一般观察之人,可以供给一个差强人意的通盘的认识。我说差强人意,一则此种认识势必还是零碎片段,去完整的境界极远,再则它究属是一个拼凑起来的东西,中间的褶缝针缕是再也磨灭不了的,分工愈细,碎块愈多,则褶缝和针缕愈繁密;它可能是一顶瓜皮帽子,是一件百衲袈裟,却不是天孙织的锦衣。不过这已经是够好的了,这表示大家真能分工,真能分层负责,真能恪守本分,也真能合作,真能彼此尊重,相互了解,才产生了这样一顶瓜皮帽子,或一件百衲袈裟。约言之,专精的结果可以不妨碍通体的认识,也正唯其不大妨碍,专精的努力才取得了应有的意义。说思想分派有利,这便是利之所在了。

思想分派之弊也就在一个专字,唯其擅专,故偏狭、武断、抹杀。凡属学派中人多少总有一个倾向,就是初则自立门户,继则以自己的门户为最高大,终则设法教人只走这个门户,认为唯有此门才四通八达,无远弗届,唯有此门才是真正的入德之门;总因为这门是我开的,大有此山是我开,此树是我栽的一种气概。症结无疑地是在一个我字;问题当前,需要解决,其意若曰,你们都不行,我来!及其既来,则又曰,有了我,你们都可以不必了。所以此种专擅与独断的心理倾向我们总称之曰"我执"。以前的宗教家、道学家、近代的科学家,尽管教人无我,但我执始终是一个最普遍的心理现象,在一般生活里如此,在学术思想界几乎是同样的活跃,有时候反而见得更牢不可破,因为当事人总觉得把握住唯一真理的是他,而不是别人。

一样的不免于我执,程度上的分别还是看得出来的。谨严的科学范围里要少一些,特别是各门的自然科学。这显然的有两个原因。自然科学家所研究的对象确乎是更适用客观或物观的应付方法,它们可以被假定为超然于人的心理生活与社会生活之外,固然绝对的超然也还是不可能,因为研究它们的终究是浸淫在此种生活之中的人。此是原因之一。科学上所称的解释,事实上等于运用分解方式的一种说明,就是把复杂些的现象分解开来,成为更单纯而基本的现象,普通叫做因素或成因;此种分解的工夫,最初只限于本门科学的范围以内,例如生物学家解释个体的构造,始则自全体分解成若干结构的系统,更自系统而器官,自器官而体素,终于分解到了最小单位的细胞;把细胞的构造弄清楚以后,如果要再进一步,就得闯入别的科学以至于级层的防地,至少也必须企求别门科学中人或级层中人出头帮忙,特别是物理、化学的级层，否则分解的工夫便须戛然而止，达不到生物学所能认为满意的一个究竟。此种逾越的行动是有益的，它代表着科学或级层间的应有的合作，而合作便是专擅与武断的反面。此是原因之二。

但一离开自然科学的级层而攀登心理与社会文化的级层时，我们就发见两三种比较不很寻常的我执。我说不很寻常，因为寻常的我执是到处有的，各自然科学的内部也一样的有，例如：生物学的领域里，环境派对遗传派；遗传学里，精质独立论对后天习得性遗传论；遗传方法论里，孟德尔派对戈尔登派；彼此争论的时候，都表示过很顽强的我执。这一种的我执我们搁过不谈。所谓不寻常的两三种，第一种可以叫做包揽垄断；第二种，说得好听些，是自求多福，说得不好听些，是刚愎自用；第三种我无以名之，姑名之曰滕薛争长。第一种最普通，大凡用了下级层的科学结论来解释上级层的现象时，最容易犯这毛病。如果级层分明，解释与被解释的级层又属彼此接壤，则根据上文解释即等于分解之论，原是理有固然，势所必至；不幸的是解释者一方面总喜欢把被解释者一把抓住，不容别人染指，别人的解释，在它看来，不是错误，便是多事。社会与文化的级层既在最上，下面的级层既属最多，就最容易变成一根骨头，受群犬的拖扯攘夺，实际上是被宰割得支离破碎，把社会与文化原有的完整的形态反而弄到看不出来。这在社会思想的研究里我们叫做"以偏盖全"，想以局部来包揽全部，结果总是一个捉襟见肘，不能自圆。其级层地位距离较远的更不免隔靴搔腿，不着痒处；例如把人解释做一座机器，不错，人多少是一座机器，但人之所以为人，人之所以别于它种机器者何在，我们并没有因此种解释，而取得进一步的了解，即解释了等于没有解释。此种来自距离

派与汇（代序）

较远的级层的解释，一面想包揽，一面又包揽不住，又往往容易陷进所谓比论的泥淖，即，任意用些比喻来替代解释，例如有机论者硬把社会当有机体来解释，竟有人认为社会组织自亦有其阴阳两性，国家是阳性，教会是阴性，信如此说，则中国社会的保守陈腐不倒有了一个解释，不是单性生殖，便是独阳不长么？机械学派把社会解释做一座机器，也全用这比论的方法，也一样的无裨于解释的实际。

第二种的我执是自求多福或刚愎自用。它显然是别人包揽得太多的一个反响。好比打麻雀牌的人，老不和牌，于是故意地不吃不碰，硬要打一副"不求人"，"和"给别人看看。对于这一类从事于思想与解释的人，我总有一个感觉，就是其志可嘉，不过若不求人而还是不和牌，或虽和而只是小牌，我又觉得其情可悯了。宇宙万象原是相通的，事物的演出，当其初虽有先后之分，科学为研究方便起见，虽亦不能不作级层门类之别，但现象之间，决不因人为的强分畛域而未减其息息相关的程度，然则对某一部分现象不作解释则已，否则势须旁搜远绍，觅取一切可能作解释之用的其他现象，属于同一部分的可，属于其他部分的亦自轻易不容舍弃；别的部分出头帮解释的忙，包揽固属不可，亦决不会成功，但如在相当分际以内，此种帮忙决不能看作好事，更不能看作越俎代谋，又何劳一定要拒之于千里之外呢？一面摈斥别人，一面硁硁自守，自以为智慧具足，办法尽够，岂不也是一种我执？这种我执，上文已经提过，在自然科学的级层里是找不到的，不过到了上层，在心理学派里则有所谓假行为论（pseudo-behaviorism）的一支，一面对其他级层则拒绝心理遗传与本能固有之论，对同一级层则否认内省观察之法，结果只是看到了一些行为的皮相，于行为的成因，既多所未解，于行为的意义价值，更所未喻；这就是我在上文所说的其情可悯了。社会学派与文化学派，上文说过，也可以叫做唯社会论与唯文化论，不唯则已，唯则在解释的工夫中，其他更较基本的科学门类便很少置喙的余地，其中的支派愈是道地，则此种余地便愈是绝无仅有。即大师如法国的涂开姆(Durkheim)，他的亲炙的门徒如蒲格雷(Bougle)也终于不免批评他，认为他对于生物的因素实在是过于不加理会了。

  第三种的我执我们叫做滕薛争长。这也可以说是第二种我执的很自然的一个引伸，而也是发生在心理与社会两个级层之间。一个三四岁光景的小孩子，在自我的意识发展到相当程度以后，便不欢迎别人管他或替他做事，总说"小弟弟(或小妹妹)自家来"；再后，羽毛更加丰满，就要管起别人来了。心理学派总以为心理的现象演出在前，是先进，社会现象演出较迟，是后起，并且两者之间有前因后果的关系，换言之，在科学级层里它是更属基本，若没有它，也就没有社会现象了。社会学派却反过来说，心理根本是一个社会现象，若没有群居生活，没有人与人间的交相感应，我们所了解的心理作用，特别是最关重要的思考那一部分是不会产生的；所以如果心理现象也要占一个级层的话，它应该追随在社会级层之后，才不致本末倒置，反果为因。这一番鸡生蛋蛋生鸡的争辩闹了许多年，到如今还没有结果，怕是永远不会有结果的。不过虽无结果，双方还是要争，则其所争者无非是一种资格所给与的面子，好比中国人争辈分，作客或其他场面上争坐首席，又因为先后之外又有因果的关系，所以又好像中国人最不雅的骂人方法，暗示着骂者是被骂者的祖父、父亲、最起码也是一个姐夫，表示自己即使做不到对方的生命的赋与者，至少总要叨长一些！此种心理未始不是我执的一种，自不待言。这虽说是人类的一大弱点，而推本寻源，创造级层之说的孔德也不能不负一二分责任，谁教他眼光不够远大，当初没有把昭穆的次序确切地规定下来，弄得后代子孙非争嫡争长不可？

好像老子说过这样的一句话，小智自私，贱彼贵我；一切社会思想的学派，无论所犯的是那一种或那几种我执，都给老子一语道着了。换今日的口语来说，一切学派都是不够科学的，一切都不够客观；一些学派中人也都是不够民主的，谁都想专制，谁都想独裁。学术与思想犹且如此，又遑论政治呢。（参见拙文《一种精神两般适用》，《客观》周刊，第十二期。）

八　社会理想分派的利弊

上文说社会思想分派的利弊参半，我们看了我执的一番讨论以后，可知这还是客气的说法，因为所谓利，多少是假定的，即假定学派之间真能分工合作，而我执之弊、各是其是各非其非的风气、门户之际的喧嚣攘夺，却是实在的。假定的利当然抵销不过实在的弊，所以事实上还是弊多于利，不过比起社会理想的弊多于利来，这还是小巫之见大巫。老子的话，和我们添上的既不科学又不民主的评语，对社会理想分派的结果实际上是尤其适用，也应该是尤其适用，为的是如下的若干原因。社会理想的目的既在改革社会，而且往往求之甚亟，则从事的人势必不免心切于求而目眩于视，推重力行而忽略认识，而所谓力行也者，或因从事者实力有所未逮，或因环境确有重大窒碍，同时又正因为理想本身原就偏颇，去通达的程度甚远，以至于推行的结果无非是一阵动乱，一阵骚扰，得不到丝毫真实的进展，于是不得不退而求其次，就是以言词作为行动，以宣传算做工作，以多言权充力行了。宣传这样东西，如果用得太多，似乎只有一个效果，就是，一面各是其是，一面又勉强别人，于不断地接受提示与暗示之后，亦从而是其是，其为一种我执，足以垄断或淆乱视听，足以为精神与思想生活上的一种紧箍咒，是不言而喻的。理想分派之弊尤在思想分派之上，此其一。

一种理想的服膺与推行，其心理上的先决条件是坚强的意志与热烈的情绪，理智的质疑分析自居次要的地位，以至于没有多少地位。这种心理上的准备，事实上和接受一种宗教的心理上的准备是完全一样的。近代有若干派别的社会理想反对宗教、反对神道的信仰，从社会学的立场看，这种反对是没有多大意义的，因为关键所在，决不在一套理想的有没有神道做牌号，而在理想所唤起的一番心理的底蕴。这底蕴才是真正重要的，因为它的活动好歹总要影响到社会生活。好比煎中国草药，药终究是主体，至于水，尽管医师故弄玄虚，非井水、河水、或天落水不可，究属不关宏旨。"换汤不换药"一句话就是这样来的，而前代的宗教与近代社会理想之间，就其心理底蕴而言，也确乎有此种"汤换渣留"的现象；近代意大利社会思想家柏瑞笃（Pareto）把这一类的底蕴就叫做"渣"（residues），可见是不为无因的了；他用到这渣字，倒也并不含有什么恶意，不过暗示着，水可以倒掉，渣则不容易倒掉，而事实则此种心理上的基层的功能是根本取消不了的。这一番话也就顺便替近代西方宗教的一蹶而不能复振，找到了一部分的解释。信仰的倾向原是人类行为的底蕴的一部分，是经常存在的，是经常有表见为行为的企求的，内在的一方面既有此企求，而外缘的一方面又有种种足以满足此企求的社会理想，里应外合，于是社会理想愈发展，各式改革社会的主义愈扬溢，宗教的信仰便愈趋落寞。理想的兴起可能是宗教衰微的果，而也可能是因，实际上怕是互为因果的，无论如何，信仰的心理始终有它的着落，有它的寄托，总是一大事实。我们这一番话，一般的人是不承认的，他们认为理想的信仰与宗教的信仰根本是两回事，前者是科学的，不迷信的，而后者则否，所以也有人认为，即使是一件事，也足征文明是进步了！对于这样的人，我们的话是很难说明白的，不过我们应该指给他们看，在理想家的心目中，一套理想的神圣不可侵犯，有百是而无一非，只应拥护，不许批评，往往要远在乡下佬心目中的菩萨之上，为的是理想家的我执要比乡下佬的为坚强，乡下佬信菩萨，目的只在一人一家的平安，他的却在改造社会，而他自己是一个有使命的人。我们的话也许要扯得太远了。要紧的是，我们要指出来，社会思想的学派和社会理想的学派，在精神上是很不相同的，而其区别怕不止是程度的，而是品类的；一到理想的领域里，我们所接触的事实上不是若干学派，而是若干宗门；宗门之间的入主出奴，是丹非素，以自己为正统真传，视别人为旁门外道，其所发动的肝火，其所引起的争执，势必比学派之间的要添上若干倍数。理想分派之弊要在思想分派之上，此其二。

理想往往有和政治取得联系的趋势，中国如此，西洋也如此。前代如此，当代也未尝不如此，并且更见得显然。西洋史里对此种联系的状态有过"政教合一"的说法，其实这是不确的，联系并不等于合一。合一是打成一片，而政教的打成一片是近代一个显明的史实，严格地说，是第一次世界大战前后才发生的，并且目前还正在方兴未艾的过程中。这指的是成套的改良主义或革命主义和实际政治的因缘固结。人们不满意于现实政治而产生一些政治理想，当然是极古老的事实，根据了一些理想来从事于政治的活动，来促成政治的局部改善，以至于全部的鼎革，也不自当代始，英、美、法的有血无血革命都是先例。不过这些所用的理想只是屈指可数的几个原则，和从原则中提取而来的几个更单纯的口号，有如自由、平等、博爱、幸福的追求之类，而学者解释这些原则，可以言人人殊，不求其衷于一是；换言之，它们不构成一个套数，并没有经过特殊的规定与颁布，不具备教条的形式与精神。只是一些理想影响了实际政治，或实际政治采用了一些理想，或多少有些理想做指归：问题是比较简单的。改革或革命主义和实际政治打成一片以后的情形便与此不同。主义是成套数的，是多少先经过一番规定的，是有一定的解释而发生疑义需要重新解释时又须诉诸一定的权威的，是具备了近乎教条的形式与精神、只许信仰而不容怀疑评论的。第一次大战以来，马列主义之于苏联，第二次大战结束以前，泛系主义之于意大利，纳粹主义之于德意志，二十年来三民主义之于中国，都有这种情形。主义有好坏的不同，执行主义的人有为公为私的区别，所收的实际效用因此也大相径庭，不可同日而语，是不错的；但这是另一个问题，是主义信仰者的问题，是实际政治家的问题，我们从社会学与心理学的立场来分析评议，是有把它们相提并论的权利的。

在这些改造主义与实际政治打成一片的实例里，我们不妨提出一个来，作一个比较详细的分析，以示一两个思想学派，或至少以思想姿态出现的派别，如何引伸为改革的理想，更如何在野心家手里构成一种主义，作为政争的良好工具，而终于和实际政治取得了表里体用不可分离的关系。这例子是纳粹主义。分析起纳粹主义的思想因素来，我们很容易联想到生物学派，特别是此派中的三个支派，一是社会有机体论，二是战争论，三是种族武断论，上文都叙到过。这三个支派，在德国原是发展得最早而最热闹的，而且从俾斯麦的时代开始，爱国的学者与野心的政客多少已经把它们适用到社会、文化、民族，以至于政治生活，作为改革与扩张的张本，就是以思想之所得，派作理想的用途。这番适用也收了不少的效果，1870年德国的统一与统一以后的百废俱兴，使其蔚为列强之一，不能说和此种理想没有因果的关系。最显然的是从战争论引伸出来的军国主义。其次，集体与极权主义的明显的倾向是从有机论出发的；政府和领袖是神经中枢，民众是细胞，必须打成一片，完全受命于中枢，便是一个十足的有机论的看法。犹太人在欧洲是普遍的受压迫的，而以在德国为甚；在德国是一向受压迫的，而尤以19世纪末叶以至最近为甚；这又很清楚地得力于种族武断主义的"学理"上的启发。希特勒对于这些的发展，在思想与理论方面，并没有什么贡献，他的贡献是一颗夸大而狂妄的野心、一个肆无忌惮不惜毁灭人性的畸形人格、一番狂热的组织与推动的魄力，把这些原是零星孤立的理想，混合在一起，揉做一团，成一个整套的信仰，又把战败后散漫而颓丧的人民心理，在这整套的信仰之上，重新收拾、团结、与振奋起来；结果是谁都身受一些而知道的——奴役、战争与死亡，开始在德国，而终于拖下了整个的世界。理想分派的殃祸竟可以到这样一个终极，拿前代的宗教所引起的同类的社会病态来比，更显然的有大小巫之分。侈谈与醉心于文明进步的人应该就这一类的大事实，且多多的沉思一番，然后再下结论。就目下的形势来说，苏联的集体主义和英美的个人主义也许正酝酿着一次更新奇广大的奴役、战争、与死亡来，亦未可知。

理想分派之弊,特别是经过宗教化与政治化之后,要远在思想分派之上,这是解释之三了。

九 治标的祛弊论

文明的人类如果想继续下去,且不论文明的进一步的发扬光大,目前这局面是需要收拾的,而收拾的方向之一,就是如何可以充分使社会收取思想与理想之利,而尽量地祛除其弊。有两条途径是可以走得的。第一条是治标的,我在上文已经说到一些。第二条是治本的。而无论治标治本,关键均在一个汇字,治标的路是莫忘旧汇,治本的路是寻求新汇。上文说过,社会思想尽管分派不厌其多,只要一面分,一面不忘合作,一面发展自己,一面尊重别人的立场,顾全别人的努力,采纳别人的结论,则无缝的天衣虽不可得,一顶瓜皮小帽似的整体总可以保全。这就等于说,孔德、达尔文一类前辈的一番汇的努力,科学级层论与自然演化论,还是值得我们不断地参考;事物现象是有本末先后因果的,在社会与文化的境界呈现以后,事物现象又往往互为本末先后因果,而没有一件事物始终占先,始终处本的地位,始终是其他事物的造因或其他事物的初元首创。希特勒喜欢做元首,德国人也许喜欢捧他做元首,在专制极权的政治场合里容有短期的可能,在学术与思想的场合里却为事理所不许。明乎此,则我执的心理虽无法完全消除,已不难大量末减,而分工合作之效,便是不问收获的收获了。即就思想家的情绪一方面讲,这条不忘旧汇的路也正复有它的补益,派由一汇,等于流出同源,其豆既属同根,相煎无庸太急,思想家各能如此宅心,则门户畛域之见,争嫡争长之风,也就可以大杀了。

刚才关于思想派别的话,对于理想的派别也未尝不适用,不过是更较困难罢了,困难的原因上文已经从详说过。不过还有一重为思想派别所没有的困难,就是有的理想派别不导源于孔、达两氏的综合学说,而导源于若干始终矛盾的哲学概念。在哲学界未能解除此种矛盾之先,我从一个纯粹的社会学的立场,曾经提出过一个看法来,也多少可以作为治标之用,就是我在别处已经再三提出过的两纲六目的看法,为本文的完整设想,不能不再简略地说一说。人以下的动物里,大多数的物种有个体而没有群体,或虽有而分工合作之迹不显;蜂蚁之伦则有分工合作的灿然可观的群体,而个体等于抹杀;在这些动物里,个体与群体,无论倚重在哪一方面,全都由于本能,而不邀情理的自觉的认可。到了人类,个体与群体同样地存在,同样地邀自觉的认可,而几千年的生活经验,更证明两者是同样的需要,很难贱彼贵此。一个健全的社会,一种革新社会的尝试,在理论上应当承认个群两体的不分轩轾的存在。这就是两纲的说法了。个体,或每一个人的性格,并不单纯,它至少有三个方面,一是同于别人的通性,二是异于别人的个性,三是非男即女的性别。群体,或社会生活,也至少有三个方面,一是秩序的维持,二是文化的进展,三是族类的绵延。这就是六目了,一纲各三目。任何三目之间,和两纲之间一样,也似乎很难作轻重高下、后先缓急之分。而个人的三目和社会的三目又自有其联络与互为因果的关系,秩序基于通性之同,进步基于个性之异,而绵延则系于两性的分工合作;反之,如果秩序有亏缺,文化缺乏进步的需求,或族类对于绵延的欲望不够强大,则通性、个性、与性别的发展也就分别地受到限制以至于抹杀。这就是我所提出的看法的全部了。

有此看法，我们对于已往的民族社会或民族文化，何以有的变化虽多，而昙花一现，有如希腊，有的寿命延长，而进步极少，有如中国，诸如此类的不同的经验，便可以求诸于各民族中若干通行的理想或一般的见地，而得到一个更清楚的了解。反过来，我们也可以根据了这看法，而推论当代各个民族社会的前途，例如，美国过分注意个人的自由，苏联过于着重集体的管制，前途可能各有各的吃亏，并且有的已经开始在吃亏。泛系、纳粹的国家，只知国家的集体，抹杀个人的自由，亏是已经吃定了的，表面上好像此种亏是外力教他们吃的，有些强制，有些早熟，但终究是理想的偏颇与不健全所招致的，终究是自作之孽。我们也可以用这看法来估量目前流行的各种学说、主张和运动。例如理工教育、职业教育、专才教育一类的主张，在两纲的六目之内，只顾到了个性与文化进展的两目，显而易见的是偏枯，若谓目的只在矫枉一时，固犹可说，若认为是一种经常的主张，就错了。又如百余年来的妇女运动，就女子个人人格的发展而言，虽若一面把以往抹杀女子的通性与个性的错误给纠正了，一面却又把女子的性别搁过一边，视同乌有，又何尝不是一个很重大的缺陷？近代婚姻之道之所以失，夫妇之道之所以苦，此种运动何能不负一部分的责任？总之，一般志在革新的人，无论是听取别人的主张，或自己有主张提出，如果都能接受这一类的看法，则前者可以知所取舍，或接受而知所保留补缀，而后者可不致过于轻率，过于偏狭，至少在尝试之前，可以有一番比较圆通的考虑。约言之，这一类的看法同时可以减少妄作主张的人与随声附和的人，这对于社会生活应当有一些澄清与宁息的功效。近年以来，一半因情势的要求，一半也由于见解之所及，一部分人的主张与行为里，也已经表示这一类兼筹并顾的看法，例如，就个人主义的自由经济与集体主义的计划经济(牵涉到上文的两纲)的一层而论,美国的罗斯福、华莱士、英国的拉斯基、孟汉姆都是这一路的人物,而在中国的政论家中间,这种人也渐露头角。

十 论新汇的可能

不过求乎其上,仅得其中,我们自勉的目的还应该是一件无缝的天衣。我们要求一个新的综合,新的汇。只有在一个新的汇的浸润之下,一切理想思想,科学艺术,才有发皆中节的希望,初不仅社会一部分的理论学说为然。我们在篇首已经提到过,在前途短期内,一个新的汇合虽未必可能,但端倪已经有了一些。我们现在就要寻这些端倪说话,如果局势真有一些贞下起元、穷极思变的要求,而同时人的自觉的努力还有几分中用,而不完全受环境历史支配的话,则由头绪而线索,由线索而脉络,由脉络而纲领,而终于能把纲领提挈起来,我们的追求就不至于完全徒劳了。

所说端倪也并不单纯,好比一根线,这其间我认为至少有五个头绪,一个是很古老的,两个是近代的,又两个是当代的。每一个头绪也不单纯,名为头绪,事实上代表着不少的人多方面的经验,和若干年的经验的累积,多少当然因迟早而有不同,约言之,每一个头绪本身就已经有些综合的意味,而在比较最古老的那一个,当初并且已经发生过一度汇的作用。我们顺了时代把它们约略地叙一下。第一个是中西文化传统中的人文思想。中国在先秦,西洋在希腊,这部分的思想已经有长足的发展。大意可以分做两层。第一层是,一切从人出发,向人归宿。第二层是,遇有二事以上发生冲突时，一切折中于人，即由人来斟酌损益，讲求应有的分寸，使不致畸轻畸重，因为，过犹不及，都是病源。所谓中庸之道表面上好像指的只是第二层，其实是两层都赅括的，中西人文思想都有近乎三才的说法，三才天地人，人居天地之间，不以天地为出发点与归宿点，而以人，也未尝不是一个中庸的看法。至于中庸也包括第二层是无须多说的。不过有一点，就是所谓折中并不等于折半，那中之所在是活动的，所以必须斟酌，所以才有分寸的话。人文思想在中国是始终保全了的，但二千年来，不进则退，大体变成暗晦，而部分被人误解，也是一个事实，在西洋则可以说全部被人遗忘了，文艺复兴时代一番提醒的努力并没有成功，到最近三四十年才又有人郑重地再行提出。这是头绪之一，是五个之中最基本的。

上文叙述到生物学派的各支派。几乎是全部导源于演化论的若干概念时，我们就发见一个唯一没有构成支派的概念，就是调适或位育。我们当时也提出了一个所以没有的理由，说它在各个概念之中最富有综合与汇的意味，因为既求位育与调适，就不能不注意一事一物一人所处的场合情境，不能不讲求部分与全部的关系，于原委之外，更不能不推寻归宿，于事实之外，更不能不研求意义价值。这就牵扯得多了，牵扯一多，就不容易自立门户；而归宿、意义、价值之类又有些玄虚，涉及哲学范围，所以从事于科学的社会研究的人名义上有些不屑为，实际上亦不能为，于是这一个大好的概念就被束诸高阁，落寞了七八十年，其间虽也未尝没有人引作思想的总参考点，例如美国的勃里士笃（Bristol），但不太成功，因而始终没有构成什么学派。不过人弃我取，而人家所以舍弃它的原因恰好就是我们所以选取它的原因。这就是头绪之二了。这个头绪与上面头绪之一有些关联，我们也应当在此指出。说这头绪是近代的,乃是因为它的发展之功,属于近代演化论者为多,其实位育一概念的由来很远,其在中国,并且一向是人文思想的一部分,所谓"中和位育"者是,唯有经由中和的过程,才能到达位育的归宿。至于位育一词何以能与调适一词互训,则我以前在别处曾屡作说明,不再辞费。

第三个头绪发展在19世纪末时与20世纪前叶,大部分是美国学者的贡献,就是比亚士(Peirce)、詹姆士(Wm. James)的实验论和杜威(Dewey)的工具论。这一路哲学里的两层基本思想和我们的追求都有极密切的关系。第一层辨一个真字,认为凡属行得通而发生效用的便是真实,所谓发生效用,当然是对人发生了。第二层更进一步地认为一切环境事物,文教意识,全是工具,谁的工具,当然是人的工具了。这在西洋好像是很新鲜的,其实也还是导源于人文思想,至少在中国的人文思想里,这两层的根苗是再清楚没有的。人文思想的经籍里没有真字,差近真字的意义的字有情伪之情,诚中形外之诚,都是从人出发的字,和道家升真之真,近代科学之真,大异其趣。《易经》的时代说到"圣人以神道设教",孟子的时代说到"变置社稷",荀子的时代说到雩祭、卜筮、鼓日月蚀,皆所"以文之",《礼记》的时代说到"鬼神以为徒,故事有守",一贯的表示工具论的无远弗届;神道由人创设,社稷由人变置,俗信(我对民间信仰,向不用迷信字样,因迷者究属例外,其数字当远较近代迷信理想之人为小)供人点缀,鬼神作人门丁,然则天下虽大,事物虽多,还有哪一样不应作人的工具看呢?事物既全是工具,包括思想、理想、信仰、主义在内,而非目的,便不会取得绝对的地位,便不走极端,也便不至于喧宾夺主,转而把创设它们的人作为倾轧排挤、颐指气使、生杀予夺的对象,而这对于我们的汇的努力,是大有裨益的。

我们讲的是社会思想与理想的派与汇，如今在社会学自身的范围里我们倒也找到正在发展中而可以帮我们的忙的一个学派。我们在上文列叙思想学派时并没有叙到它，只暗示到了一两句，为的是它最后起，还在发展之中，也为的是它已有几分汇的意趣，和其他派别的精神不同，最好保留到这个段落再论。这就是所谓功能学派，可以说完全是20世纪初年的产物，而创立之功最大的学者，马林诺斯基（Malinowski），不久以前才去世。功能学派的学者喜欢研究社会制度。从他们对于社会制度的界说里我们便不难看出功能两个字的意义来。马林诺斯基说：社会制度"是人类活动的有组织的体系。任何社会制度都针对一种基本需要；在一合作的事务上，和永久团集着的一群人中，有它特具的一套规律及技术；任何社会制度也都是建筑在一套物质的基础上，包括环境的一部分及种种文化的设备。"基本需要的满足，要针对了行事才能满足，便已充分表示功能的意思。要完成这功能，自不能不运用多方面的能力、资料、技术，即每一个生活的角落都得搜罗到家，集中一起，充分利用，才有达成的把握，把角落译成现象演程或科学级层来说，界说中的"环境"与"物质基础"属于最下的几个级层，包括化学、物理、气象、地理等，"基本需要"是生物生理的，"群"、"永久团集"、"合作"是心理的与社会的，而"永久团集"一点也牵连到地理，至于"规律"、"技术"、"设备"自属于文化的级层了。自孔德创为级层之说以来，子孙蕃衍，流派绵长，而其真能饮水不忘源、数典不忘祖的，似乎只有这一个支派，其余都自立门户，各奔前程，独营生理，争名夺利去了。功能学派大有汇的意趣，这是说法之一。功能学派又未尝不得力于达尔文的演化论，特别是此论中的位育或调适的一个概念。不讲功能则已，否则不能不注意场合、情境、格局,不能不检讨部分与全部的关联,不能不留心目的与归宿,不能不研考意义与价值,约言之,不能不讲求时间空间的全般调适,通体位育。而上文讨论到位育论的时候,所提到的也无非是这些东西,根本上没有分别。此派之所以有汇的意味,而值得我们采择,这是说法之二了。上文说到演化论里的"位育或调适"是当初没有演成学派的唯一的概念,也说到后来是有的,这就是一个交代了。至于这学派是不是自觉到这渊源,承认到这渊源,我没有加以深究,不得而知,但这是不关紧要的,要紧的是这渊源的分明的存在。追求新汇的努力中所应借重的第四个头绪便是这个。

最后一个头绪可以叫做人的科学,说已详上面《说童子操刀》*一文,这里无庸多赘。不过人的科学和本文的关系是应当说明的。三百年科学的作风是一贯的分析的、流衍的、支蔓的,结果是愈分愈细,愈流愈远,已经到一个野草不可图的局面。这对于人以外的现象事物,问题还比较简单,因为它表面上好像并不妨碍我们对于物理的了解,并且正因其劈肌分理,表面上好像了解得特别清楚仔细,我说表面上,因为实际上所贵乎了解者,贵其全而不贵其偏,至少迟早能偏全并举,如果始终只是一番管窥蠡测,则豹之所以为大为美,海之所以为广为深,我们还是无从了解。不过事物了解的偏全问题还属单纯,复杂的在事物的控制。了解不能全,则控制也不能全,而偏特的控制或畸形的控制终必归宿于无法控制而后已。大凡人对事物的控制,由于人力者半,由于事物自身的环境或其他事物的连锁与牵制者亦半,所云人力,当然也可以看作全部连锁与牵制机构的一部分,但至多不过是一部分而已;如今把某件事物提

---

* 见《政学罪言》,观察社,1948年4月。——编者

取出来，使脱离其原有的连锁与牵制的情境，而思但凭人力加以单独的控制，则势必畸形于先，而技穷于后。生物界有所谓自然的平衡(balance of nature)也者，亦称生命的网络(web of life)，就是一个自然区域内各种生物之间相生相克的现象的总和。我们如果但凭一知半解，把甲网络里的一两种生物介绍到乙网络里去，使发生我们所期望的生克作用，最好的结果大约是一波虽平，一波继起，而继起的问题往往是更棘手，而终于教我们束手。农学界里此类曲突徙薪、焦头烂额之事已经是数见不鲜。

上文说的只是近代科学对于物的了解与物的控制。说到人，就更可怜了。无生之物，分割了还可以了解，有生之物就已经大有困难了；到了人，更似乎是分割之后再也拼凑不成一个整体，即部分的了解尽管细到，合并起来，绝对不等于全部的了解，甚至于可以说，人的了解必须是囫囵的，不囫囵不足以为了解。到现在为止，所有关于人的科学，包括所谓人类学在内，全都是支离破碎的，算不得了解。既不了解，控制自更无从说起。三百年努力的结果，好像是已经把宇宙万象，了解得很清楚，把声、光、电、化、以至于原子的力量，控制得很得心应手，独独有一种物象没有能力了解到，控制到，那就是人自己。用卡瑞尔(Alexis Carrel)的说法，人到现在还是一个未知数。用我们一句老话来说，人对于自己的生活，还是不出"盲人瞎马、夜半深池"所描写的光景。以未知数来推寻表面上的已知数，用夜半深池边瞎马上的盲人来驾驭这世界，原是不能想象的，而居然不断地在那里推寻驾驭，则结果之卤莽灭裂，自可想而知，事实上也用不着想，因为展开在眼前的就是。

真正的所谓人的科学也滥觞于詹姆士一路的哲学家，可是荏苒了三四十年，一直要经历了两次的世界大战以后，科学家才注意到这个问题。第一次大战后所出现的所谓完形心理学是多少搔着了一些痒处的。第二次大战发生以后,这方面的论议就逐渐地增多起来,到最近一两年,比较郑重的作品也将次问世。这门科学的方法论虽尚待发展,细节目的研求更有待于方法比较完成之后,但有两点已经邀到公认,一是属于看法或信念的,即,如果我们不了解人自己,就休想了解社会,了解世界。如果我们不能控制人自己,就根本不能控制社会,控制世界。第二点已经牵涉到方法,就是研究必须有囫囵的对象,囫囵的人,以至于人所处的在某一个时空段落里的囫囵的情境。也许用不着再加指出,这种人的科学的新发展和本文全部的见地是完全属于同一趋势的,就是由派分而求汇合,唯有从汇合中求得的知是真知,更从而发生的力是实力。

前途的演变是不容易预测的,不过,履霜冰至,这五个头绪,彼此之间既很有一些渊源,或一些殊途同归的缘分,迟早是会融会在一起,而成为一个簇新的汇合的。这新的汇总得有一个名字,我们姑且名之曰,新人文思想。根据上面的讨论,我们又不妨提出如下的一个梭子形的系图来,作为结束:

民国三十五年九月,潘光旦,时寓苏州濂溪寄庐

第一章　种族绵续的保障

当前的世界上，我们到处可以看见男女们互相结合成夫妇，生出孩子来，共同把孩子抚育成人。这一套活动我将称之为生育制度。生育制度是个新名词，因之我得先说明一下这名词的意思。

先说什么叫社会制度。社会制度一词在社会学书本里用得很多，意义却很不一致。① 我并不想在这里把这许多不同的意义列举出来加以批评，我只想说明我在本书中用这名词时所有的意义罢了。我在这里将接受 B. 马林诺夫斯基（B. Malinnowski）在《文化论》一书中给社会制度的定义。他说：社会制度"是人类活动有组织的体系。任何社会制度都针对一种基本需要；在一合作的事务上和永久团集着的一群人中，有它特具的一套规律及技术；任何社会制度都建筑在一套物质的基础上，包括环境的一部分及种种文化的设备"。②

和异性结合成夫妇，生孩子，把孩子领大——这是一套社会活动的体系，可是这套活动是否满足特定的需要的呢？

---

① 吴文藻："论社会制度的性质和范围"，《社会科学学报》，第一卷，1941年，云南大学。
② B. 马林诺夫斯基：《文化论》，费孝通译，商务印书馆，第17页。译文稍改。

生育制度的功能

要回答上述的问题,让我们先看一看人类生活有些什么基本的需要。马林诺夫斯基回答说:人类的需要可以分成三大类:第一类是生物性的基本需要,好像:营养,生殖,安全等。人们并不是直接地和个别地在自然环境里得到这些基本需要的满足,他们要用工具,和别人合作;于是发生了第二类手段性的需要,好像:生产技术,社会组织等。生产技术须有知识的累积和传布,社会组织须有道德和宗教的维持,于是发生第三类综合性的需要。① 生育制度所满足的需要属于哪一类呢?

有人认为我们在这里所要讲的生育制度是满足人类基本的性的需要的。马林诺夫斯基在他那本称作《原始人的性生活》的名著里不是描写着大洋洲特罗布里恩德群岛(Trobriand)岛民的求偶、婚姻等活动么?这书的副题不是写着"从人类学的角度论述英属新几内亚特罗布里恩德群岛土著居民中之求偶、婚姻和家庭生活"吗?这不是说这种种都是可以归入性生活里的节目么?换一句话说,它们的功能不是在满足性欲么?

生育制度——包括求偶、结婚、抚育——和性的关系可以有两种说法:一是说生育制度是用来满足人类性的需要,一是说人类性的需要是在生育制度中得到满足的。性自然是人类的一个基本的生物需要。马林诺夫斯基在上述书中主要是在考

---

① B.马林诺夫斯基:《原始人的性生活》,1932,第36页,"第三版专序"。

察特罗布里恩德岛民如何在他们的文化中东曲西弯地得到性的满足,因之他得描写这地方的求偶习俗、婚姻关系、家庭组织等,可是这并不是说这种种是为了要满足性欲而形成的。我们承认人类生物基本需要是须在社会结构中得到满足,而且我们也可以说一切社会组织都是为了要使人类能得到更大的和更可靠的生物上的满足,但是我们不能因为某种行为和某种生物满足有关而就说这种行为的目的是在满足这种生物需要。种田、烧饭等活动确是为了我们营养的需要;可是在聚餐时有吃饭的行为,这吃饭的行为是仪式性的,可能是为了要增加团体的团结力,引起同仇敌忾的心情,加强这团体对外的抵抗,所满足的需要不是营养而是安全。生育制度之于性的关系亦属于这种性质。人类性欲的满足即使没有求偶、婚姻和家庭,同样是可以得到的。事实上,这种种正是限制人得到性的满足的方法。我们不能因为人类把性生活限制到了夫妇关系之间,或是人类不经过婚姻不能得到社会认可的性生活,而说婚姻的功能是在满足性欲,或是说为了要满足人类第一类的基本需要而在文化中发生婚姻。相反的,生育制度既然是限制人类的性生活,我们就应当从为什么要限制性生活这一问题上着手去思索,限制性的满足的原因决不能是为了要满足性生活。

马林诺夫斯基说得很明白:家庭不是生物团体的单位,婚姻不是单纯的两性结合,亲子关系亦决不是单纯的生物关系。① 又说:"生殖作用在人类社会中已成为一种文化体系。种族的需要绵续并不是靠单纯的生理行动及生理作用而满足的,而是一套传统的规则和一套相关的物质文化的设备活动的结果。这种生殖

---

① 《文化论》,第25—26页。

作用的文化体系是由各种制度组织成的,如标准化的求偶活动、婚姻、亲子关系及氏族组织。"①

"种族需要绵续"是发生生育制度的基础。但是这句话却把种族当作了一个有意志的实体。个人需要生存,种族需要绵续,——说来虽觉顺口,实在却是不通的。我们只能说个人需要种族的绵续,不能说种族本身需要绵续,因为我们若这样说,我们就得承认文化发生的根源不限于个人的生活了。从个人生活之外去找文化的根源,我们是不愿意接受的。因之,我们还得在个人需要生存的基础上找到种族必须绵续的理由。本章就要回答:人类为什么要绵续他们的种族?只有回答了这问题,我们才能说明生育制度的功能是什么。

从性爱到生殖

我在上节提出了"人类为什么要绵续他们的种族?"的一个问题,读者初听来也许会觉得有一些唐突,因为这似乎是不成问题的。所谓不成问题,就是说找不出理由来的。这是一个素白的生物事实;一切生物都有生有死,成熟了自然会生殖,生殖的结果把种族绵续了。个体生存和种族绵续同是生物机能的表现。可是我觉得并不如此。这个问题还得问一问。

在单细胞生物中,种族绵续的确可以说是生物机能的直接表现。以变形虫为例:它得到营养之后,体积逐渐增大,可是它所得

---

① 《文化论》,第26—27页。

营养的多寡，呼吸的方便，新陈代谢机构的活动，却决定于它和外界接触的体形面积。体积增加，面积却依比例的减少，到一个程度，常态的生理无法进行。这时，它就得把身体分成两个，以增加体形面积。细胞分裂是它的生殖作用。所以我们可以说它的生殖作用是出于机体的生理要求。个体生存和种族绵续，在这个例子中，有生理的联系。

两性生殖的生物就不能这样说了。它们生殖细胞的发生和成熟固然是生物机能的表现，可是从雌雄两性生殖的结合上说，就不能完全说是生物机能的表现了。两性生殖的植物，生殖细胞的结合常要第三者来作媒介。我们若要说雄性花粉非跑到雌性花蕊上去，植物的生理活动就会不能维持，那就未免太牵强了。事实上，的确有很多很多雄性细胞找不到雌性花蕊，怨屈浪费而死的。

在动物中情形又不同一些。生理学家可以告诉我们，生殖细胞成熟时有一种内分泌发生，刺激机体，使它们接近异性，生殖细胞因之得到结合的机会。这就是普通所谓青春期的性爱。可是性爱的满足并不在生殖细胞的结合上，而是在两性接近的行为上。生殖细胞的结合——受孕——乃是满足两性接近——性交——的可能结果，两者并不是一回事。

退一步以常识而论，生殖细胞的成熟，性爱的冲动，雌雄交配，生殖细胞的结合，新个体的产生——这一串在较高级的生物中是共有的现象，既属生物就无所逃于这一联串注定的连环，虽则我们还不太明白这连环是靠了什么这样配合着的。种族绵续是这连环所造成的结果，所以可以说是一件素白的生物事实。

我还有什么理由可以追问：人类为什么要绵续他们的种族呢？若是人类也是在这一联串的生物机能的连环中翻来翻去，我这个问题问得也就没有多大意义了。我觉得我还可以发生这问题的原因是在我认为这个注定的连环固然锁住了别的生物,但并没有锁住人类。从性爱到生殖的环节中,人类有跳出这圈子的能力。若是他可以跳而不跳,我们就可以问:为什么他不跳了。

我们可以承认人和其他生物一般,生殖细胞成熟之后,对于异性会有一种要求接近,发生性行为的生物机能,虽则即在这环节上,我们的确已看见有人把性爱遏制到寂灭和升华的境地;即使我们承认性爱是普通人都有的生物机能,可是人类性爱的满足却并不一定引起雌雄生殖细胞的结合。我上面说动物并不一定要"受孕"才能满足性的需要,性爱和生殖虽则相联,但并非一事;这句话在人类里更容易看得清。人类并不一定要等山额夫人提倡了生育节制才觉悟性爱和生殖可以划开;避妊的知识和避妊的事实,虽不能说任何地方都有,却决不限于现代都市居民。这种知识并不深奥,更不神秘,除了人们因为其他原因把它推出知识范围之外。雷蒙德·弗思(Raymond Firth)在提科皮亚(Tikopia)岛调查时,据说出于他意料之外的发现在这种被认为文化水准很低的人民里,居然通行着性交中断(Coitus Interruptus)的方法。① 我想若是人类学者对于各地土人的性生活知道得多一些时,也许会使他们对于这种事实的发现不致引以为奇了。性交中断法本来不应视作文明人所独有的秘密知识。

当然,不但那些被认为文化水准较低的土人,就是文明的都市居民,的确还是有很多没有人工避妊的知识;可是没有避妊的知识却不一定没有避妊的事实。有许多关于性的禁忌,好像在某些时

---

① 雷·弗思:《我们提科皮亚人》,第490页。

间不准同房；有许多习俗，好像哺乳期不必要的拖长；有许多宗教上的观念，好像清教徒的厌恶性感；虽则实行的理由并不在避妊，可是以我们现有的知识来说，都能减少受孕的机会。这类避妊的事实若加以调查，它的普遍性可能较避妊知识更大。

我们还得承认，我们对于性的知识还是很幼稚。很可能有不少可以发生避妊事实的行为没有被我们所注意。以特罗布里恩德岛上的土人为例：他们男女在婚前两性接触的机会极多，但是因而受孕的却极少。这事曾为难过马林诺夫斯基。据他说，这地方的土人是不相信性交和受孕有生理上的关系，所以没有实行性交中断法的。他又不相信当地白人关于土人有避妊方法的传说。结果，他只能说这或者是因为女子性生活开始得太早，所以不易受孕。这自然只是他的猜想罢了，并没有生理学上的证据。[①] 我在这里提到这件事是想藉以指出我们自己对于性知识还不够来确说任何地方绝对没有避妊的事实。

避妊的事实也许有地方没有，这些地方的人民的确还在上述的生物机能的连环里打圈，生殖细胞从成熟到新个体的产生的过程，他们固然没有加以阻碍，可是新个体的产生是否就能说是种族得到了绵续了呢？这还是问题。

从生殖到抚育

种族绵续是指在这世界上继续不断地有该种生物存在，生物

[①] 《原始人的性生活》，第168页。

个体都有一定的寿命,不管是朝菌、惠姑;或是冥灵、彭祖;寿命的长短尽可以相差很大,但是它们总有一死,那是一定的。因之,种族要在这世界上绵续下去,不能不继续不断地有新个体产生出来代替旧个体的位置,有如接力赛跑一般。这样,所以种族绵续不能不靠生殖机能。可是我们一定得明白,生殖机能所能做到的是从旧个体中产生新个体而已;新个体产生之后,是否能在这世界上生存,能在未死之前再生新个体,都不是生殖机能分内之事了。

生物界中的确有很多种类,子体一旦得到生命就能独立生长,在这世界上占一地位,不必需母体在授予生命之外,再作其他的事。可是生物界中同样有不少种类,子体得到生命之后,它们的生活还得靠母体来维持,母体对于子体还得担负一个时期生活的责任。不能独立生活的子体得从母体得到他所需的营养和保护。我们说这是母体给子体的抚育。

从概念上,我们可以把生殖和抚育分得很清楚。生殖是新生命的造成,抚育是生活的供养。在事实上,只有用分裂法来生殖的单细胞生物中,这两件事的分界可以划得出来。在其他稍稍高等的生物中,两性生殖细胞结合之后,新生命虽已造成,但是这胚胎要能长成一个个体还得靠外来的营养和保护,所以多多少少是要一段抚育时期。

子体得到母体抚育的方式很多。有些是预先储藏了一些食料和胚胎一同排出于母体体外,有些是一直把胚胎留在母体体内,不断地给予日常的营养,等胚胎成熟后才排出于母体体外。这是体内的抚育。有些动物在生理上已和母体脱离了关系之后,还是要靠母体的乳汁维持生活。人类就属于这种动物,而且人类的婴儿不但所需的哺乳期特别长,能独立直接利用别种食料来营养的时期特别晚。即在断乳之后，生理上虽则可以说已经长成独立的个体，但是还要一个更长的时期去学习在社会中生活所需的一套行为方式。这是人类所特具的需要。社会知识的传递对于个人的生活是极关重要的，因为人不能个别地向自然去争取生存，而得在人群里谋生活。一个没有学得这一套行为方式的人，和生理上有欠缺一般，不能得到健全的生活；他也就没有能为人类种族绵续上尽力的机会。把这套行为方式传授给孩子们的工作可以称为社会性的抚育。社会性的抚育对于孩子的长成，新的社会分子的培养，以及种族的绵续上，和生理性的抚育有同样的重要。

可是，社会性的抚育岂是和生理性的抚育同样是生物机能的表现么？根据什么生物特性，人类不但要生孩子而且还要把孩子领大、抚育成人呢？若是我们不能说人类的抚育作用是母体的生物机能，我们也不能在生物基础上找到人类种族绵续的保障了。

有人说人类抚育作用是出于母爱的本能。所谓本能，不管它的意义的伸缩性有多大，总是指不学而能，由生理结构所决定的行为。只要看梁间的燕子，双双衔泥作巢，孵出了小雏，一来一往的觅食喂它们，等小燕子羽毛长成，眼看着它们纷飞四方。小燕子长大了，并没有跟老燕子学，也不管白忙了一阵的教训，照样演出这一套。这种抚育作用显然是不学而能的，是本能的。当然，我们不很明白为什么燕子们非这样办不成；不衔泥，不筑巢，不觅食来抚育小雏燕，有什么生理上难过之处。关于这一点，本能论者可以说，在人类里可以找到一些答案的线索。小孩吸乳一方面固然是得到营养的手段，也是抚育作用的基本工作，另一方面，正是上帝的巧妙，却也是解决母体乳胀的办法。产妇乳汁充塞，引起胀痛，是一种生理现象，从这生理上的压迫可以引起喂乳给孩子的行为；且不提心理分析学者所注重的母体在喂乳中所得性的满足。抚育作用是本能的，是出于生物机能。

这种说法固然指出了抚育作用有它的生理基础，这一点并没有人否认，一切文化都是如此，都可归根到生理的满足。可是从这一点生理的出发点要推演出长期的、复杂的又相当麻烦的社会抚育作用，却还需要比较更详尽的生理分析，当然这项分析现在还没有多大成绩可说。在这里我们不妨退一步承认在生物机能的连环中尚有抚育作用这一节。可是我们同样一定可以看得到这一节连环比了上一节更脆弱多了，更容易中断。若是我们要找从生殖到抚育这个环节中断的可能，例子很多。以特罗布里恩德岛上的土人说，马林诺夫斯基可以很坚决的断言，他们并没有人工避妊的行为，可是关于堕胎一事就不敢说半句肯定的话了。① 在我早年所调查过的广西花篮瑶里，一个不知道堕胎方法的女人竟被称为"笨老婆"。要等小孩子生了出来才想法解决，自然是自讨麻烦了。归有光母亲所吃的螺蛳，江村妇女所吃的渔鸟蛋一类的东西，我相信是极普通的。也许因为这太普通了，所以在把堕胎看作不道德的地方，当医生的得起誓不做这种生意；可是这种誓约并没有比其他誓约更有效力。不但城市里，连乡下，时常可以找到把这事做专业的人。这誓约反而使这可能有危险的工作，因为正当的医生不愿接受，而落入江湖术士手里，造下人间的罪恶。

堕胎若不经医生的手术，可以是很危险的，因之，在不把杀婴作为犯罪的地方，这也成了对付不受欢迎的孩子们的普通手段。若是杀婴不便故意，疏忽也可以提高婴孩的死亡率。当我在写这

---

① 《原始人的性生活》，第168页。

一节的时候,我隔壁那家太太会在孩子高温重病时,撒手入城,把孩子交给不太懂事的小丫头去招呼。若是这孩子死了,我除了把他归入被杀的孩子一类之外,实在没有其他更恰当的说法。在禄村调查时,我就知道我的房东太太有一个刚能单独行走的孩子,因为没有人看管,溺死在水沟里。像这类的事,乡村里是司空见惯的。我现在寄居的地方,一年前还下令禁止把死婴挂在树上。把死婴挂在树上据说是为了要避免死鬼再来讨债。这说明了这地方死鬼缠绕的频繁。孩子不住出生,不住死去。假如新西兰(New Zealand)的孩子是没有冤死的,则正常的婴孩死亡率不过是39‰左右,而我们中国,依不太正确的字数说,却高到275‰,[①]每年有四分之一的婴孩要死去,得不到抚育。

堕胎、杀婴和疏忽至死,使新个体得到生命之后还是不能生长。我们的生理结构中并没有一个特别的器官能给孩子们一定能得到抚育的保障。人类种族的绵续很难说是生物机能的作用了。

损己利人的生育

我在上文中已经说明,在我看来,性的需要和种族绵续的需要是两回事,虽则相联,但是可以分得开的。我在本书中所要分析的生育制度是从种族绵续的需要上所发生的活动体系。可是在说到种族绵续是要用文化手段来保障之前,我得先说明种族绵续并不是满足性欲的副产品,因为我在以上两节中已经讨论过,人类有能

[①] 陈达:《人口问题》,第163—164页。

力跳出从性爱到生殖,从生殖到抚育之间的生物机能的连环。若没有了社会制裁,人类既然能够脱离生物机能的连环,他们种族的绵续也就失去了自然的保障。若是种族绵续是人类个体生存所必需的条件,为维持个体生存计,必得另外设法保障种族的绵续了。于是我们看见有不少文化手段在这上边发生出来,总称之作生育制度。生育制度是人类种族绵续的人为保障。

我时常这样想:文化是人类用以来满足需要的人为工具,若是有一种需要可以由我们机体天赋的生物机能来满足的,我们在满足这种需要时也就不必再加上人为的工具,换一句话说,不必再有什么文化了。譬如我们有呼吸空气的需要,我们有天赋的呼吸机能足以应付,就不必再发生文化设备,直到有用毒气来作战时,口罩才成了呼吸所需的工具。同样理由,我认为若是种族绵续真如一辈本能论者所谓是我们生物机能的表现,我想在人类社会中也就不必有生育制度来规定人们怎样求偶,怎样结婚,怎样生孩子,怎样做父母等等一大套麻烦的规则了。我们从没有听见过有地方有规定人走路得用两条腿来移动身体的规则,正因为用腿走路是生物机能。在已有的生物机能上加一条社会规则是毫无意义的。反过来说,我们在昆明每条大路上都有"行人向左边走"(后来又改作"车子靠右边走,行人靠旁边走")的牌子,正表明不但行人有在右边走的可能,而且有发生交通事故的事实。我们看见社会生活中有生育制度也就可以知道人结婚而不生孩子,生了孩子不认账,不但可能,而且确有这种对社会不利的事实。这些决不是生物机能所能保证的人类行为的通例。生育制度的内容也决不能是一些人类本能的行为了。

到这里为止,我只从消极方面入手说明种族绵续是人们所要达到的一个目的,为了要达到这个目的,所以发生种种活动,形成我在这里想提出来分析的生育制度;可是我还没有说明为什么种族绵续是个人生存所必需的条件。接着我就得讨论这问题了。

种族绵续之成为个体生存的条件,不但不很显然,而且在生物基层上,种族绵续和个体生存实在可以说是相矛盾的。即在人类里,若忘记了人是靠社会得到生活的,单从一个人的私利上打算,这矛盾性是很清楚的。两者矛盾是因为种族绵续是从牺牲个体生存上得来的。营养和生殖处于相克的地位。有些生物学家把前者作为自私行为,后者作为爱他行为,①因为在生物基层上说,营养是损人利己的,而生殖是损己利人的。

动物的营养显然是损人利己的。它们不能靠无机物来营养,因之,我们可以说,它们的生命是以毁灭其他生命来培养的。可是生殖却刚刚相反。新生命的产生没有不靠母体的消耗和亏损。做父母的尽管把孩子看得如何着肉,但究竟不是自己的肉;孩子对父母尽管觉得怎样体己,但究竟不是自己。孩子的生活既须父母供养,在父母说来总是自己的牺牲。且不说单细胞生物,在生殖过程中,母体一分裂就失去它的存在,也不必提那种蜘蛛在性交之后,雄的照例要丧失生命,即以我们人类来说,孕妇的痛苦,临盆的危险,哺乳的麻烦,自是无法掩饰的事。

彻底为自己利益打算的,就得设法避免生殖。我想厌恶生殖的苦修和禁欲主义多少是在想解脱这种自我牺牲的根源。维持得住自我的完整和自由的该是一种无性生活。梁漱溟先生曾说:"一个人的生命究竟还是完全无所不足的。"此意甚深。高明的宗教,

---

① H.E.沃特:《脊椎动物生物学》,第3页。

其所以持禁欲态度之真根据,即在此。他是有见于生命的完全无所不足而发挥之,在别人谓之禁欲,在他则不看是如此。他之所以反对男女之事,乃是反对自己忘记自己的完全,失掉自己的完全。人在生理上虽然好像不完全,其实不然;每一男性在心理上生理上都有女性,每一女性在心理上生理上亦都有男性,只是都偏一点——都有一点偏胜。"①两性的分化,使个人成了一个不完全不自足的部分,确是人生种种矛盾的起源。社会和个人的对立,灵肉的对立,天上人间的对立——根本上不还是这营养和生殖的对立。梁漱溟先生把生命的完整寄托在个体,使他想在排除性别,归元于无性,以达到完全无所缺的境界。他的企图里同时也消除了时间的因素。若是个体的完整能超出于时间的巨流,此种打算自可成立。但是常暂的问题一发生,生物免不了死亡,个体的完整只是暂时的,死亡也成了这种完整的威胁了。求得了还得失去。

弗洛伊德(Freud)却看到生物基性里就有生的冲动和死的冲动。在初层上,生死是相克的,但是死的冲动也有它积极的性质,那就是性的行为,生殖的结果。他的意思似乎是说到了个体的死的冲动正是种族的生的冲动,以个体的死来成全种族的绵续,以两性的分化来成全社会的完整。在时间里,初层的矛盾不见了,只有成全。

在没有意识的生物中,人己的成全只能说是上帝的巧妙安排,从性爱到抚育——用了生物机能加以联锁住。在为己的行为中轻轻地插入一项性欲,生物们一贪片刻的欢娱,造下了三生的孽债,将错就错地把种族绵续了。种族绵续决不能说是个体所要求的,

---

① 《朝话》,第108页。

而是性的满足中不经意的生理结果，这巧妙的安排在人类中，如我在上文所说，很有失去效力的可能。绵续种族假如是造物的主意，他还得另用一项法宝来使人类就范。这项法宝，在我看来，是在把人们结成社会，使每个人不但是个生物的个体，而且是一个社会的分子；每个人的生存不能单独解决，他得依靠社会的完整。社会完整是个人健全生活的条件，而社会的完整必须人口的稳定，稳定人口有赖于社会分子的新陈代谢，因之引起了种族绵续的结果。——让我把以上几句简单的话从长申述一下。

社会完整和新陈代谢

我们不妨先假定个人的基本需要是生存。单为生存，人也许可以像低级动物一般，一切靠个体去经营。若这是可能的，人类的生活也一定简单得和低级的动物差不多。可是我们尽管还不满意目前的享受，和低级的动物比一比，总可以踌躇满志了。什么使我们的生活高出于其他动物这样远的呢？最直截的回答是人类大大地利用了分工合作的经济原则。换一句话说，人类组成社会，社会给了人类现有的生活程度。

人不能单独谋生活已是一句极普通的话了。可是这里所谓单独并不只是数目上的形容字，因为单是人数的增加，并不能使人得到生活上的便利。一个人不能谋生，多几个不能谋生的人在一起，还是不能谋生。俗话说："一个和尚挑水吃，两个和尚扛水吃，三个和尚没有水吃。"这说明了个人生活所倚靠的不是任何别的个人，而是各个人间互相配合别人行为的分工体系。这体系使各个人的力量不相抵消,而能相成相加。

配合各人的行为以实现分工合作的利益,说来是很容易,事实上却有很多困难。甲乙两人若要合做一件事,他们一定得互相了解对方所要的是什么,将要怎样做,希望自己做什么。简单说来,他们得相互会意。人和人要能相互了解、相互会意却十分不易。这里有一条生理机能上的鸿沟。每一个人是一个自足的生理单位,他的神经系统总是及肤而止;他能感觉得到的只是这个单位,对于别人是痛痒不关的。一个人永远不能直接感觉到别人的痛痒,了解会意从何说起?因之,社会生活的真正开始是在人类发明了共同象征的时候。语言是一种最重要的象征体系。我们在相同的象征中制约我们的反应,使我们能从这些象征推己及人,用自己的感觉来推测别人的感觉。

即使我们已有了会意的机构,行为有了互相配合的可能,可是如果每个人都得临时和别人配合行为来达到满足欲望的目的时,我们的生活又不知要变成怎样简单了。因之,在基本生活上,我们总得预先定下个分工合作的结构,每人依他所处的地位,按着指定要做的事去做,哭笑都不能错。有了这被生活相关的人共同接受而且遵守的结构,我们每个个人可以整天做着一件特殊的工作,不愁全部生活不能获得满足。大家的生活能健全进行就靠了社会规定下分工合作的结构,所以我说这个结构是个人生存的必要条件。

社会分工合作结构的式样,各个社区可以不同,但是这结构却必须完整的,必须能答复每个人全部必须依赖于别人来满足的生活需要。譬如,每个人都要吃饭,若是有人可以不必自己种田,自己煮饭,那必须有人替他种田煮饭,而他所做的工作也必须就是能满足种田煮饭的人的需要,而且可以因为他做了之后,自己可以不必动手的。不论一社区的分工合作结构怎样复杂,各项工作不但要能加得起来,而且须等于全社区每个人生活的总和。各项工作所需的人员也依着全社区生活需要的总和而规定的。举一个例说:一个社会里有多少人自己不煮饭的,也就必须要有多少代别人煮饭的人(数目的规定得看煮饭的技术)。在一个都市里,有多少饭馆,就决定于这地方有多少人是不煮饭的。这并不是出于某种权力的统制,而是由于经济原则的活动结果。假如一个地方只有100个人自己不煮饭,天天都得上饭馆的,每个饭馆能招呼20个顾客,则这地方可以有5个饭馆。现在若有人另外又添了5个饭馆,每个饭馆只能有10个顾客,每个顾客所担负的费用却增加了,因为他们要养活加倍的煮饭的人数。人是有经济打算的,这些顾客会集中到5个饭馆里去,付出较低的价钱,得到同样的伙食。其余的5个饭馆不能不停办了。我举这个例子是想说明社会的分工合作结构是受经济原则的支配,从事于某项工作的人数,在一定的技术下,是有一定的。

分工合作结构,包括各种职业的分配,在纸面上是一个空架子,并不是个实体。实体是在这结构里工作的人。一个个人把这结构充实了才成一个生活的单位,一个社区。我们可以用戏剧来作譬喻:《霸王别姬》中有虞姬这个角色,若是没有了梅兰芳或其他演员把这角色扮演出来,这出戏是无法上演的。戏文还可以清唱,实际的生活却不能清唱。社会职务必须有人坐实了才能发生作用。因之,让我再说得更确切一些,个人生活所倚赖的不是社会分工合作结构的空架子,而是按着这结构活动的一辈人。社会结构既然要完整才能发生常态的作用,则每一个社区的结构总得包含最低限度的人数。于是人口在这里有了它的重要性了。

第一章　种族绵续的保障

　　社会分工结构靠着人发生作用，可是人不能永远生存的。他不久就要死去。当然，从个人的立场看，他一死之后，正可以不必管天下兴亡了，正是"吹绉一池春水，干卿底事"。他死后社会结构会发生什么困难，他大可不必过问。可是在他未死之前，若是别人一批一批地死去，社会分工合作结构的完整性不能维持时，他的生活也就会发生困难。这些活着的人却不能不关心别人的死亡，他们要维持自己的生活，必须保持社会的完整性；他们既不能强人不死，或是约定在同一社区里生活的人一齐死，就不能不把死亡给予社会完整的威胁加以免除。这里才发生生育制度。

　　和个人生活攸关的是社会结构的完整，在这生死参差的人间谋社会的完整，就得维持最低限度的人口，于是社会一定得有一个新陈代谢的机构，使死者尽管死，自有新人物出世来填补他们的遗缺。新人物的供给，依我在上文的分析，在人类里并不能完全靠自然的保障，所以得添上人为的保障了。这个人为的保障就是生育制度。

　　供给新的社会分子是生育制度的任务。社会分子这一词是指一个能在社会分工合作结构里担负一定职务的人。这能力并不是天生的。一个孩子要长成一个社会分子须有长期的教育。生育制度中就包括着生和育的两部分。生殖本是一种生物现象，但是为了要使每个出世的孩子都能有被育的机会，在人类里，这基本的生物现象，生殖，也受到了文化的干涉。我在以下的几章里就要说明人类怎样用文化手段去控制这生殖作用，使这生物现象成为社会的新陈代谢作用。

159

第二章　双系抚育

人为了个人生活的健全必须维持社会结构的完整。人是生物，不免于死，死亡威胁着社会结构的完整，因之也威胁着未死者的健全生活。因之，任何社区都得预备下一个新陈代谢的机构，以维持人口的安定。这机构并不是自然的而是人为的，因为生物的机能并不能完全保证人类种族的绵续。人类要用社会的制裁力使婴孩不断出生，并且使出生的婴孩有机会长大成人，以备继替衰老和死亡的人物。婴孩要有机会长大成人，不但要得到适当的营养，还要得到适当的教育。这件重要的工作一定要有人负责。我们若观察任何地方孩子的生活，总能见到他周围有不少人向他负责的，并且这些人各有各的责任，不紊乱，也不常逾越。在这些人中，最主要的人物是这孩子的父母。我这样说，至少在我们现在所观察得到的范围里是正确的。父母是抚育孩子的中心人物。可是我并不是说这是永久和普遍的方式。一切制度的形式是人在一定的环境之内造下的，不变的并不是它的形式，而是人用它来满足的根本需要和满足时的效力原则。这是手段，同一目的在不同的环境里可以用不同的手段来达到。以父母来抚育孩子是一种生育制度的形式。这种形式在现有的环境里是有效的，可是我们并不能说这形式在一切环境里都是有效的。我们也不必费心思去幻想各种可能的环境，再推论出生育制度可能的其他形式来。当然，我们也有理由去预言说，人类总必有一天，不必用自然方法去怀孕和抚育胎儿，这终究是一种痛苦的事，人类有这责任去为妇女免除这痛苦，以人工的方法使生殖细胞结合，在机器里把胎儿养大。这时候，无疑的，我们现有的生育制度的形式会完全改观。但是以现在为止，这并不是事实，所以我们也可以不必去深究。我在以后也要提到抚育作用已经逐渐由家庭责任转变到社会责任。这种趋势是应当加以注意的，但是以父母为中心生育制度的形式，到现在还是最普遍的事实。我们的分析也只有从这种形式出发。

生理抚育的单系性

我说社会制度的形式是人为的，是人类为了要满足某种需要，用社会的制裁力加以制定的。以父母为中心的生育制度的形式也不是例外。要使父母担负这个抚育孩子的责任，以完成社会新陈代谢的作用，人们确曾费过一番苦心。我们初看来由父母分担抚育孩子的双系结构好像是很习惯很自然，其实，我们若加以分析就不然了。

抚育的双系结构是怎样发生的呢？

关于这问题有一种很普通的误解，把生殖的两性和抚育的双系混为一谈，因而认为抚育的双系是直接由生物本性所决定的。生物事实所告诉我们的刚刚与此相反。在两性生殖的动物，子体生理上的抚育却总是由母体单独担负的。雌雄生殖细胞的重要区别之一就在前者带有给子体的营养原料，而后者不带。细小的雄性生殖细胞连维持自身需要的养料都不足，它要是碰不着对手的雌性生殖细胞,在短期间就死亡了。要是运气好碰着了对手,结合成了子体,它对于子体的贡献不过是细胞里的基因或其他某些东西,但决不是养料;它固然给子体以生命,可是并没有帮助子体得到生活。而且,在哺乳类动物中,子体得到生命后,还要有相当时间留在母体的体内,生理上的抚育在这个时期,完全是由母体负责。父体即使有心分担这件工作,也没有这机会。雄性生殖细胞在和雌性生殖细胞结合之前,已经与父体脱离了生理上的联系,生死痛痒业已无关。从生物层上说,抚育作用是以单系开始的。

子体的抚育,在人类里,如何由单系的生理给养,转变成双系的社会教养,成了我们研究人类生育制度时一个重要问题。假定社会性的抚育作用是从生理性的抚育作用延长出来的,则我们所得到的将是单系的母体抚育了。这在家畜里看得很明白。小猫是不认得父猫的。人类怎样把父亲拉进这抚育工作中去的呢?

理论上最偷懒的办法是说人生来自然是这样的,或者说得书卷气一些,这是出于人类的本能。做父亲的对于他自己所生的孩子有爱护的本能。这本能使他自然地担负起这抚育的责任。事实若果真如此简单,我们要分析生育制度时也就容易得多了。可是这理论上的捷径,在事实上却不一定是条通路。苟其父爱是出于本能,则具有这种本能的动物不应有撒野种、不肯认账的混蛋了。在人类中,更不必立下种种规范和手续来确立父子的关系了。

在我们自己的文化里,父亲对于子女的责任心的确是时常用血统的观念来维持,——这是我自己的骨肉,怎能忍心不管呢?生物联系成了感情联系和社会联系的基础了。不幸的是父子间的生物联系并不像母子间的那样明显。在人类中,从受孕到分娩有一段很长的时间,性交又不一定受孕。性交在生殖作用中的功能又

第二章 双系抚育

并不是一件容易得到的知识。传说古代的人民"知其母而不知其父",这里父母两字若是指其生物的意义讲,那是很可能的。即是在现在还有些地方的人不肯承认性交是生殖作用的必要步骤,从他们看来,男子和生孩子这件事是没有关系的。马林诺夫斯基所调查过的特罗布里恩德岛民就是一个实例。① 以后我们还有机会详述这地方的人的观念,这里可以不必细讲;可是我想藉此指出:负起抚育责任来的父亲(特罗布里恩德岛民还是有父亲的),并不一定是因为觉得儿女和自己有生物上的联系。生物联系、感情联系和社会联系本是三,不是一;它们可以相合也可以相离。

父子间并没有生物联系的例子,我想,没有地方可以说绝对没有的。反之,有些地方这种例子可以特别多。以托达人(Todas)讲,一个男子和一个女子结了婚,这男子的弟弟们或朋友们,即可和她发生性的关系,享受丈夫的权利,可是她所生的孩子却只属于那个举行过弓箭仪式的"丈夫"。② 这样说来,父子关系和生物联系相差的机会可以极多的了。在这种地方父子间既无生物联系,父爱本能从何说起? 若是说,父爱本能是指一个男子对于被认为是他儿女的人,不论生物上有没有联系,总之是会发生出本性的感情,那似乎还说得过去;可是这样说来,父爱是在决定了父子关系之后发生的,不能用以解释为什么他一定要去认个孩子来表现他的父爱本能,换句话说,这并不能解释抚育的双系。

直接用父爱本能来解释抚育的双系既不易被人接受,要从心理基础来解释社会制度的人,得在理论上绕一个圈子。他们以为

---

① B.马林诺夫斯基:《原始人的性生活》,第153—158页。
② W.H.R 里弗斯:《托达人》;见雷蒙德·弗思:《人文类型》,费孝通译,第83页。

亲子关系是从两性的爱悦里演化出来的。一个男子在感情上和社会上和儿女发生密切联系是因为他爱悦他的女性伴侣，愿意分担抚育她所生子女的责任。这种说法固然可以避免我在上面所作的责难，可是把人们长期的两性结合归源到富于流动的感情上已经有些困难，何况把社会上重要的抚育作用以爱屋及乌的眷恋来维持，真不免把儿女私情看得太认真了。离婚法稍稍宽了一些，夫妇间感情联系的本相，表露得就不太好看。而且，我们知道有些地方，好像我所调查过的坳瑶，男女各在夫妇外另找感情寄托的情人，有似法国早年的沙龙制度，并不受社会的非议，也不破坏夫妇关系，而他们对于儿女的抚育还是十分负责。当然，我绝不是说，夫妇间可以不必用感情来维持他们的共同生活；快乐的家庭和健全的人生自不能把眼中钉作为最亲密的人。可是，我以后还要提到，没有感情联系，相敬如宾，一天话也说不上三句的男女，同样是能维持他们共同抚育儿女的责任。我们若要把儿女的抚育归到夫妇间的感情上，这个基础是并不稳固的。

在讨论社会制度时，我常认为我们应当把人类的感情看成社会所培养出来的结果，不能看成社会制度的基础。我们可以用社会生活的需要去解释人们感情所寄托的对象和发泄的方式；而不能以感情来解释社会制度的方式。这一点也许就是 A. 孔德（A. Comte）在排列科学级层时，心理学一门应否放在社会学之上还是之下的老问题。其实，在我看来，在社会现象的底子里有着生理性的心理现象。我可以承认爱、恨、喜、怒是多种生理性的心理现象，从生物基础上发展出来的。但是爱谁、爱什么，怎样爱法，这些具体表示人类感情的对象和方式却是受着文化的规定，和其他行为一般的，所以应当列在社会学之上的。

我们与其说：因为两性的爱好，所以愿意共同抚育儿女，倒不如说：因为要共同抚育儿女，两性间需要有能持久的感情关联。

两性分工与合作

双系抚育虽不能直接用两性生殖来解释，可是双系的发生还是根据于男女之别的事实。以上我所驳斥的说法是因为这些说法把男女之别只看成了生物性的差别，而忽略了社会性的分别。我们在母亲之外不能不去认一个父亲是因为我们生活所倚赖的社会结构是以性别来作分工基础的。在以性别分工来结构成的社会里，生活单位必须由男女合作组成。只有这种单位才能负起全部抚育的责任，因之抚育成为双系。让我把这一段话再从长申述一下。

社会的形成是靠分工，若每个人都做相同的事，各个人对付各个人的生活，就不会有社会了。分工发生差别，可是也得根据已有的差别。若是人人都是一模一样的，工作就不容易分。为什么甲做这件事，而乙却不做这件事，去做那件事呢？分配工作必须有个能说服被分者的理由。这理由多少要根据甲和乙原本有些不同。分工所根据的差别有时是和所分的工作有关的，有时可以没有多大关系的。我们若注意各社会分工的体系，不免会有一种印象：人们好像是任何差别都能利用来作分工基础的，年龄、性别、皮肤的颜色、鼻子的高度，甚至各种病态，都可利用。性别可说是用得最普遍的差别了。以现在为止，人类还没有造出过一个社会结构不是把男女的性别作为社会分工的基础的。

两性差别是生物事实，男女细胞结构的不同的确引起了不少显著的生理和心理上的差别。可是我们要注意的是两性分工只是社会利用两性差别所安排出来的分工体系，并不完全是男女生理和心理上的差别而引起他们所能做的工作的不同。洛伊(Lowie)曾说："分工的方式大部分是传统习惯规定下的，这就是说，并不相关于两性的生理特质；我们若对照不同的，甚至相邻的部落中不同的规律，就可以证明这种说法了。在南巴图(Southern Batu)亟力排除女子于畜牧的事务，而霍屯督(Hottentot)的女子却每天在那里挤牛乳。"①

男女分工虽则并不一定根据他们生理上的特质，有时却可以分得很严，至于互不相犯。我们乡下就有一种谚语说："男做女工，一世无功。"分工的用处并不只视为经济上的利益，而时常用以表示社会的尊卑，甚至还带一些宗教的意味。就是那些不必要特别训练的工作，好像扫地、生火、洗衣、煮菜，若是社会上认为是男子不该动手的，没有人替他们做时，他们甚至会认为挨饿倒可以，要他们操作却不成。

像这样的分工体系确立之后，健全的生活非由一男一女合作不成。读者也许会误会我的意思，以为我是在想从男女分工的结构来说明男女结合的需要，然后以抚育子女为男女结合的产物。男女结合是前提，结合之后就不免生孩子，生了孩子不免得加以抚育，将错就错地形成了家庭。我并不想接受这种说法。在我看来，男女分工的体系固然规定了男女结合了才能维持日常生活，但是这并不规定什么关系的男女相合作，更不保证男女长久的结合，我

---

① R. H. 洛伊：《初民社会》，吕叔湘译，第88—89页。

是想反过来说,在男女分工体系中,一个完整的抚育团体必须包括两性的合作。两性分工和抚育作用加起来才发生长期性的男女结合,配成夫妇,组成家庭。

抚育作用所以能使男女长期结合成夫妇是出于人类抚育作用的两个特性:一是孩子需要全盘的生活教育,二是这教育过程相当的长。孩子所倚赖于父母的,并不是生活的一部分,而是全部。若人和猫狗相同,子体只在哺乳期需要母体的乳汁,平时可以倚靠主人得到每天的食粮,它们非但不必去认个父亲,连母亲也很快就可以不认了。在人类社会里一个健全的分子所需的资格很多。一个孩子要获得这些资格非得有长期的学习不成。在一个比较简单的社会里,生活上所需的知识、技术、做人的态度,在家庭里都可以学得到。反过来说,至少得有一个家庭才能得到这些资格。少于一个家庭的,不但日常生活不易维持,而且男孩子不能在母亲那里获得他所需的全部生活方式,女孩子单跟父亲一样得不到完全的教育。全盘的生活教育只能得之于包含全盘生活的社会单位。这单位在简单的社会里是一男一女的合作团体,因之,抚育作用不能由一女一男单独负担,有了个母亲还得有个父亲。

两性分工是形成双系抚育的一个重要的条件。这条件若发生了变化,双系抚育的结构也会随着发生变化。在现代都市中已经开始有这个趋势,不但在工作上男女的界限逐渐含糊,连许多人为的区别都可以通融了。最近某机关拒绝女职员曾受舆论的指斥,大学里男女学生已在受完全相同的教育;街头我们可以看见扑朔迷离女扮男装的人,男女的区别开始在减少了。若是有一天男女分工的原则彻底废除了(当然,现在离这日子还遥远得很),连孩子都不必在母胎里长大,假定这是可能的,我们也就没有多大理由来说抚育作用一定是要双系的了。

还有一种趋势在使抚育失去其双系性的，那就是我们社会生活的日渐复杂，在现代社会中，一个孩子的教育已经不能单靠父母来担负，单在家庭里去完成了。本来我已说过抚育作用决不会限于父母的，但是在简单的社会中，家庭在文化上，在生活上，是一个完整的单位，它可以教养出一个完全的社会分子来。可是社会生活复杂之后，分工更细，知识更精确，技术更专门，有一部分抚育作用不能不从家庭里移出来，交给特设的教育机关了。这种教育机关起初不过是补充性质，可是日渐发达，时常会有取父母的责任而代之的趋势。航空幼童学校就是一例，而且保育院等等的发达也很可能使社会的基本结构发生变化。

把抚育的任务交给一男一女的基本单位去担负可以说是采取了小群负责的原则。我已经说过，社会的新陈代谢作用是为了社会的完整，使全社会的各分子的生活能健全进行，所以是一种社会工作。这工作交给一定的小群去经营，所以发生了父母的双系抚育形式。在过去和现有的情形下，这种小群负责的原则也许更能胜任这工作，至少以家庭和保育院来比较的话，大体上家庭里所生长出来的孩子比较健全些。这说明了为了效力，社会共同来经营集体抚育的方式，为了些我们还不太明白的理由，好像还需要改善。在抚育作用采取集体负责的原则，在现代社会里，已经开始实行，但是一般说来还只限于抚育作用的较小及后期的部分。

我虽则承认抚育的双系性，由父母来担任的原则，并没有生物的根据只是为了效力和方便，在某种社会环境中方才发生，可是从事实上看，这个形式的变化还是一种可能性罢了。无论哪个地方，至今还是没有不以男女的性别作为分工的基础，而且父母也总是担负着最基本的抚育作用。在这些社会中,抚育作用必须是双系的,但是这双系性既然没有生物本性作保障,于是,我们在任何现有的社区中,都能看见确立双系抚育的文化手段,这就是我们普通所谓的婚姻。婚姻是人为的仪式,用以结合男女为夫妇,在社会公认之下,约定以永久共处的方式来共同担负抚育子女的责任。

第三章 婚姻的确立

社会分工利用了两性区别作基础后,一个能担负抚育作用的最小的单位是一男一女所组成的生活团体。为了社会新陈代谢作用的重要,社会上必须预备下这负责抚育的基本团体来完成这任务。每一个社会所容许出生的孩子必须能得到有人抚育他的保证。所以在孩子出生之前,抚育团体必须先已组成。男女相约共同担负抚育他们所生孩子的责任就是婚姻。

生物性的父母和社会性的父母

婚姻是社会为孩子们确定父母的手段。从婚姻里结成的夫妇关系是从亲子关系上发生的。这种说法也许和我们通常的看法不同,因为在我们的文化里,时常会使人觉得夫妇关系是两性关系,婚姻是确定两性关系和个人开始性生活的仪式。可是在很多民族中两性关系并不以婚姻始也并不限于夫妇之间,而同时特值我们注意的是夫妇之外的性生活无论如何自由,并不会引起婚姻关系的混乱。这使我们觉得婚姻关系和两性关系并没有绝对的联系,因之,我们似乎不应把限制两性关系视作婚姻的基本意义。婚姻之外的两性关系之所以受限制还是因为要维持和保证对儿女的长期的抚育作用,有必要防止发生破坏婚姻关系稳定性的因素。

婚前和婚外的两性关系,即在我们这种把贞操观念看得特别严重的社会里,还是不能绝迹的。大观园里只有那对石狮子是干净的。有人把犯奸淫的妇人带到耶稣面前,耶稣说让自己觉得没有犯过罪的人用石子去掷她,结果一块石子都没有掷出来。尤其是在现在欧美的都市里,这种贞节观念更不能支配人了。我知道有些想减轻所得税的负担的男女,虽则已经同居,但是有意的要避免结婚的手续。有许多民族把婚前性生活视作正当的。这可并不影响婚姻关系,因为即在承认婚前性生活是正当的人民中,并没有允许在婚前合法地生孩子。我们可以说人类社会中有一个比较普遍的原则,就是有丈夫的女子才有生孩子的权利。无论在什么地方,两性关系尽管可以在一定限制下享受相当的自由,可是关于生孩子这一件事,却很少含糊,一般都有很严紧的规律,而且这种规律总是以婚姻为基础的。这也说明了婚姻与生育的关系重于与两性的关系。

为了要孩子,不能不结婚,这是马林诺夫斯基所描写特罗布里恩德岛上女人宁愿牺牲性生活的自由和接受管家婆的烦恼的理由。① 为了要有个丈夫,不能不生个孩子,那是提科皮亚女子拒绝避妊的原因。情人怀了孕,无法逃避婚约的羁绊,是他们男子不得已的苦衷。② 婚姻和抚育责任的关系在这里表现得比较清楚。我并不是说,没有丈夫的女子不能生孩子,或不生孩子;事实上,没有

---

① B. 马林诺夫斯基:《原始人的性生活》,第66—71页。
② 雷·弗思:《我们提科皮亚人》,第490页。

地方没有生在婚姻关系之外的孩子,可是这些孩子若不是在生后被已婚的人领养去,时常就被溺死。没有父亲的孩子即使不致连生存的权利都得不到,但常常不能充分享受一个完全的社会分子所有的权利。他不是被挤在活人世界之外,也总是部分地被挤于社会之外。人间的悲剧是人造的。

孩子虽则一定要生在婚姻之内,但是这不是说孩子一定是由婚姻配偶所生出来的。婚后两性关系的限制固然较严,但是不仅事实上通奸案子常常发生,而且有地方在规定的情形下,婚外可以有正当的性生活。初夜权,宗教性的神女,成年礼时的性交,借妻,以妻待客,交换妻子,以及情人制等,常是最受人喜谈的风俗,任何人类学的书本上都很容易看得到,在这里我们可以不必多费证例。婚外性生活既无法禁绝,已婚女子所生的孩子,也就可以不一定在生物上是她丈夫的骨肉了。所以我们应当把生物性的亲子关系和社会性的亲子关系,在概念上,加以区别。婚姻的目的是在确定社会性的父亲,对于生物性的父亲的确定,倒还属于次要,事实上父与子的生物关系的要求确定本身是一种社会的规定。

即以我们自己的社会说,虽则表面上我们常特别重视血统,亲子的生物关系,以生物性的父母作为社会性父母的条件,可是在我国传统的法律上,非婚生子女和他们的生父还是须经过法律手续才能成立父子关系。反过来,自己妻子和外遇所生的子女和自己虽没有生物关系,亦须经过法律手续才能否认父子关系。换一句话说,我们的旧法虽则承认生物关系可以确立父子关系的原则,可是没有经过法律手续认领或否认的,婚姻关系已足够确立父子关系了。

母子的关系里,生物性和社会性似乎是不易发生差异了。在我们的旧法上还有一种规定就是：非婚生子女与其母之关系始为婚生母子，毋须认领，这是说母子的生物关系是明显的，所以不必经过法律手续就可以确定其社会性的母子关系了。事实上，连这明显的母子生物关系，也有时会有意被抹煞，不承认是社会性母子关系的基础。读过《石头记》的人自然记得探春为了赵姨娘那种使人讨厌的劲儿，在她当家时，明白地向她说，要她不要弄错了，自己是王夫人的女儿。意思是赵姨娘不过是替王夫人怀次胎，并不是赵姨娘用自己名义生的。王夫人尽管心里疼她自己所生的元春和宝玉，可是她对于探春和贾环等在名分上依旧是母亲。在社会关系上，她得公平地待遇所有的儿女，不论是自己生的还是别人替她生的。熟悉中国大家庭的人自能用亲自见过的事实来证实这类以婚姻关系来抹煞生物关系的情形。

生物性的父亲和社会性的父亲不相符的事实在所谓初民社会中是常见的。上文中所提到的托达人和特罗布里恩德岛民都是明显的例子。在托达人，父子关系是根据弓箭仪式来决定的。特罗布里恩德岛民非但不承认男子在生殖作用中的地位，而且极力否认父子间有任何生物关系。在他们看来，性交只是一种取乐，女子受孕并不是因为和男子发生了性交，而是因为祖先的鬼送来了一个孩子的精灵。男子不过是为孩子"开一个门"，即是这一点也并不是必需的。[1] 这种我们看来似乎觉得很奇怪的见解，却曾经马林诺夫斯基详细考查过，后来又经福琼（Fortune）所复查而证实的。[2] 若是两性关系和婚姻关系不能分的理论是正确的，我们可以推想

---

[1] 马林诺夫斯基：《原始人的性生活》，第153—158页。
[2] R. H. 福琼：《德布人的巫术》，第238—241页。

特罗布里恩德岛民中将没有父亲的地位了。事实上并不如此。他们一方面极力否认生物性父亲这回事,同时却把社会性父亲看得很重。一个孩子的母亲的丈夫常是这孩子最亲信的人;他抚育,保护,管教,并将各种可以给的东西给这孩子。而且若是一个女子没有丈夫而生了孩子,社会都会非议,因为据他们说,那个孩子将没有个男子来抚抱了。[①]

这些事实至少可以使我们承认两性关系和婚姻关系是两个不相混的概念。决定亲子的社会关系的是婚姻关系,不是生物关系。经过这一番讨论,我们更可以明了人类中的双系抚育并不是直接从两性生殖上演化出来的结果了。

结婚不是件私事

婚姻的意义,依我以上的说法,是在确立双系抚育。抚育既须双系,而双系抚育却并没有自然的保障,因之人们得自己想法,用社会的力量保证生出来的孩子不但有母而且有父,于是有婚姻。我说婚姻是用社会力量造成的,因为依我所知世界上从来没有一个地方把婚姻视作当事人间个人的私事,别的人不加过问的。婚姻对象的选择非但受着社会的干涉,而且从缔结婚约起一直到婚后夫妇关系的维持,多多少少,在当事人之外,有别人来干预。这样,把男女个人间的婚姻关系弄成了一桩有关公众的事件了。这并不是一般人的无理取闹,或是好事者的瞎忙,而是结合男女成夫

---

① 马林诺夫斯基:《原始人的性生活》,第66—71页。

第三章 婚姻的确立

妇所必需的手续,因为,让我再说一遍,单靠性的冲动和儿女的私情并不足以建立起长久合作抚育子女的关系来的。

若婚姻的意义不过是男女的结合,或是两性关系的确立,则婚姻不但是一件人们的私事,而且不必有很多人为这事忙碌干预了。可是在任何地方一个男子或女子要得到一个配偶,没有不经过一番社会规定的手续。有很多地方,配偶的选择并非出于当事人的自由意志,而是由他们的家长所代理。我们自己社会中的旧法就是这样。这虽则已经受尽了攻击,被认为是吃人的礼教。这固然是不错的,可是我们也得承认,配偶的选择从没有一个地方是完全自由的。所谓自由者,也不过是在某个范围中的自由罢了。关于这点我将留着另外讨论。

有些人认为有地方,或是古代曾有人,实行着一种所谓掠夺婚姻。依他们的说法,婚姻之前不必需要合法的手续,一个男子喜欢了一个女子,可以乘着黑夜或其他机会把她抢过来。柯林斯(Collins)所述关于澳洲新南威尔士(New South Wales)土人的风俗就是这样。① 但是经过其他人详细考查,所谓掠夺婚姻也受着社会严格的规定,不能随意去抢人家的女子,有如我们小说上的恶霸一般。他们在事前常是已得到女家及酋长的许可,那种动武撕打其实和其他婚姻仪式,在性质上,并没有什么不同,也是一种"合法的手续"。我们乡下也有所谓抢亲的风俗,大多是因为男女家想避免正常仪式的耗费,而用的代替方式。被抢的新娘,浓妆艳服在家等候。也有用来娶再嫁的妇女,表示她并非自愿,出于强迫的意思。这可是只表示一点意思而已,没有人认真的。我当然并不否认在

---

① B.马林诺夫斯基:《英国百科全书》,"婚姻"项。

两个敌对的族团间有互相强抢女人的事，被抢的女人可以在俘虏的身分中成为公娼或奴隶，可是这并不是婚姻关系。

我们自然得承认男女的爱好可以使他们愿意永久合作，若是这种愿意得不到社会的准许时，他们可以私奔。可是我们不能同意于有些学者认为有些地方私奔是得到配偶的正常方式。果真如此，我们就不应当说婚姻必须经过很多人参加及须经过相当时间的手续了。据我们所知道的，凡是破坏社会规范的私奔者总是要受社会的谴责，甚至须受很重的刑罚。即是承认私奔者的婚姻关系可以成立，像莫尼卡·亨特（Monica Hunter）所记述南非庞多兰（Pondoland）的土人，他们仍要在事后履行必要的婚姻手续。[1] 非但私奔会触犯社会的"刑法"，而且向这种行动负责的常不限于私奔者的个人。这样说来，私奔不能说是婚姻的正常方式了。

在达到婚姻的一番手续中常包括着缔约的双方、当事人和他们的亲属、相互的权利和义务。在没有完全履行他们的义务之前，婚姻关系是不能成立的。在结婚前，男女双方及其亲属所履行的各种责任，在我们看来，其重要性是在把个人的婚姻关系，扩大成由很多人负责的事，同时使婚姻关系从个人间的感情的爱好扩大为各种复杂的社会联系。在这些必须履行的义务中，最受人注意的是经济性质的相互服务或相互送礼，而且这些义务时常推及当事者以外的人。这种事实常被解释作婚姻的买卖性质。男家给女家的聘礼，也有人类学者直呼之为"新娘的价钱"。在人类学文献中，常被人当作买卖婚姻例子的是南非土人中常见的 Lobola 风俗。

在这些土人里面，一个男子想得到一个妻子，在约定婚姻关系

---

[1] 莫尼卡·亨特：《对征服的反应》，第187—188页。

的时候,他的父亲要送女家一群牛,这群牛就称作 Lobola。可是这并不是以牛易女的买卖,因为女家并没有把女子送到市场上标价出卖,而且得到的这群牛也不能随意加以处置。女家的家长要把它们分给他的亲属,分法也有一定的规则。余下来的,他又要用来充作他自己儿子订婚时送到女家去的 Lobola。男家在送 Lobola 给女家时,他并不是全用自己的牛,他的亲属也有责任把 Lobola 送来加入。若是结了婚,女的要离婚的话,女家要把以前所收到的牛一条不错地退回去,不但是数量上要相等,而且一定要那些以前送来的牛。男家若有不是,妻子可以回娘家,男家要损失一笔 Lobola。[①]这样说来,Lobola 与其说是新娘的价钱,不如说是维持婚姻关系的一笔押款。把婚姻这件事拖累很多人,成为一件社会上很多人关心的公事,其用意无非是在维持结婚的两造长期的夫妇关系;长期的夫妇关系是抚育子女所必需的条件。为了双系抚育,人造下了这样多的花样。

  婚姻在人类生活上既是这样重要,而同时又不常和个人的生理和心理倾向相符合,于是社会得立下法律来防止轶出规范的行为。单靠法律的制裁犹嫌不足,于是把其他经济关系等渗入婚姻关系中,并扩大向婚姻关系负责的团体,这样使夫妇间的联系加强,即使夫妇间一时感情失和,每会因牵涉太多,不致离异。可是这还不能使这种人造的办法根深蒂固,不易撼动,于是进一步,婚姻关系获得了宗教的意义而神圣化了。婚姻有关的法律、社会,以及宗教的制裁,在它们功能上说是相同的,都是在维持人类社会生活中必需的抚育作用。

---

① 莫尼卡·亨特:《对征服的反应》,第 190—193、212—213 页。

婚姻的宗教色彩常是最引人注意的一方面。翻开一部记载着各地风俗的书本，五花八门，光怪陆离，花样最多的，也许就是各地结婚的仪式。以我自己的乡下来说，整个仪式都充满着宗教的意味，好像"三灯火煌"、"红丝牵经"、"转米囤"、"牵蚕花磨"，以及祭祖、拜天地，若要详细叙述起来可以有很长的一篇。至于去搜罗各民族结婚的材料，有趣的自然更多了。若总合起来说，这种种仪式象征着各种不同的意念，有些是直接有关于两性关系的，有些有关于夫妇间经济合作的，有些是富于感情色彩及道德观念的。在这些仪式中都充分表现着宗教的色彩。在西洋，婚姻仪式须在教堂里由牧师来主持，把婚姻视作一种向上帝负责的契约。在我们自己，一方有月下老人的暗中牵线，一方有祖宗的监视，一方还有天地鬼神来作证，这样把确立个人关系的婚姻弄成了一件热热闹闹的社会举动，更把这和生物基础十分接近的俗事，转变成了好像和天国相通的神迹。为了这双系抚育，我们不能不敬服人类在文化上所费的一番苦心了。

第四章　内婚和外婚

　　社会分子的新陈代谢是维持社会结构完整和绵续的机构,抚育孩子不是一件个人可以随意取舍的私事,而是有关社会生存和安全的工作;因之,社会在这里竟会干预到个人生活最私的角落里,造下了许多悲欢离合的故事。我在上章中已经说明,为了要保障孩子们能得到必须的抚育,社会用婚姻来把男女结合为夫妇,要他们共同负责担任这些工作中主要的事务。社会虽则用了各种手段来使男女就范,可是不论法律的或宗教的制裁,至多不过能维持夫妇关系的形式,并不能保证夫妇之间一定能融洽合作。清官难断家务事,上帝也不能强迫人相敬相爱。夫妇们能否胜任愉快地履行社会所指派给他们的事务,还得看夫妇关系的内容。

夫 妇 之 间

　　托尔斯泰(Tolstoy)在他的名著《安娜·卡列尼娜》的开卷就说:"人间快乐的家庭是一模一样,而不快乐的家庭却各有它特殊不快乐的地方。"我固然不知道在这世界上快乐的家庭多,还是不快乐的家庭多;可是若是有人说,人间从没有过一个永远快乐的家庭,我是很预备相信这句话的。"不吵架不成夫妇",不但是句俗语,也含有相当的真理。若是我们细心观察这一套一套似乎各有它特殊性的悲剧喜剧演不完的夫妇之间,我们也许可以发现在根本上人类的生育制度中有着个女娲氏忽略了没有填实的缺陷。生育制度结构中既已有此缺陷,人们很容易就实现"不是冤家不碰头"的谚语了。

以前我曾说过,人间所以有夫妇的结合,无非是为了要使孩子们能得到适当的抚育。担任抚育最基本的团体,不但要能供给孩子们生活上的需要,而且还要能传给他们自己独立在社会上谋生时所必需的一套基本技术、知识、态度和道德,以及开始独立生活时的社会地位和物质凭藉。因之,这个基本结构必须是一个在文化上具备一切、在社会上能独立活动的团体,若以夫妇来作这个团体中心,这男女两人不能不长期地过着全面和亲密的共同合作生活。抚育作用的需要规定了夫妇关系的理想内容。这个理想的内容也许正等于托尔斯泰所说的快乐家庭,可是事实上却很少夫妇真能永远实现着这理想,这是为什么呢?

人本来有如叔本华(Schopenhauer)所说的刺猬:离远了觉得冷;逼近了大家又有刺。两个人要能亲密合作有很多不易克服的困难。个人是一个自足的感觉单位,相似于莱布尼兹(Leibnitz)所说的单子(Monad),"没有窗户可以使别的东西跑进来或跑出去"[①]。各个单位的痛痒锁在窗户里无法相传的。我的痛不能直接跑进你的身体,使你也感觉到痛。可是你我要能合作,却又不能不痛痒相关,甘苦相共;于是我们只能造下一个能相互猜测和捉摸别人痛痒的象征体系。靠这象征体系,我们才能据此以推己及人。

---

① 《形而上学序论》,陈德荣译,第350页。

可是这些象征的意义却又只能从我们各个人的经验中体会得来,因之,自己所没有的也就无法推己及人;自己有而别人没有的,也无法使人明了,发生同感。社会生活的可能还是靠了各分子间相同的经验。一个色盲的人就永远不能了解别人所谓红和绿究竟是哪一种颜色,凡是用红和绿来配合人们行为的象征,也就不能在这辈人身上发生效用。生活历史不同的人也不易对于一个象征有相同的反应。一个曾在炸弹下逃过命的人和一个从来就没有见过敌机的人,对于警报所有的认识在程度上可以有很大的差别。不但甲无法使乙同感他恐惧警惶之感,而且警报所引起的行为反应在甲乙两人也不易相同。甲认为非走出20里躲在山洞里不能安心,而乙却可以据床高卧,满不在乎。这两人就不能合作一同逃警报。

李济之先生曾因为西安老百姓有洋苍蝇的观念,而怀疑到在甲乙两种文化里生长大的人,能否十足地和充分地互相了解另一文化里的语言。[①] 李先生觉得这是民族学方法上的基本困难。可是彻底说来,这不但民族学家到另一文化里去研究时无法克服的困难,就是同在一个文化里生长大的人们之间也不免有这种困难存在。每个人至少有一些特殊的经验,严格说,因为同一时间,两个人不能站在同一地位,每个人所看到,听到,接触到的决不是完全一样,所以没有两个人是有完全相同的经验的,就个人的经验而说,每一个人有他的一套。因之,我们也可以说,没有一个人真正地能充分地尝到另外一个人的甘苦,感到另外一个人的休戚,想到另外一个人的思想,完全懂得另外一个人的语言。若是在我们感

[①] 《民族学发展之前途其比较法应用之限制》,《社会科学学报》,云南大学,1941年。第57—58页。

情深处，独到的领悟，能得到另外一个人的同情和欣赏，这个人是否完全懂得我们的意思且不说，已经是十分难得，我们要称他作知己；有了个知己，死也可以无憾。姜伯牙失去了钟子期不再奢望人间还有第二个知己；知己之难，可以想见。

在我看来，民族学研究的对象倒不必全是知己，因为社会本身并不是全靠一群心心相印的人所组织成的。普通社会生活所需要的共同认识肤浅得很。一盏红绿灯已够汽车往来不致撞碰。一颗倍立厦黄球，已可使徒步过街的人得到安全。衣食住行的俗务上，人类生活中的最大部分，所用共同象征大都不很复杂深奥的，它可以根据普通一般人所共具的类似经验。凡是共具的类似经验也就谈不到深奥了。我们自己就时常有无法用普通共用的语言或文字来表达的经验和悟识。言外之意要心照不宣，朋友相对可以无言胜似有言。至高的玄理，只能拈花相传。会心的微笑固然是人生的真趣，可是在日常生活中却是多余的。

我们不一定要说语言的演化轨迹是由繁而简，可是，在我们现代的都市中，共同象征的含义的确是愈来愈浅显了。这是必然的，因为都市里生活上相关的人，来源太复杂，身世太离奇，他们可以有不同的语言，不同的服式，不同的信仰，不同的礼貌和不同的癖尚。他们没有法子可以相互完全了解，只求能相安共处就得，于是造成了美国社会学家帕克（Park）教授所谓 Symbiosis（共生）的共生现象。这些只求行为上能配合，不求感情上能体贴的人们不但相互了解的程度肤浅，而且生活的接触时常也是片面的。每个人只在很狭小的一部分上去认识另一个人。在钓鱼会里只要大家对于钓鱼有关的一套兴趣和观念相同已足，至于哪个是保皇党，哪个是共产党，大家正可以不问，愈不问愈能相处得好。在政治团体里党员们是否能分得出鲤鱼和鲫鱼是毫无关系的。娱乐场、公事房、图书馆、赛马会、讨论团里,各人可以分别找他片面合作的对手。可是即便在现代都市中,生活的片面化、多元化也并没有彻底,因为在那里还有个家庭存在。在家庭里人们还得全面的合作,整体的生活。这个全面合作生活的最后堡垒所以能维持至今,若是有理由的话,也许就是我刚才所提到的抚育作用有此需要。至少,在抚育作用没有完全割碎的时候,家庭还是不能成为一种片面合作的团体。夫妇还是不能和钓鱼会里会员一般。

全面合作的团体中决不能是一个大都会的索隐。合作的分子不是共生而是一致(Consensus)。那就是说他们在目的、兴趣、习惯、嗜好上要有高度的契洽,契洽包括观念上的相同,感情上的相合,能相互推己及人。夫妇关系是人和人关系中最需要契洽的一种,因为他们在生活上所接触的方面太多了,他们在生活上互相依赖的程度太深了。哈夫洛克·霭理士(Havelock Ellis)曾说:"在一个真正'理想的'婚姻里,我们所能发现的,不止是一个性爱的和谐,而是一个多方面的而且与年俱进的感情调协,一个趣味与兴会的结合。一个共同生活的协力发展,一个生育子女的可能的合作场合,并且往往也是一个经济的单位集团。"①

高度契洽不易凭空得来;只有在相近的教育和人生经验中获得。我们已经一再说明,观念上的相同必须有相同的经验基础,感情上的相合必须有长期在一起的生活。这样说来,夫妇既须有高度契洽,他们最好是由从同一抚育团体里生长大的人结合而成了;可是这和习惯刚刚相反,任何地方,除了少数例外,没有不禁止这

---

① 霭理士:《性心理学》,潘光旦译注,第280页。

种近亲间的婚姻的。这又是为了什么呢？

乱伦的禁律

虽则性的关系不一定在婚姻之内，但是婚姻关系却没有不包含性的关系(除非冥婚也算作一种婚姻)。若是男女间有不会或不能发生性的关系的，他们也必然不能发生正常婚姻关系，而且即使发生了婚姻关系，这也常成为解除这关系的充分理由。因之，苟其我们能说近亲间不会或不能发生性的关系，则上节里所提出的问题不是很容易回答了么？这种简捷的解释自然会有人采取的。以《人类婚姻史》作者、著名的韦斯特马克(Westermarck)就是其中之一。他说："普通说来，在幼年很密切一同生活的人中间，很明显的缺乏相互间性感上的引诱，不，还不只如此，他们不但引不起对方的性感，而且，只要想起这种事，都会发生积极的厌恶之感。这是我认为是禁止内婚的基本原因。从小一起长大的人，通常就是近亲，因之，对于这辈人中间发生性关系的厌恶之感，表现于禁止近亲性交的习俗和法律。"①

韦斯特马克若只说人类中近亲之间不易相互引起性的兴趣，这是事实的叙述，大致上，我是可以接受的；可是这事实可能是引起禁止近亲婚姻和性交的原因，也可以是这些禁律的结果。韦斯特马克说这些禁律是我们厌恶之感的表现，那似乎是主张前一种

---

① 韦斯特马克：《人类婚姻史》，第80页。

说法了。霍布豪斯(Hobhouse)曾更爽直的说,这种厌恶之感是出于我们人类的本能。① 可是我们并没有生物学上的证据,可以相信性感在本能上有这种特殊的选择。相反的,社会上既有这种禁律,已经足以告诉我们,人类中确有发生这种事实的可能,而且违犯这种禁律的案件也时有发生,也可以说明这可能性确有实现的时候。据说中欧农民中,女孩子从她们父亲获得性经验是很平常的事。而且,亲子间和同胞间的性爱,据弗洛伊德等心理分析家说来是极基本的。乱伦禁律的作用就在要转变这种性爱到近亲以外去;事实上转不出去的却又不少。非但人间有乱伦的事,而且乱伦的愿望,虽则被遏制,还是时常出现于梦境、神话和精神病态之中。我们即使不想去附和弗洛伊德的理论,可是说近亲间性感的厌恶是出于本能,一样不能使我们接受的。

在亲密的合作团体中,不一定包括有血统关系的人(夫妇又得除外),性感的淡漠若是事实,与其说是出于本能,不如说是出于社会的陶冶,是乱伦禁律所养成的心理;不是自然的,是人为的。可是这样一说,我们得问:为什么人间会有这种禁律呢? 既人为,必然得有个理由。

弗雷泽(Frezer)曾用生物上杂交的利益来解释乱伦禁律的起源。② 在生物界中,纯种遗传所能得到变异的机会少,因之,适应环境的能力较弱;杂交不但可以使从变异中得来的优良特质易于推广和保留,而且,杂交的直接后代常表示出一种较强的活力。这些是生物学家所承认的,甚至有人把两性生殖的起源也归到这种利

---

① L. T. 霍布豪斯:《进化中的道德》,第 145 页。
② J. G. 弗雷泽:《图腾制度与异族结婚》。

益上去。① 可是弗雷泽用这个生物事实来解释族外婚的起源则较有困难,因为我们不易想象人类怎样会很早就发现现代科学所获得的原则(何况对于这原则的争论还没有结束),甚至把它作为社会结构的基本原则。我们若细察所有乱伦的规则,没有以生物关系做范畴的。生物上毫无相关的同姓者可以禁止婚姻,可是生物关系极密切的表亲间倒可以鼓励结婚。乱伦规律既不以生物关系作范畴,我们以生物上的利害来解释这种规律的价值,也就不免拉扯得太远了。弗雷泽的理论不能令人满意的原因在此。可是他的理由所指示的方向却是值得我们取法的。若是他不太从生物利害上去着眼,而从社会生活上去考虑,他也可以看到外婚在维持社会结构的完整上的贡献,这贡献比在生物上的贡献明白而重要得多。

性和社会

性和社会常处于相冲突的地位。我们稍一注意就可以见到社会对于性的歧视和防范了。我们虽则承认食色是人之大欲,可是我们对于这两种基本需要的态度却大有差别。只要看基督教徒理想的天堂,并不是美女如云的跳舞厅(天使是无性的);而只是河里淌着牛乳,树上结满葡萄的果子园。说来更值得我们深思的,就是当我们站在私人立场,说良心话时,谁也没有勇气拿起石头来惩罚人。贾母所谓:"哪个耗子不偷油?"私人方面对于社会上桃色事件,即使不羡慕(这自是黄色报纸销路广的原因),也很愿意原谅人

---

① 沃克:《性心理学》,第19页。

家的；可是一旦站在社会立场打官话时，却全变了一副面孔；任何有关于性的事，总是被认为低微、卑鄙、猥亵、有碍风化、不应说、不应看、不应在人前露面。一个后房佳丽成群的长官可以出告示限制妇女衣袖和裙子的长度。社会出面对付性时，即使在极重视肉体的文化里，也总是限制和禁止。官私之别相差之距是什么意思呢？

社会对于性的歧视是有原因的。这原因就在性威胁着社会结构的完整。性可以扰乱社会结构，破坏社会身份，解散社会团体。社会对此实感两难：个人的性欲不能不加以满足，而且社会结构的绵续，还得靠从两性关系里所得来的生育。为社会着想，最好是一个没有性的世界。这一点基督教的神话可作代表。没有性的行为也可以生殖。圣母是童贞女，耶稣是无性生殖的产物。可是这究竟是个神话，至少也不是每个人都能如耶稣一般的和性无缘。所以保罗说了："男子最好不要接触女子，但是，为了避免奸淫，让每个男子有他的妻子；让每个女子有她的丈夫。不能独身的让他们结婚，因为结婚比焚烧好一些。"这是退而求其次的不得已的办法。人既不能绝欲，人类又不能无性生殖，所以只能迁就一些，把性限制在夫妇关系里。从保罗看来，婚姻的功能是消极性的，是在避免奸淫。这也是西洋一般的学者免不了把结婚看出"性的限制"的传统：例如哈夫洛克·霭理士在《性心理学》里论婚姻的开宗明义第一句："婚姻是性的关系的一种。"[①]婚姻是社会为性筑下的防疫圈。性在这种眼光下实在是件讨厌的东西。我们也记得：生育的痛苦说是女人得罪了上帝的刑罚。是的，人间若没有了男女，谁

---

① 霭理士：《性心理学》，潘光旦译注，第256页。

也会承认,会减少多少烦恼和罪恶。这正充分暗示了性和社会的对立。

性和社会怎么会结下这样的深仇?这里我们得回到生理基础上去了。我们的性别固然在得到生命的时候已经注定,可是性的机能却得经过很长的时期才能成熟,因之,有人说人是从无性到有性,或是从中性到异性。[①] 在性机能成熟之前,我们已经在社会中活了十多年。在这十多年中,我们因生活上的需要已经和很多人确立了社会关系,已经在社会结构中站定了一个位置。这时所有的社会关系虽则没有完全,可是也不都是临时性质的。有很多基本的关系是得一生加以维持的。性机能的成熟产生了新的需要。新的需要能利用原有的社会关系加以满足么?

不同的社会关系有些是可以加得起来的,有些是互相排斥的。每一种社会关系被用来满足一种需要时就获得了满足这需要所须的感情内容。带着不同的感情内容的社会关系因为感情内容的不能相混而互相排斥了。性的关系带着极强烈的亲密感情,甚至可说是不顾一切的冲动。性的关系是一种很原始的关系,我所谓原始关系,就是先于文化的。这种强烈的冲动可能销毁一切后起的、用社会力量所造下的身分。关于这一点,我们的认识并不太够;因为被封锁在讨论范围之外的性知识,到现在我们还没有加以正视的机会。我们所能说的是两性关系的感情内容,是强烈而复杂的。男女之间又似乎都可以发生这种感情,除非加以有力的限制。若是被性爱所联系的男女间本来有某种关系存在,原有的关系就被破坏而代之以亲密的关系了。因之,凡是那些不宜破坏的关系,那

---

① 沃克:《性心理学》,第21—34页。

就是说一个人赖以生活的关系,又不能承当这种两性亲密感情的社会关系,就得防止性的闯入了。

社会结构是由不同身分所组成的。社会身分注意亲疏、嫌疑、同异和是非之辨。儒家所谓礼就是这种身分的辨别。《礼记》上说:"非礼无以辨君臣、上下、长幼之位也;非礼无以别男女、父子、兄弟之亲,婚姻、疏数之交也。"君臣、上下、长幼、男女、父子、兄弟都是社会身分,规定着相互的行为和态度。这些身分若全可以变成亲密的夫妇关系,那也就可以不必分了。性的关系因之也只能归纳在一种身分之中。社会关系是联成一个体系的,其间息息相关,像是一个网络。兄弟关系的成立是倚赖于他们有共同的父母,父母之间有着不变的夫妇关系。现在若让性爱自由地闯入已有的重要社会关系中,它不但可以破坏相结合的男女两人间原有的关系,而且可以紊乱整个相关的社会结构。譬如甲乙本是父女,现在发生了性的关系,成了夫妇,甲就不能不改变他原来对乙的态度和行为。这个转变就会引起心理上习惯上的阻力的。甲乙两人的关系改变也许还不太困难,虽则我们可以想象在这转变中,乙虽得到了个情人或丈夫,可是却失去了一个父亲,对于她的生活会有很多不方便的地方;这一变,很多别人却不容易找到一个适当的身分来和他们发生社会关系了。甲的儿子就可以不知怎样应付又是他姊妹,又是他母亲的乙。这种情形我们是很难想象的,因为事实上不会发生,不会发生的原因就在人不知道怎样对付这种紊乱了的社会结构。像上述那种极端的例子固然没有,但是在边际上的例子还可以看得到,譬如本来用长幼两辈相称的远亲,一旦结了婚,别人向他们改口时,常会引起很不自然的心情。这一种情形我们可能有此经验;不自然的心情就是出于社会结构中的小小紊乱。

社会关系是行为的模式，是一种轨道，贵在能持久。若是天天要变，也就没有轨道可说了。因之，社会总是不太鼓励社会关系的改变的。性爱这种感情不但可以在任何两个男女之间发生，不易拘束，而一旦发生了性爱的男女，这种感情又是不太容易持久的。沃克(Walker)说得很彻底：人类婚姻的对象尽管只是一个，可是在感情上男女都能在夫妇之外另有眷恋的，因为人实在是个 Poly-erotic（多元性感）的动物。① 哈夫洛克·霭理士也说："每一个男子或女子，就基本与中心的情爱说来，无论他或她如何的倾向于单婚，对其夫妇而外的其他异性的人，多少总可以发生一些有性爱色彩的情感；这一点事实，我们以前是不大承认的，到了今日，我们对它的态度却已经坦白得多了。"② 因之，若是让性爱自由地在人间活动，尤其在有严格身分规定的社会结构中活动，它扰乱的力量一定很大。它可以把规定下亲疏、嫌疑、同异、是非的分别全部取消，每对男女都可能成为最亲密的关系，我们所有只剩下了一堆构造相似、行为相近的个人集合体，不成其为社会了，因为社会并不是个人的集合体，而是身分的结构。墨子主张兼爱，孟子骂他无父，意思就是说没有了社会身分，没有了结构的人群是和禽兽一般了。

　　这样说来，维持社会结构的安定和完整，不容它紊乱和破坏，性这个力量，无论如何得加以控制了。不论人是怎样多元性感，还是要设尽方法把性关入夫妇之间；更立了种种禁律，限制可婚的范围；生活上密切合作的已有结构决不容性的闯入，于是发生了乱伦禁律和外婚的规定。外婚的意思，并不是生物上的无关，而是向原

---

① 沃克：《性心理学》，第93页。
② 霭理士：《性心理学》，第280页。

来没有社会关系,或是本来不属于密切合作的生活团体的人中去建立两性和夫妇关系。这样新的需要可以不必破坏已有结构而得到满足了。

再从整个社会团结来看这问题,我们又可以见到外婚的积极方面的贡献。两性的结合固然会紊乱原有的社会关系,因为这种结合带着强烈的感情的联系,可是这种联系也是富于创造性的,它可以把本来漠不相关的,甚至是对立的,或仇恨的人改变他们原来的态度,而发生亲密的合作。我们中国的婚姻定义本来是合两家之好。历史上更不乏公主下嫁和番的例子。利用性的创造性,增加了社会的团结。我们在这里也可以推想一个完全实行内婚的社会。一个小团体里的男女互相婚姻,结果必然会使这个小团体对于外界更为绝缘。一个社区里若分成若干感情隔膜、生活习惯不相通的小团体,这个社区的团结力也必然很薄弱,对于这社区的生存力是有损害的。

婚姻并不止是生物的交配,也是文化的交流。在个人讲,与一个生活习惯不太相同的人共同生活确有困难,但是从整个社会看,不同生活习惯的人谋共同生活,是促进文化传布和进步的方法。我们常可以看到异族婚姻的家庭生活不容易美满,但是我们也常说,两个民族要真的能互相了解和合作,通婚是一个最重要的条件。这就说明了怎样利用两性间的感情联系去促成社会及文化团结的道理了。关于这一点,我们要留到本书最后讨论到亲属推广的时候再提了。

第五章　夫妇的配合

　　为抚育作用的效率着想,近亲的婚姻是一个理想的方式,可是这种方式却威胁社会结构的条理和完整,因之,不能不放弃了。在外婚的规则下,两个习惯已坚固、兴趣已决定、嗜好已养成的成年男女,在婚姻契约之下,要经营共同生活,相互间的调适自易成为严重的问题。我在上章里指出了这一个社会和个人的矛盾。这矛盾也许就是天下多少恶姻缘的来源。当然,各个不快乐的家庭都有它特殊不快乐的地方。去描写特殊不快乐的地方是小说家的职务。我们这些社会学家并不能在这些不快乐的特殊处感喟不前,我们的职务是在说出这些不快乐的情形并不是出于偶然,乃是这制度本身有着破绽。可是既然我们说人间一切制度是为了满足人类需要而造下的,所谓满足也必然是指个人的愉快而言,人生中并没有受磨难的需要。我不愿意像《醒世姻缘》的作家一般把婚姻视作偿回前生债务的机构,甚或如一些宗教徒一般把这个世界看成一种进入天堂或地狱的考场。人是不愿意受苦的。文化是向着减少人间痛苦的目标进行。我们这假定若是正确的,则和人生最亲切的婚姻关系中也决不能永远让这可能发生不快乐家庭的矛盾存在着。大家要避免这不愉快的可能命运,社会上也必然又会发生一套办法来应付这问题了。接下去我将叙述几种应付的办法。

第五章　夫妇的配合

"相敬如宾"

夫妇之间需要高度的契洽是为了要经营全面合作的生活。他们相互依赖以得到满足的地方太多了，因之，只要有一二方面不相和洽，整个夫妇间的生活都会搁浅。一个会煮菜的巧妇，可以是不会做诗的；一个能诗善赋的丈夫，可以把好菜视作当然，而为了太太诗意不够，发生痛苦。为了求全反而毁了其他方面可能的合作，那是时常发生的不幸事件。若是把夫妇关系稍稍片面化一下，契洽程度也就可以不必太高，这是应付婚姻里基本矛盾的一个常用的方案。

夫妇关系的片面化的方式各地各时可以不同。最主要的是两种：一是把事务上的合作减少，使夫妇间偏重感情调协，趣味和兴会的相投；一是把感情方面的要求撇开一下，偏重于经济上的、事业上的合作。这种偏重的方向，初无高下之别；重要的是要看生活的环境如何。这里我也许还得声明一下，理想的夫妇是鱼与熊掌两得其全的，问题是开始于这理想的不易实现，若是对于现实的夫妇关系期望太高，要求太甚，反而可以使这种关系承当不住而发生裂痕，所以不能不退而求其次的说法，鱼与熊掌中不能不择一而足了。

若是比较这两种偏重的方向，似乎又有前后之别。依我以上所说婚姻的主要意义是在确立向孩子的抚育的责任。抚育本身是一件相当繁重的事务，基本上是柴米油盐的经济工作。夫妇间先得把这些基本事务打发开了，才有讲求兴趣相投的资格。换一句话说，若是一个社会生产技术很简单，生活程度很低，男女在经济上所费的劳力和时间若需要很多的话,这种社会里时常是走上偏重夫妇间事务上的合作,而压低夫妇间感情上的满足,再换一句话说,夫妇之间可以偏重感情生活的发挥,必须在一个生活程度较高的社会,其中具有各种设施可以减轻他们抚育的责任以及经济上的劳作。我们比较中国传统的夫妇生活和现代西洋都市里的夫妇生活就可以明白上面所说的话了。

夫妇一方面是共同享受生活的乐趣,一方面又是共同经营一件极重要又极基本的社会事业。若不能两全其美,就得牺牲一项。在中国传统社会里是牺牲前者。冯友兰先生说:"儒家论夫妇关系时,但言夫妇有别,从未言夫妇有爱。"① 其实不但不言相爱,而且把婚姻看得十分严肃,甚至带着一些悲壮的调子。"嫁女之家三夜不息烛,取妇之家三日不举乐。"② "舅姑降自西阶,妇降自阼阶,授之室也。……昏礼不贺。"③ 读来有如勇士授旗赴战。在儒家看来,确有这个涵义。婚姻所缔结的这个契约中,若把生活的享受除外,把感情的满足提开,剩下的只是一对人生的担子,含辛茹苦,一身是汗。夫妇的结合到这个地步差不多只是事业上的结合了。儒家不是很明白地说:"昏礼者将合二姓之好,上以事宗庙,而下以继后世也,故君子重之。"④ "天地不合,万物不生。大昏,万世之嗣也,君何谓已重焉?"⑤

这虽或是儒家一家之言,可是这种精神即在现代的农村里还

---

① 冯友兰:《中国哲学史》,神州国光社本,第403页。
② 《礼记》,"曾子问"。
③ 同上,"效特性"。
④ 同上,"昏义"。
⑤ 同上,"哀公问"。

能看得到。我在云南，禄村调查时，就觉得这地方夫妇间的感情淡漠得使我受了一些西洋文化影响的人看不惯。我所租赁的那间房和房东的卧室只隔着一层板壁，所以隔壁的一举一动都可以听得出来。房东太太非但不睡在房里，除了打扫外，根本就不常进去。据说他们自从有了孩子之后就分了房。后来我又搬到另外一家去住，房东和我同居一室。一个多月，我从没有见过他到太太房里去睡。白天，夫妇各做各的事，话也不常说；没有事，各自去找朋友谈天。夫妇间从没有在人前嬉笑取乐过。这也许是因为我住在他们家里所以他们这样装作；即使如此，至少也可以表示在他们看来，这才是行为的标准。和睦等于不吵嘴，相爱等于不打老婆。不要说内地农村里的人是这样，连我自己不知不觉之间也一样受着这种传统观念的浸染。我在伦敦的时候，有一天和一位英国朋友从他家里出来，一同去赴一个约会。临行，他和他太太分别时，当着我的面互相拥抱接吻，在他们是一种礼节，可是这却使我起了一阵莫明其妙的异乡之感。这种热情的表示，我想很少中国人是看得惯的。丈夫出门，在我们中国，太太照例守家，不论丈夫出门会有多久；而西洋人却常常要和家眷一起行动。这些都表示了在我们的社会上夫妇间的感情是不加奖励的。

夫妇之间讲求趣味兴会，在中国历史上并不是没有。词人李清照、《浮生六记》的作者沈复，都是著名的例子。不幸的是这辈在性灵上求满足的夫妇，在家庭事业上，却常常是失败者。因之，他们已给传统观念提供了有力的鉴戒。重情的女子被贬为尤物、不祥的东西。宝钗因为黛玉不留心脱口说了西厢上的两句话，警告黛玉说："最怕看些杂书，移了情性，就不可救了。"被喻为潇洒脱俗的典型女性的黛玉，居然也完全倾倒于这句劝告，深深地感激宝钗；可是她终究还是输在这上边，人生事业潦倒无着，遭忌于传统势力而被挤于人世。女子无才便是德，这才不是指技术上的能力，而是指性灵上的钟情；德也不是行为上的善，而是人间的幸福。

或者有人觉得绝情灭爱是不近人情的。这也许是说得对的；可是感情的对象并不限于夫妇之间。在我们传统社会里，男的有他发展感情生活的其他女性对象。《桃花扇》里所描写的士大夫和歌妓的关系，在那个时代想来是很普遍的。才子们的风流越出了夫妇之外，欧阳修的艳词并不影响他家庭里的夫妇关系。我们再看《金瓶梅》里所描写的乡绅的生活，正夫人对于妾的态度，那样容忍实在是出于现代夫妇的想象之外。中国传统社会很严格地把夫妇关系弄得"上床夫妻下床客"，但是对于男子的感情生活却很少加以严格的拘束。

在中国传统社会中的女性感情生活并没有合理的安排也许确是事实。潘光旦先生所分析的冯小青式的自我恋，可能是一种相当普遍的心理变态。可惜我们对于这方面的知识不多，但是在中国旧社会里母子联系的坚强也多少是这种感情变态的结果。在孝的观念下，社会鼓励着母子的联系。婆媳的争执中有多少是爱的争执，我们实在不能加以估计。我曾注意过典型的孝子，大多是对母的联系，很可能是弗洛伊德之辈所说的恋母情结的表示，而且是在习俗容忍之下保持着的感情冻结（Fixation）。这里我只能指出，中国家庭间感情的结构是一个被忽略而极重要的研究对象，从这里我们可以解释很多中国文化中的特性。

中国传统的安排，在我看来，并没有合理地解决从夫妇里分割出来的两性感情的发展。因之，若是我们在这方面细心研究，可能发现很多可以归入反常心理的现象。在旁的地方，我们又看到另外一种安排，就是在夫妇之外另找感情寄托的情人被社会认为是一种正当的行为。我早年在广西㟏瑶里就看到这种情形。他们可以在情人家里幽会、过夜，只要情人的丈夫或妻子不在家。即使撞见了也不会引起严重的事件。事实上，撞见的事不很多的，因为大家予人方便，即是方便自己。我们在晚上去找人时，常常发生困难，因为他们不在自己家里的时候很多。男女在家幽会时，把门关了，丈夫或妻子回来，见这暗号，很聪明地去找他自己可以去的地方了。情人制并不是没有规律的乱交。我们知道：情人若是白天来帮工，这天晚上，他就可以有权同宿，正式的夫妇照规矩须藉故出让。在夫妇间没有互相满足对方感情的义务的地方，各人去找各人的情人，并不对夫妇关系有什么冲突，反而他们可以因之而得到配偶的情人在家庭事业上的协助。同时我也得补充一句，不讲感情合作并不是感情的破裂，或是有恶感之谓，不讲爱，也没有恨；两人在爱恨之外，还是可以相处得很和睦，共同担负这家庭的事业。

变相的内婚

消极方面入手减少夫妇全面合作的程度，虽不失为一种夫妇间易于调适的办法，但是夫妇间缺乏感情的联系也会影响到其他方面的合作，所以社会也有在积极方面入手来补救的办法。依我在上章里所说，外婚的规律使人们不能不到抚育团体之外去寻求配偶，在抚育团体之外的人固然大多和自己教育背景不同，生活上有特殊的习惯，可是在这些人中间相异的程度还是不相同的，为了婚姻的比较美满，社会上总得想法使相近的人能有配合机会。最简便的方法是使男女在决定他们的婚姻之前有一个尝试的机会。这是初民社会常见的办法,也是现代西洋像罗素等提倡的试婚制。

特罗布里恩德岛的男女在未婚时,一同住在一所共同公房里,每个未婚的男女都可以和许多异性相接触。在比较和挑选中,他们可以得到最相宜共处的配偶。① 庞多兰的女子的父亲同时可以接受女儿好几个情人送来的礼物,做女儿的保留着她选择配偶的机会。②

即使选择的机会不多,在共同生活的尝试中,还可以建立起共同的经验,加强相互的认识,因之减少他们共同成家时调适的困难。在广西花篮瑶中,婚姻是幼时由父母定下的,男子到了可以工作的年龄,每个月要有一两次到女家去作工,那晚就住在女家,和未婚妻同宿。这样,未婚的男女从小就有不断的接触,若是发现对方实在性情不合,他可以拒绝服务,把婚约解除,解除的手续是很简单的。结了婚,女的住到男家去,可是并不就开始全部的共同生活,因为女的时常回母家。实际上,夫妇关系和婚前相差不远。这时若要离异,手续和解约相同。一直要生了孩子,才正式长期的同居。这时再要离异就困难了,事实上也很少要离异的了,因为经了多年的尝试,两人总可以知道对方是什么样的一个人了。

在我们乡下,太湖流域,还有一种相当通行的风俗,就是童养媳妇。有儿子的人家,很早就把将来的媳妇领到家里来,有的还在襁褓之时。未婚的夫妇在一个家庭里生长,在事实上是等于兄妹。

有很多地方是通行早婚;很多人批评早婚觉得这是个不良的

---

① 马林诺夫斯基:《原始人的性生活》,第59—64页。
② 莫尼卡·亨特:《对征服的反应》,第182页。

风俗。但是我们对于早婚的内容很少加以分析。我所知道的有些例子,早婚的性质是和童养媳的性质相同的。他们在生理上尚没有长成的时候结婚,并不发生性的关系。一直要等他们长大了,而且时常还要经过一种圆房的仪式,才正式成为事实上的夫妇。从结婚到圆房之间的一段时间是一种尝试。在我们中国,所谓尝试还包括着这新加入的媳妇和这家原有的各分子生活上的调适。童养媳和早婚的媳妇因为过门时年龄较小,生活习惯没有成熟,容易改变。婆媳之间的关系可以比较合得来。换一句话说,这是一种变相的内婚制。

最通行的变相内婚制是中表婚姻。中表婚姻不但在中国很普遍,在别的民族里也是一样的。表亲们的父母中必有一人是出于同一抚育团体的;姑母和父亲,舅父和母亲,或是姨母和母亲本来是一家的同胞。因之,表亲中传袭着一部分相同的生活习惯。表亲又不是属于同一生活合作的团体,因为,我在以后还要讲到,以亲属为基础所组成生活密切合作的事业团体,除家庭外,总是单系的,不是父系就是母系。表亲就是在单系组成的氏族之外的姻亲。姻亲并不进入实际重要的合作事业。于是表亲有了一种特别适宜于成为配偶的条件了。他们在生活习惯上是相近的,而在社会结构上却处于外围。姻亲关系上再加上婚姻关系并不冲突。这就是所谓"亲上加亲"。

《石头记》里的三角都是表亲。洛伊曾列述过通行姑舅表配婚的民族[①],分布在世界各地。分布得这样广的原因,在我看来,是在它给内婚和外婚间矛盾的一个调和办法,我们可以称它作隔代内

---

① 洛伊:《初民社会》,吕叔湘译,第33—34页。

婚。中表婚姻的通行也说明了乱伦禁律出于本能的厌恶近亲一说的不可靠了。当然中表婚姻和内婚一样在生物遗传上存在着缺点，也引起一些民族的限制。

择偶的自主

我以上所说关于选择配偶的话，听来似乎太偏重了社会的安排，在渴望婚姻自由的人不免会发生反感。这反感是有着时代的背景，因为自从工业革命以来，西洋社会发生了很大的变迁，这变迁的主流是人对于自然控制的增强，生活程度逐渐提高。社会事业的兴起使很多本来须家庭来担负的经济活动搬出了家内。对于生育制度的影响就是减轻了父母对于孩子的抚育工作和责任。夫妇关系随之发生了变化。我在上节里曾说一个理想的夫妇关系是要具有双重职能，一方面是能胜任社会所交给他们抚育孩子的事务，一方面是两人能享受友谊爱好的感情生活。在经济水准较低的社会中，抚育事务可以是相当繁重，又加上社会结构的需要完整，我们常见到抹煞夫妇间感情生活的现象。这自然是文化的缺陷，因为，以我看来，文化的职志是在实现比较理想的生活。夫妇感情生活的未尽发展确是中国传统文化的一个弊病。现在西方社会既然把抚育的事务部分地社会化，使夫妇间柴米油盐的负担减轻了，他们也就可以向夫妇间的感情生活方面发展了。这个风气流传到中国，传统文化的流弊被更清楚地反映了出来，青年中自然会感觉到配偶的社会安排是可憎的了。

其实要求婚姻自由的人并不是主张择偶的偶然主义，喜欢和谁结婚就和谁结婚,让纯粹的机会来代替月老。这是不可能的。我记得有一次,我和一位追求异性十分急迫的朋友在乡下街子(云南的市集)上闲逛。他一路和我说找不到女人,可是我举目一看,他的周围却有成千的乡下姑娘在那里挤来挤去。这些在他看来简直并不是女人。这是说他所追求的对象并不是任何女人,而是有一定条件的,我们若分析他心目中所具的条件,要一个能共同生活的伴侣,也就回到了我在本书里所说的一套社会的安排了。这是说,我们并不是反对社会安排的本身,而是现有某种安排的方式。

现在中国的青年对于婚姻有了一种以前的人所没有的,或可以没有的新要求。他们要在婚姻配偶身上获得感情上的满足。所谓感情上的满足就是要如哈夫洛克·霭理士所说的"婚姻关系决非寻常的人事关系可比,其深刻处,可以穿透两个人的人格,教他们发生最密切的精神上的接触以致于混化"①。换一句比较平常一些的话,就是婚姻的配偶必须就是志同道合的好朋友,一对知己。这其实又回到了我在第四章里"夫妇之间"一节所讨论的婚姻理想。这要求是合理的,同时我也可以说这总是社会安排配偶的一个标准。我不愿意把文化看成一个有意为难人、试探人的对象。若是我们发现一种制度不能满足人某一方面的要求,我们并不必姑息它,或隐讳它,但是要了解它所以然的苦衷。人的生活是在理想和现实的接触中,人间究竟不是天堂,而且生活还有很多方面,其中有缓急轻重之处。传统文化忽略了夫妇间的感情是有由来的,这就是我在上两章里所分析的对象。

本来在中表婚姻,甚至童养媳等安排,在我看来就是传统文化

---

① 霭理士:《性心理学》,第270页。

积极想应付这问题的办法。媒妁之言,父母之命,所以受人攻击并不是这些方式不好,而是从这方式里所得到的结果不好。以前的父母为儿女择配,他们并不会存心要为儿女结一个恶婚姻,这一点我们是应当承认的。门当户对的标准也就是在保证相配的人文化程度相近,使他们容易调适。在一个文化比较静止的社会中,父母自己认为妥当的配偶常常是对子女也未必不适当的配偶,因为他们的判断,根据着可靠的经验,比较正确。而且,第三者的考虑也比较周到和客观,他们可以顾到夫妇生活的各方面。我虽不敢武断,以往传统社会里快乐的家庭比了现代都市里的快乐家庭为多,但是我也不能想象以往的夫妇都是冤家。

问题的发生是中国社会也开始变迁了。两代之间有着很大的隔膜,互相不能了解。于是上一代的判断也很难合于第二代所处的新环境。这时代父母之命的结果也不容易满意了。原有社会安排的方式也成了造成恶姻缘的机构了。

在两代之间有着文化上的差别时,尤其在第二代所处的文化环境是正在变动,缺少共同标准的时候,别人代理决定的配偶很难得到合适的。何况,这新生的一代对于婚姻的要求又受了西洋的影响偏重到了配偶性格的配合,而不注重了行为和事务上的配合。在这个时候青年们要求自主(不是自由)的择偶是合理的。我们所谓合理,是容易完成婚姻的使命,也就是容易达到比较美满的家庭。

自主的择偶在时代的客观环境说是可能得到美满的结果,但是这也不是一定的。我们可以承认在社会变迁急速的时代,各个人的个性变异较大,所以要去选择个性相似或宜于相配的对象时,本人是最适宜。我们在这里假定了最明白自己个性的是自己本人，最能了解别人个性的是接触比较多的人。但是事实上，青年人的择配是否注意到个性的适合和人格的穿透？这一点我们并没有保障。一个没有结过婚的人并不能从经验里体会到结婚的意义和责任。更加上了现有教育中特别忽略了对于这件终身大事的讨论和阐发。青年人所注意的可能只是婚姻的某一方面，而忽略了其他方面。譬如说，长期的合作生活需要身体的康健。而在热恋中的青年是否会注意这客观条件呢？又譬如说婚姻并不只是配偶间的社会关系，而是得调适于两人原有的许多社会关系的。这一点又是否会被青年们所考虑到的呢？再进一步说，就是两个人性格的本身又是十分复杂的整体，青年人是否在决定婚姻之前能相互充分了解呢？

这些问题的答案很可能是不利于主张自主择偶的。男女的恋爱是一种由生理基础上发生的冲动。这本来不是一种理智的活动。有恋爱经验的人常说爱情是盲目的，一见生情的巧合，机会多于选择。而且所谓恋爱（这本是个无法下定义的心理现象）是排斥考虑的。我在初访美国时曾请教过一位美国的太太，怎样去形容恋爱的境界，她说："世界上的一切好像都不在念，连自己也在内，只有他。"[①]这个形容若是正确的则可以说恋爱和考虑正是相反的。因之，我们若让青年人自主择偶，以恋爱来代替考虑婚姻能否美满，似乎很成问题了。

我这样说是根据了我上述对于恋爱的解说而来的。事实上，如我在《初访美国》里所说的，在中国这种环境里，有多少青年男女真的有恋爱的条件我是很怀疑。读者不要误会我反对从恋爱到结

---

① 《初访美国》，第122页。

婚的过程，我所要指出的，能从这公式中解决终身大事的必须有一个客观环境，那就是说，社会上要把夫妇关系的任务减得很轻，使夫妇不必经营全面的合作，甚至减少到只有性和感情的内容。关于这一点，我已在《初访美国》一书里发挥过，这里不必细述。这个条件没有具备时，青年男女似乎是很难从恋爱里达到美满的家庭。

我这种说法并不完全正确，因为我忽略了恋爱本身所发生人性格上的易于调适性。我以上所说的性格似乎是过去经验堆积成的结果（这种看法不能说错，但是并不完全），没有把性格的可塑性加以指出。男女的择配，依上面讲来，有如已经制就的两个零件，加以配合。事实上，并不完全如此。主张恋爱的人可以说这种男女间强烈的吸引力，可以把双方性格上的不同之处销熔，使他们变成另外一个人，不是一个人，而是性格合同的一对。我自己因为缺乏调查研究，不敢承认或否认恋爱是否具有这种创造力。若果真如是，恋爱并不是婚姻的入门，而是婚姻应具的精神，和婚姻永远在起的作用。事实上，现代的婚姻中是含有这种精神却是我们可以观察的事实。我想再引一段霭理士的话。他说了刚才我所引的婚姻可以穿透两个人的性格，精神发生混化（很相等于我们这里所谓恋爱）之后接着说："除了极度肤浅与无聊的人，这种深入腠理的精神关系，虽属不容易培植，却是谁都可以有的，如今所注意的既然只是外表的条件与格式，风气所趋，不但是从事婚姻的人忘怀了这种培植功夫的不易，并且教他们不再感觉到这种工夫的必要。就这一点说，近代的婚姻是退步了，因为在旧式的婚姻里，这一点倒是比较充分地做到。旧时的一种观念认为婚姻必有其不可避免的痛苦，现在这观念是不时髦了。不过痛苦依然存在，所不同的是方式已经换过罢了，而这种痛苦是从婚姻关系的内在的性质所发出的。"①这段话里值得注意的是人的性格的熔合是要培养的,是一个长期而且不断的过程;人人固然都可以培养,但是很多人忘怀了这培养的工夫。旧式婚姻因为承认夫妇的关系是痛苦的所以要设法克服,所以肯下工夫,现代婚姻开头是一见倾心,接着是如胶如漆,一到结了婚,碰着真正现实的试验,发现了婚姻的痛苦,心理上既无准备,感情又好像受了欺骗,结果反而不在力求和洽上用工夫了。这是新不如旧的地方。

夫妇之间能否相处,在我看来,是决定于两方面;他们以往的历史里是否具有相互能了解的底子,和他们既已共同生活是否有相互熔合的意愿。前者是要靠社会的安排,后者是要靠两人的爱好。所以社会合理的安排和夫妇的恋爱是相成的。若是把恋爱训作两性无条件的吸引,把一切社会安排置之不顾的一往情深(这是一种艺术,而不是社会事业),婚姻也必然是这种恋爱的坟墓了。真的坟墓里倒还安静,恋爱的坟墓里要求一个安静的生活也不可得的。

---

① 霭理士:《性心理学》,第275页。

第六章　社会结构中的基本三角

三角的稳定

二点之间只能划一条直线。这条直线并不能固定任何一点的地位，两点尽管可以不改变这距离而四处移动。若要固定这两点和其间直线的位置，只须再加一点，划成一个三角。三点之间要能维持三条直线的长度就只有一个三角的形式。两点地位的固定得靠第三点的存在。这是结构学上的原理，在社会团体的形式中也常常看见，两人间的关系靠了第三者的存在而得到固定。

雷蒙德·弗思说："舞台上或银幕上的三角是二男一女（近来也有二女一男）间爱的冲突；可是从人类学者看来，社会结构中真正的三角是由共同情操所结合的儿女和他们的父母。"①

我在上面已经说明：婚姻的意义就在建立这社会结构中的基本三角。夫妇不只是男女间的两性关系，而且是共同向儿女负责的合作关系。在这个婚姻的契约中同时缔结了两种相联的社会关系——夫妇和亲子。这两种关系不能分别独立，夫妇关系以亲子关系为前提，亲子关系也以夫妇关系为必要条件。这是三角形的

---

① 雷蒙德·弗思：《人文类型》，费孝通译，第78页。

三边，不能短缺的。

夫妇和亲子两种关系固然是相赖以成，但是很少是同时在事实上完成的，除了结婚前已有孩子的男女，或是续弦。在普通情形中，缔结婚约的时候，三角中二点间画了一条线，还有一点是虚悬的，两边还是虚线。虚点不是没有点。这虚点是正在创造中，给予已有的两点一个动向。但是虚点也不是真有一点，因为这点可以老是不实现的。三角形在创造中是一个动的势，其中包涵着一股紧张和犹豫的劲。这时的男女说是夫妇既不完全，说不是夫妇又觉得不合——表示着一种不稳定的关系。

社会对于这种不稳定的关系，大多是不十分肯定认为是正常的关系。在广西，花蓝瑶中表示得很清楚。我在上章里已提到过他们的情形。夫妇间的共同生活要到生了孩子之后才正式开始，在他们看来结婚到生孩子之间的一段时间是实现夫妇关系的预备。最有意思的就是他们把结婚的仪式拉得很长，要到孩子满了月才算结束。最重要的一节仪式，向社会公布婚约的"结婚酒"一直要到请"满月酒"时才举行。在他们看来这是很合理，而且很经济；反正结婚后不久就要生孩子，分两次请客不如合并在一起。可是在我看来，延期的意义却不止经济而已。我已说过在这期间，已结婚尚没有孩子的夫妇，若要离异，所需的手续和解约相同；这时新妇回娘家的时候很多，和婚前生活并没有太重大的变化。这表明在他们心目中，没有孩子的男女间的夫妇关系是预备性质，还没有到条件具备的程度。这种关系是不稳固的，不宜向社会宣告婚姻的确立。

花蓝瑶不但在实际生活上，而且在仪式上，特别强调孩子的出生是夫妇关系完成的条件。在生育孩子，担负起抚育作用之前，夫妇关系被认为是不完全的，他们的法律地位也没有比未举行初步仪式前有所增加。在我们社会里虽则没有这样明显的情形，但是在若干方面也表示出相似的意思。在称谓体系中，媳妇的称呼很多是从她和孩子的关系中得来的。她的翁姑和丈夫时常称她作"某某的娘"。没有生孩子之前，家庭里其他的人很不容易称她，所以很多时候是没有称呼的，或是用不很确定的称呼。在这种情形下，除非在当面的情境里才能有配合的行为。没有称呼必然不能充分地参预这新的社会团体。在昆明土语中，有直呼这种媳妇作"写未生的娘"，写字是小名的普通助音，未生是虚悬的孩子。这个例子告诉我们上文所用虚点虚线等并不只是为我们分析上的方便，而是实际生活中应用的标记。

　　夫妇关系没有完成，或是已婚的妇女尚没有取得她的社会地位之前，独立的家庭是不易建立起来的。现代社会中，儿女一结婚就和父母分居去经营独立生活，这并不是普通的情形。有很多地方，新婚的儿女要经过一个附属的时期。在我们农村里，男女结婚之后，常常要等一个时期才闹分家。独立成家的大多是已有孩子的夫妇。特罗布里恩德岛土人新婚的时候也是和父母一起住的。一定要双方婚礼交割清楚，新夫妇才能另筑新巢，而婚礼交割清楚为时已近一年，独立的小家庭大多已是有孩子的了。①

　　社会对于没有孩子的新夫妇予以特殊的待遇是有理由的，因为在这时期中夫妇关系既未有完全，又不稳定。关于这一点，美国的离婚统计表示得很明白。在西洋社会中固然承认结了婚的男女

---

① B.马林诺夫斯基：《原始人的性生活》，第93页。

就可以独立成家，可是事实上这对于婚姻的稳定是很有影响的。据美国普查局宣布：1924年离婚案件，有35.7%是发生在有孩子的夫妇间；53.9%是发生在没有孩子的夫妇之间，其余不明。① 我们若想到所有夫妇中有孩子的比没有孩子多得多，而没有孩子的夫妇中的离婚数却占了整个离婚人数一半以上，很可以看到孩子在稳定夫妇关系中的作用了。

男女间若是只有一条直条的关系，这关系的内容实在只是两性合作，以相互的感情来维持的性爱。我已说过，性爱是流动而且是多元的。每一点和异性的任何点都有发生联系的可能。可是这种多点的联系却不会发生三角结构的。普通在舞台上或银幕上惯见的剧情，虽则被称为三角恋爱，其实是一种误解，因为第三点和已有两点并不能同时发生联系，而成为三角。它只联着两点中的一点，和另一点是处于相反的方向，因之不但不能稳定原有两点的联系，反而增加了两点之间的离散倾向。

孩子在没有成熟前，正是他需要抚育的时期，他是和父母同时发生联系，所以我们可以说是形成了个社会结构里的三角。我们在以下几章中还要详细分析这三角形中的感情错综，以及它的分散；在这里我想补充上章所论夫妇之间调适的困难，加一些话。

在外婚的规律之下，社会把生活历史相异，身世不同的男女结合成为夫妇；虽则我们已见社会用了各种方法，使结合的男女在过去经验上相差不致太远，可是过去的历史是无法修改的。为了谋夫妇关系的美满，我们还得偏重于男女之间的调适作用。我在上章之末已经提到这一层。恋爱可能促进男女之间的调适作用。在

---

① W. 古德塞尔：《家庭问题》，第577—578页。

这里我想提到的是孩子给夫妇间调适作用上的帮助。

帕克教授说:"和动物比较来说,人所生活的世界不是二度而是三度的",所谓三度是指过去、现在和将来。"人能回顾前瞻,所以人的生活中有一种紧张及犹豫,足以破坏已经成立的习惯,或解脱尚没有成立的习惯。在这紧张和犹豫的时间中,活动的方向受当时态度的支配,实较已有的习惯为甚。"①两性的享受不带有对于将来的瞻望。各人为了自己的满足不易有个共同的憧憬。这种生活不是三度的,因之各自被习惯所支配,使他们不易和洽。要打破这历史的不同习惯的障碍,必须创造出一个共同的向未来的投影。孩子不但给夫妇创造了一个共同的将来的展望,而且把这空洞的将来,具体地表示了出来。结婚若是只是指两性的享受,这种关系是不易维持的。可是结婚却开启了另一种感情生活的序幕,孩子出生为夫妇两人创造了一件共同的工作,一个共同的希望,一片共同的前途;孩子不但是夫妇生物上的结合,同时也给夫妇性格上结合的媒介,从孩子在夫妇关系上的创造性,使我们对于"三角形的完成是孩子的出生"这一句话有了更深一层的了解了。稳定夫妇关系的是亲子关系。

家庭的概念和实体

上节里我说明了夫妇只是三角形的一边,这一边若没有另外

---

① R.E.帕克:《人类的本性,态度与习俗》,见 K.杨格著《社会态度》,第25页。

一点和两线加以联系成为三角，则被联的男女，实质上，并没有完全达到夫妇关系。社会对他们时常另眼相看。这是一种过渡的身分。孩子的出世才完成了正常的夫妇关系，稳定和充实了他们全面合作的生活。这个完成了的三角在人类学和社会学的术语里称作家庭。在概念上家庭就等于这里所说的基本三角。

父母子所形成的团体，我们称作家庭。家庭一词在这里是一个用来分析事实的社会学概念，它的涵义和日常的普通用法，可以稍有出入。在我们中国，普通所谓家庭常指比较父母子构成的基本团体为大。有人用小家庭来专指父母子构成的基本团体，用大家庭来指较广的亲属团体。可是大小家庭的分别，并不单在数量上，而最重要的，是在它们的结构上；而且在所谓大家庭之中，父母子所构成的基本团体并不被抹煞的，较广大的亲属团体无不以父母子构成的基本团体为其核心。所以我们在概念上仍需要对于这基本三角有一专称的名词。

在这里我想附带指出文化比较研究方法上的一个要点。文化科学不能不建筑在一套叙述文化事实的名词上，而供给名词的语言体系总是属于特殊文化的。用甲文化中的名词来叙述乙文化中的事实，时常会发生困难，因为甲文化中的名词的意义是养成在甲文化的事实之中，甲乙文化若有差别之处，乙文化的事实就不易用甲文化的名词直接来表达了。这就是做文字翻译工作的人时常碰着"无法翻译"的地方。可是我们若不把"无法翻译"的翻译出来，文化比较研究也就无从说起。要想把一切不同文化中的事实能相互翻译得转，我们须有一套可以应用于任何特殊文化的普遍概念。

我们是否能得到这一套文化的普遍概念呢？这问题的回答得看我们对于文化性质的看法了。从我们看来，任何文化都是根据当地人民在社会中生活所必需的条件而发生的。若是我们承认人类的基本需要是相同的,则千变万化的文化也必有一个相同的基础。在这文化的相同的基础上,我们可以寻到一套相同的概念,这是文化比较研究的基本理论。无疑的,这套相同的概念,依旧是须用特殊文化中的语言来表达的,因之,在文化科学中所应用的一套名词所具的意义,有时和特殊文化中日常所应用时的意义不尽相合。婚姻、家庭等就是这类名词的例子。

可是,我们还得追问,家庭是不是一个文化研究中的普遍概念? 这就得要看这社会结构中的基本三角是否是普遍的文化事实,还是只限于特殊文化中的事实? 若是一个读者想在人类学的书本里去寻求这问题的答案,他一定会觉得议论纷纷,莫衷一是。社会进化论者认为人类曾经不少阶段才进化到现有的方式。现有一夫一妻的婚姻也是从别种婚姻方式中进化来的。在最早的时期,人类和很多动物一般,两性关系便是漫无限制的;他们更认为婚姻关系和两性关系是合二而一的,所以在这个阶段中,依他们的推想,一定无所谓个别婚姻,而是一个乱交的人群。

在一个乱交的人群中,我们很可理会进化论者的想象,一个人只能认取他的母亲,不知道谁是父亲了。在这种想象中,我们可以见到,他们认为社会性的父母,一定要像我们社会中一般,根据生物性的父母,再进一步推论,在这种知其母而不知其父的社会中,社会上的基本关系只是母子关系,因之形成了一种女性中心的母权组织。这时候的男子大概有些像雄性的蜜蜂,除了生殖之外没有什么事要做的。①

---

① 最重要的母权论者是德国的 J. 巴霍芬,著有《女权》,1861 年。

这种学说刚巧适合于19世纪风行一时的进化观念。因之婚姻进化阶段说也应运而生。人类学中最初用实地研究方法的摩根(Morgan)根据了他在北美土人中所实地看到的亲属称谓,推论出一套婚姻进化阶段来。人类从乱交开始经过若干阶段才到一夫一妻制,这些阶段是:Consanguine Family(兄弟姊妹间婚姻所组成的家庭),Punaluan Family(一群姊妹和一群不一定有亲属关系的男子,或一群兄弟和一群不一定有亲属关系的女子的婚姻所组成的家庭),Pairing Family(一男一女间的婚姻所组成的家庭,但并不排斥婚外性生活),父权家庭(一男和多女的婚姻所组成的家庭)。① 摩根在人类学上的贡献是很大的,但是从称谓方式去推测婚姻方式却存在着还应当考虑的问题。对于这一点我在论亲属关系时将详细加以讨论。现在的人类学家对摩根所订下的婚姻方式进化阶段表有很多讨论和修改。在我看来,主张婚姻方式曾经有过种种变化是有根据的。我同意婚姻方式是人类历史的产物,一切社会制度的形式是手段,手段必须依着处境而变动。较固定的是人类生存的需要。研究文化的人是应当去观察人类怎样在不同的处境里改变他们的社会制度以满足生存的需要。有些反对进化论的学者想把婚姻关联到人类生理的机能,心理的本能,藉以替婚姻形式找一个永存的保证。② 这种企图在我看来不但没有多大希望,所以我在上文曾称作走不通的捷径。

婚姻的方式可以变,一定会变,曾经变过,那是可以说的。可是它所以变是要看两方面,一方面是婚姻的功能,一方面是当时的

---

① L. N. 摩根:《古代社会》,1878年。
② 如韦斯特马克。

处境。除非我们明白了人类里为什么有婚姻,我们是不会找得到它形式上演变的道理的。依我在上文中说的,婚姻是人为的确立双系抚育的手段。若是不必人为,如生理论、心理论,人类中无需婚姻;若是不必抚育,抚育而不必双系,人类中也无需婚姻。"不必人为"和"不必抚育"这两个前提是被人类的生理基础所否定了,我们不必多说;"不必双系"是可能的。这可能性是决定于另一原则就是效力。抚育既是不可避免,所以人类的问题是怎样可以有最有效的抚育。婚姻的方式就依这标准来决定的。固然,人不比其他生物,依自然选择来获得在一定环境中最有效的个体形式,人的文化是要人去创制的,处境改变了,旧有的制度的形式已经减少了或失去了达到它的目的的作用时,人可能陷入困苦中而不知道怎样去改造他们的制度的形式。在这个时间,我们可以看到所谓"社会的病态"。有人认为功能学派是以"存在为合理",这是一种误解。人类学者并不发生合理不合理的问题,他们是以人生活最大满足的现实标准作健全和病态的标准。功能学派也决不忽视社会的变迁,相反的,他们要在比较方法(变异和变迁)中去求社会制度的功能。

在过去的历史中,人类似乎找到了一个比较上最有效(效力总是相对的)的抚育方式,那就是双系抚育。在生活程度较低,每个人要耗费大部分的时间在生产工作里,再加上私有财产的制度,抚育这件与社会生存有极重关系的事务,似乎交给小团体,一男一女,去负责较大团体为可靠和有效。在这种情形中,家庭这三角结构也成了抚育孩子的基本团体了。依我们所看到的各种社区中,包括摩根实地调查的北美土人在内,没有不是如此的。所谓乱交、母权、群婚等等至今不过是一种猜测的可能在以往有过的社会方式，但是至少还是没有以现有可以考察的事实来证明的。

若是容许我也作一种猜测的话，这些方式发生在过去的机会也许比发生在将来的机会少得多。在目前社会事业发达，集体责任的加强，私有财产制的消蚀，很可能改变抚育的有效方式。那时候婚姻是否需要也成了问题，至少它的性质会发生极大的变化。可是这些都是将来人类学家研究的对象，对于我们在这个时候研究生育制度的人是不会有多大结果的。

婚姻是个别的契约

有些学者认为在我们自己社会里所见到的基本三角——家庭——是现代的产物，它是从一团糟的混乱关系，经过了多角形态而成立的。一团糟的社会现在固然看不见了，但是，他们认为，多角形态的婚姻关系还是存在的。多婚制，不论是一夫多妻，一妻多夫，就是这种事实的明证。因之，我们若要说父母子的三角是基本形态，还得说明多婚制并不是多角，仍是这三角形的变相。

请先论多妻制，多妻制是一个男子和一个以上的女子结婚的方式。在论多妻制之前，我们应当把多妻制和媵妾制分别清楚。媵妾制本身变化虽多，但有一点是相同的，就是做媵妾的女子和她所属的男子并没有进入婚姻关系，她们时常是处于婢奴的地位，在她们的服役中包括给予主人性的满足。西伯利亚的楚克奇（Chukchi）和科里亚克（Koryak）民族据说是实行多妻制的，可是洛伊说："无论从哪一方面看，第二妻都可以算是第一妻的婢女，在新几内亚的凯伊（Kai）族里头，情形也无二致，首妻常派遣余妻去采柴汲水,命令她们炊饭飨客。东非洲的马赛(Masai)人里头也是如此。首妻监督其余诸妻,分用丈夫的牛群的时候,她的一份特别大,丈夫送礼给她们的时候,她所得的数量及价值俱非余人所及。"①洛伊虽称这些作多妻制,其实是媵妾制罢了。媵妾所生的子女并不能认她作社会性的母亲,而是被正妻所认领,不然就如其他在婚外所生的孩子一般,不能获得完全的社会身分。上章所引《石头记》里的例子,就可以见姨娘们所生子女并不发生社会的亲子关系,媵妾制可以视作一种经常的婚外性关系,不能称它作多妻制。

在我们社会里所见到的"两头大"才可以归入多妻制的一类里。在嗣续的规律上,依我们的习惯,有所谓兼祧的办法:一个男子兼作两宗的后嗣。在社会身分上,他是兼职的,因之,社会允许他(虽则和现行法相抵触)娶两房妻子各宗一房,所生的子女其实只认一个母亲,甲妻的子女在世系上和乙妻并没有直属的关系。我们并不能说他们三个人参加了一个共同的契约,不过是两个契约并在一个男子身上;不是多角,而是两个三角有一个共同的顶点。

非洲土人中多妻制相当盛行。洛伊说,"在非洲,妻的数目往往甚多,她们大率每人带领自己的儿子住在一所小房子里自立门户。聪加(Thonga)族人通常把这些小房子排成弧形。"②劳特莱奇(Routledge)夫妇在东非所见,"全家像一小村落,丈夫相当于村长。"③ 每一个妻子抚育她自己的儿女,自成一个单位。这样说来,

---

① 《初民社会》,第53页。
② 同上书,第52页。
③ 同上。

多妻制并不是一种团体婚姻。

所谓多夫制中所见的情形,原则上也是这样。非洲瓦胡马(Wahuma)土人中"一个男子无力单独购买妻子时,他的弟兄们集资相助,新娘过来以后暂时共享,要到她怀了孕,从此以后才是她的丈夫的禁脔"。① 这表明瓦胡马土人中的所谓多夫制其实不过是夫妇关系完成之前性的混乱,可是绝不影响到亲子关系的混乱和多角化。

著名实行多夫制的托达土人中,我已在上文提到过,"兄弟们是同住的,所以只要有一位娶了妻,她便成了他们共同的妻。甚至于娶那位妻的时候还没有出世的小兄弟也要和他的老哥哥共享那宗权利。在这种兄弟间的多夫制的场合,丈夫间不会有什么争吵"。托达人心中简直想不到有争吵的可能,她怀了孕,年龄最高的丈夫持弓执箭行一仪式,这就定下了法律上的父子关系,但其余的兄弟也一般地都称为那孩子的父亲。

"倘若一个女子所嫁的几个男人不是兄弟,而且也许是不住在一村中的人,那么事情就麻烦多了。虽然没有绝对的规则,寻常的办法是每个丈夫那里住一个月,周而复始。在这种场合,法律意味的父子关系之决定是异常有趣的。就一切社会的目的而论,谁在妻的怀孕期中行过那个弓箭仪式,谁就取得了做父亲的资格,不但是那一个孩子的父亲,而且是此后所生的子女的父亲,要等另一位丈夫出来行过那规定的仪式,他才交卸他的父亲资格。通常是约定把最先的两个或三个子女属于第一位丈夫,以后再怀孕便再由一位丈夫来确立他的为父之权,仍以二三子女为限,其余照样办

---

① 《初民社会》,第54页。

理。生物学上的亲子关系完全置之不问;久已作古的男子还是被认为亲生婴儿的父亲,倘若没有别的男人行过那持弓执箭的仪式。"①

多妻不是多母,多夫不是多父。这说明了婚姻是个人间的契约,不是集合性的契约,非但一男一女的结合是正常的及最普通的婚姻方式,即是有多男一女或是多女一男的结合,也没有脱离这个别性契约的基础。我们至今还没有可靠的凭据可以证明有地方有由多个女子和一个男子,或一个女子和多个男子,或多个女子和多个男子共同参加在一个婚约之中的。因之洛伊结论说:"双系性的家庭是一个绝对普遍的制度。"②换一句话说,生育制度的基本结构是父母子的三角,而这三角是现在可以观察到的人类社会普遍的基本结构。

---

① 《初民社会》,第56—57页。
② 同上书,第175页。

第七章　居处的聚散

我们虽则说人类的抚育作用是父母合作的事业,但是各地方合作的方式却不是一样的。从孩子对于父母的亲密程度上说,也不是相等的。这使我们要进一步检视三角形的内容了。社会结构的基本三角是社会联系的一种形式。社会联系的实质是行为和感情,行为上相互倚赖的程度和感情上痛痒相关的深浅,决定了我们社会联系的亲疏。可是行为上的和感情上的关系不是太容易观察得到和把握得住,而且也不易清清楚楚用简单明白的方式表示出来。为了研究的便利起见,社会学者和人类学者常常以人和人的空间距离来推测他们的社会距离。空间距离和社会距离固然并不是完全相同的,尤其是在现代交通工具日形发达的情形中,书信电话都能传情达意,配合行为,空间的隔膜已不成为社会往来的隔膜了。而且,在现代都市中,单单在空间上的接近,也不一定发生行为和感情上的联系;只隔一壁的邻居可以漠不相识。可是,一个亲密的团体,日常的合作、会面、生活的配合,还是受地域限制的。夫妇的正常关系不易在分居的状态下维持。日夕相处一堂的父子和万里云山相隔的父子,在社会身分上固然没有什么不同,可是实际生活上的关系相差可以很远。

居处的聚散多少是有关于生活上的亲疏,因之,空间距离给了我们研究社会联系的一个门径。从人和人在空间的分布和移动所发生的距离和接触上去考察它给予社会生活上的影响,是社会区位学的研究方法。可是在过去社会学里用区位学方法去研究的对象却时常偏于较大的社区;其实这方法同样可以用来研究亲密的团体生活。雷蒙德·弗思在他所著的《我们提科皮亚人》一书中曾充分应用这方法,而且得到很圆满的成绩。他曾说:"从空间的位置来研究亲属的居处入手法使我们可以明了亲属间如何联系,这种联系如何在财产所有权中表现出来,如何由这些联系最后结成较大的亲属团体,因为空间的位置容易观察,所以居处的入手研究法,在普通情形下,是了解亲属关系初步工作最易的路径。"①

居处的聚散不但是了解人和人各种联系的门径,它本身也就是一项重要的事实。克罗伯(Kroeber)很着重地说:"一个人无论如何总得有一个住处。没有外婚团体,没有嗣续原则,没有图腾,一个人照样能活,可是和人一同住却必然产生有社会影响的联系。"因之,他把居处认为社会的基本结构。"凡是那些我们所谓有形式的社会组织——氏族、外婚团体、单系嗣续、图腾——虽曾引起民族学家争论了两三代,实在只是文化的次要结构;在文化历史上是后起的,在功能价值上论是浮面的;从一方面说来,它们只是一种基本现象,好像居住的地方的表面花样。"②绘事后素,社会结构中有基本的和次要的层次,因之,我们若从居处入手来研究人和人的关系,不但是个方便的门径,也是从底子上来观察社会结构的方法。我们若从居处上来观察社会结构中的基本三角可以分成三个段落:第一步是看这基本三角本身父母子之间的区位关系,第二步

---

① 《我们提科皮亚人》,第117页。
② A. L. 克罗伯:《社会结构的基本的和从属的形式》,载皇家人类学学会会刊,第LXVIII册,1938年,第207—208页。

是看和这基本三角共同居处的人物,第三步是看和它相近居处的人和它的关系。我将依次讨论一下。

基本三角的区位

考查家庭里各分子的居处关系最简捷,也是最基本的方法是绘一个住宅内部结构的图,注明白天各间房作什么用,夜里哪个人睡在哪间房里,每间房里有几个床,同床的是哪几个人。这个图立刻就显示了这家里日常生活的状况和各分子间的关系。

我们若注意到这些基本的日常事实,就会见到每个人一天到晚的行止轨迹多少是有一定的。"行止轨迹"是我特提的名词,这是一个人在时间和空间的范畴所构的一条线。譬如我们在禄村所见到夫妇两人的轨迹,"夫:9时从靠左的后房起身,在正户的前廊洗脸,靠在庭柱抽烟,在廊前的小矮桌上吃早餐,餐毕出门……妇:7时从靠右的前房起身,挑水,在厨房里升火,给孩子们吃早餐,到菜园里去照顾,喂猪,侍候丈夫吃早餐,招呼雇工早餐,带牛出来交给雇工……"这里我们就看到在这住宅里,夫妇两人沿着两条轨迹在移动。丈夫不到厨房,太太不在前廊上闲坐,各人在他自己的领域里活动。

根据这些相异的轨迹,我们才能用事实来说明各地方夫妇关系的内容。婚姻关系虽则决定了夫妇之间的密切合作和共同生活,可是密切合作和共同生活这两句话是空洞的。在各社会、各职业间,夫妇共处的实情却可以有很大的差别。即以我们自己社会中各种不同的情形来说,上述禄村的夫妇分房是一种。在传统的书香之家，这种情形也许更显著。夫妇在白天接触的机会可以极少；吃饭都可以不同桌。贾政为了要讨好贾母，和儿女们同桌坐了一忽（媳妇们站着侍候），使全堂的空气紧张得大家觉得不痛快，还得由贾母打发他先退。男女的行止轨迹相交的地方不多。妇人的领域是门限之内的世界，因之妇德亦称阃德，阃就是门限。内言不出于阃，外言不入于阃，有一条社会封锁线。这充分表示了夫妇在区位上的隔离形态。两人偶尔见面，自然"夫妇"只是在床上了，下了床得相见如宾。阃外的丈夫对着门外的世界负责。他有时需要长期出外，阃内的妻子没有分，她的职务是守着家。不但做官的可以游宦异乡，携眷同行是极不方便的事，出外经商的又是重利轻别离，一别可以几年不回家。据说以前山西在外埠经商的人，在家乡结了婚，生了孩子，就出门了，十多年，发了财回家养老。这种夫妇关系和现代西洋夫妇到处结伴同行、形影相随的情形正是个对照。西洋都市里总是女多于男，而中国都市里却总是男多于女。在人口的分布上也表现区位性质的不同。

亲子关系的区位关系变化更多。白头偕老是夫妇关系的理想；可是亲子间却不能永远保持亲密的关系的。孩子逐渐长大，亲子的关系也跟着疏远，这过程也表示在区位关系的变化上。一个婴孩在需要乳汁来营养的时候，通常都不能和母亲距离得很远。孩子在早期和母亲的接触是受着生理关系的限制。但是在这里也有不由母亲自己喂乳的情形。在中国传统的上层社会中通行着奶妈制。母亲把喂乳以及日常招呼孩子的事务委托给雇来的奶妈（奶妈所负的责任可以由单供乳汁到完全领养）。这种孩子和母亲日常接触上的分离，影响到这些孩子们长大之后的心理形态。我们虽则没有详细的研究，可是我认为若是要了解中国士大夫处世的态度和感情的发展,奶妈制是十分重要的。

孩子和父亲的区位关系又不同。父子间接触的机会很可以决定他们之间的感情联系。在特罗布里恩德岛上的土人里,"做父亲的以真挚的爱好来执行他的职务:他可以抱着孩子几个钟点都不觉得厌烦,望着他的孩子,眼睛里流露出热爱和骄傲。这在欧洲的父亲中是少见的。对于孩子的赞许句句好像说到他心坎里似的;他永远说不厌他孩子的长处"。① 这是家庭间各分子日夕相处的简单社会中常见的现象。在我们自己社会中,一个多年在外的父亲,虽则经济上和社会上一样向他子女负责,但是没有接触的机会,回来时不免"儿童相见不相识,笑问客从何处来"了。有权力而没有亲密接触的父亲对于子女可以是个老鼠眼里的猫。宝玉听见说他父亲要传他,"不觉打了个急雷一般"。"贾政一走,他就如同开了锁的猴子一般。"

孩子渐渐长大,从生理性的断乳到社会性的断乳,母子的关系逐渐疏远。这种疏远很清楚地表现在他们空间距离的增大。孩子从母亲的胸前过了一年多,他自己可以独立行动时,就开始像一只扯着满帆的船,到处驶到处触礁。在营养上需要父母供给、生活上需要父母管理的童年,孩子们移动的区域不会太大。不过关于这一点,各地方又有很大的差别。就以我们都市里的儿童和乡下儿童相比较,这差别也够显然了。在乡下,儿童是"野"的,一天中有大半天在不受大人们直接管束的儿童群中过生活。在城里,至少有很多所谓大户人家,孩子们是不常离开自己的住宅,可说是"家"的。除了和少数兄弟姊妹、偶然和作客的儿童相接触外,大部分的

---

① 马林诺夫斯基:《原始人的性生活》,第17—18页。

时间是缠在大人的脚边。若是三岁到老的说法和最近心理学的结论相合的话,一个人个性的形成是在最早的几年生活中,则上述的分别很可能形成乡村和城市两种类型的个性。这一点是值得心理学家所注意的;我们文人中那种善于逢迎、一心依赖、早熟先衰的弊病,也许有很多是可以从早年生活的家庭区位配合中得到解释的。

青春时代的孩子,有很多地方是已开始和自己的父母疏远起来。我们传统社会里这种疏远不过是和父母分房;在现代,长成的男女就寄宿到学校里去。在特罗布里恩德岛土人中,虽没有学校寄宿舍,却有称作布库马杜拉(Bukumatula)的青年男女们的公房。在云南的彝族社区里也有类似的设置。我以后还要比较详细地分析这种和父母隔离的意义,而称之为社会性的断乳,在这里不多说了。

地域团体的基本单位

父母子所形成的家庭,除了偶然的分离外,总是在一起生活的,所以也常是地域上居处共同的团体的基本单位。可是它并不是唯一的地域团体的基本单位,因为在一起生活的很可能包括父母子三角以外的人物。在社会学和人类学中既以"家庭"来指父母子的三角社会结构;在概念上不能不另用一词来指地域团体的基本单位了。在英文中,父母子三角结构是 Family(家庭);地域团体的基本单位是 Household(户)。在中文中,家庭一词用得本来很滥,在俗语中的家字包括的意义更多,而在严谨的讨论中,则我们不能不把家庭的意义来规定一下，专指父母子三角结构，等于 Family，然后用户字来指地域团体的基本单位，等于 Household。

在我们自己社会中家和户就不常相等。一户中可以包括好几个家庭，或若干家庭以外的人，因之我们叙述过了父母子三角的区位形态后，接着可以讨论到和这三角结构同在一起生活的人了。马林诺夫斯基在论澳洲土人的家庭时曾指出这种事实的重要。他说，"人口集聚的事实，在社会学中很明显是极重要的。我们的主要问题是：这群人是不是以一家为一处，或是集居成较大的团体？我们对于家庭生活各方面——丈夫的权力，婚姻配偶间的性生活，家庭经济，亲子关系等——的看法在我们得到上述问题的答案之后，都会另具意义，我们原有的概念也会因之改变"。①

地域团体的大小多少是和经济基础有关的，在以狩猎为生的社区里，好像西伯利亚的通古斯（Tungus）人，他们时常以一家或两三家一起在山地里往来。最小的单位是两个人，一个是在家管理日常生活的女子，一个是出外打猎的男子。他们的生活一定要简单到两个人可以合作来应付的境地。同时，夫妇间相互倚赖的情形也更为显著；加上了他们远离别人，实际生活不允许他们有较长时间的反目勃谿。对于孩子的保护，也是不能不时刻留意，偶然的疏忽，可以把小性命都丢了的。②

在农业社区中，非但不需要时常移动，而且若是有需要的话可以有较多的人口聚居在一地，形成一个村落。家庭和家庭在空间上的距离可以大大地减少。可是在任何情形之下，家庭没有被埋

---

① 马林诺夫斯基：《澳大利亚土著居民的家庭》，第 132—133 页。
② S. M. 希洛科戈洛夫：《北通古斯人的社会组织》，第 247—248 页。

没及分散在较大的团体之中的。

满族人中,在同一间房里可以睡着很多人。粗看来好像家庭在区位上并不形成一个团体。同一炕上睡着祖父,祖母,伯父,伯母,叔父,叔母,以及哥哥,嫂嫂,侄子,侄女等。可是详细一察,他们每个人的地位并不是随意安排的。各有各的位置,各对夫妇和儿女,也就是家庭,紧靠在一起。譬如有弟兄两人都娶了亲,生了孩子的,他们的铺位是这样:第一是哥哥,挨近他是嫂嫂和她的儿女;轮下来是弟弟,下面才是弟媳。在他们的风俗中,哥哥和弟媳间禁止发生性的关系,但是弟弟和嫂嫂之间若发生关系并不视为犯禁的。这样说来,家庭这个基本团体还是自成一个单位,在区位上相联而与其他相似的团体有相当的距离;虽则在这个例子中,距离固然很小,小到隔一层被,但这一层被却划下了一个社会的界限,只能在社会的允许之下,偶然越界一下。

我们的所谓大"家庭",虽则没有和满人一般很多单位家庭挤在一个炕上,但是有一点是相似的,就是成年的儿子并不一定离开他们的父母,甚至结了婚,连同妻子都跟他们父母同住在一处。若是像西洋现代的风俗一般,儿女结了婚就搬出老家,则家庭之成为一区位上的单位团体就比较显著。若是结了婚的儿女依旧跟父母一同住,则这个空间的集团会在时间里扩大起来,至其极会有五世同堂等大家庭出现了。在苏州就有个明代传下来的大宅子,里面住着近百个同族的子孙,可是这个亲属团体在区位上一房一房的分得清清楚楚,每个家庭还是自成一个单位。

这种大家庭并不是我中国社会结构中的普遍方式,各地方每户人数的平均,据已有的农村调查说,是从4个人到6个人。4个到6个人所组成的地域团体决不能形成上述那种大家庭,所以我在《江村经济》中说:所谓大家庭大多见于市镇中,显然是出于另一种经济基础。① 这句话曾引起别人的怀疑,认为我所调查的江村刚巧是一个例外情形。在这里不妨把我的意思再说得明白一些。

我先得说明地域团体基本单位的意义。它并不是指在一个围墙之内,一个房子里住的人。一个院子里住着几个生活上自成单位的人家在抗战时的后方是极普遍的,这在普通的都市里,甚至在人口众多的中国农村里都是常见的。在中国农村里,为了安全起见,很可能有一道围墙把整个村子,或是村子中的一部分围起来,宅子里的人家挤得很紧,甚至家家户户都有小门相通,可以往来。从建筑单位说,很不容易分得清楚。地域团体是社会单位不是建筑单位。

从生活上着眼,居处在一起的社会单位,至少要有下列几个条件:经营同一的生产事业,在一个共同的账上支付他们日常的费用,用一个灶煮他们的食料。一个建筑单位的住宅中可以包含好几个这种单位,虽则每个单位还是可以保持着他们的亲属关系和密切的经济合作。归有光在《项脊轩记》里描写得很生动:"先是庭中通南北为一,迨诸父异爨,内外多置小门墙,往往而是。东犬西吠,客逾庖而宴,鸡栖于厅。庖中始为篱,已为墙,凡再变矣"。以我在抗战期内所寄居那家房东说,母子虽住在一个院子里,并没有篱或墙分开,可是东西厨房相对,各自预备自己的饭,各自耕种自己的田。他们只能说是邻居,决不能说是同户。

现在我们可以发问,这种团体的扩大对于农民有什么利益和弊病?让我们先从经济生活上看。在现有农作技术下,分工的不发达使两个人在一起工作并不比两个人分开各自工作为便利和效

---

① H.T.费(费孝通):《中国农民的生活》,第20页。

率高。从农业经营上看,大农场固然比小农场有便利的地方,好像耕牛的应用,在小农场上就不值得;养一条牛的成本是一样的,但是在小农场上能利用耕牛的时间却较短。在有劳力可雇,有耕牛可租的地方,农场集中经营和分散经营也就显不出太大的差别。

基本生活团体的扩大,在农村里,即使有上述的一些经济利益,可是在另一方面却也增加了人事上的困难。在兄弟子侄们共同经营农业和在农田上劳作时,平等的原则是不很容易维持的。我在禄村调查时邻居那家的情形很可以做一个例子。那家的老父母有两个儿子,大儿子不成才,抽大烟,又懒做工;二儿子却很勤快。起初他们并没有分家,一家的农田几乎全是由二儿子经营和劳作。他辛辛苦苦挑回了谷子来,他老哥偷偷地出卖了,换烟抽。这样,哥哥的抽烟抽到了弟弟的身上。而且不久老哥想卖田了。若是继续这样维持下去,一家的衣食都会被这不成才的大儿子所连累得发生问题了。老哥又千方百计破坏他弟弟的婚姻,使他的弟弟永远不能成家,替他做牛马。这种情形引起了社会的舆论。他们的父亲尽管觉得分家是件有碍体面的事,但是也不能不忍痛把家分了。在一个合作的经济单位中,权利和义务的平衡是维持团体完整的必要条件。在以亲属作基础的团体里,两代之间还可以用权力来维持不太平等的关系,同代之间则比较困难了。这是兄弟间各自成家的一个原因。

以后我们还有机会讲到婆媳的关系和妯娌的关系。我上述那位邻居的大儿子设法延迟他弟弟的婚事不是没有理由的,因为从外面娶来的媳妇并不是从同一抚育团体里长成的,硬要她们住在一起,多刺的刺猬挤紧了,大家觉得不好过。即在以维持大家庭为荣的书香人家,人多事杂,也不能不横一个忍字,竖一个耐字,才能五世同堂。在直接从事生产、勤惰分明、劳逸易判的农家,单靠忍耐工夫还是不够的。因之两个家庭在一户里生活的例子在农村里就不多。在江村这种团体只占全户数的十分之一,其中四分之三还是父母及一对子媳合组成的团体,父母和两对子媳组成一户的只有其中的四分之一,这表明子女长成结婚后,分家独立是普遍的情形。①

扩大基本生活团体的力量是从另一方面发生的。在没有完善社会保险制度的中国农村中,那些因死亡或其他原因引起家庭破裂的剩余分子,不容易经营独立的生活,因之不得不并入其他团体,依赖完整的家庭谋取生活。在江村这类团体占全村户数的3.8%。应当说明的是这种形式的团体并不是大家庭,而是我所称的"Expanded Family"——扩大了的家庭。

普通有一种说法认为在中国大家庭的形式是极发达的。若是就形式上说,中国确是有很发达的联合家庭(Joint-family);但是在数量上,或是在中国所有家庭中的百分比说,却是不高的。在我看来,80%以上的农民中,由父母子结合成的三角,即基本的家庭形式,是最为普遍。联合很多基本家庭而成的"大家庭"大多是发生在市镇里。在市镇里,居民的经济基础并不是直接的农田经营。他们可以是经商或是离地地主。离地地主的生活是从收租得来,他们需要政治的和政治之外的权力来维持这种依之为生的权利。财产愈多,所有的农田面积愈大,人口愈多,做官和获得权力的机会也愈大。因之,所有农田的分割在他们是一种生活的威胁。在这种人里面,才发生我们士大夫阶级里反对分家的传统观念;也在

---

① 《中国农民的生活》,第29页。

这种人里面,我们才见到五世同堂的大家庭以及庞大的氏族组织。

有人以为中国的大家庭和氏族组织是伦理观念下的产物。我并不否认伦理观念一旦确立之后可以影响人的行为,把某种社会组织视作应当实现的模型。在农村里,一谈到分家没有人理直气壮地认为这是应当的,多少要用不得已、不争气等宥词来表示行为和标准不合的苦衷。可是因为有了伦理观念中不分家的标准而在事实上不要求分家的农民却是很少很少。这说明了传统的伦理观念,至少在这一方面,并不是产生在农民的生活事实里的。伦理观念本是一种维持社会结构的力量,它必需和生活事实相符合。在分析大家庭这个传统标准时,更使我觉得中国士绅和农民生活的分化。传统伦理,尤其是见诸经典的,是从士绅们的生活中长出来的,我们只有了解了他们的生活事实才能明白这套观念的作用,若是用和士绅的生活不同的农民生活来看这些观念就不免有格格不入的地方了。[1]

父居和母居

在上文中,我已提到过子女成家后和父母老家的区位关系。在中国农村里,儿子结了婚,过一些时候,就会闹分家;他分得了一份田产,自立门户。这新家庭有时还是住在老宅里,有时在老宅附近盖起新屋,但是因为农田的位置关系,不宜搬得太远,发生聚族

---

[1] 关于士绅和农民的分化可以参考费孝通《农民与士绅》,载《美国社会学杂志》,1946年7月。

而居的形态。在市镇里,有些维持传统伦理观念的人家,儿子结了婚可以依旧和老家打着统账,形成上述的大家庭。也有因职业关系不能和老家在一起的,有如西洋都市里的居民一般,孩子们成了家自己独立去了。但是不和老家一起住或住得很远的情形是近代的现象。以往就是出外经商或做官,家眷可以留在家里;或即是全家外出,也不会和故乡的老家脱离关系。他们挣了钱,或做了一任官就要回乡。最后,不幸而死在任内,尸体还得搬回家乡来安葬。从法律或是从感情上说,每个男子是有一个所属的地方。这个地方是从父方得来的。女子的情形不同。生于斯不必老于斯,她一出嫁就得住到丈夫的家乡去。嫁鸡随鸡,嫁犬随犬,在区位上说她确是个随从者。——这种方式在人类学上称作 Patrilocal。和这相反的,就是女的不动,而男的随从,则称作 Matrilocal。这两个名词直译出来是"父亲地方"和"母亲地方"。"地方"是指居处而言,所以我在这里缩写成"父居"和"母居"。这两个名词其实定得并不确当,很容易引起误会。望文生义好像父母各有所居,孩子们可以有个选择,跟父亲住呢,还是跟母亲住。事实上父母是住在一起的,没有长大的孩子也总是跟父母一起住。这名词因之也失去了意义。其实所谓父居或母居是指一个结了婚的儿女跟父亲方面的亲属同居或住得相近,还是跟母亲方面的亲属同居或住得相近。林顿(Linton)教授解释这两个名词时用"和父亲的自家人在一起呢,还是和母亲的自家人在一起"。[①] 譬如说我们是父居的,因为我们的男子结了婚之后还是和父母,以至父亲的兄弟等一起住,或住得很相近。印第安人是母居的,他们一同居住的人是外祖母、母亲和

---

① 林顿:《人的研究》,第163页。

姨母和她们的配偶。

在实行外婚的规律下，要每代都是父居，女子必须在结婚之后随从丈夫去住，若是夫妇要各从他们的父亲的亲属同居，他们就不能经营共同生活了。反过来说，要每代都是母居，男子必须在结婚之后随从妻子去住。因为这个原因，所以吕叔湘先生翻译洛伊的《初民社会》时采用了"从夫居制"和"从妇居制"作为上述两名词的译文。① 这译文固然有可取的地方，但是夫妇的随从还是要加上他们和父母的关系才有意义，因为单从夫妇说他们是合组一个新家庭，是两相随从的。而且这两个概念所要分析的主要事实，并不是新家庭所住的房屋或帐篷的所有权是属于丈夫的还是妻子的，也不是，正如林顿教授所指出的，被称作父居的是因为一个女子和邻居的男子结婚时，曾经移动了50码到她的新房里，或是曾走了20里路，渡过了一条河，到她丈夫家去住的缘故。重要的是男女在婚后因居处的关系所加入的合作团体是本来属于男的抑或是女的。洛伊在说明这两种不同的居处时曾就父居的胡巴族情形说："女儿一出嫁便跟她丈夫到外村去。因此，男人生老病死在同一地点，而女子则一生之大半不住在出生的村落。"②这一点实在是极重要的。夫妇既然不能由同一抚育团体里生长出来的人结合而成，结了婚又必须合作同居，所以两人中至少必须有一人，放弃他或她原来的合作团体，结婚之后加入配偶的合作团体。在生活上接触最密的是地方团体，所以父居和母居也成了研究家庭生活的学者所特别注意的对象了。

---

① 《初民社会》，第83页。
② 同上书，第83—84页。

第七章　居处的聚散

　　社会事业是需要继续性的。一块农田,经营久了,也摸得住土性。倚赖经验的事务最忌常常改行。合作的人事也需要久长的相处才能周旋得转。一个人在陌生的人群中做事相当困难,尤其是在没有成文规则的亲密生活中为然。夫妇两人中既然不能全都维持原有的合作团体,那个加入新团体的就不免在生活上吃亏了。在实行父居方式的地方,男子一生住在一个村子里,往来大多是从小一起长大的人,而嫁来的女子在丈夫村子里所接触的人都是生面孔,她和她一同长大相熟的人隔离了,举目无亲的情况下,只有听命于丈夫的指挥。她唯一可能的反抗是逃回娘家去。在一个母居的社区中,妻子的左近都是她自己的亲属,做丈夫的不能不低声下气一些。区位上离合的安排影响了社会关系的内容。

　　以往论亲属居处问题的似乎认为只有父居和母居的两种形式,其实不但变化很多而且在同一社区中可以有不同的形式同时通行。

　　特罗布里恩德岛的土人被马林诺夫斯基称作是父居的,因为做妻子的结婚之后就住到丈夫的村子里来。他们的子女一生中要在两个地方团体中经营生活。在丈夫的村子里住的却并不是丈夫的父亲,而是他的舅父母,他母亲的姊妹们的儿女。这是因为这地方的男子到了成年时就得从他父母的村里搬到舅父母村里去住。在丈夫村子里住的人都不是在这村子里长大的;这村子里的孩子们长大了就得送回他们母亲所生长大的村子里去。[①] 这样说来,男子也要一生中换两个地方团体。若是女子嫁给她父亲村子里的人,她却可以维持原来的地方团体了,这也就成了母居的方式了。

[①] 马林诺夫斯基:《原始人的性生活》,第 5 页。

孩子长大了要回到母亲村子里去和舅父同住的形式，克罗伯称作avunculocal，或是舅居。这种方式也见于美洲西北海岸的部落中，如特林吉特人(Tlingit)和海达人(Haida)。①

美洲的易洛魁人(Iroquois)的土人是被称为母居的，因为男子结了婚之后是要住到妻子的家里去的。可是因为他们常常在邻近的地区择偶，他们的本家相离不远。他们整天住在自己老家，为他们的姊妹服务，和他们的侄儿们在一起，等到晚上才回到妻子的房里去。这种方式的特点是在男女双方都不必改变他们的地方团体，各人都在从小长大的抚育团体中经营生活。这种方式中，夫妇的亲密关系却不免牺牲了。

多布(Dobu)土人的办法却更为有趣。他们的夫妇是出于不同的村子的，各人在自己的村子里保持着一个房屋，他们带着他们的子女一年在丈夫村子里住，一年在妻子村子里住。从村子的居民说每年要换一批，结果可以说大家没有一个持久的地方团体。多布土人是著名猜忌和迷信鬼神的，他们这种不安定的生活多少是和这种性格有关的。

在同一社区中可以同时通行着不同的居处方式。广西和花蓝瑶因为严格限制人口，有些人家只有男孩，有些人家只有女孩。他们的习惯是不论男女都可以娶配入门，也都可以出嫁到别人家去。结果有些是父居，有些是母居。我们自己社会里也通行着入赘的方式。入赘是从妻居制，赘婿的孩子是跟母亲的亲属一起生活的。入赘的方式可以和正常的父居方式在一个社区里通行。

也有地方一个男子要经过一段入赘式的生活然后回到自己村

---

① 克罗伯：《社会结构的基本的和从属的形式》，第301页。

子里去。洛伊说:"初结婚时女婿依岳家以居,服劳如仆役,但经过相当时期,比如说生了孩子以后,即另辟门户而独立,这种情形也是很普通的。北美的希达查人,南非的奥焚波人,阿萨姆之卡息人,都有这种习俗。"①

从这许多例子来看,一个研究者不能单单把某一社区亲属居处的方式加以"父居"或"母居"的标记就认为足够了。他必须从生活事实中去说明家庭内部以及家庭和家庭之间的社区结构,而且还要进一步说明社区结构所发生的社会影响。从社区结构入手去研究社会生活是最具体和最方便的。

---

① 洛伊:《初民社会》,第86页。

第八章 父母的权力

家庭这个父母子的三角结构是人类社会生活中一个极重要的创造。这个社会的基本结构在人类历史上曾长期地维持着人类种族和文化的绵续,它现在不但存在于任何地方的社区里,而且至今还没有发现根本的改变。它这样的普遍和悠久,也许是任何其他社会结构所不易比拟的。从个人说,我们也不易想象出一个和家庭完全没有发生过关系的例子。普通的人总是生在家庭里,长在家庭里,死在家庭里。因之,我们要了解个人,自不能不从家庭生活入手。家庭结构的内容总是很深刻地影响着一个地方的文化和一个人的性格。现在让我们检讨一下这三角,父母子,结构的内容罢。

若是这三角是从人类生理上自然发生的结构,好像一般本能论者所想象的,它很可能是一个天衣无缝的配合,各分子间融融洽洽,是一幅十足的天伦欢聚图。可是事实上尽管社会学家怎样尽力指出这个结构是如何巧妙,如何有用,更如何能满足我们人类社会生活的需要,如何使社会文化得以绵续,他们还是一手掩不尽这三角结构中不断发生的错综悲剧。这些悲剧虽则不常为社会学家所重视,但是到了小说家手上却成了写不完的题材,随手都是很好的例子:屠格涅夫(Turgenev)的《父与子》,曹雪芹的《石头记》,以及近代巴金的《家》,都是取材于这三角结构的裂缝,加以渲染抒述的。这个三角结构固然是人类个人间合作的最高表现,也许还不能算是个尽善尽美的杰作。

文化本来是人造的,凡是人造的,并不是我有意小视人类的创造力,不完全是常事。我已在以前几章中说明了在这三角的结合伊始,夫妇的配合上,已经碰着过不少不易克服的难题,夫妇之间已留下了悲剧的种子,亲子之间也是这样。以下几章我将转到亲子间的关系,加以分析。

弗洛伊德的寓言

我们一提到亲子之间的关系,很容易就想起 S. 弗洛伊德的学说来了。我想他很可以算是一个特别重视亲子关系对于个人性格的影响的学者。弗洛伊德是个医治精神病的医生。他天天接触着各色各样疯狂失常的可怜虫,很自然地使他对于引起这些病症的文化弱点特别感觉得敏锐。他可又不能像小说家一般把这些弱点痛快地暴露一阵,就算了事。他要医治这些病人,对于病症的起源自须加以审慎的分析。生物学既曾获得病理学的协助,为什么社会学不能从心理分析家那里得到一些有用的启示呢?

弗洛伊德在无数精神病的个案里找出了一个共同的病源,那就是他们在潜意识中遏制着的一个心理情结。这个情结的内容是"恋母仇父",因之他用希腊神话中杀父娶母的主角俄狄浦斯(Oedipus)的名字来称这情结。这情结怎样会发生的呢?于是他说出了一段故事:

当我们人类的始祖还是和猩猩差不多的时候,他们生活在一如达尔文所描写过的原群里。每个原群由一个强有力的男子统治着,他独占着一群女子,没有别的男子可以来染指,他不容许任何竞争者在他支配下的原群里生存。可是他的女人们不久就生出了一群孩子,孩子中自免不了有男性的。这些男孩们一天一天长大起来,成了他们父亲的竞争者了。于是当父亲的不能容许他们在他的禁地里厮混,把他们放逐了出去。他们从温暖的女性群里被逐到了举目荒凉的原野,孤独地去谋他们的生活。他们的心里却永远挂记着他们的母亲,怨恨那独占着他们相爱的女性的父亲。有一天,被驱逐在外的兄弟们碰见了,联合了起来,回到他们的原群里,一口气把父亲杀了,更把他的肉吃了。当他们这样痛快地泄愤时,把他们的父亲只看成一个压迫他们的仇人。可是一旦把他杀了,吃了,回心转意,想起了幼年时父亲给他们的保护和恩惠。从小养成对他们父亲敬畏的心理使他们更加害怕了。他们发现自己闯下了一桩弥天大祸。他们懊悔了。于是大家相约把一种动物来表象他们的父亲,尊重和崇拜它,要求它的保护,禁忌杀害这动物,除了在特别的仪式中。这就是在初民社会中常见的图腾。他们又相约把父亲遗下原群中的一辈老小妇女全视作禁脔,不准和她们发生性的行为或是结婚,这是族外婚的起源。这件事虽则发生在悠远的太古之世,可是从这件事中所定下的规律则仍遵守着。恋母仇父的情绪还是存在,只是被社会规律所压制,没入了潜意识中成了俄狄浦斯情结。它改头换面地出现于梦境、不经意的行为中,形成了种种精神病症,也表象在神话和其他文化现象中。

我们若是把这回故事看成历史,那未免太认真了。太认真了自不免觉得弗洛伊德的想象有一些太荒诞不经。可是我们若是把它看作一个寓言,则其中有不少地方确可令人深思。弗洛伊德至少指出家庭这三角结构中包含着一个基本的矛盾。这矛盾就存在于亲子之间。他指出了这矛盾之后,接着就用性的竞争来解释父子冲突的原因。父子的冲突很可能颠翻家庭的组织,社会为了要维持这个结构,不能不把孩子恋母仇父的心理压制下去,使这个破裂的可能性不致演成事实。我在这里并不想去批评他理论上的枝节。我们不妨从社会结构和功能的立场来看看亲子间是否有矛盾存在?这种矛盾,除了性的竞争外,还有其他可以发生的原因否?我们也许还能用比较平淡的事实和文字来重写弗洛伊德的寓言。

社会和个人

人类创制这家庭的基本结构,目的是在解决孩子的抚育问题,使每个孩子能靠着这个社会结构长大,成为可以在社会中生活的分子。一个人要在社会中生活,他得有一番很长的训练,因为我们并不能像蜜蜂一般可以单以生理上的天赋机能来组成一个生活的集团。我们所要应付的环境已经充分被人类所修改,其中最重要的是人为的文化,以至我们不能任性举动,必得遵守一套人为的规则。我在第一章里已经说过,社会规则和人类本性并不是时常相合的。若是人类生物机能的流露全部合于社会生活,则我们尽可让生物规律去支配,不必再立下人为的规则,用社会力量来维持集体生活了。正因为人生下来并不是一个完全适合于集体生活的动物,所以我们的集体生活不能全由本能来完成,而得求之于习惯。社会习惯的养成是抚育作用的主要事务。我们要把一个生物的人转变成一个社会的分子,这个转变的初步工作就在家庭里。

我们若观察一个孩子的生活,有时真会使我们替他抱不平。他很像是个入国未问禁的蠢汉。他的个体刚长到可以活动时,他的周围已经布满了干涉他活动的天罗地网。孩子碰着的不是一个为他方便而设下的世界,而是一个为成人们方便所布置下的园地。他闯入进来,并没有带着创立新秩序的力量,可是又没有个服从旧秩序的心愿。于是好像一只扯满帆的船,到处驶,到处触礁了。他所触的礁并不限于物质的。当他随手拉着本书,正打算一张一张撕下来,点缀他周围平板的地面时,一只强有力的手,把书拿走了。有什么理由呢?他是不会明白的。要抗议,张开小嘴嚷,放开嗓子哭,说不定又来一只手,正打在小屁股上,一阵痛,完事。我们若是有闲情,坐下来计算一下,一个孩子在一小时中所受到的干涉,一定会超过成年人一年中所受社会指摘的次数。在最专制的君王手下做老百姓,也不会比一个孩子在最疼他的父母手下过日子更难过。吃的,拉的,哪一件事不会横受打击?要吃的偏偏夺走,不想吃的苦水却会拧着鼻子灌。生理上的节奏都说不上自由,全得在别人允许之下进行。从小畜牲变成人,就得经过这十万八千个磨劫。人类创造了文化,文化就是一个担子,孩子们怎能不受罪?

  我们长大了的人觉得在这世界上做事能应付自如,左右逢源。须知这是从十多年种种不自由中挣得的自由。社会的桎梏并不是取消了,只是我们熟习了。苟其我们真能非礼勿视,非礼勿言,非礼勿动,则我们在这些社会的重重规则下,自能如一个熟练的球员在球场上,往来奔驰,随心所欲而不逾规了。我们得把和社会生活发生矛盾的本能检点收藏,另外养成一套应对的习惯,自由世界才能实现。在养成这套习惯时,一路有碰壁的机会,被呵责,被鞭策,被关在黑房间里,被停止给养的威胁,种种不痛快,不自由的经历是免不了的。这里我们才感觉到权力。

权力是社会控制个人的力量,它发生在人类本性和集体生活的不相谋合处,生物和社会的矛盾场合下。权力的来源固然是社会的,但是社会不能直接来约束人,它还得藉着人来表现。被派定来抚育孩子的人就得接受社会给他的使命来执行这件令人不痛快的事务。在一个抚育是父母的责任的社会中,父母就得代表社会来征服孩子不合于社会的本性,因之生物和社会的冲突一化而为施教者和被教者之间的冲突,再化而为亲子间的冲突。这是我认为家庭三角里亲子间第一个可能发生磨擦的根源。

严父和慈母

依我在上节的分析,亲子间的冲突是发生在抚育作用的本身。若是管教的责任是由父母共同担负的,则子方对于亲方可能发生心理上的反抗,自不会分出父母来的。于是所谓"恋母仇父"的情结也就无从发生了。子女对父和对母感情上的分化,甚至分化到恋仇的对照,怎样发生的呢?这问题引导我们对于抚育作用本身包含的不同要素加以注意了。

抚育作用可以分成两部分:一部分是给孩子生理上的需要,一部分是给孩子社会上的需要。在其他动物中只有生理性的抚育,而没有社会性的抚育,但在人类则两者有同样的重要性。生理性的抚育过程中,好像孩子饥饿时给以乳汁,孩子寒冷时授以温暖,孩子得到的是生理上的满足,引起的是亲密的感情。这是和社会性抚育不同的,因为,如我在上节所说,社会习惯的养成时常要改变孩子本性的行为，这是会容易引起不愉快的感情，甚至是仇恨的敌意。

亲子间亲密的感情，发达的结果，使亲方会站在孩子本性的立场来体恤他的痛痒。这种痛痒相关的联系可说是生理性抚育中所必需的。我在第一章里已解释过，从个人立场看，生育是件损己利人的事。在生物上亲子总是两个独立的个体，两个个体中的鸿沟在客观世界中是永远不能填补的。可是种族的绵续必须打破这条鸿沟，得在亲方造成孩子即是自我一部分的感觉。孩子在社会化过程中所发生的个人和社会的冲突，很可以变成亲方和孩子的对立。亲方把孩子当作自我的一部分时，这种对立会使社会性抚育发生困难。若是社会一定要父母担负孩子的全部抚育责任，它实在把亲方本身放在一个两难的境地了。

解决这难题的一个方法就是父母的分工：由父母分别担任社会性和生理的抚育工作。最普通的分工方式是严父慈母的安排。我已说过生理上的抚育原是单系的，有母亲一人本来已经足够。双系抚育的发生实在还是出自人类抚育中包含社会性抚育的部分。由母亲来担负生理性抚育的责任，也许是最合于生物本性的事，在这里文化并没有一定更改生物的必要。可是我也并不是说这是不能更改，雇乳和代乳可以使母亲脱离生理性抚育的责任，产翁的风俗至少也是象征地使父亲也分任生理性抚育的事务。

这种分工自然也有它的困难，事实上也决难贯彻。父亲也是家庭中的一分子，他和子女同在一个亲密的团体中过活。日常的亲密接触使他们发生痛痒相关的联系。因之，社会若是要使父亲担任这严父的职分，多少得隔离父子的亲密关系。从这个观点来看家庭间各分子的区位关系，可以给我们很有意思的启示了。在一个父权发达的地方，父子间的隔离时常是很显著的，又因为母子间有生理性抚育的关系,必得在一起住,在夫妇之间也发生了隔离。门限为界的夫妇分治情形于是发生。门限以内是以生理性抚育为主,门限之外是以社会性抚育为主。父子在感情上分隔到极端可以成为贾政和宝玉的关系,这可以说是父权家庭的理想形态。这样的父亲在家内才容易维持他的尊严,必要时可以代表社会要儿子的命。

社会既把父亲拉入了亲密的家庭中,又要他和子女维持相当的距离,显然是社会结构中的一个矛盾设施。亲密生活既不易绝然加以隔离,于是社会不能不在另一端加重压力,使做父亲的不能不勉为其难,执行他的社会任务。在这方面,我们可以见到在父权社会里,父亲对于孩子的行为常要担负道德上和法律上连坐的责任。"子不教,父之过",已成了我们家喻户晓的成语。为了维持自己的名誉和安全,做父亲的不能不注意家教。溺爱子女会受社会的贬责。这种压力逼使父权社会中当父亲的板起面孔来对付子女。这岂是出自心愿?连贾政也未始不自知道宝玉是他最疼的人,打他时,心里一样难受。

无论父亲做得怎样尽责,他在父权社会中,决不能面面周到,同时做子女的信托者和管教者。所以马林诺夫斯基曾说:在这种社会中,"父亲须以一身来包办两方面;一面作温婉的朋友,一面作严格的法律守卫。这一来,使一方面在情操以内创造失谐,另一方面在家庭以内创造社会的困难;因为这种情形扰乱了家庭以内的合作,并在家庭里创造了忌妒和敌对心理"。① 又说:"父权大部分是家庭冲突的源泉,因为父权给其父亲的社会要求及其专有的权

---

① 李安宅译:《两性社会学》,第249页。

利,既不称合他的生物倾向,也不称合他在子女身上可以感受、可以兴起的个人感情。"①

在父权社会中,为了严父的不易做,所以不能不设法把管教的责任转移到家庭以外去。普通所谓"易子而教"就是为了解决这为父的两难。

母权之谜

在父权社会中,代表社会来执行权力的是父亲,站在孩子的立场给予私情慰藉的是母亲。在这种父母的分工方式下,孩子对于父母的感情发生了差别,也许就是这种差别造下了弗洛伊德寓言中的恋母仇父的情结。弗洛伊德所接触的精神病者都是出自父权社会的,他把这种心理作为病症的来源自是有洞见的,但是他却走得太远了一些,认为这种心理是先于文化和普遍永久的事实,因之,他只能用性的冲突来解释这种心理的起因了。事实上,抚育作用中权力的分配方式并不是一定要父严母慈的,换一句话说,社会并不一定采取父权的方式,所以在别的方式中,恋母仇父的情结也就不致发生了。弗洛伊德的理论只适合于一种社会。我们若从整个抚育作用的性质中去研讨家庭各分子间的心理关系,才能对于各种不同方式的情结获得一个相通的解释。

抚育作用中除了上述那种父母分工方式之外,还有什么其他的方式呢？——提起这问题,我们立刻就会想起和父权相对的母

---

① 李安宅译:《两性社会学》,第33页。

第八章 父母的权力

权来了。母权一词在早期人类学中是一个极为时髦的名词。可是虽则大家开口母权，闭口群婚，即是以论母权出名的 J. 巴霍芬（J. Bachofen）也并没有真正看见过一个"阴盛阳衰"的社会，男子和雄蜂一般做附属品的世界。母权社会是推论出来的原始状态。一般进化论者坐在沙发里想象原始人类是实行乱交的野东西，孩子们自然只能知其母而不能知其父了。没有了父亲，谁来负责管教他们呢？势非母亲莫属了。他们更把母系、母居和母权混为一谈，以为一个孩子姓了母亲的姓，住在母亲原籍，必然是由母亲来管教了。我在第六章里已经说过这种学说在现代人类学家看来是有问题的，因为从没有人发现过这一种母权的社会。可是这并不是说人类家庭中都是由严父和慈母所组成的。抚育作用的权力分配的确还有其他的方式。

实行母系的特罗布里恩德岛上的土人，当父亲的一点也不严，慈得厉害。他时常抚抱和玩弄他的孩子，亲亲密密地在一起。调查该地的马林诺夫斯基说："在孩子的婴儿期间，父亲已是温婉而亲密的看护人；成童初期以后，父亲也和孩子玩，抱着孩子。凡足引起玄想的娱人游戏和作业，他都教给孩子。子女永远感不到父亲的重手加到自己的身上，父亲既不是子女的宗人，也不是子女的主人，更不是子女的恩人。父亲并没有权利和权力。然而他仍然像世界上常态的父亲一样，对于子女感到强烈的爱情，保持住对于子女的影响。"[①]到了学徒期间，父亲"继续和他们做朋友，帮忙他们，教导他们。他们乐意什么，就是什么，喜欢多少，就是多少。孩子在此时期并不关心他，这是诚然的，因为他们一般都是喜欢自己

---

① 《两性社会学》，第31—32页。

的小伙伴。然而父亲老在这里做有益的顾问,一半是游戏的伴侣,一半是保护人。"①

特罗布里恩德岛土人中做母亲的却又和我们自己的母亲一般,她不是"一个严酷可怕的悍妇。特罗布里恩德岛人的母亲在此时期负荷孩子,抚弄他们,同他们玩耍。……而且风俗、道德也这样责望于她。孩子也依法律、风俗、习惯等与母亲相亲密"。② 这样讲来,在这种社会里孩子不是要野性发作,无法无天了么?究竟谁来担负管教孩子的责任呢?马林诺夫斯基接着说,当儿童进入生活的学徒期,"部落的法律和权威制度,禁止某种喜欢作的事务的规矩,已经影响到女孩或男孩的生活,然而代表这类法律和约束的不是父亲,而是另一个男人;这就是母舅,这个社会里的男家长。他是实际掌握权力、并且大加运用这权力的人"。③ 这种方式在人类学中称作舅权。

"舅大似父"本是我们的谚语。在我们这种以父权为中心的社会中,也是常常要借重母舅来执行很多父亲所难为的事。在我们乡下,孩子上学得由母舅领着去,至少孩子的书包得由母舅备置,不然,认为孩子就会念不好书。这虽是件小事,但却充分象征了母舅在孩子管教上的地位。当儿子们要分家时,主持公断的又是母舅,因为在这种场合下,亲子间的感情使父亲不易公正执行社会的立法。

里弗斯(Rivers)说:"舅甥间类似这种密切的关系在世界上各处很多地方都可以见到。非洲贝拉高湾(Belagao Bay)的巴—隆加

---

① 《两性社会学》,第45页。
② 同上书,第28页。
③ 同上。

（Ba-Ronga）人中，母舅所有的特权和大洋洲的美拉尼西亚（Melanesia）差不多完全是一样的。同样的舅甥关系见于北美和印度，虽则后者比较差一些。就是在欧洲，我们也有证据可以说，在以前舅甥也是有特殊关系的。据塔西特斯（Tacitus）说，日耳曼人以前就是如此。英国短歌俚曲中常常提到外甥，也表明以前有类似的风俗。父系社会中舅甥最密切关系的例子，也许是斐济（Fiji）人。"①

舅权的普遍，虽则在程度上有差别，指明了以父母来包办子女抚育作用的弱点。母系社会中，父亲一旦豁免了做严父的角色，家庭团体更不易成为抚育上的自足结构了，因为母亲和子女在生理上的联系比父亲更不配作这件工作。于是母舅的出面也成了最可能的解决办法了。

在舅权社会中，例如特罗布里恩德岛，据马林诺夫斯基的研究，弗洛伊德的恋母仇父的情结就不会发生。他们有的是恋姊仇舅的情结。执行社会权力的是母舅，所以母舅也成了被仇视的对象了。单就家庭的团结来看，把容易引起仇恨和反抗的权力关系移出了父母子的三角，很可以说是一种有利的安排。

女性的情结

当我们说家庭的三角结构时，子方实是男女两性的通称。我们要分析这三角结构的内容时，子方的性别实是很重要的。可是在弗洛伊德的寓言中的孩子很清楚是男的。在他的理论里女孩子

---

① W. H. R. 里弗斯：《社会组织》，第93—94页。

并不占重要的地位,她们并不是执行权力的父亲的竞争者,她只是属于父亲所制控的女性群中的一个,可以在父亲的保护下活下去,甚至可以获得宠爱。她们的母亲,假定是妒妇的话,因为没有权力,尽管在醋缸里翻身,也不容易把女孩子放逐出去,引起杀母恋父的悲剧来。弗洛伊德虽则造下了一个厄勒克特拉(Electra Complex)的名词来指女孩子心里的情结,可是这只是和俄狄浦斯情结造一个对称,并没有详细的发挥,更没有用来解释重要的文化现象。

虽则在事实上现代社会中患精神病的是女多于男,可是生长在男性中心社会中的学者,忽略女性并不足奇。他们的忽略绝不是说女孩子的问题较为简单,哪一方面她们的心肠会比男子直一些呢?

从另一方面说,女子的社会关系到了结婚之后才比较复杂,在亲子关系中因之显得不重要。在我们这种父系、父居和父权的社会里,女子的生命史和男子有很大的差别:她们一生有两个时期,一是从父时期,一是从夫时期。在结婚前,在父母身边过她们的童年,一旦出嫁就得离开老家,加入到丈夫的家里去住。因之,她们在父母家总是处于暂住的性质。"女儿是替别家养的。""泼出去的水,怎能收得回。"在童时她们虽受父亲的管教,可是既是别家的人,认真的心情不免要减少一些;而且因为她们和父亲不是同性,有很多事情父亲是管不着的;加以在乱伦禁律的规则下,父亲对于女儿的私事,多少要回避三分,所以她们不像她们的弟兄们一样感受到父亲的严厉。可能管教她们的是母亲,而母亲又不是个太配作这项事务的人,所以女孩子的幼年,仇父的心理不易发生确是事实。但是像弗洛伊德一般以为父女之间没有仇恨的心理,反而有

第八章　父母的权力

恋爱的趋向,则又似乎过分了些。她多少也受父亲权力的控制,只是程度上浅一些。对于母亲,女儿虽则比男儿容易发生冲突,但是因为早期的亲密联系,以及母性的不易严厉,使母女间亲密的友好关系易于维持。我在以后还要说到父权社会中,儿子是从父亲手里获得权力,"取而代之"的,所以父子间的冲突容易发生。女儿是要出嫁的,她不是她母亲的承袭者,母女的仇恨,除了弗洛伊德所想象的妒妇式的母亲之外,是不易发生的。

女性的情结,若是有的话,不是养成在她们的从父期间,而是发生在从夫期间。她们出嫁之后,在她们头上来了个和她们并没有感情,但有权力的婆婆。发生权力关系的,在这种社会中,是婆媳。婆媳的冲突很可能是女性情结的社会根基。在父居的社会中,即使并不和丈夫的父母同居,不受婆婆的控制,在成年时代突然加入一个陌生的社会团体,总不免是生活的一个危机。这在现代社会中还是如此的。男性中心的社会中,做了一个男子的妻子,不能不和素不相识、又不是出于自己选择的、丈夫的朋友亲戚们发生频繁的接触。这是一件不太愉快、同时也很容易发生心理上疲乏和病态的情景。

在母居的社会中,女孩子在居处上并不必因婚姻而流动。她可以维持从小熟识的社会团体,不再是"泼出去的水"了。她和父母的关系可能是怎样的呢?是否会发生弗洛伊德所谓的厄勒克特拉情结呢?这是一个极有意思的问题,可是我们现有关于这类社会的知识太少,至少,我自己还没有看见或读过关于这问题的详细分析。一个原因是在母居社会中,大多数还是男子执着社会的权力,女性既不是执权的人,做女儿的也不致和她母亲有深刻的冲突。她和母舅又是属于异性,不易感受权力的严厉。至于母舅是否有特殊权力和管教责任,我们又不很知道。以父居而舅权的特罗布里恩德岛来说,女孩子长大了在没有搬回母舅村子里去时,已经独立和同年的男女们住入公房中去了,母舅对她无从发生管教的作用。关于这个问题,让以后的人类学家再去详细讨论罢。

第九章　世代间的隔膜

理想和现实

我们若肯仔细分析自己烦恼的原因,时常会发现在我们心中有着两个自我在纠缠:一个是理想的自我,一个是现实的自我。人之所以异于禽兽就是在于他是生活在过去、现在和将来的三度时间中。人不能没有计划地生活。在他决定现在的行为时,他眼睛望着将来。他至少要假定明天一定还是活着,才能倒头睡下去。若是我们对于将来觉得一切都在未知之列,一切的遭遇都属可能,我们委实就不知道现在应该做些什么才好。我们总是觉得现在不过是将来的预备。煮饭是为了预备吃饭,吃饭是为了预备不致空了肚子去上课,上课却又为了要得些将来有用的知识。将来,将来,一切都为了将来。每个人的心头都觉得将来是十分真实,永远在用他的想象来描写他自己在人生舞台上将要扮演的角色。他所担心的是为了这个,他所以肯努力的也是为了这个。可是事实怎样呢?哪个白日梦能成为现实?所谓天下事岂能尽如人意,就表明了在时间的推移中,我们每每发现现实的自我永远是有缺陷的。它尽管追赶着理想的自我,但总是差一步。于是,我们若胆敢把往事来重提,哪一事不能令人懊丧追悔?懊丧追悔有什么用呢?时光不倒流,亡羊补牢并不能收回已失去的羊群。人生的历史不能重写也许是人间最大的憾事罢。理想和现实的不能相符,使我们在内心铸下了一个重生的愿望。

"再来一次!"尼采喊出了这个人生基本的愿望。可是在现实的世界里这怎么可能呢?正如尼哥底母责问耶稣说:"人已经老了,如何能重生呢?岂能再进母腹生出来么?"宗教家把这愿望推入了超自然的世界中,一个对于地上的事尚抱怀疑的法利赛人自然只能说:"怎能有这事呢?"再进母腹的回胎方法原是非非之想,可是弗洛伊德却在潜意识中找到了这个愿望。他用它来解释旷野恐怖(Agoraphobia)和幽闭恐怖(Claustrophobia)的精神病。当一个虔诚的宗教徒把过去的一切罪过、现实和理想的矛盾处,在神前痛快的忏悔了一场,他再度鼓着勇气来追赶理想时,的确可以感到一些重生的意味。大病初愈,或是企图过一次未遂的自杀后,把原有煎迫着人的理想计划弃如敝帚的当口,一个人也同样地会觉得精神上的轻快,重生了一次。可是这些不但不是普通人都能得到的经验,而且也都是暂时的逃避。普通人怎样来卸去一些悔恨的重负,满足"再来一次"的重生愿望呢?——生个孩子。

在父母眼中,孩子常是自我的一部分。我们若细察父母们的心理,颇像一个艺术家。一个雕刻家把他的理想实现在一块顽石上,创造出一具美丽的维纳斯。石像上的每一条曲线,都是从他的心思和技术中流出来的。他担心着别人对于石像的毁誉,有时比他自己的生命更是关切。这已是他自我的一部分了。父母对于孩子也是这样。从这点上说,每个父母都是个艺术家。把一个无知的小细胞培养成一个伶俐活泼的孩子,虽则事实上是生物力的展化，但在父母看来，却似乎都是自己的创造。夺天之功的父母永远听不厌别人对于自己子女的恭维。谁都知道得人欢心的法门，是赞扬人家的文章和子女。

子女既常被父母视作是自我的一部分，而这一部分在时间上却是后来的。它有着另外的一个起始。于是一个被现实所蹂躏过的自我，在这里却找到了一个再来一次的具体机会了。每个父母多少都会想在子女身上矫正他过去所有的缺点。他常小心提防使自己不幸的遭遇不致在他第二生命中重现。我们常可以看见一个抽鸦片的父亲严词申斥他儿子偷吸了一支香烟。在第二生命中，一个还没有被现实所毁损的生命中的一支香烟，自比已经糟蹋了的生命中的鸦片为严重。做一行怨一行，所以木匠的父母会不愿儿子再弄绳墨斧斤。这些都表示：在父母的眼中，子女是他理想自我再来一次的重生机会。

当一个人内心充满着理想和现实的冲突时，他会感觉到懊丧，甚至严重些，对自己失去信心，终于把理想步步地排挤出去。可是现实自我却又不能脱离理想而单独存在，人是无法回到禽兽的水准上去过活的。失去了自信的人不是成为病态，就是自杀。因之，理想和现实既不能挤得太紧，也不能分得太远。把理想自我转移到孩子身上去是一个最好的办法。我们常可以听得长辈们捻着胡须，容忍自己的过失，而把责任轻轻的交卸到下一代去。"你们得好好干。"意思是他们已经过去了——并没有完全过去，只是寄希望于下一代身上。在理想和现实极不易相合的社会变迁过程中的人们，最容易有这种口气。李安宅先生曾愤慨地说，这是"维新"以来的大毛病。"父母放弃责任而妄勖子女，教员放卸责任而妄勖学生，壮年放卸责任而妄勖青年。""以致一代复一代均将人生大事留给将来。"

把理想自我转渡到孩子身上去,固然有放卸责任的危险,但是在相当的范围之内,也正是抚育作用所需要的。我们要知道一个人所具的理想,并不是他个人的创造,而是社会对他的期望。我们在别人的贬褒中筑成我们的理想。因之,理想中的自我实在是社会标准的反映,现实和理想的差别,也正是个人和社会的歧异。现在,为父母的以理想自我寄托到他们孩子的身上,也就等于把社会标准来责成于子女。我曾说过父母之于儿女,正代表着社会来控制个人,这是从客观方面说的。这里,我说父母把自己的理想交卸给子女,是从主观方面说的。这两种说法其实是一回事的两方面。

父母把子女看成自我重生的机会,也是抚育作用的保障。我们应该知道,子女的抚育成为父母的责任,并没有生物上的保障,这个保障必须求之于社会的力量。生物个体的断隔和社会文化的绵续事实上是一个绝大的矛盾。在这个矛盾中,发生了亲子一体的观念,用以抹煞生物的事实,成全社会的需要。

也许我在这里还值得提醒一下,父母把孩子看成自我的一部分,是由社会力量造成的,而并不是件生物的事实。我们自己社会中用血统观念来加强亲子一体的信念,以致我们常不自觉地认为子女是父母生物上的支派。若我们记得魏斯曼(Weismann)的"种质论",就可以对于这种信念发生一点修改了。据这个学说,当我们还在胚胎开始分化的时候,体质和种质已经分存。体质长成我们的五官、四肢、内脏、躯身;而种质则系留着预备再度创造新个体。种质是原始的,历经世代而仍保其真元;体质是一代一代由幼而老,由老而衰,是断隔的。我们自觉的自我,乃是这个断隔的体质。我们的体质不是得自父母的体质,而是大家从同一的种质上长出来的。父母所给的不过是新体的抚育罢了。

社会用各种方法使父母对于子女在心理上认为是一体，更使他们觉得子女的成就比自己更重要。能做到这程度，社会才放心把新成员的长成交给孩子的父母去照顾。把理想自我交卸给子女，一方面不失为解决个人内心矛盾的出路，一方面也正合抚育作用的需要。可是这一转渡却又种下了亲子间冲突的因素了。

共生和契洽

子女对于父母的看法是怎样呢？父母把子女看成自我的一部分，子女是否也是这样呢？父母把他们的理想交卸给了子女，而且有权来监视他们子女的行为。他们代表社会来执行抚育的任务，可是子女是否愿意接受父母所责成他们的理想呢？这些是我们接着要讨论的问题。

我首先要说明的就是像父母之于子女那样自我扩大的能力，并不是不需培养而就具备的。自我的扩及别人一定先得承认对方有着和自我相同的性质，好像孟子所谓"口之于味，有同嗜也；目之于色，有同美也"。可是这一点却不容易。因之"善推其所为"也就成了古之人所以大过于今之人的唯一本领了。戈德斯坦（Goldstein）研究脑部受伤的病人的结果，曾说他们不会有抽象的概念。"他们只能生活和活动在具体的范围里。因之，他们总是走不出自己的范围，他们不能自处于别人的情境中；他不能模仿别人，更不能扮演别人的角色。"① 一言以蔽之，不能推己及人。推己及人是儒

---

① 戈德斯坦：《人类的本性》。

家所论忠恕的基础,也是社会生活所以可能的条件。这条件却得慢慢在社会生活中养成。脑部受伤的病人,失去了这能力;孩子们则还没有完全养成这种本领。

社会关系,狭义地说来,只发生那种相互能推己及人的人间。拉德克利夫—布朗(Radcliffe-Brown)曾说,狼和羊之间并不是一种社会关系。他的意思是说,社会关系只存在于互相承认和自己有相同人格的社员间。羊在狼的眼中只是一种食料,是满足自己食欲的与料;狼在羊的眼中是一种催命鬼,讲不上条件的。他们之间没有相互人格上的承认,所以不能发生社会关系。吉丁斯(Giddings)认为社会的基础是同类意识。所谓同类意识,也就是指有相同人格的承认。同类是推己及人的结果。帕克更明白地说明在人类中可以有两种人和人的关系:一种是把人看成自己的工具,一种是把人看成也同样具有意识和人格的对手。前者关系他称作 Symbiosis(共生),后者关系他称作 Consensus(契洽)。Symbiosis 是生物界普遍的共生现象。甲乙两种动物互相因为对方的生存而得到利益,因而在一个区域中共同生存。例如,蚂蚁和蚜虫的关系。蚂蚁并没有承认蚜虫的人格,更不必管蚜虫的喜怒哀乐。它保护蚜虫,衔着蚜虫去找适宜的地方,为的是他自己的利益,蚜虫是它的傀儡,反过来看蚜虫对于蚂蚁也是这样。它给蚂蚁一些分泌的甜汁吃,就可以得到一批卫兵和一批轿夫。互相利用,共存共生。在人类里我们看见了另一种关系。他们愿意牺牲一些自己的利益来成全别人的意志。成全别人和利用别人,正是一个对照。同心同德,大家为了一个公共的企图而分工努力,就是帕克所谓的 Consensus。在这种契洽关系中,才发生道德,不单是利害了;在这里才有忠恕之道,才有社会,才有团体。

第九章 世代间的隔膜

我们应该承认,在人类中,决不是都以道德来结合的。狼羊般的关系还是到处都是。人把人当作食料,并不是一件骇人听闻的事。食人俗至今还有存在。至于"远庖厨"式的间接吃人办法,则更是极普通的了。奴隶、俘虏,在目前不还是极时髦的名词?可是我们若一察有食人俗的地方,也并不是一见了别人就会发生食欲。他们所吃的也只限于"非吾族类"。其心异,其肉肥,可食。我们自己捉鸡饷客,觉得很热闹,因为我们绝不想起鸡在被杀时的痛苦。我们不顾它的痛苦,因为我并没有推己及鸡,己所不欲勿施于鸡。鸡和人毕竟不是同类!若是我们把同类的范围尽量缩小,小到只包括自己日夕相聚的部落,外边有闯入的异类,虽则在形态上和自己有相同处,也大可惟肉是视了。唐僧的肉是香的,为的是他信着一套和自己不相同的玩意儿,他也就成了异类了。萨姆纳(Sumner)曾用 we-group(我们集团)一词来划出同类的界限。界外是利害,界内是善恶。其实这不过是个笼统的界限罢了。我们若仔细一加分析,就能见到十足的忠恕关系差不多是一个从来没有实现过的理想。孔子不是也坦白承认:"君子之道,丘未能一焉:所求乎子以事父,未能也;所求乎臣以事君,未能也;所求乎弟以事兄,未能也;所求乎朋友,先施之,未能也。"这就是说推己及人的不易。

以圣人所不能的而期诸于孩子,那自然是不可能见效的了。要使孩子也能把父母看成是自己的一部分,必须有相当长期的培养。当一个孩子开始和别人接触时,他并不会分辨出人和其他东西有什么性质上的差别。他以对付物的态度来对付人,把环境里的一切东西都看成是达到他意志的手段。我们很可以说,子方对于亲方最初是一种生理的联系,接着是一种共生的联系,最后才发生契洽的联系。

在这变化的过程中,有着种种的阻力。要孩子能"所求乎子以事父",最大的困难就是子女并没有做父母的经验。他们不能充分了解父母的心情,既不能了解,也就说不上成全和无违。我们孝子的典型是老莱子,这决不是偶然的,因为只有已做了父母的人才知道怎样去体会父母,什么才是孝道。俗语所谓"生子才知父母恩"也说明了这个道理。这句的反面也就是说,没有子女的人是不会和父母达到全盘契洽关系。自己所没有的经验是无法推及于别人的。

孩子不但不容易和父母相契洽,而且时常会走上相反的路上去。推己及人是自我的扩大,可是子女要把自我扩大到包括父母又是不容易的。据一般心理学家的说法,自我的意识,人己的辨别,是发生在个人和环境的冲突中。一个要什么就得到什么的人,永远不会感觉到有个自我的存在。在孩子生活中,到处会碰钉子,而为父母的怕孩子被环境打击得太严重,总是愿意把自己来作缓冲,夹在里面。本来孩子可以在火里烧痛手,得一次环境给他的教训,可是在火还没有烧着手时,孩子先已碰着了父母的干涉。父母到处来顶替无情的环境,做着孩子们当面的软墙。因之造成孩子们自我意识的主要力量却是父母。父母正是自我的对面,因之,至少在孩子的早期,父母不易进入孩子自我的范围之中。

父母把孩子看成痛痒相关的部分,而子女却并没有这感觉。子女可以时常觉得父母的过分干涉,没有道理,甚至感到压迫,父母是代表着吃人的礼教。在父母看来,子女不能体恤他们,倔强,不肯顺服,进而觉得是悖逆,不孝,大逆不道的孽障。两代之间的隔膜这样地不易消除！

"要飞的终于飞了"

我在上节已经提到，亲子的联系最终目的其实是在解决生物断隔和社会绵续的矛盾。一旦做父母的认真地把孩子的前途看成了自己的事业，这个矛盾也就消失了。可是社会绵续却并不是一个静止的延长，而是一个变迁的历程，因之，亲子关系的困难又加深了一层。

假定在一个社会变迁极慢的社会中，社会标准历久未变，子女长成后所具的理想和他们父母所具的，和所期望于他们的理想并无重大的差别。即便在这种情形下，亲子之间还是潜伏着冲突的可能，这是我在上文中已说明的，因为现实总是赶不上理想，而父母以他们所没有完成的理想，交卸给子女，子女同样不能完成时，就成了"人生大事留给将来"的大毛病，而引起了不满。这不满实在就是理想对现实的不满。父母站在理想的立场来责成子女，他就觉得子女总是"不肖"。不肖者并不是生物上的变异，也不是行为上有什么和父母太不相像的地方，而是现实对理想的差别罢了。这种差别既然永远不会消灭，则即在社会静止的状态中，亲子间的契洽仍有困难，何况静止的社会到现代已经不很容易见到了呢？

若是社会上只有一个标准，每个人所具的理想，都是一模一样，世代之间的隔膜就不过是理想和现实的差别。可是社会标准不常是一成不变的，社会上并没有绝对的价值，人们还是得依它对于生活上的贡献而加以取舍。生活环境发生变动，社会标准也得有一番调整。所谓社会变迁,从这方面看去,实在是社会标准的竞争和兴替。在社会上不断地发生新的理想和新的行为方式,不论是出自个人的发明或是由别地的输入,若是这些新的比原有的更能适合于当时的需要,它们就被人接受,代替原有的成为社会上新的标准形式。

话说来似乎是很容易,很简单,可是事实上新旧的交替总是会展开争斗的。这一幕争斗却常加剧了父子之间的隔膜。亲子之间因为隔着一代的时间,他们很可能接触着不同的社会环境,而发生理想上的差别。这是在变迁激烈的社会中常可见到的事。做父亲的代表着旧有的社会标准,而且握着社会交给他的权力,要把他的儿子造成合乎旧有标准的人物。为儿子的若接受了一套新的理想,新的理想又和旧有标准格格不入时,则他就处于两难的地位了。他既不能抛脱他的父母,因为父母是他生活的授予者和保障者,而且又有童年期亲密的感情把他们互相锁住;他又不能抹煞了自己的希望,跟着前辈走上一条他认为是死路上去。世代的兴替,社会的变迁,不知在多少人的心头玩弄过这套绞人心肠的把戏。

我在这里记起在某一本尼采的传记上读到过下列一段故事来。尼采的母亲是一个虔诚的宗教徒。她爱她的上帝,也同样爱她的儿子。她一心希望尼采能皈依真理,同进天国。尼采呢?却是个宗教的叛徒,怎能领受她这番好意?他屡次想把他不能信教的真情表白给他的母亲知道,可是他明白这个表白是他母亲生命上的一个严重的打击。不表白罢,他又不愿意,怎能欺骗一个爱他的人?于是他烦闷,矛盾,不知如何是好了。他受不住这内心的煎熬,在狂风里一直向附近的市场走去。风愈刮愈猛。迎面来了一个卖气球的小贩,拼命地拉住了一把系住在天空中乱舞乱跃的气球的细丝。丝太细了,风太猛了,眼看着一阵风起,吹断了每一根丝,吹起了每一个气球,送它们直上天空。尼采嘘了一口气,仰望着无所顾忌,毫不留恋的天空里的黑点,吐出了下面一句话来:"That will fly, flies at last."("要飞的,终于飞了。")

"要飞的,终于飞了。"亲子间感情的细丝,怎能挡得住世代兴替的狂风!

社会变迁最紧张和最切骨的一幕,就这样开演在亲子之间。这时,狂风吹断了细丝,成了父不父,子不子,不是冤家不碰头了。西洋的现代文明侵入我国,酝酿到五四,爆烈出来的火花,第一套里就有"非孝"。这岂是偶然的呢?文化的绵续靠了世代之间的传递,社会为此曾把亲子关系密密地加上种种牵联。但是文化不只是绵续,并须不断的变化,于是加上的牵联又得用血泪来丝丝切断。亲子间的爱和憎,平行的存在,交替的显隐,正因为社会结构的本质中有着这条漏缝。

第十章 社会性的断乳

家庭的暂时性

普通讲社会团体的都喜欢用"多少是永久性"的一词来说明它的性质。我在本书开始时所引马林诺夫斯基的社会制度的定义中也有"永久团集着的一群人"一语。这在大体上说是不错的。社会结构的完整和组成分子的参差代谢合起来立下了"多少是永久性"的条件。这是我在上面已经申述过的道理。当然,所谓永久性也并非绝对的,沧海桑田,哪一件人造的事物真能谈得到永久两字。用"多少是永久性"一词来形容社会团体,无非是和个人寿命相比而说的。社会团体并不像生物机体一般有一定的寿命,它可以超过组成分子的死亡而依旧存在;只要旧的死去后有新的来接替,它就不致人亡政息地跟生物寿命的结束而解散。因之,有人用超机体来称社会团体,以别于有寿命限制的有机体。社会团体的存亡有它自己的规律和生物的寿命是两回事。

若是我们坚持说社会团体都是多少是永久性的,则在我们讨论家庭时,就会逢着困难了。家庭不能不说是社会团体;事实上,它是最基本和最普遍的社会团体。可是它多少是永久性的么? 这就成问题了。我们可以说家庭这一种团体来源悠久,甚至早于人类,而且到现在我们还没有太可靠的理由可以预测它有被消灭的日子,所以是各种社会团体中最永久的一种。这样说是可以的,因为我们并不指哪一个个别的家庭,而是指家庭这一种团体。我们若以每一个个别的家庭来说,它是永久的么?

在我们中国人看来,每一个个别的家庭似乎也是多少有永久性的,因为我父亲的家就是我的家,也就是我儿子的家。这个"家"并不因我祖我父的弃世而断绝,正和一个学校一般,学生每年可以有出有进,而学校本身却可以"与国同寿"。这个譬喻初看来是很相像,其实却不然。学校里有校长、教员、学生。若是一个校长出了缺,可以由一个教员来接任;他一坐上校长的位置,其他的人和他的关系也全改了。学生也是这样,一出校门,他不再是学生了,成了校友;他可以被聘为教员,前一天的同学,下一天可以变成师生。这是说,学校这团体有一个各种身分配合的结构,我们认身分不认人,结构并不跟人而变。结构超过了人,所以这团体也可以"多少是永久性的"了。

家庭却不然。父亲的身分在性质上和校长的身分是不同的。只在特殊及有限的情形下,父亲这个身分是可以找人顶替的;可是在普通情形中,谁是你的父亲,一辈子是你的父亲了,死了还是你的父亲,而且没有人可以真正地、充分地代替他做你的父亲。这说明了亲属关系是个别的,是认人的。我们觉得一个家不因若祖若父的死亡而断绝,是另一种意思,只是指每个家可能一代一代地接续下去、可是并不是同一团体的永久存在。我的父亲并没有代替了我的祖父,即使祖父死了,父亲做了家长,他还是我的父亲而不是祖父。这和一个教员做了校长,或是一个校友被聘为教员不同。

后者是个人改变了他的身分，前者却不能变。祖父死了，我们就没有了活着的祖父；校长出了缺，学校还要继续的话，就会有个人来当校长。校长并不限定哪一个人当，所以学校的寿命超过了个人。祖父、父亲却不能找替手，所以家庭是暂时的团体。

社会团体并不都是"多少是永久性"的。它的久暂是依它所要做的事的性质而决定的。若是一件工作没有时间的限制，这团体也可以一直继续下去。社区本身是一个例子。它是没有一定时限的，只要不被外界的原因，像火山爆发、瘟疫、屠杀，加以毁灭，只要基本的分工结构能维持得住，它所有各种活动不会停顿。可是在社会活动中有许多事情是临时性质的；过一定时间，事情做完，活动也结束。最明白的例子是战时的各种临时组织，好像防空团体。战事在进行中，每个人都有被炸弹炸着的危险，所以要有防空洞、救护队等，是一个很严紧的社会团体。但是战争不是经常的事。战事一旦结束，这些团体所要做的事也消灭了，它也跟着被解散了。

家庭的性质在普遍性上说是社会经常的需要，因为要维持社会结构的完整，社区中经常有抚育的事务。若是抚育的事务由一个特设的机关来经管，像慈幼院、学校等，这机关也可以"多少是永久性"的。除非社区消灭，这些机关总可以维持。可是抚育作用交给了个别家庭来维持时，就每个家庭来说，抚育却有一定的时限了。孩子总是会长大的，抚育作用本身是在促成孩子的独立能力，所以有类战争。战争的目的是在结束战争，抚育的目的是在结束抚育。每个孩子抚育期有限制，个别家庭的任务也有完成的时候。因之，它的性质和普通的社会团体不同了。一个钓鱼会可以在百周纪念时开个庆祝大会，而一个家庭却有时而已，人亡家灭，结束得无声无息。

个别家庭的寿命比组成分子的寿命还要短。结婚是新家庭的创立。新家庭的创立也就是旧家庭的结束。孩子长大了，结束抚育作用，男婚女嫁，离开父母，自立家庭。在这时家庭这三角形已经破裂，理论上讲，实在已经不能说是完整的团体，可是这对老夫妇除了抚育责任已经完成之外，还有其他方面的合作生活继续要进行，他们两人还是要经营共同生活，所以这已破裂的家庭还是存在，一直到他们逐一死去，这时，他们所组织成的家庭才告结束。

三角的团结

家庭的功能若限于抚育，大功告成，大家散伙，也没有什么不可，正像防空团体在胜利日宣告解散，大家还有兴致举杯庆祝。家庭却又不然。抚育本身不是片面的，一个能给孩子完全教育的团体必须是一个经营完全生活的团体。我在第四章已经说过这层意思，而且，社会生活中有一种现象就是很多新的事务发生时，时常会利用现存的组织去经营，只要这现存的组织能胜任；有时毫不相干的事都可以纳入为其他目的而组成的团体中去做。家庭这团体所担任的事务可以累积得很多。举凡政治、经济、宗教等事，没有不部分地侵入家庭中。从这方面说，家庭是一切制度的基本团体。它甚至可以成为一个具体而微的自足社区，一个小工厂、小朝廷、小教堂。夫妇结合虽在理论上说是为了抚育孩子，事实上也是一个分工结构的基本单位。抚育作用有时而已，其他的事务却并不随之而结束。就在这情形下，家庭的结束不能太干脆。

当我们论抚育作用时,我们多少是假定这是亲子间单方面的授予,孩子是父母的负担,供给、保护、教育,都是父母的义务。这其实并不是事实的全相。在实际生活中,孩子在和父母一起居住的时候,很早就参加了家庭的共同工作,成了分工结构中的一分子。这也是抚育所必需的,因为基本的教育是生活的实践,只有在参预具体的社会生活才能学习社会生活所需的技术、知识和道德。既然实际参预了具体的生活集团,孩子们对于这团体也不成为片面的接受者了,他们对于这团体也有贡献。

在一个家庭中,除了在襁褓间的婴孩,孩子们时常有一定的职役。他们喂猪、放牛、割草、采柴;稍长一些就参加重要的生产工作。我在乡下住,看那些农家的女孩子,家事管得比她们母亲更勤快。在日常生活的分工中,各个人互相倚赖的程度加强了。于是为了维持这分工体系,这团体发生了持久的需要。团体的持久性是出于分子间相赖为生的习惯。人是保守的,因为他们的生活中极大部分是靠习惯的安排。在可能范围中,一旦有了一种分工结构,就会有惰性一般一直维持下去。若是有人缺席,时常会寻一个替手来解决,不常另外重新分配工作的。一个家庭既成了一个共同维持、共同享受的生活单位之后,不免就有一种要长久维持下去的倾向了。

怀特黑德(T. N. Whitehead)曾说:"社会团体的团结是靠了日常的关系以及从而发生的感情,反过来说,日常关系的打断是引起社会团体内部离异最可靠的方法。社会的情操(友谊、忠诚和同工)就会这样被锄灭;因为没有任何情操是不相关于行动的,虽则这种关系可以在骤视之间不易觉察。更进一步说,耐久的社会情操大多是比较上慢慢长成的;当它消灭时,不但重建得不能很快,而且破裂本身常牵引起当事人的不安。团体一旦获得了完整,就有它的生命和活力;它会反抗骤然的消灭。"①

社会团体在日常生活合作中养成了团结的力量,总是会发生一种要求继续生存的趋势。家庭既是最基本的合作团体,这种趋势必然是很强的。在别种团体,这种趋势是有助于社会团结和完整,而且可以顺势完成团体的持续。家庭却不然。这三角结构是一个暂时的结构。在一定的时间,子方不能安定在这三角形里,他不能永远成为只和父母系联的一点。他要另外和两点结合成新的三角形。于是原有的三角形也就无法保持它的完整性了。这并不是原有三角形的意外结局,而是构成这三角形的最终目的。三角形的破裂是它功能的完成。这有一些像是蚕茧。蚕茧不论怎样结实,怎样美观,它的目的是给茧内的蛹成长和蜕化成蛾的机会。茧壳的完整注定是暂时性的。若是为了要保持茧壳的完整,只有把蚕蛹烘死在茧内。可是杀蛹完茧又岂是作茧自缚者的本意呢?

家庭在抚育作用上是注定要及时破裂的,可是因为其他功能加上了家庭的团体肩上,在日常密切的合作生活中,把这三角形中的联系弄得坚固了。若是太坚固了,对于子方的长成可以发生很大的阻碍。这里又产生了家庭结构中的严重问题。抚育作用本身规定了要在这三角形中有密切的联系,在感情上要亲热,在生活上要形成一个大家参预的分工体系。可是这又不能持久,持久了会阻碍抚育作用的基本目的。抚育作用的基本目的是在养成和实现独立的社会分子去继替社会结构中的缺额。这两难的关头,各种社会又有各种不同的解决办法了。

---

① T. N. 怀特黑德:《自由社会的领导》,1936,第59页。

若是承认家庭的暂时性，孩子长大了就脱离原有抚育团体自己去成家立业，则在原有三角形中就得及早防范亲子间持久的联系。这自是违反人性和社会结构的性质的，但是在家庭这种特殊的社会团体中却不得不然。在相当时间亲子联系必须逐渐切断。这过程我们可以称之作社会性的断乳。

温存的留恋

人类的幼年需要依赖成人的保护和供养的时期特别长。这是形成家庭的一个主要因素。家庭就是为了保障孩子得到保护和供养而造下的文化设备。要使父母肯担负这工作就得使他们感觉到孩子的无能，不能脱离他们。在父母眼中，儿女是不会长大的。老莱子要讨他父母的欢心，得穿起采衣，学孩子们跳跃。靠了父母这种心理，孩子可以不必在能力还不够的时候去直接应付环境。在冷酷的环境和孩子之间有父母这个缓冲。

孩子从小只要张嘴哭，就有乳吸；伸手要，就有玩具。这个世界是一个随心所欲，说苹果，苹果就来的神话世界。若是孩子能永远得到这优待，他将成为天宫里的王子了。可是真实的世界哪里真会像是神话。一切东西都得费心费力去求取，而且资源有限，不但各人把劳动的收获分别占有，而且人家先得到了，可以使自己白费辛苦。竞争，竞争，即使不像达尔文和马尔萨斯所想象的世界那样冷酷，世界上只有一个爸爸，那是千真万确的。在私有制的社会里，除了父母，谁肯无偿地授予你他自己劳力的结果呢？除非你去抢，去剥削。

第十章　社会性的断乳

一个在家庭环境里生活得太久的孩子，他会在家外的竞争场合中失去适应的能力。在家里他所碰着的人是到处都愿意成全他的，至少也是为他的益处着想的。可是在竞争的场合下，却不全是这样的，在利害关头，可以是你死我活，毫不留情。家庭里训练不出战士，嘴上衔着银匙的成不了好汉。家庭里多的是迁就、谦让，少的是争斗。我们小市镇里的少爷们，就是代表这种教育的结果。这种人，一遇着困难就会想到父母，尤其是母亲。多少诗，多少小说在歌颂这温存留恋的心情。我们说到童时的天真，童时的可爱，还不是因为儿童时期我们有个不要报酬的保护者，不必我们工作，我们可以得到生活的满足？试问那些流浪的孤儿，他们能不能欣赏这种歌颂童年的诗篇？我们若从这方面看去，最喜欢看冰心《寄小读者》的也许并不是太小的读者，而正是那些刚被家庭推出来，进入社会自谋生活的年青人。在社会断乳的过程中，他们留恋追慕那温暖而不须自己负责的家庭，想有个永远在身边的母亲。也正是因为没有人能永远躲在母亲的怀里，所以在这一段时期的读者会有要求母爱的情绪。

一个人一旦发现父母并不是全能的保护者的时候，不免会发生一种深切的恐慌。这恐慌多少是需要一个上帝来代替父母的根据。在社会性断乳的过程中，这是当时心理的一部分。当我自己在幼年时每次上城隍庙看草台戏总要经过有着四大金刚的山门。我记得很清楚，我起初总是伏在我最信任的祖姨肩上，偶然偷眼看一看这些狰狞的巨像，心里不觉得恐惧，因为我在一个完全可靠的保护者的怀里。可是后来长大了些，我突然发现我所信托的保护者并不是全能的，于是我不敢再上城隍庙了。我这时的恐惧是切骨的。同样的心理会发生在每一个站在从家庭到社会的桥上的孩子的心头。若是像城隍庙一般，反正不去看草台戏就不必进去，我们这恐惧心理是无害的。可是人怎能不走进这生活竞争的场合呢？

心理分析家曾用"凝固"一词来描写那种跳不出母爱的反常心理。母爱的凝固，也是幼年情境的拖累，会使长成的人不能对异性发生正常的恋爱，影响到他正常的性生活。母爱是童年生活的象征，停止在童年生活上的人不但性生活不易正常，其他个性的发展都会受到阻碍。

我们的社会生活是和生理相类的。婴孩靠母乳才能生长，但是长到一个时候，却不能老是靠母乳了。母乳不但不能满足已长大了的孩子的营养需要，而且对于孩子的消化能力也还有不良的影响，于是在一定的时候，孩子要受到不痛快的断乳。社会生活也有这种类似的情形。孩子早年的抚育需要父母的保护和供养，但是长到一定时候，孩子不能专门在父母的荫庇中生活了。继续这样生活下去，会引起不良的结果，因之，在抚育过程的末期，必须有一度社会性的断乳。

成年仪式

马林诺夫斯基分析了各种澳洲土人生活的报告，曾下一个结论说："当孩子到达成熟的时候，亲子关系发生了一个极基本的变化。这时，孩子们脱离了他们父母亲密的接触和控制。女孩子们很早就结了婚，就是说，她们很早就离开父母的居处到丈夫那边去了。男孩子在和女孩子出嫁时相当的年龄，一定要经过一个成年仪式,依我们所知道的,这些孩子也不再回到父母的居处了。

"我们不太知道,女孩子出嫁后和她父母怎样隔离的。他们一般的情形是父居的,女孩子出嫁后离开父母住到丈夫家里去。这样,父母的影响和接触大部分必然会中断;因为我们从各方面报告中看到他们各家的居处不是分散的就是很少在一起的,丈夫的居处很可能是不和她父母的居处在一起。在那些人口比较稠密的地方,大多是采取外婚制的,同一地方的人不相通婚,女孩子们一出嫁也就嫁出去了。

"几乎所有澳洲的土人中都有回避丈母娘的风俗,所以女婿和妻子的父母被这风俗所隔离了;他的妻子自不免也受这风俗的影响而疏远她的父母。"

马林诺夫斯基列举了各项记录之后,又接着说:"从这种证件中,我们第一点可以见到男孩子们到成熟时的确脱离他们父母的照顾,得到完全的独立。"澳洲的男孩子经过成年仪式就搬到公房里去。公房是几个青年共同寄宿的地方。他们的公房和他们父母的居处是分离的。"有些报告告诉我们他们公房里的生活。他们的食料和烹饪似乎有一部分由自己供给的。他们睡在一个大房里,或是围绕一个共同的火炉。大致说来,他们似乎是形成了一个独立的、和别人分开的社会单位。这时,在他们的公房里,是他们真正受训练的时期了。他们接受另一种新的权力的支配——部落里长老的权力。尤其是在成年仪式中,一切他们所学得的知识和道德是从部落里的长老手上传来的。他们也在这里认识许多家庭圈子以外的新朋友。"①

---

① 马林诺夫斯基:《澳大利亚土著居民的家庭》,第257—269页。

类似的情形也可以在我们自己的社会中看得到。现代的学校所有的重要性并不在课堂里所传授的课本知识，而在他所形成年青人的集团。我还记得第一天寄宿到学校里去时的印象。我一个人被弃落在房间里，门外人尽管多，操场上全是快活的孩子，而我却寂寞地一个人在想家。这是一个不同的世界。在这世界里，没有人来迁就我，若不是自己去寻找人家，人家不会来理会我的。现在想起了这情形，再去念人类学书里的成年仪式，觉得特别亲切。

我们自己社会里这种成年仪式已经不存在了。在古书上还有冠礼的说法，后来大家庭组织发达，子方脱离亲方的机会减少，这种社会断乳的仪式很可能因此而式微。可是在很多所谓初民社会中，这还是一个很重要的人生过程。譬如在瑶山中，一个孩子到了成年的时候，他的父母要杀猪请客。那孩子穿了新衣服，坐在床上，不准下地，除了学习跳舞。在这床上，他要坐好几天，学会各项成人所必需的知识，好像敬神的咒语等。这几天，他不吃东西。在我们看来，这种仪式简直是受罪，可是生理上的痛苦和社会上的隆重仪式，使受这仪式的孩子心理上得到一个极深的印象，那就是他从此是成人了。他得在这一个仪式中抛弃从小养成的童年态度，使他在心理上有做成人负责生活的准备。

这类仪式在非洲、澳洲的土人中都有，而且这仪式中也时常包括着身体上极痛苦的处置，尤其是在经常发生战争的部落中是这样。他们要在这仪式中，要把"父母的心肝宝贝"变成一个为部落的安全而驰骋疆场的战士。这两个世界相差太远，不是程度的差别，而是性质的不同。一个是道义的境界，一个是利害的境界，甚至是敌我的境界。一个人要从一个境界踏入另一境界，在心理上需要一个转变，这是成年仪式的目的。

第十章　社会性的断乳

　　成年仪式不但是在孩子的心理上划下一条永远不易忘记的界线，同时也在父母方面造下一个心理上的割舍。我在上面已经说明，家庭是个合作的团体，一切合作的团体都有着反抗破裂的潜在力。家庭是注定要破裂的。孩子总是要脱离父母独立成家的。所以社会得参加这破裂的过程，用社会的力量来抵消原有三角中反抗破裂的力量。我们若参观一个成年仪式，不免会见到种种表现着发泄不满和仇视的行为。这是让这种从家庭破裂中不免发生的情绪，也是对于社会无益的情绪，在仪式中发泄出去。社会性的断乳和生理性的断乳一般是一件不得不实行，可是又不愿意实行的手术。

　　在没有成年仪式的社会里并不是说没有这种社会性断乳的过程，除非这社会能容忍萎弱的少爷们的存在。社会性的断乳可以分成很多的节目来进行，可是我觉得在心理上缺乏一个明显的转变，对于个人人格的完整上可能会发生不良影响的。这也可能是现代社会精神病症日渐增加的原因，心理跟不上生活的变化。我在初入学校宿舍里的心境，正是一个轻微的例子。我不知道有多少人受这心理的影响形成孤僻的性格。

　　为了家庭的团结，我们也可以牺牲孩子的独立性，而采取另外一种避免家庭三角形间破裂的办法。这种办法的结果使三角形扩大成一个包含着若干世代相联结的个别家庭的亲属团体。在这种团体里长大的人们的心理是值得我们加以详细研究的。

第十一章　社会继替

我在第一章里已交代明白生育制度的功能是完成社会新陈代谢作用的继替过程。在人寿有限、生死无常的变动中，一个人的生活却依赖于一个完整的社会分工结构，所以社会不能不断地预备下新人物等着去接替旧人物死亡和退伍所发生的缺位。我在以上几章中分析了担负抚育新人物责任的社会团体、家庭，以及在这团体中各分子之间的关系。接着从下一章起我将分析继替过程的本身。在转变我们分析的对象之前，我想插入这一章，从整个社会背景中去说明继替作用的性质和采取亲属原则的根由。

基本理论的重述

在这里让我先重述一下在前几章里所提出的基本理论。我认为我们理论的出发点是在一个基本的假定上：人的活动是求生，求生就是满足他生物基础上所发生的需要，食、色等等。需要的满足有赖于物质的利用，人的基本活动是利用外界物资来满足需要的活动。在利用的过程中发生了经济的原则，以最少劳力获取最大报酬的原则。为了效率，人类创制出复杂的分工合作的机构。贪图生活的优裕，每个人的生存和生活都依赖了别人的生存和生活。

这就是社会。要维持社会的完整,有一套必需满足的条件。这些条件中可能有和从个人生物基础上得来的本性不相合的。换一句话说,我们从那些独立生活的动物祖先所遗传得来的若干特性和我们分工群处时所需的生活不相适合的。因之,社会上必须有一套共同接受的办法,用社会力量来强制大家奉行。这些办法是文化。文化是社会创造出来使人类可以共同生活来满足个别需要的手段,文化是以社会力量来维持的生活方法。

维持社会的完整最基本的一个条件,就是要有足够数目的人口来担负分工结构所规定的各种工作。我在这本书里就想从这个条件来看人类怎样用社会的力量创造出种种文化设备来达到维持社会完整的目的。维持社会完整还有其他条件,好像秩序的维持、环境变动的适应等。这些我将留待以后在别本书里再从长讨论。我充分知道在事实上社会的分工结构永远是在变动之中,可是在我们分析新陈代谢时,可以,也不能不,假定分工结构本身并不在变动中的状态。只有把这继替过程分析明白之后,我们才能再着手分析分工结构怎样变动。

从社会完整的观点上看生育制度,我曾说过几句似乎不合于常识的话:我说在人类中非得有活着的别人才能有活着的自己。我又说:人类有死才需要有生。我也说过:人类有孩子才有婚姻。这几句话,其实就是我在上文中反复申论的主题。我要读者从意义上去看前后,不要从事实程序中去看前后。普通见解总觉得生育是自然现象。孩子是上帝给的,不论是恩典还是刑罚。人只是被动地接受生物原则所定下的命运。孩子既来了,人就得设法把他养大,在社会里找一个地位给他。这是从每个人自己的经验来说的。人们生活在社会里,受着社会制度的陶冶,跟着规定的过程进行，但是这程序却并不是发生这社会制度的理由。我们若是只想描写这制度，我们确是可以依这规定的求偶、合婚、生孩子、孩子成年、独立生活的事实程序着手，若是我们要求了解每一节目的意义，却得把这个程序倒过来解释它。

我已经提到过并批评过不少理论犯着那种"将错就错"的文化观的弊病。依他们的看法，人既是被动地做了生育的机器，孩子们不断降世，社会就得给他们生活的地位；于是社会得因人设事，无从限制。果真如此，社会能不能有一个结构也就可以怀疑了。因为这种情形只在个体间没有分工合作体系的动植物中才能见到。它们在幼体能单独谋生时，就离开它们的母体，在广阔的天地间找它们生存的机会。新体固然是从旧体获得它们的生命，可是并不须从旧体获取它们的生活。它们在生活上所受到的限制，只是自然的吝啬，而不是同类的刻薄。它们在自然淘汰中决定存亡，也就形成生物界的自然秩序中的一部分。

在有分工合作体系的动物中，情形就不同。我们且看蜜蜂。幼虫成熟了，得跟随着新生的雌蜂分房自立。它们不能在老房里生活下去，为的是蜂房有它一定的结构，容不下两个雌蜂。人类社会也是有结构的，和任何分工的体系一般，既成体系就有一定的限制，在历史上我们也看见过有类似蜜蜂的分房，大规模成批的移民到未开发的新大陆上去建立他们的新社区。但是人类的世界却狭窄得很。我们绝不能希望一个永远开发不完的广阔天涯。何况人类和蜜蜂究竟还有一点不同。蜜蜂能单靠生物机能来分工合作，而人类却靠累积的文化。历史上的大规模移殖不易常见，除非人类愿意活在极简单的程度上。在人类中，除了在一个因技术不断发展，经济也在不住扩大的期间，普通说来，一个新分子的生存空间，物质和社会的支配范围，还得在旧世界里寻觅，他得在原有社会分工体系中获取他的地位。社会结构不在扩张时，新分子入社的资格就得向旧分子手上去要过来，换一句话说，他一定要等社会结构中有人出缺，才能填补进去。这就是我所谓社会继替。

社会容量和人口

我在第一章里已说过社会结构是有一定的人口容量。这其实是一切有结构的体系的通性。所谓结构，所谓体系，就是指各分子的存在依赖着别的分子的存在。它们各自据有一定的地位，互相关联，互相维持。社会有结构，因为各个人的生活是互相依赖，所有的行为是须和别人的行为相配合的。一个结构所能容纳的分子必须有地位安置，不然就格格不入了。社会里的个人并不是堆积而是组合。因之社会的容量受着结构的限制。

社会有一定的容量在战时最为明显。战时的动员就是调动社会各部门人口数量的配合。战争是一件临时发生的社会大事，有关生死存亡。每一种战争需要一种能担负这事务的社会结构。战争里要多少作战人员依着战争的性质、战场的广阔而决定。一定数目的作战部队必须多少补充的预备部队。这也决定了每一时期要训练多少壮丁。要维持这个数目的军队能在战场上依着计划作战，就得有一定数目的工人在工厂里制造军火和装备，有一定数目的农民在田地上耕种，生产粮食，有一定数目的矿丁在矿山里发掘原料，有一定数目的司机在公路上开汽车，在铁路上开火车，在海面上开轮船，在天空里开飞机。……现代的战争必需有详尽的统计和计划。人数的调遣是最高统帅部作战计划中最重要的一部分。战争结束就有所谓复员,这是要把社会结构改弦更张,各部门的人数必须加以重新分配。若是不预加计划,很容易发生失业的恐慌。这里我们最容易看得明白每一个不同的社会结构有它适当的容量。人数过多或过少都会出毛病,所谓出毛病就是社会上有许多人不能得到工作,生活发生困难,或是人手不够,社会事业发生停滞。

  以往论人口的学者很少注意到人口数量和社会结构的关系。早年的马尔萨斯就是个接受"将错就错"论的人。在他,生育是自然现象,人像苍蝇一样会不断地繁殖。人多了食料不够,吃不到饭的人因穷困营养不良而死去,为要争食料,大家抢饭吃,发生战争。他最后是主张积极性的限制人口,使大家能安居乐业,不必在饥荒战争中去解决人口问题。但是他理论的出发点是把人类看成和其他动物相同的,这是说他忽略了人类生活所赖的社会结构。人口的消长并不是自然的生物现象,也不是食料的多寡,而是决定于社会结构的性质。马尔萨斯对于人口的预测没有实现。在 19 世纪人口增加极快,而到了 20 世纪,经济发达、食料日增的情形下,西欧各国反而闹人口降落。在中国和印度却始终保持着庞大人口,虽则他们的生活程度已近于生存线。依马尔萨斯的说法好像人口在可以得到食料的时候,必然会增加的,和苍蝇一般;因之人口必然在最低的生活程度上过日子。依我在本书中所提出的看法则不然。人口的数目是依当时当地的社会结构的需要而决定的。若是一个结构里需要的人数多,物资少,这结构中的人甚至可以在半蛰的状态中过着不得饱食的生活;相反地,若是一个结构只需少数人口就能维持,尽管食料丰富,也不会依几何级数的速率去生孩子的。

我在《禄村农田》一书里曾特别重视农作里劳力的需要和分配。在以体力来耕种的技术下,在农忙的季节里即使动员全村的劳力还是不够。换一句话说,为了要维持农作的劳力的需要,虽则这需要只发生在一个很短的期间,农村里不能不养着大量的人口。在这种人口就是生产动力的经济结构中,地狭人众的现象是避免不了的。在以蒸汽、电气等作动力,以机械作工具的经济结构中,如现代的西洋,社会结构所需人口的数目改低了,人口渐减的趋势也日见显著。我在这里固然不能用数字来说明每种社会结构的容量有多少,但是若从这个观点去研究这问题是可以有结果的。

看法的不同,对于人口问题的对策上,因之也有差别。世界各国的政府因为不同的目的时常采取奖励和限制人口的政策,但是效果时常是并不太显著的。当然政府可以禁止出售节制生育的书籍和工具,但是在这方面官方所能做到的很有限。至于奖励则更不易见功。除非政府在经济上谋改革,人口消长的趋势不会改变的。以中国的情形说,我是一向主张推广生育节制的。中国人口太多,资源不足是事实。依现有情形维持下去,中国人民的生活程度是无法提高的。但是现在我觉得单单推广生育节制的知识,并不见得能减少人口。人口众多是症候,而不是病源。除非中国农业里能采取别的动力,不依赖体力劳动,人口才能逐渐减少。

在这里我们还得注意到人口问题的另一方面。我在上面说每一个社会结构有它一定的容量,这是指在社会中有职位的人而说的。在人类社会结构中可以容许,而且必然有没有职位的人生活着。因之一社区的实际人数必须连这些人也算进去,所以实际人数和社会结构的关系也有了相当的伸缩性。没有职位的分子包括没有就业的孩子们，和在结构变动中退伍的失业者，以及衰老的人。

这个社会结构的附属外围是人类社会所必需的。社会结构中有缺位时，不能临时去找一个填补的人，因为在社会上能担任工作的、在分工合作体系中能参加一分子的，必须先有一番训练。从个人说，他固然是生在社会里的，但是他必须经过一个学习时期才能在社会中得到正式的社员资格。在这一个预备时期，他要倚靠成人给他生理的和社会的抚育。人类学习时期既然比其他动物都长，所以人类社会的整个结构中总有两个部分，一个是分工合作以谋维持社会生存的中心结构，一是培植社会分子的预备机构，也就是中心结构的附属外围。在这外围里有着大批等待加入中心结构的候补员。

在这里我还得进一步指出：以个人说，候补时期的长短并不是一定的；以社会说，预备机构的容量伸缩也相当大。我们知道，社会性的成年并不等于生理性的成熟。生理性的成熟有一定的年龄，社会性的成年则须依社会继替的速率而定。当社会中因衰老病死及其他原因退伍的速率增加，则预备下的候补员就得提早填上去，预备机构的容量因之缩小。当一个社会发生突然的改变，需要更多的服役分子，本来还在抚育过程中的孩子们，也得拉上前线。工业初起时童工的大量应用，战时学龄期的缩短都是明显的例子。反之，平均寿命的拉长，退休年龄的改迟，候补者授实的机会减少，在预备机构中等候的人数也就增加了。若逢社会结构正在缩紧的时候，好像在大战方息之际，很多已经被征用到分工体系中去的人员，也可以被挤回预备机构中去，靠救济金过日子。社会继替既受需要的规定，个人的社会成年因之也颇有迟早的伸缩。

我们所要分析的继替过程也因之并不是发生在生命的开始和结束的接界上,而是在入社和退伍的交代中。

在中国农村中,我们常见到农民们对于生育毫无限制,一个妇女可以生十几胎。有人认为那是出于中国伦理观念奖励生育的影响。在我看来那是因为死亡率太高,尤其是婴孩,所致。死亡的威胁下,要维持社会结构的容量,势不能不多多生育。农家尽管几年就有孩子出生,但是能长到成年的儿童为数并不太多。奖励生育并不一定是奖励人口,只是人口的维持没有把握,不能不出此多生一些的下策。我说是下策,那是因为这是最不经济的办法,别的投资多少可以有一些收获,投资在人身上而人一死,可以全功尽弃,还赔上一付棺木。一个已经穷困的社会,再有人的不断死亡去侵蚀它的余力,自是一件可悲的事。

继替的亲属原则

在一定的社会分工结构中,职位是有一定的。因之新分子要入社必须由旧分子把他的职位让出来。这是继替过程。继替过程若没有一定的规则,势必引起社会的混乱。为了避免社会的混乱,任何社会都有它的继替机构,按着一定的原则,使社会职位,包括对物和对人的各种义务和权利,和所担任的工作,在规定和公认的方式中,一代一代地传递下去,使社会的新陈代谢,有条不紊地进行,不影响社会的完整和个人的生活。

可以用来规定继替方式的原则很多,可是总括起来不外两种性质:一是以机会来决定,一是以选择来决定。抽签即属前者,考试即属后者。这两类的原则正可以在一个社会中同时通行。譬如英国国会的下院是选举的而上院却有一部分是世袭的。我们可以从遗产获得财富,但也可从比赛中得到奖金。可是从整个人类的历史看来,据亨利·梅因(Henry Maine)说,社会继替的原则确乎似有一种趋势就是他所谓从 Status(身份)到 Contract(契约)。Status 是指一个人依其出生即得的身分,靠他入世在那一人家,占着那一个地位来决定他这一生应得什么样的权利和义务,应做什么样的事。这是全凭机会。Contract 是指自由订立的契约,按他自己的意志作出的选择所决定的。因之,这种趋势就是从机会和命运到选择和自主。梅因所以下这个结论的原因是在他看到古代社会和初民社会中的特权大多是世袭的,换一句话说,继替方式是根据亲属原则的;而现代社会中,世袭的特权,尤其是政治上的地位,已经大受攻击,因之,他觉得自由契约的兴起将根本改变社会继替的原则了。我们自可承认现代社会继替方式确已有一部分脱离了亲属原则,但是以亲属作为继替原则的还是十分普遍。因之,我们在这里不妨推敲一下,为什么亲属原则能这样有力地支配着人类社会的继替过程?

一个社会所以要规定继替原则的目的是在免除社会混乱。历史上,我们常可以见到即在一定的世袭规则下,偶因特殊原因,不能决定谁有继袭权利的时候,政局常因之发生骚扰。我们应该还记得欧洲大陆之幸免于被蒙古铁蹄全部蹂躏,不就是托福于元朝皇室继替作用中发生了问题么?在家庭里争夺遗产也常会闹得有声有色,令人啼笑皆非。我们可以想象一个对于继替作用没有清楚原则的社会,每逢一个人死亡或退位,他所占的地位都要成为一番争夺的目标时,这个社会的混乱,一定难于避免,一切日常生活都会无法进行。所以继替原则的规定其实是一种消极的保障,使社会秩序不至因社会分子的新陈代谢而趋于紊乱。至于一个社会想采取哪一个原则来规定它的继替作用则大有挑选的余地。从过去历史上看,似乎只要所采用的原则能把社会地位的授受规定得清清楚楚,易于记认,不生争执,就可合用。最理想的是限制到一个人的死亡或退位时只有一个人有资格来继替他。退求其次则即有争执,也要有一定的标准,使这种争执能最经济最有效地予以解决。至于继袭者在能力上,在天赋上,是否可以胜任所继的职务,却时常不是规定继替原则时最先考虑到的问题。

在初民社会中有许多重要职位如巫师、祭司等规定着许多,在我们看来,毫不相干的资格,好像必须是孪生的、瞎眼、孕妇、白痴、反常心理的人。其实这不过是利用生理上不常有的特性来限制这些职位的竞争者罢了。也有地方利用人为的特性来规定资格的。有时看来简直是不近人情,强人所难,如不准婚嫁,毁伤体形,限制饮食等普通人所不愿接受的事。正因为一般人所不愿接受,所以竞争者的数目可以因之减少。也有地方用财富来规定资格,北美大草原印第安(Plain Indians)人中,一个人若想爬上一级年龄组时,必需用钱向上级的人购取资格。又像滇西的傣族要升作一个有地位的人,必得消耗大批财富做一次"摆",请一次客。这是和我们现代社会中收取巨额学费以限制统治阶级人数,和以时装挥霍来决定进出夜总会的资格,用意是相同的。

常被人们应用来在限制继替资格的是亲属体系。而且也可以说,亲属体系在一定意义上也有特别适宜于作继替原则的地方。每个社会都有一个通行的亲属体系,可是每一个人依这体系所认取的那些实际亲属却决不会和另外一个人在同一体系中所认取的亲属全部相同的。譬如说,我们都有父母伯叔,但是你的父母伯叔却可以和我的不同;我们即是兄弟,相同的亲属固然有很多,但是因为行序有差,你的妹妹很可能是我的姊姊。何况各有各的妻子,以及由妻和子所引伸出去的亲属也就完全不同。亲属结构的特性就是在每个人都是他所应用的亲属体系的中心,各人间有一相同体系,但没有一个相同的坐标。因之,它是富于特殊性和个别性的。若以亲属关系来做某项事的资格时,可以免除很多发生竞争的纠纷。我们不妨设想一个例子:若是进入戏院的资格是付出一定的票价,则凡是有能力付这个价钱的,都可以购票入场了。若是人多票少,一定要在小窗口拼命挤才能买得着票,妇孺老弱固然取消了入场资格,但愿意出汗折腰的还是大有人在,把一个戏院门前闹得乱哄哄。现在假定戏院里立下一个被大家接受的规则,入场资格以亲属作原则,能入场的必须是上一场入场者的长子,戏院前必然秩序井然了。因为尽管你神通广大,所求必得,可是你却永远不能选择你的父母,随意认人作爸爸,除了冒充。这种冒充要检举时也比较容易。

亲属结构还有一个特点就是亲属间没有两个人和自己的关系在亲疏程度上完全相同的。亲疏程度不但不相等而且有着一定的层次,不易混淆。同是兄弟,有长幼之别;同是伯叔,有嫡堂之分。若是用亲属原则来规定继替作用不但清楚而且容易递补。一个人没有儿子也不致找不到继替者,因为他很容易依着亲属秩序去找一个仅次于儿子的近亲。继替作用仍可按部就班,不紊不乱,没有争执地进行下去了。

亲属体系甚至可以说是特地为了要用作有条不紊的继替原则而定下的。即使我们不采取这种说法,认为亲属体系另有造因,我们至少也得承认,因为它被利用了作继替原则,所以发生了很多特别适宜于继替秩序的特点:好像世代排列,男女分殊,单系偏重,亲疏层次等。

我虽则说亲属体系有很多地方是十分适宜于用作继替原则,可是我并不是说这是个完善的原则。正如其他一切人为的制度一般,它满足了一方面的条件,在另一方面却又留下了漏洞。我在以后几章中就想逐一提出亲属体系被利用为继替原则后,在人们的心理上、社会关系上,所引起的缺憾。这正可以作我所主张捉襟见肘文化观的例证。正因为人为的制度并不能尽善尽美,适合于全盘人性要求,所以人类的制度也永远在变动。继替作用,如梅因所说,业已发生脱离亲属原则的趋势。这种转变怎么会发生的呢?于是我要再进一步分析继替作用应用了亲属原则后所发生的结果怎样了。让我留着这些问题到以下几章去讨论罢。

第十二章　世代参差

世代是分别亲属的一种原则，根据生育的事实，把生者和被生者，也就是亲子，分成相衔接的两个世代。借用生物学的名词是 F_1— F_2，凡是从同一父母所生的同属于一代。人类的谱系上，和其他生物一般，从生育关系上，可以很清楚地划出一代又一代，不相混淆。但是亲属中还包括由婚姻关系所结合的姻亲。要维持世代的分划作为社会行为的根据，就得避免婚姻关系扰乱世代的分划。我在第四章里已说过为了避免引起社会的混乱所以人类社会大多采取外婚方式。严格的外婚固然可以减少因婚姻而引起世代的混淆，但是发生了婚姻关系之后，世代的分划也就推广及于姻亲范围（虽则有时在姻亲范围内世代原则应用得不太严格），所以社会总是要干涉到异代的婚姻，除非这社会的结构不注重亲属，或是亲属体系中不注重世代原则。

世代划分之所以被采用到亲属体系中去的原因和社会继替有很密切的关系。从大体上说来，继替过程是社会的新陈代谢作用，陈旧者退伍，新健者入社。世代的代字就是指这新旧的关系。但是亲属体系普通所采取划分世代的标准却是生物性的，等于生物学上的 F，是生者和被生者的关系。用这标准来划分世代，再用世代的秩序来作继替原则时，不免缺乏弹性，竟可以和社会继替过程实际的交代方式不一定完全相符合。我在这里所用交代方式一词是指：一个人把他的社会地位交给代替他的人。若是继替过程按着世代秩序，交代的对手是亲子。我们现在要问的是在普通社会里，交代的对手是否必然是亲子两代之间。子女的成年是否必须父母的退伍，全部的或部分的？旧分子退伍新分子入社，一出一进，这继替过程在世代架格上可能搭配出多少样子？

我在上章说过：社会继替是发生在退伍和入社的交代上，社会分子的退伍和入社与生理的死亡和成熟可以不同，虽则生理上的变化确是决定退伍和入社的一个重要条件。个人的衰老病死使他不能担任所占职位的事务，于是他不能不退伍了。一个生理尚未成熟的孩子，有不少社会事务是无力担任的，于是他不能经营独立和负责的生活。但是一个没有死，甚至没有老的人，在社会的规律下，也可以交出他在社会上所有的职位的一部或全部。一个生理业已成熟的青年也可以被摈于社会分工体系之外，继续他的附属身分。因之退伍和入社会的实际年龄，并不是单独由生理来规定的，而是由社会来规定的。各个社会可以因不同情形，作不同的规定，同一社会在不同时期也可以有不同的规定。因之，继替过程在世代架格上所配搭起来的交代方式并不限于一代接一代的样子了。

让我们先看看比较简单社会中的情形。不妨以我们的农村为例：在农作活动中，个人入社和退休的年龄大体上是根据生理状态。一个生理成熟的青年，在16岁左右，他在农村社会中已具有结实的身体，足够的知识，可以有资格从事独立的工作了。三四十岁的壮年是农作的主要干才，一直要到他们的肌肉因年老而衰弱时，他们才不能担任农业中以体力为主的职务。普通讲来，大约是在60岁左右。我们若以16岁作入社年岁，以60岁作退伍年龄，大体上可以代表农业社会的一般情形。

一个孩子16岁入社,20岁很可以已做了父亲。当他的儿子长到16岁时,他还只有36岁,正是农作的主力,要他在这时退伍,把他的财产、权利、地位交给儿子是不合于农业社会的需要的。可是这些16岁的孩子们既要入社,从什么人手上去取得他们所必需的生活凭藉呢?当他们入社时,已届退伍年龄正是他们祖父们一代的老头子,所以我们从这种交代方式看去,使我们想到了植物生殖作用的世代交替。农业社会的文化充满着植物性,连继替作用都会发生植物的特征。

农村及其他类似的社会中世代交替的事实和亲属体系的代代相承的原则是不相符合了,虽则亲属体系中确有着一种想吸收这种隔代相承原则的形迹。我们传统亲属辞汇中世代的记号是:高、曾、祖、父、子、孙、曾、玄、来、昆、仍、云。我们若把这一串名词分为两组,每隔一代放在一组里,就会看见一件极有意思的事实。在甲组里是曾、来、仍,在乙组里是高、祖、玄、昆、云。甲组里的字意义是相通的,都是再生的意思;乙组里的字都是距离的意思。综合起来说,一组是相亲,一组是相疏;一组是相近,一组是相远,也正是包含着世代交替的原则,隔代是相同的,接代是相异的。孙字本身就明白说明了是自己的再生。古礼中,祭父时以祭者之子尸其位,那是以孙代祖;昭穆的排列也是隔代成组。我们虽不能确知这些习俗发生时的用心,但是若从世代交替原则上看去,这些习俗似乎可以给我们一种新的领悟。

可是我们尽管在亲属辞汇上,或祭礼中,牵入了世代交替的原则,但是实际的继替过程对人和对物权利的传递中,我还没有找到任何异于世代交替的形式来。一旦采取了亲属体系作为继替原则,世代交替的事实也就被掩盖住了。世代交替的事实在代代相承的亲属体系中仍可以运行无阻。譬如甲代退伍时并不必直接把财产和地位交给刚入社的丙代,可以由乙代收领。丙代另在乙代手上获得一部分财产和地位。对于乙代可以说并无增损,他不过是甲丙两代交代的中间齿轮。可是这个办法却很可能引起乙丙两代的磨擦和冲突,这种磨擦和冲突就发生在亲子之间。

我们要知道乙代和丙代是同时在同一社会结构中从事工作的。当乙代接收甲代退伍时所遗下的财产和地位后,他的活动能力、经济收入、社会影响可以因之增加;可是他却要把一部分对于他生活尚有用处的财产和地位移交给丙代,他自不免会感觉到一种损失。其实在局外人看来,乙代本是甲代交代给丙代的齿轮,没有觉得吃亏的必要。可是正因为甲丙两代间的世代交替要用着乙代,使乙代发生了损失的感觉。这感觉可能使亲方在主观上发生自私的打算,而不愿,或不鼓励孩子们及时入社,造下了亲子间的矛盾心理。一方面社会用了种种方法去巩固亲子感情,而另一方面却又造下一种情境,使做父母的感觉到子女的长成是对于他们社会地位的威胁。两者不能兼有,于是扶得东来西又倒,使亲子关系中包含着不少窘态。

甲丙两代世代交替要乙代来做媒介,结果至少可以使那些自私的乙代可以得到延迟丙代成年的机会。在我们自己社会中就可以见到含有这种作用的大家庭组织。大家庭组织在原则上是在维持家长的权力。这份权力实在带有被家长霸占的性质,因为一个本来已经可以经营独立生活的小家庭单位,在家长把持下了一部分入社所必需的资格,使他们不能不继续在附庸身分中过日子。从整个社会结构的继替过程上看,实在是把世代交替硬劲改成代代相承的方式，把退伍一直拖延到死亡的时候，结果是延迟了新分子入社的时期。更因为已长成的新分子不能完全处于未成熟的孩子的生活方式中，在不断的要求中，压迫着亲方一点一滴、部部分分，把社会身分转移到下一代去，使继替过程充分表现了渗透的性质。

在大家庭一类的组织中，到处潜伏着亲子冲突的暗潮。于是子方发生了厌恨亲方的心理，正如我在第八章里所提到的弗洛伊德的寓言所说的。这寓言虽则描写得过火了一些，确实突出了人间一部分的悲剧。可是他所谓那种俄狄浦斯情结却并不是亲子间无法避免的基本矛盾，它只在特定的社会结构中发生。依我在本章的分析，亲方所以成为子方前途的碍路石，有一部分原因是出于继替过程中用了代代相承的原则，而事实因退伍和入社的年龄相差太大，继替作用已成了世代交替的性质，两者的矛盾引起了亲子间心理上的情结。若是入社年龄一旦拉迟，情形也就不同了。

一个人在比较复杂的社会中的成年期也比较晚，一方面因为工作的性质逐渐脱离体力劳动，延长了退伍的年龄，以及一般寿命的增加和死亡率的减低，使社会的继替过程发生了重要的变化。以我们做学术工作的人来作例，16 岁大都还是在高中里踢皮球、作弄老师的时期。20 左右中学毕业，25 岁上下大学毕业，20 岁若是能把做学问的工具预备好，已经算是个可畏的后生了。在学术上要有贡献，在学术界上想占一个地位，除了少数天才外，总得在 40 岁以上。在现代社会中从政的，和从事实业的情形也差不多，在一个正常的社会中，能负得起重要责任的决不容易低于 40 岁。

成年较晚，使一辈生理已经成熟的青年男女不能不在社会的预备机构中消磨他们的青春，实行晚婚，甚至可以晚到一个时候连结婚的兴致都丧失了。学术界中成功的人物娶不着夫人的为数实在不少,如斯宾塞,如康德,如尼采,都不是独身终世的么?即使我们退一步而论,以30而立作标准,一个人达到入社的时候,他的父母已经可以在60岁以上。一个老态龙钟的老翁在事业上总是已到了,或已近于退伍的时候了。即使孩子入社的资格得全部取之于父母,也不致使父母发生孩子有篡逆之感,也不致使孩子觉得父母是人生道上的障碍了。亲子在这个情形下,并不是同一世界上事业的竞争者。假使作父母的对于子女的成年还要有些反感的话,这也不过是一种"叶落知秋深"的诗意的警觉而已,正如冯友兰先生说儒家觉得"结婚生子实与吾人之预备棺材同一可悲"的意味。可是我们得知道,棺材毕竟不是死亡的原因,子女成年也不是自己衰老消灭的促成者。可悲者自是死亡和消灭,不在所预备下的后事,更不是它们的标记。

在这类社会中,亲子间并不易因继替作用而发生磨擦。若是还有问题发生,这问题的性质也和上述的绝不相同。亲子年龄相差太远,入社时期延迟得太久,世代间一线相承的方式有了困难。若是一个人在30岁之后才有儿女,很可能在儿女还没有成年的时候已经弃世,儿女的抚育尚不易完成,何况要儿女来继替呢?即使高寿,可是60多岁所经营的事业也不易由一个初出茅庐的小伙子来接手。于是亲子间世代相接的继替方式也就难于实行了。在两代之间必得另有一代中间人物以作过渡。若是代代相承的原则不加修改,则势必发生摄政式的过渡办法。这种办法对于社会效率并不是有利的。若是还要维持亲属原则,则很可能发生商代所采取的兄弟叔侄的继替方式了。也许正因为这个社会成年太迟的原因,使亲属体系逐渐不适宜于作为社会继替的原则,于是如我在上章所说的,在现代社会日趋复杂的过程中,社会继替至少亦不能不部分地脱离亲属原则了。

第十三章　单系偏重

人类的抚育是双系的,这是说父母共同向孩子的抚育负责,在家庭中父母是并重的。亲属体系既以家庭为中心,以父母为引伸的基础,则从父亲方面推出去所记认的亲属自应和从母亲方面推出去所记认的亲属相等的亲密和相等的众多了。生物学者研究遗传时所记录的谱系是双系并重的,因为构成一个机体的生物本质是由父母双方平均贡献。从血统上说,外祖母的舅父和曾叔祖对我的贡献正相等。若是我们的亲属体系是根据血统来规定的话,它也应该是相同于那双枝并茂的谱系了。但是事实上却不然。亲属体系一出家庭立刻发生单系偏重的趋势。以我们自己来作例,就很少人能知道外祖母的舅父是姓什么,名字叫什么,他娶了谁,他的曾孙做什么事?反过来看,我们每逢节日很可能会对我们曾叔祖的神位磕头,他的尊容有时也会在过年时所张挂的神轴上见到。至于他的子孙,很有机会可以见面,称兄道弟,祭祠堂时一起行礼。他们结婚时还要破费我们一份贺仪。他们的父亲死时,在讣闻上会发现我们自己的名字。我们对父亲方面的亲属记认得很广很远,而对于母亲方面的亲属则很多就不认账了。当然,我们在这里应当先声明,这种单系偏重和所谓压迫女性是无关的,因为有很多别的民族里,好像特罗布里恩德岛的土人,母亲方面的亲属记认得很广很远,而父亲方面的亲属却认得很狭很近。亲属的偏重可以在父亲方面也可以在母亲方面，可是在人类社会中还没有双系并重的亲属体系。

人类的生殖是两性的，进入生理抚育时是单系的，由母亲专任，但是为了社会抚育的需要又确立了双系的家庭；从家庭里引伸出来的亲属却又成了单系偏重。从双到单，从单到双，又从双到单；生育制度中各段的形式一变再变，原因在什么地方呢？关于抚育方面的问题，我已经在以前几章中说明过，现在将讨论到亲属的单系偏重了。

亲属体系为什么倾向于单系的偏重呢？马林诺夫斯基曾解释说："单系嗣续密切相关于世代间地位、权力、职位，及财产传递的性质。在社会继替作用中，秩序和简明是维持社会团结的重要条件。"换一句话说，亲属体系一旦被利用来作继替的原则，它就不能不适合继替作用的需要而偏重于单系了，虽则这种偏重显然是一种把父母强分轻重、和事实不合、和人情相左的权宜办法。

假如继替过程采取了双系原则，我们就不但要从父亲手上获得社会地位和财产，而且要在母亲手上获得社会地位和财产了。母亲的社会地位和财产从哪里来的呢？我们要能从母亲方面继承地位和财产必须有一个前提，就是她得继承她父母的地位和财产。双系继替包含着男女平等继承的原则，因之，在双系原则下，我们不论男女都可向父母双系去继承，所继承得到的却只父母每人的一部分，因为有一部分得给我们异性的同胞带去给她或他的子女的。一个男子和他的姊妹分得了他们父母的财产和地位后，在结婚时，和他夫人从她父母那里得来的财产和地位合并起来组成一个生活的单位，他们的新家庭。等他们的子女长大了，他们各人所有的地位和财产分别分给儿子和女儿——这真如遗传学上的基因的分聚一般，可是连基因的显隐性都给取消了。

这种双系继替在事实上是可能的么？第一个困难是社会地位时常是不能分的。一国只有一个国王，怎能分成两半，一半传之子，一半传之女？这些权利即使可能分的，也不一定能和其他一半权利合并得拢，组成一个单位。若是父亲手上得到的是半个皇帝，母亲手上又得到半个臣子，加起来什么都不是了。这是双系继替无法实行的一个最明显的例子。

财产是都可以分的么？以住所来说，我可以从父亲手上继承得半个宅子，又在母亲手上得到半个宅子。两个半个宅子若是相离得远，使用时已有相当困难了。到了我的儿女手里，情形必然更糟，他们结婚后可以用四个四分之一的不同的住宅。再传几代，没有一个人有一间完整的房间可住了。田产也是这样，若是依双系原则来继替，经过儿女的分割，婚姻的凑合，每家的农场会零星细碎到不可设想的地步，甚至可以使农业无法进行。或者有人会说，他们不是可以互相买卖或交换，以避免上述的情形么？是的，这是一个办法，但是还相当麻烦，为便利起见，最好是由婚姻配偶一方面不必带财产过来，若是全社会都一律如此，不是等于大家分一半又受一半么？这个简单的办法就是继替中的单系原则。

要求男女平等继承的也明白所可以平均分割的不过是动产罢了。可是动产只是人的所有权对象的一部分罢了，虽则在现代都市中，还实行私有制的社会里，这种性质的财产逐渐重要了。我们若以为一切人对人和对物的权利都能随意分合，那就错了。正因为分合的不易，所以双系继替至今还只是一种设想，从来没有成为事实过。

社会结构中所规定下各种地位的权利和义务，就是我们常说的社会身分，多少是具有完整性的，于是采用亲属体系进行社会继替也就不能彻底的双系并重了。社会继替既需要单系，被用来作继替原则的亲属体系也因之发生了单系偏重的形式，不是父系就是母系。

我已经说过家庭组织中，因为要适合抚育作用的需要，所以是双系的，不但父母共同担负抚育孩子之责，而且子女在抚育上也是处于相同的地位。在双系抚育中所养成的感情联系是不分父母儿女的性别的。但是在继替中，因为单系的偏重，在这四个人中，只有两个进入直接的继替关系中。在父系社会中，女子的权利并不从抚育她的父母手上得来，而须向她的配偶的家中去承继。在母系社会中，男子也是这样。这实是使人为难的安排。若是感情的联系是抚育作用所必须的保障，则在家庭中自应奖励亲子间不发生性别的歧视；可是一旦不分性别的亲子感情太坚强了，当发生继替问题时，有一部分（不论是儿子或女儿）却不能得到父母所给的权利时，为父母的岂能不感到不平？

生育制度的两部分，抚育和继替，既包含着这种矛盾，双方都会因之蒙受不利。因为继替是单系偏重的，所以孩子在抚育上多少会因性别而受到差别的待遇。在我们这种父系社会中，女孩子被认为讨债鬼，不但在教育上受不到和她们兄弟同等的注意，甚至在出生时也有即被溺死，或很小时就被抛弃或被出卖的。女子在社会地位上的低落，无疑是导源于这种歧视的。可是我们也决不应认为父系社会中，父母对于女儿的感情是特别淡漠的。凡是能得到抚育机会的，多年相依的生活中，亲子感情的联系总是很强的。因之，即在继替过程需要单系的条件下，因为抚育的双系性，单系继替的原则也总是不能贯彻，至多不过偏重于单系罢了。这是说,在继替过程中,时常依旧有双系性的部分存在。因为如此,所以社会的秩序和团结也永远受到继替作用的威胁,社会上许多纠纷就出于这个抚育和继替的矛盾上。

即以最富于单系性的姓氏嗣续来看,一贯地兼姓父母的原则固然为事实所不允许,但是偶然地把父母双姓联起来作一新姓的,还是不乏成例,我们有陆费、许邓一类的双姓,英国有皮特-里弗斯(Pitt-Rivers),格兰特-达夫(Grant-Duff)等。此外还有把母姓列入名字中的,如捷克的国父。霍比(Hopi)人是从母姓的,但是名字却一定要由父系的女亲来提取,这和我们请舅父提名的习俗相同。这些例子就表示人们在维持继替的单系原则下,极力在迁就亲属的双系原则。

财产继承迁就双系原则更容易显露,我们注意一个新家庭的经济基础,就能见到这基础总是由夫妇双方合作形成的,虽则其比例则各地不同。以我们的家乡来说,尽管女家穷到如何程度,实在没有能力来制妆奁,一条被却总是不能少的。在这种情形中虽则女家的贡献已少到只有象征作用,但是却充分表明了新家庭的经济基础决不是纯属单系。

在我们农村中固然很少把土地陪嫁给女儿的,但是市镇上的离地地主,在不受土地经营的限制时,土地也时常是嫁奁的一部分。欧洲大陆上,贵族嫁女一定得有大批贵重的妆奁,以致青年男子常有以置产或还债为结婚的目的。在上层社会中,凡是没有妆奁的女子,可以出嫁的机会极少。我们一翻托尔斯泰的《战争与和平》,就不免惊异妆奁在欧洲社会经济结构中之重要了。妆奁是女子得自父系的财产,很明显是双系继替的一种方式。

在我们社会中,女儿过门之后,固然在名义上是和母家脱离了经济关系，但是在生孩子时，做外婆的还是得送大批礼物，包括孩子的衣服和首饰。这份礼物有些地方是认为必需的，相关于产妇的安全。平时，姑奶奶回娘家，常会引起嫂嫂的嫉妒，因为母女间私相传授的事，也是乡下家庭口舌中常常挂在牙齿上的题目。当父母逝世时，虽则女儿不能正式得到遗产，但是出嫁了的女儿也很少会空手回家的。

不论在父系或母系社会中，此类潜伏的双系继替常会引起法定承继人的嫉妒而发生纠纷。马林诺夫斯基曾很详细地记录在特罗布里恩德岛土人中所发生的悲剧。在这地方的土人中，一个男子所有的特权和财产，除了那些巫术和技术等小节目外，是不能传给从小由他抚育大的儿子，而得给住在别村里长大的外甥。这地方有个酋长，极爱他的儿子。这位酋长是德高望重、极有权力的，所以他的儿子虽则已经结了婚，却靠他父亲的声势，仍留在这村里。按当地习俗，他是该搬到他母亲原来的村子里去住的。老酋长为疼爱儿子，不甘心于单系继替的原则，人民慑于他的威势，也无可奈何他。但是有一次酋长的儿子发现了酋长的外甥、法定的酋长继承人，和他妻子有染，向当地殖民地政府告发，酋长的外甥被判了一个多月的徒刑。这个消息传到了村里，群情愤激，全村人集合起来，借此题目，要酋长立刻把他的儿子轰走，因为他没有资格住在他父亲身边。第二天，酋长的儿子走了，酋长从此闭门谢客，酋长的夫人悲痛过度，不到一年就死了。

这位老酋长的伤心，正是一般做父母者免不了的遭遇。我看见过女儿出嫁时，母女抱头痛哭，当女儿回娘家哭诉她婆家如何不好过日子时，做父母的那种爱莫能助的窘态，也正是在父系社会中常见的悲剧。

第十三章 单系偏重

　　社会结构在此又露出了一个漏洞，于是又得设法打一个补丁了。一方面我们看见，社会常有种种观念来使做父母的人对于那些自小在身边长大，而又得不到继承权的儿女，在心里造下一些隔膜。我们自己有所谓"女子是泼出去的水"，"嫁鸡随鸡，嫁犬随犬"等说法，在特罗布里恩德岛土人中根本就否认了父子间的生理关系。

　　另一方面，我们也常见到利用婚姻配偶的选择，来补救生育制度中上述的矛盾。在江村通行一种中表婚姻，甲家把女儿嫁到乙家，等女儿生了女儿重又嫁到甲家去。甲家的财产和特权固然并没有传给他的女儿。可是却传给了他们女儿的女儿。这是隔代母系继替，在母系的特罗布里恩德岛土人中也有相同性质的办法。那就是娶姑母的女儿作妻子。姑母是父亲的妹妹，出嫁后虽则住到了她丈夫的村里去，但是她的女儿却又回到本乡来承继她兄弟的特权和财产。她若嫁给她舅父的儿子，她的丈夫就和她父亲的村子多了一重姻亲关系，可以时常往来，而且他们的儿子就有资格来接替她父亲的特权和财产了。简单地说来，表面上依旧维持着舅甥的母系继替，而实际上却成了隔代的父系继替了。我们从这两个例子中，可以见到双系抚育的基本事实，终究是不易全盘抹煞而成为单系继替的。

　　为了社会秩序和社会团结，社会继替不能不从单系，可是为了双系抚育中所养成的感情联系，单系继替也永不能彻底。因之，在我们亲属体系中虽不能抹煞父母的任何一系，但也永远不会双系并重的，于是形成了单系偏重的形式。在财产私有制的社会里，这些是社会结构上的普遍特征。

第十四章 以多继少

我在以上两章中已讨论过了继替过程中世代和世系等问题，在讨论的时候，为了方便起见，曾假定继替过程中上一代和下一代双方数目上是相等的，一对夫妇有一个儿子和一个女儿，男婚女嫁之后，一个家庭继替另一个家庭单位，社会地位和财产可以原原本本地传下去。可是事实上并不常是这样简单的。人类对于生育还没有充分依着计划进行的把握。有时，夫妇可以不生孩子，生了又不一定长大；长大了，又因为单系继替原则，可能是依旧不能继替自己的父母。有时，孩子又生得太多，有资格继替的可能很多，继替时也就不免有种种困难发生。这两章我们就要讨论这些问题了。

人口的控制

我在上面曾说过，生育制度的功能是在维持社会结构的完整。每种形式的社会结构在容量上多少是有一定的；因之，在一固定的社会结构中，人口也常常是不能有太大的变动。若是社会结构不变，而人口增加，社会上各种活动也必然不能有最大的效率。譬如，一个人本来有能力可以耕种20亩田，技术不改变，而人数加了一倍,每一个人只有10亩田可以耕,这社区里的人就会浪费一半的劳力;若是他们生活单靠土地的收入,则他们的生活程度也会降低一半。为了社会结构的完整,人口不宜减少;为了社会的效率,人口也不宜增加。我这样说,并不是在描写事实,因为事实上,人口的消长还不能完全受人的控制。可是在事实层次里,这原则是存在的,人口太多或太少对社会上每个人的生活都会发生一些不良的结果。人口学者有人口适中点的理论,也就指这社会结构完整和效率的配合。

人口适中点是以整个社区的人口为对象而说的,似乎是一个理论问题,其实,当人口离开适中点时,在社区中生活的人所受到的不良结果就会表现在继替过程中,子息太多或太少的困难中。在一个生产固定的社区里,子息太多,立刻会发生怎样才能使子息得到足够的生活资源的问题。抚育本来就包括了给予后来者足以独立负责生活的社会地位和财产的责任。一个健全的社会不能容许负有抚育责任的人不能完成他们的任务。若是有一个社区,进入社区的许多分子大部得不到他们足以独立负责生活的条件时,这社区必然不能安定。它不是入于扰动不安,就必须改变社会结构,或扩大资源。换言之,社会多少要保证每个为父母的人不致因子女的长成而发愁。若发愁的话,那就表示这社会的结构还没有达到可以安定的程度。

从人口和社会结构的调适上看,以人口去迁就社会结构比了以社会结构去迁就人口为方便。因之,一个不在经济膨胀过程中的社区,多少总是在人口控制上下一点工夫的。最明显的例子是广西的一些瑶族集团。在他们,每对夫妇只生两个孩子,不论男女。凡是有了两个孩子,继续受孕的胎儿就要被堕弃,即使没有被堕弃而出生了的婴孩，若没有别家认领，也不易逃避被溺死的命运。这样，他们使人口安定在不会增加的水准上。他们更以承认父母两系并用的办法去解决一家不一定有一男一女时的困难。他们限制人口的原因是在避免继替时的困难。在可耕地有限的山谷里，周围住着的都是比他们势力强大的汉人，资源的限制是显然的。若是一家有了两个以上的儿女，增多的人口既然不易到山外去谋生，势必分享这有限的资源，结果免不了沦入贫困的境地。所以他们实行了人口的控制，使人地的比例不会改变。

像瑶族一样有系统地限制人口除了实行计划生育的现代社会之外还不多见。在较为广阔的大社区里，人地的调适不致像山谷居民那样紧凑，因之，也不易见到这种明显的限制人口的规律。若是人口不加限制，或限制得不严，以每家说，很可能有较多的子息了。于是怎样以多继少，就成了问题。

长幼行序

我们尽管可以不承认母爱或父爱是人类的本能，事实上也尽管有堕胎和杀婴，孩子出生之后，在抚育过程中，亲子间总是会发生亲密的感情。家庭这个团体也终究是一个人类基本的合作团体，人和人的合作很可以说是最初从家庭中养成的。因之，若是一对父母生了一个以上的孩子，只要他们肯抚育，父母对于这些孩子，虽则可以因出生时间的不同，家庭环境有变迁，略有偏爱，但在常态中，总是都属自己的骨肉，为相等的亲密感情所系。而且同胞之间，因为很早在同一合作团体中养成，也是最方便、最可能的合作对手。可是亲子间的感情,以及同胞间的合作,却因继替过程走上了亲属路线发生可能的障碍。

父母对于所有的孩子在社会关系及感情联系上很可能是相等的,可是在继替过程中却不易对于孩子们维持相等的待遇。我在上章已经说过,因为单系偏重,使父母对于儿女之间不能一视同仁。在父系社会中女儿是泼出去的水,长大了还是不能享受父母的庇护,分担父母的责任,继续父母的事业。因之,父母对于儿子和女儿的感情也不易完全相同。这是我已经分析过的事实。相似的情形,虽则程度上有不同,也可以发现于长幼的儿子间。(为了叙述的方便起见,我们暂以父系社会为讨论对象。)

在以多继少的继替过程中,存在着一种矛盾。一方面,由于感情上的原因,有一种倾向要使继承者之间大家能有平等待遇;另一方面,由于地位的不同,继承者之间不能不发生差别的待遇。这个矛盾于是又引起了继替过程中种种错综纷纭的变化了。

在继替问题上闹得最凶的是在世袭方式中权力的继替。权力是建立在社会的集合性上的,若是社会不分裂,权力也不能分裂。握有权力的人不能因他子息的增加而把权力分成相等的部分分别传递给多个继袭者。权力的完整限定了以一继一的原则。所以在这个例子中,我们也最容易看得清楚继替过程中两代间数目不等所发生的困难。

我们自己的历史中就有各种不同的皇位继承方式。譬如商代所实行的是兄终弟及的方式。这是承认兄弟间有同样的承继权,可是因为同时不能有多数人同时坐上皇位,所以还得依了行序轮流担任。哥哥死了轮到弟弟,一代轮完再轮到第二代。可是到第二代情形却复杂了,因为第一代的兄弟们可能都有儿子。当第一代最后一个弟弟继袭了皇位之后,该轮到他长兄的长子呢,还是给他自己的长子呢?若是给了长房的长子,再依次传递,是否还要到次房三房的儿子呢?他们依年龄作次序呢,还是依他们父亲的行序呢?事实上,兄终弟及的原则,若彻底执行,二三代之后,可以有无数的候补者等着,决不会全部轮到,其间的争执,亦难避免,对于统治本身是有害无益的。而且几代之后长房和幼房年龄相差逐渐增加,若是统筹,长辈的子孙年长而辈份小,幼辈的年小而辈份高;结果,实际承袭皇位的会被幼房包办,事实上成为幼子权。若是只认长房,长子的儿子有承继权,结果不过是扩大长子权罢了。兄弟平等继承原则,在两种情形下,还是不能实现。

周代所实行的宗法是承认长子权的。长子传长孙。所谓长子权是指宗主地位而言的。幼子们在这原则下固然被剥夺了继承皇位的权利,可是并不是说他什么都继承不到。在周代封建制度下,幼子们有采地。亲属结构化成一层层的权力结构。终于因权力的分崩而形成列国的局面,破坏了权力的完整性。这里显明了继替过程如果迁就亲属的蕃衍,对于社会结构的完整是有害无益的。

我用皇位的继袭做例子不过是因为在这个例子中比较容易看到继替过程中的困难。当然,天下本来没有多少人做皇帝的,在我们这种老百姓的生活里是否也会碰着这类问题呢?我们仔细一想,也不能说没有。最普通的家庭生活基础是农田。农田诚然不像权力那样不能分割,可是我在本章开始时就已说到了人口的增加是生活程度的威胁。以一家人说,若是有两三个儿子,即是父亲手上相当可观的田产,一分家,各人所得就会小得甚至不易谋生了。我在禄村就见到这情形。在上一代,该村还有 200 工田的人家,到这一代最多的只有 85 工田了。农场缩小的原因是分家。分家就是以多继少的结果。生活的贫困是一件极容易明白的事。田地少了,生活苦了。这是说农田是可以分的,可是分了之后,大家要受苦。继替过程中的平等原则的代价相当大。愿意不愿意付这笔价钱呢?各地方的情形不同,所以回答的方式也不相同。

若是客观条件可以放弃平等原则,农田以及房屋的继承时常会由若干儿子中的一个单独继承。客观条件是什么呢?那是说,不继承父母农田的儿子们同样可以得到生活的机会。这发生在两种情形之下:一是这地方的土地利用还在扩大之中,有很多荒地可以开垦;一是这地方在农业之外有其他谋生的机会。英国的末子继承制(Borough-English)是实行幼子继承的,原因在此。得不到土地的孩子们到海外去,或是做手艺工人,或是入寺院修道。我们凡是遇着有长子权或幼子权的地方,并不应当就认为长子或幼子之外的儿子是被摒弃于继替过程之外的。一个常态的社会决不会使它准备加入社会的新分子得不到完全的抚育过程。换一句话说,一个孩子既已出生,不遭堕溺,常态的社会决不会在他长成之后,永远不给他独立生活的机会。所以实行长子或幼子权的地方,其他的儿子一定能在不同的路线中得到他们生活的机会。也因为有其他继替的办法,所以有一部分人可以放弃亲属继承的方式。

在采取独子继承的地方,哪个儿子能得到父亲的财产,又有各种规定。普通是长子或幼子。当然理论上也可以有其他的方式,甚至可以由父母的好恶来决定。但是我在社会继替一章中已说明继替原则选择标准是少生纠葛,避免混乱。继替过程之采取亲属原则的原因就在此,所以独子继替时,为了明白起见,长子或幼子常被选为继承者了。

为什么有的选长子,有的选幼子呢?这问题我们是无法加以概括地回答的。里弗斯曾说，有些地方幼子单独承继父母的房屋，这是因为其他较长的儿子们，结了婚就自立门户去了，剩下只有幼子和父母一起住，不必另筑新屋。① 在开垦土地的地方，一个孩子长大了，要独立就得自己去垦一块土地。可是到最小一个孩子成年时，他的父母若是已经不能独立工作，他也可以不必再去垦新地了。土地不容易扩大的地方，父母若是一定倚靠土地谋生的，长成的儿子也只有在其他职业中去求出路了。可是到最幼的一个，却可以留在土地上，继承父母的余业。这些例子告诉我们，所谓幼子权并不是因为父母特别偏心于幼子，所以给他特权，而是发生在具体的情境中的。

　　长子权的确立很可能发生于需要经验和领袖才干的事业中。权力的继替中长子时常是有特权的。那是因为他所得到实习的机会最长，他曾在父亲所主持的秩序中作长期的参预，由他去代替父亲，可以不致发生脱节之虞。长子因为年龄的较长，在同胞中容易取得领导的地位，凡是需要维持同胞间合作的团体中，好像氏族等，长子的特权易于确立。我在这里不能列举一切发生幼子或长子权的情境，我所要提出的就是：凡是有这种规律的地方，我们必需在实际的情形中去解释为什么那一个儿子在继替过程中得到特殊的地位。

　　长子权或幼子权在表面上看来是破坏了继替过程中的平等原则。当然，我已指出，这不过是指某一种地位或财产的继替而言，并不是说有长子权或幼子权的地方，其他孩子就全部排斥在继替过程之外，所以在不同权利的继替中，还可以，至少部分的，根据平

---

① R. H. 里弗斯：《社会组织》，第116页。

等的原则行事。

不但如此，我们分析继替过程时还得注意到亲子间权利和义务的平衡。让我先举一个例子。在禄村，一家若有两个儿子，长子成家后要求独立时，这家财产将分成四部分：第一部是留给父母的，称养老田；另外提出一部分来给长子，称长子田；余下来的平均分为两份，分给两个儿子。从表面上看去，这种分法似乎是偏待长子。我曾把这意思说给当地的人听。他们却并不承认，觉得这样才公平。他们的理由是这样：长子田的多少是看长子在家里的贡献多少而定。长子在年龄上自然较大，比了幼子工作得早。在没有分家的时期，他所出的力是全家共同享受的。若是他在分家时和他的弟弟得到相同的田地，不是否认了他以往的功劳了么？而且事实上，幼子还是和他父母一起住的，他供养他的父母，同时也就耕种他们的养老田。在长子已分了家之后，幼子和父母共同经管所挣得的田，长子也就无权过问了。在这时，长子有两份田：长子田和自己名分中的田；幼子也有两份田：父母的养老田和自己名分中的田。两人所有田的数目也不致相差太远。一直要到父母死的时候，养老田出卖了办理丧事，幼子所经营的田才比长子为少。可是，因为父母常和幼子住在一起，很多动产却会暗地里传递给在身边的幼子。这样实现了同胞间的平等原则。

我们在这个例子中可以见到，所谓平等原则并不一定指在同胞间分家时所立分单上所得到的是否相等，而是在很长的过程中，权利义务的平衡上是否公平。我们时常还可以见到，在事实上同胞间在继替上不能平等的时候，总是在义务上加重到在继替中占有特权的一方面去。父母生时的供养是一件具体的义务，就是父母死了，还可以以祭祀的责任来维持那象征性的义务。另一方面，还有种种理论来回避那不平等的继替。里弗斯曾提到美拉尼西亚地方以及其他的土人有一种信仰,认为长子是他祖父的重生,因之他可以有特殊的地位。① 这些理论其实也不过是用来维持长子的特权,同时也加重了他在家族团体中的责任。

我们这个分析说明了从抚育作用中所发生同胞间平等的事实总是会在各种方式中表现出来,虽则继替过程本身有着相反的需要。

萁豆相煎

文化虽则在这里又费了一番苦心要弥补因继替中不平等所可能引起亲子和同胞间的裂痕。但是这裂痕的可能性还是存在,在合作的团体中按下了歧异的根苗。同胞本来应当是最能合作的伴侣,早年的共同生活,使他们在相同的教育和相似的经验中,获得相通的意义体系。一颦一笑,可以会意。我在第四章里已说明了合作生活的基础是在相互的了解,相互了解是靠了象征文化所启发相类的经验。从这条件上讲,在同一抚育团体中长成的人是最容易合作的。我也据此来分析婚姻关系中的矛盾性,可以密切合作的男女却偏偏不许结婚。在同性的同胞间,如兄弟或姊妹间,既没有回避的必要,在理论上说来,该是可以融洽无间了。事实上,大部的情形确是如此,但是,不幸的,却是继替过程利用了亲属原则,把可以合作的同胞,按下了一个冲突的可能。

---

① 里弗斯:《社会组织》,第 116 页。

第十四章 以多继少

同胞冲突的原因之一是在以多继少的困难中。在不能彻底承认平等继承原则的情境中，同胞间发生了差别的待遇，特权独占的结果形成了有与无的对立。事实上当然不过是多与少的不平等，可是若限于某一种对象说，像是皇位、田地或是房屋，则没有继承权的兄弟，不免感觉到一种歧视。在利益上着眼，可能引起妒忌，甚至取而代之的篡逆心理。握有特权者，为了保护他的特权，也可能发生戒备之心，甚至引起消灭候补者的企图。"本是同根生，相煎何太急。"说出了同胞变成了仇敌的苦衷。同是文采风流的曹氏兄弟，若是合作同工，无疑地有着莫大的便利。知兄莫若弟，要求一个知己，丕植之外能与论文者有几？可是两人偏偏要弄得萁豆之煎，还不是只为了利益上的威胁？而这威胁又不明明是继替原则所惹起的？在釜中的尽管叹息悲啼，"何苦，何苦！"但是人间自造的陷阱又何止于这一端呢？

若是同胞平等继承的原则确立了，在利益上论，同胞间的冲突还是没有取消。多一个兄弟，少一份财产，是一个简单的算学命题。我在乡间常听见有人向孩子们开玩笑，"你妈又要生个弟弟给你分家产了。"听来自是一种玩笑，可是谁能否认这不是决定一个人生活程度的重大事件？在云南自有50工田的人家，若是只有一个孩子，这孩子长大了可以有个小康之家；若有了四个孩子，这些孩子全得降为佃户。我在禄村就看见毗邻而居的王家兄弟。长房人口多，到第三代，十几岁的孩子已经下田了。而二房因为家主死得早，只留下一个独生子，到第三代，那孩子却在中学里读书。同是一个曾祖，孩子们的前途可以相差得这样远！我当时曾想：父亲早死竟会成为孩子们的幸福，这世界也太残酷了。在这种世界中，同胞兄弟却成了生存的威胁。阋墙之争怎能只说是世道的衰落，其间确有经济的基础，不容我们忽视的。我虽不愿把经济因素看得太重，但这生活在饥饿线附近的人，同胞的合作似乎很容易被资源的分割所掩没的。人口压力在继替过程中终于引起了同胞间的相煎。

家庭是个合作团体，合作不但可以促进人间的友情，也可以使生活丰富。人们并不愿意可能的合作对象变成冤家。在这里我们又见到各种不同的弥补办法：有的想根本抹煞以多继少的继替过程，控制人口；有的延宕继替过程，我们有反对分家的理论，以及几代同堂的事实，把亲属团体扩大。有的把继替过程脱离亲属原则。最后的办法固然最彻底，但是怎样去另立继替原则？这一点我不能在本书里多加讨论了。

第十五章 续绝

"不孝有三,无后为大。"生孩子为了对得起祖宗,听来似乎是相当迂阔,除非我们相信死后在冥界的生活还得依赖人间的纸箔。可是,依我在本书里所提出来的理论说,所谓冥界原不过是我们现实的投影,无后所引起的不利,倒不一定是祖宗的羹饭无人照顾,这一点我们即使无法否认,也无法证实。事实上会因无后发生缺憾的还是社会的完整,也就是我们个人在分工结构里生活的顺利进行。我充分承认,生孩子的社会意义确是比死后冥界生活上的维持更难使人明了。人们的想法多少是倾向于具体和个别的。生孩子以维持社会的新陈代谢是一句通盘的话。所谓通盘的话是因为这里并不指定谁得生孩子。社会完整只要人口数量不致减少到不能有效活动就能维持。有人多生几个孩子,就可以有人不必生孩子了。从具体的个别例子说,实在并没有一定要生孩子的道理,可是,生育既是一件损己利人的事,若是社会不把这件事作为通盘性的责任,社会完整也就缺乏了保障。谁不愿把这责任让别人去担负,自己优哉游哉地逍遥于为子女做犬马的勤劳之外?我们不应假定天下傻子多于聪明人,若是社会一旦放任了聪明人去占别人的光,聪明人的数目却会日增月累,结果招致聪明反被聪明误的下场。法国人口的下降之速,一方面固然可以表示他们潇洒脱俗的风格,巴黎咖啡馆里的文采,可是另一方面却不能不使一辈远见之士，忧心到他们社会完整的动摇。等到铁骑压境的时候，遭殃的却不分聪明人和傻子了。

社会奖励、督促，甚至命令每个人得负起社会完整的责任。在云南呈贡的一个村子里每年有一个聚会，凡是结了婚不生孩子的要罚酒敬神，若是罚了还不生效力，就得把不尽责的男子，按在地下打屁股。结婚不是私事，生孩子也是一项社会分子的天职。听来像是社会的多事，从我们看来，却是最率直的社会制裁了。可是，罚酒、打屁股所能做到的不过是防止自作聪明者的推卸责任，对于那些肯负责任而得不到负责机会的人却无能为力的。送子观音前磕头许愿的乡妇，回了家依旧可以生不出孩子。这里还有生理上的限制。人可以做得到的是拒绝孩子的入世，但是到现在为止，医学还不能使生理上有缺陷的人一定能生育。即是生了，在儿童死亡率这样高的地方，也不易保证孩子必能长大。乡下树上挂着夭折的小尸体，并不能阻挡这些讨命鬼的捣乱。事实上，没有地方没有"无后"的不孝者。

我在上章讲到了孩子生得太多在继替过程所发生的困难，在本章里我将分析没有亲生孩子，或是有孩子而因为性别的关系在单系继替中不能合格做继承者时，人们怎样对付这问题了。

继替过程若不采取亲属原则，这问题也不致太严重。社会上若能通盘筹算，只要总数相符，就可以等一人出缺，派一人进去，像是英国电影院门前的长蛇阵（Queue）。门前排着一条长长的候补者的队伍，场内出一人，候补者在队伍前的进去一人，全队都走上一步。即使外边候补者数目太多，只要场内电影继续映下去，候补者总有入场的时候，除了他没有耐心，等不到头自己走了；场内也总可以保持客满，只要外边有人守候着。以多继少，以无继有的问题全不会发生。可是继替过程一旦采用了亲属原则,情形也就不同了。亲属原则规定了亲子继替,每家得个别打算,化整为零的结果自不能收通盘筹算的便利了。

在分工体系简单的社区中,情形比较简单。譬如在一个地方,每个家庭是一个生活完整的集团,夫妇分工可以对付生活一切要求,家庭和家庭之间没有什么分工;若是一个家庭毁灭了,对于别家可以没有什么影响。这种情形下,没有儿女来继替,至多不过是这一个小单位的消灭罢了。从这单位讲,男的死了,女的不易维持生活,就得改嫁,或是附入别的单位,或是殉葬,换一句话说,把原有的单位毁灭了,也就可以了事。事实上,这种情形在初民社会中是常常可以见到的。死者的财产可以一起葬在地下,或是抛在海里,完事。但是在分工体系比较复杂的社区里,一个人死了,社会上生活相关的其他人还想顺利活下去的话,就不能采取这种消极的办法了。

养　子

积极的办法是找一个人来顶替缺额。说来很简单,可是找谁呢?一种方式就是认领养子。我在第三章中曾讲到生物上的父母和社会上的父母并不一定相同。我也屡次指出,在社会学上所谓父母是偏重于社会性,而不太重视生物关系。这句话在这里还得补充地申说一下。婚姻是为了确立抚育而发生的。亲子关系,亦即是抚育者和被抚育者间的关系,是以婚姻来确立的。所以在任何社区中,孩子必须生在婚姻关系中。说得更彻底一些,一个结了婚的女子才有生孩子的权利,因为这样才能保证出生的孩子有个父亲。在两性关系不十分严格限制在夫妇之间的社会里，在婚姻关系中出生的孩子，在生物上并不一定和他的父亲有生物关系的。可是母子之间的生物关系则比较清楚，所以所谓生物上的亲子关系和社会上的亲子关系不一定相同的情形，容易发生于父子之间，而不常发生于母子之间。以特罗布里恩德岛土人来说，他们可以否认男子在生殖过程中的贡献，但是并不否认女子在生殖过程中的贡献，因为后者是明显的事实，无从否认的。唯一否认生殖作用中母子关系的是《西游记》里的孙行者；甚至和性无涉的耶稣还是有母亲马利亚。

我也已经说过社会性的母亲并不是不能和生物性的母亲不同的，譬如贾探春之于王夫人就是一例。这种情形其实就是我们这里所说的领养了。没有生物关系的父子，只要这孩子的母亲是父亲的妻子，不必要特殊仪式和手续即可认为亲子，因为这孩子是出生于婚姻关系之中的；但不是从妻子身体里出生的孩子，即使确是和丈夫有生物关系的，即所谓私生子，因为不出生在社会所认可的婚姻关系中，若要确立亲子关系，必须经过领养的手续。因之，在我们辨别生物性的父母和社会性的父母时，我们必须考虑到婚姻关系。社会性父母的确立是以婚姻关系为前提的，在婚姻关系之外去确立社会性父母是领养。

在具体的情境中，能不能生育是很难预先决定的，除非配偶中死了一造，另一造没有续弦的意思，才能确定"无后"的事实。而且"无后"的并不一定是出于不能生育，大多是因为孩子先于父母死亡。于是领养在时间上成了问题。若是未雨绸缪，及早领养，自己却又生了孩子，又怎么办呢？若是到了配偶中有一造死了，再去领养，所领的养子在年龄上若是太幼，事实上并不能很快地接替死者的地位和财产。若是养子的年龄相当大,他的生活习惯已经养成,养父或养母是否能满意养子的行为就会成问题。何况,亲子的关系并不只是法律上的承袭,而且需要感情上的联系,因为亲子之间生活上的合作,若缺乏了感情,又会难于融洽。

我在第八章中曾分析过亲子之间的复杂关系。要做像一个父母必须要把孩子看成自我的一部分,任劳任怨,认真负责;他们要代表社会使用权力,把一个小畜牲变成一个社会分子。做儿子的在被管束之下必然会觉得不那么愉快。可是在不愉快的感觉下,还是愿意顺服,即使有仇父的心理,也得遏制到潜意识中去,那是因为另一方面,儿子从小是在母亲的怀里长大,在父亲的眼前过日子,亲密的接触中,发生了感情。在领养过程中,除非从小就领养过来,亲密的感情就不易发生,因之,社会抚育也不易顺利进行了。

领养还有一个困难是养子的选择。有孩子的人家有什么原因要把孩子给人呢?普通情形之下是出于经济的困难,养不活孩子的才想替孩子找一出路。可是要领养孩子的人是否愿意接受呢?假如是从小就领走的,考虑比较少,但也不是没有。比较穷苦的人家在比较富有的人看来,时常不只是社会和经济的较低,而带着一点骨子里的卑贱和生物性的弱劣。中意的不肯给,肯给的又不一定中意,这里不免又要费一番周折了。

这种种困难使自由领养不易成为应付"无后"的通行办法。

过　　继

自由领养既然有困难,领养又走上亲属路线。社会在这方面又预备下一个办法，使任何人在没有亲生的孩子时，都可以得到一个法定的继承者。同时在继承者说这是一种义务，不能拒绝。这样续绝问题才能不致引起过分的麻烦和纠纷。

在我第十一章中已说过利用亲属推广的方法去规定继替的候补者是很方便的，因为这方便，我们也常看见大多数采取亲属原则来规定继替过程的地方，也有依亲疏次序规定过继的办法。我们自己的宗法就是一个例子。我在上章已提到宗法是以多继少的结果。它是依了单系的推广，按行序和辈分，把从一个宗主所出生的子孙排列成的一个亲疏距离的谱系秩序。根据这谱系里的距离，规定近亲过继的办法。譬如甲死了而没有亲生的承继者，他可以依这谱系秩序，按图推到比较最近的下一辈的人来接替。这人在我们社会中是甲的兄弟的儿子。所以每一个人都是他叔伯的候补继替者。在兄弟的儿子中还有更详细的规定。譬如甲是长兄，而没有儿子，次弟乙的长子就有过继的义务，乙没有儿子，再推到三弟丙的长子。若是乙没有儿子，而甲却有两个儿子，甲的次子就有过继的义务。这是因为宗法原则中包含有长子特权的成分在内，长子到长孙是正宗，不能移动的。我在这里并不能详述各种可能情形中的过继办法，这些细节各地可以不同，而且也有规定得不太清楚的地方。在我们乡下，为了过继而起的争执，还是时常发生的。

依了谱系秩序规定了继替的候补办法有很多方便之处。在自由领养中所发生的困难在这里可以不致发生了。从领养的时间上说，可以等到被继替者的死亡，不致再有儿子出生的时候，所以不会发生领了养子又生亲子的窘境。在抚育上，过继的儿子，虽则不是亲生的，但是他既是自己兄弟的儿子，即使不是很早就在一起生活,也是在相近的社会环境中教育出来的,生活方式不致太远,从这方面讲,自是最可能担任儿子的人物了,至少在没有其他比较更适宜的人时是如此。

暂时的改系

以过继的办法来解决续绝的问题,在单系原则下,固然是比较上最方便的办法,可是在续绝时,单系继替和双系抚育的矛盾更是显著。譬如在父系社会中,有女儿而没有儿子的夫妇,若维持单系原则,只有把自己抚育长大的女儿嫁出去,另外用领养或过继的办法去把别人所生的孩子作为自己的继替者。所有的财产,除了在妆奁和赠与的名义下传给女儿外,重要的部分还得给感情上并不像女儿一样亲密的继承者。为了社会继替过程的一贯性,自然只有这样办。可是在只有女儿而没有儿子的人家本身说,本来已不发生双系继替的问题。若是他嫁女之后另外过继儿子,那是因为要维持社会单系偏重的一贯性罢了。在这里我们可以考虑一下这一贯性的问题。

我在第十三章里已说明在继替过程中,双系并重有事实上的行不通之处,所以在任何社会都得指定一系作为继替路线。所以我们有父系和母系之分。若说是父系社会,则指这社会都是以子继父的;若说是母系社会,则指这社会都是以女继母的。这是全社会共同遵守的法则。其实单系偏重并不一定要全社会实行共同的偏重方向,只要每家不把财产和地位分给儿子和女儿,就不致发生双系继替所引起的紊乱了。甲家若采取女系,只要有男子愿意入赘进来，和乙家采取父系，并不相冲突的，只要乙家娶得着媳妇。社会上不采取同一偏重所有的困难并不在继替上的不方便，而是在家庭内兄弟姊妹间容易引起纠纷罢了。留在家里的一方在生活的继续性上比较便利。若是每家都得临时决定儿子抑或女儿谁嫁出去或赘出去的问题，凡属出去的一方面就容易不甘心接受这不利的决定。所以，倒不如社会决定了之后，被歧视的一方面怪不得爹娘，只能自叹命薄。这是社会上单系偏重有一贯性的原因。

只有女儿的人家，即使在父系社会中，却不会发生上述的纠纷了。这时还是要求偏重的一贯性，实际上已没有意义。当然，一旦确立了一贯性之后，实行的人已不再考虑到实行的原因，可以谓求一贯性而一贯了。若是遵守一贯性并不发生其他困难，固然没有不遵守的必要。可是在这里，遵守的结果使实行者在感情上发生冲突。为什么要剥夺自己女儿的继承权而把自己一生辛苦所得到的地位和财产送给并不是自己所生的孩子呢？这问题一发生之后，单系偏重的一贯性也不易维持了。同时，依我的分析，事实上也已经没有遵守这一贯性的必要，所以社会在这方面自没有坚持这原则的理由。

放弃这一贯性最极端的例子是我曾调查过的花蓝瑶。在瑶民中，我已提到过，因为他们土地的狭小，人口有严格的限制，每家只留两个孩子。人口数目要加以限制是容易做得到的，可是所留的两个孩子的性别却没有控制的可能。因之，很可能两个都是男的，或两个都是女的。我虽不知道他们在被赶到山谷里之前的情形是怎样，以目前说，他们男的和女的都可以嫁或赘出去，都可以娶或赘进来，没有分别。只是在一男一女的人家则都是以女的嫁出去，留着男的在家娶媳妇，留一点偏重于父系的痕迹。男女都可以嫁

第十五章 续绝

娶，才能使每家每代都有一对夫妇。人口不增加，土地分配也可以维持不变。但结果却使母系和父系同时分别在各家通行了。若是我们根据一男一女的人家留男嫁女的通则，作为父系的表示，则可说这社会中因继绝的原因，尽量实行了临时改系的办法，推行了入赘的方式。

入赘在我们自己社会中，尤其是西南一带的农村中，是同样很通行的。我知道有一个村子里凡是有女无男的人家没有不是招赘的。而且这村中，有女无男的人家为数很多。在这村中，也有招了赘婿之后，父母又生儿子，姊弟一同留在家里的。还有，因为入赘的风气盛行，有特别能干的长女，即使早有弟弟的，也有招赘的。她所生的儿子有一个姓母姓，其余姓父姓，并不是兼从父母，所以在个别例子中，仍旧是单系的，虽则儿女都留在家，实行了暂时的双系。西南农村中所以发生这种现象，有一部分是出于边省人口流动较大，男子又比女子容易流动。外来男性的移民大量地进入这区域，他们本来已经脱离了自己的父母，不能希望留在家里承继父母的财产。他们入赘做女婿是有得无失。在边区男性的流动和死亡率似乎较高，定居的人家有女无子的可能性较多，这两个原因配合起来，可能使入赘的办法通行起来了。

入赘在中国法律上虽则有合法的地位，但是因为和单系的宗法体系相冲突，在财产较多的上层社会中，不易发生。宗法体系既已准备下过继的候补人，若是认可了入赘，候补人就丧失了继承的权利。财产较多的人家，继承权是早为大家所瞩目的对象。因之，宁可违反在抚育中所养成的亲子感情，得接受宗法规定的过继办法。可是在这种情形中，人事的纠纷是不易避免的。我在这里只能保留给描写人性和制度冲突的小说家去发挥了。

第十六章　亲属扩展

我以上所讲的多少是集中在夫妇和亲子所构成的基本三角之内。当然,我把分析的对象限制在这三角形内是为了方便而已。我已在很多讨论中走到了这三角形的边缘:在论抚育作用时,我曾说,抚育的责任虽则大部分由父母担负,但并不限于父母。我又在论居处的离合和说明母居和父居的意义时,更无法避免提到家庭和家庭之间的关系。在论社会性的断乳时,也涉及三角形的蜕化过程。继替过程本来就是在抚育作用完成时,上一代的家庭怎样交代给下一代的家庭的过程。讨论到这里,要给生育制度一个比较完全的了解,不能不把从抚育和继替各方面所发生亲属的扩展加以综合的叙述。

亲属的建立

亲属是从生育和婚姻发生出来的社会关系。它和生物性的血统关系是不尽相同的。亲属关系的确立虽有一部分是根据血统的生物关系,但并不是必然的,因为在社会关系中"生育"也是社会性的。我已一再说过亲子关系是可以脱离生物关系的。而且,若是根据生物关系来确立亲属,亲属的范围一定是双枝并茂,父母双方

第十六章 亲属扩展

一样重要,但是事实上很少这样的例子。一般说亲属总是单系偏重的。这是说即使在有血统关系的亲属中,还是要加以选择,加以社会的记认。凡属虽有生物关系而没有社会记认的人并不能进入亲属的范围。再说,亲属关系确立的原则中包括婚姻的结合。夫妇是亲属的中心关系之一,配偶的父母兄弟以及他们的配偶,都包括在亲属范围之中。这些亲属显然是没有生物上血统关系的。因之,我们要分析亲属范围的构成,不能从个人的生物基础出发,而应当以家庭这三角结构为起点,去追寻亲属关系扩展的社会因素。

我用"扩展"一词来形容亲属关系的发生过程,是想从动态上来看这现象。亲属的基础,在我看来,是抚育作用,而不是生育事实所引起的生物关系。从抚育作用来看,家庭并不常能包办这任务。家庭不过是完成这任务的基本单位。生活内容的增加,文化水准的提高,使抚育作用推出了家庭的范围。所以我在上文说抚育作用固然常以家庭为中心,但并不限于家庭。抚育作用推到家庭之外,而依生育及婚姻关系的路线时,就形成了亲属。亲属也就从家庭这三角结构中扩展了出去。

事实上,抚育作用的越出家庭这三角结构是很自然的,因为除了少数以家庭单位经营孤独生活的游牧民族外,共同或是密切生活的集团常常是大于家庭。这一点我在论居处的离合时已经说过。一个孩子日常接触的人决不会限于父母和同胞,抚育作用也就在这日常接触中伸长出去,有很多家外的人来分任这事务。

把父母的任务分散一部分给家庭之外的人去担负是事实所必需的。在普通情形中,做父母的可能有时候外出或生病,不能担任这任务,那时就需要有代替的人了。更严重的情形是父母可能死亡。社会上固然有续弦、再嫁等办法来应付这危机。但是在一个破裂了的家庭中，孩子的抚育不能中断，所以社会也得预备下随时可以接替，至少部分地接替这项任务的人，使一个社会中的孩子不致因为父母的丧失能力或死亡而得不到抚育的保证。我在上一章曾提到为了继替，社会上时常指定了继承的候补人；这里所提到的其实和这需要是相配合的，一件事的两方面，在抚育工作上父母之外也有候补的人。我们可以从日常生活和抚育危机中看到把父母的任务分给别人的需要，可是问题是在：怎样把这任务一层层分出去？谁来担负这些任务？根据什么？用什么方法来确立这些责任？

亲属是给抚育任务扩展的一个可利用的原则。当然，可以利用来扩展的原则不只限于亲属。譬如地域上的毗邻也可以引起抚育作用的扩展。可是普通说来，最普遍的确是亲属原则。为什么如此呢？要回答这问题，我又得重提上面已说过的许多话了。抚育是件损己利人的事，要人能接受这损己利人的任务必须有一个前提，就是把自我扩大到被抚育的人。换一句话说，必须具有一个团体性的感情基础。亲属一词就是包含着亲密的感情依恋，共属一体的意思。亲属体系的亲疏也时常就指感情的密切和淡薄。人和人的亲密感情是发生于长期的接触和深刻的了解。以过去和现在的社会说，有长期接触和深刻了解的是在经营共同生活的家庭之间。家庭不但在结构上是亲属的核心，在感情的造成上也是亲属的核心。家庭之间所孕育的感情，在三角结构的延伸中，散成了感情亲密的外围。譬如在一个新家庭形成时，夫妇两人都是来自另外两个家庭的，他们都有曾经共同生活过的父母和同胞。这些人既然一起生活过，虽则在结构上分裂了出来，在感情上还是维持着联系。这种感情的联系正适合于作分担这新家庭所发生的抚育事务的基础。于是亲属关系也成了抚育作用扩展的最方便的路线了。

在讨论到亲属体系之前,我应当先说明,我虽则认为亲属体系的形成基本上是抚育作用的扩展,但是亲属关系一旦确立,常常被利用来做很多其他事情去满足生活上其他的需要,也因为它被这样利用,它的形式也必然受到影响。在分析一个具体的亲属制度时,我们也必须顾到这一方面。

亲属的分类

亲属并不是血统的社会印板,而是为了生活的需要,在因生育及婚姻所联系的许多人中,划出一个范围来,认为是亲属。在亲属范围之内,再分若干类别,每一类规定着一套相互的权利和义务,及特定的态度和行为。每一类亲属有一定的名称,好像伯,叔,舅,姑等。我们可以问:甲和乙是什么亲属关系?回答可以是:他们是叔侄关系,意思是甲是乙的叔父,乙是甲的侄子。"叔""侄"是亲属分类的名词。人们用这些名词来记认甲乙两人间所具权利和义务,应有的态度和行为。当甲乙两人见面时,他们相互有一定的称呼,乙称甲作"叔叔",甲称乙作"某某"(乙的名字)。称呼是亲属间所规定的行为之一,可以和亲属分类的名词不相同的。

亲属分类有一定传统的体系,而且常是依谱系来规定的,好像"叔"是指"父"的"弟","伯"是"父"的"兄"。"父"又有一定意义,是"母的丈夫"。每一个名词都可以归结到生育和婚姻的基本关系上。称呼却不然,我们很可以为了某种原因有意不按亲属分类去称呼,"叫得亲热些"。譬如我的女孩子叫我的姊姊作"伯伯"。按亲属分类我的姊姊是我的孩子的"姑母",但是为了要表示不分男女性别,把我的姊姊叫作了"伯伯"。

再进一步说,亲属称呼甚至可用到没有亲属关系的人身上。我们写信给朋友时总是称兄道弟,见了父亲的朋友来时,恭恭敬敬叫声"老伯"。原因其实是在"叫得亲热一些"。这是将来我要说明的"亲属的层次扩展"。这里我要指出的是亲属名词和亲属称呼是有分别的。称呼是从名词里派生出来的一种亲属间的行为,和礼貌等意义相同。我们在讨论亲属体系时决不应把这两者相混。

亲属名词是根据亲属关系、态度和行为的分类。不同关系用不同的名词来指示。各社会的亲属体系的分类可以有很大的差别。譬如说我们把父亲,父亲的哥哥,父亲的弟弟分为父,伯,叔三类,而英美却只分两类,Father 和 Uncle。在 Uncle 的一类里还包括其他在我们伯叔两类之外的亲属,母舅,姨丈等。舅字在我们传统的亲属体系中却包括着不能包括在英美 Uncle 一类里的亲属,如配偶的父亲。在英美用 Father-in-law 来特指这一类。这个例子说明了各社会亲属体系中分类的殊异。

我刚刚说亲属分类是根据社会事实、人和人间彼此态度和行为的同异而决定的。这说法可以引起一种想法,就是被分在同一类里的亲属和自己相互间所具态度和行为应当是相同的。从理论上说这种想法是合理的。但是这里还有两点要注意。第一是:分类的根据是全部社会关系,还是某一方面的社会关系?譬如说我们若只从颜色来分类,红的布和红的纸可以归在一类里,但是这并不是指布和纸是相同的。第二是:把不同的亲属(依谱系上的秩序说是没有两个人所处的地位完全相同的)放在同一分类里是否想使这些亲属感觉到类似的地位,因而在某些方面发生类似的态度

第十六章 亲属扩展

和行为？换一句话说：亲属分类是否系消极的既存事实的描写，还是积极地造成某种事实的作用？

最先对于这些问题加以深切兴趣的是刘易斯·摩根。他觉得奇怪的是为什么很多地方用了同一的称呼去称不同的亲属。这里所谓不同的亲属是根据谱系秩序而说的。谱系秩序中，父亲的弟弟和母亲的弟弟所处的地位是不同的，但在西洋却都称 Uncle。他觉得不顺从谱系秩序里的地位，硬把它们归入一类，必然有原因的。他进一步认为称呼（在没有文字的土人中，称呼和亲属名词可能是不容易分的，而且以往的人类学家也不常注意到这分别）的相同表示了社会关系的相同，在社会关系中最重要的是婚姻关系。从这假定出发他发现很多有趣的情形了。在北美土人中有些亲属体系对于直系的和旁系的亲属是用同一称呼的；譬如：父亲和父亲的兄弟归入一类，用同一称呼。这种体系他称为类分体系（Classificatory System）。根据上述假定，父亲的兄弟等于父亲，他的配偶都是母亲，父亲和母亲是由婚姻结合的，所以所有称父亲的和所有称母亲的人都有着婚姻关系。这是一群男子和一群女子团体结婚的形式，简称群婚。我在第六章里已提到过摩根所订定的家庭形式的进化阶段。订定的根据就是各地搜集来的亲属分类方式。我也说过摩根事实上并没有发现过一个实行群婚的社会。所以他还得再提出一个假定：一种婚姻方式所形成的亲属分类可以在婚姻方式已经改变之后继续被人沿用，成为一种"遗留下来的风俗"。我们根据此种遗俗就可推见已经消灭的社会形式。

1871 年摩根发表了这见解，过了六年，他出版了著名的 *Ancient Society*（已译成中文《古代社会》）一书之后，这种学说和历史方法曾风靡一时，但是摩根所推测的古代社会的形态，一直没有在现有的各地人民中看见过。我们虽则不能说古代一定没有群婚的情形,可是摩根所根据的假定在理论上却颇有问题。亲属称呼是否是婚姻关系的反映呢? 1901年批评学派的克罗伯发表了一篇极端的论文"亲属与社会组织";认为亲属称呼不过是一种心理的表示,和婚姻、世系、个人间关系等社会组织并无直接关系。换一句话说,在语言上用同一名词来记认的亲属并不一定表示社会关系的同一性。随后,英国的里弗斯在答辩中认为摩根所虚构的进化阶段尽管可以有错误,但是亲属辞汇确是决定于社会组织,这一层道理,不必一定要求证于历史材料,人类学的调查记录有着许多证明(虽则不包括群婚)。

在我看来,两方面都有一部分理由。我已经说明了亲属体系中的四个层次:谱系秩序,亲属名词,亲属称呼,被用到没有亲属关系的人身上的亲属称呼。克罗伯是着眼于后面的两种。尤其是最后那一种亲属称呼的次层扩展,好像我们见了长者称"老伯",写信时写"仁兄大人"等。在这范围里克罗伯的心理表示论最能解释,就是普通所谓"叫得亲热些"的心理动机。可是为什么叫"老伯"是可以表示亲热,更确切一些说,表示尊敬和亲密呢?克罗伯的说法可以解释亲属称呼的扩展作用,但是并不能说明扩展作用的出发点和界限。所谓出发点就是指在用"老伯"来称一个长者之前,必然有一个用伯字来记认的亲属,有一套和这名词相关的态度和行为;我们在"初生情境"里学习得了对被称为"伯"的人尊敬和亲密,然后在需要表示尊敬和亲密的"后生情境"中用着老伯的称呼。而且有些人我们称"老伯",又些人我们不称"老伯"而称"叔叔",每个亲属称呼的扩展有着界限,这界限固然是表示推广某种态度的界限,但是划定这界限的还是社会关系。譬如,我们对于比父亲地位低、年龄小的客人,不称老伯而称叔叔。

第十六章 亲属扩展

若是我们着眼于亲属扩展作用的出发点,我们就遇着了亲属分类的本身问题了。在不同的社会中,扩展作用的基地有大小。譬如美洲土人可以只有家庭关系作基地,把家庭里所用的亲属名词扩展出来,一社区中凡是男性年长的都称作"父亲"。称作"父亲"并不是真成了父亲,而不过是把附着于"父亲"一词上的一部分态度借用来对付这部分人罢了。我们可以在这里问:扩展作用的基地的内容和范围,也就是亲属名词的本身,是怎样决定的?在这问题上,我们不能不采取摩根和里弗斯的见解,求之于社会结构的本身了,虽则我们不应当太偏重了婚姻这一项。亲属的分类并不是根据全部社会关系的差别。亲属体系的形成原则也不是单纯的。所以采取社会观点去解释亲属制度的人必须分别把每种个别体系加以分析,在社会结构中去求到解释。

亲属体系和社会结构

一个地方的社会结构有它构成的原则,这些原则也表现在亲属体系里,亲属体系本来是社会结构中的一部分。拉德克利夫—布朗曾在他《亲属制度研究》(The Study of Kinship System)一文中详细说明这个理论。让我们从摩根所说的类分法说起。这种方式并不一定是群婚制的"遗俗",也可以是同胞原则的表现。一个社会结构若偏重于同胞之间的合作和团结(这种合作和团结并不就是个别家庭的消灭),可以在各种社会制度中表现出来,直系和旁系亲属不在称呼上加以分别,用同一名词来记认的类分法,也就是这原则的一种表现。我们若分析采取类分法亲属体系的社会,一定可以在其他方面看到同一原则的表现。换一句话说，这并不若克罗伯所说的只是一种偶然的独立现象。

从社会结构原则入手来分析亲属体系可以了解很多以前人类学家认为奇异的称呼。我们再举几个例子来说明这种分析方法。摩根在《古代社会》中所称作马来式（Malayan）的亲属体系，就是父母一代的尊长全部依性别统用两个名称相呼，自己一代的也是这样有两个名称，换一句话说，亲属的分类只以性别及辈分作标准。摩根从这种分类方式又推想出一种原始的集体婚姻方式。但是后来经实地调查者的研究，认为我们并不必用想象的婚姻方式去解释这种亲属体系，用当地社会结构中辈分原则的重要性就可以加以说明了。

更有意思的是隔代亲属用同一亲属名词来记认的方式，好像孙子称祖父作哥哥，这种世代交参的社会结构我在第十二章已经分析过。祖孙之间维持着类似兄弟间的亲密关系和亲子间的严肃关系正相对照，祖孙互称兄弟，就在反映这种结构的性质。

又好像非洲东南部有些土人对于前一辈的长者维持着尊敬的态度，但同时对母亲的兄弟（舅）却是例外，他们可以随便向母舅开玩笑。在他们亲属体系中也特别把母舅列出于前一辈的尊长中，归入祖父的一类。在马赛土人中，祖孙两代是维持亲密关系的。但是也有例外，祖父对于孙媳却要回避。在亲属体系中孙媳和子媳归入一类。

以上这些例子可以告诉我们亲属体系是和社会结构有密切关系的。但是这关系并不像摩根和里弗斯所想的那样只限于婚姻或两性关系。而且，我们也可以从上边例子中看见，这种说法和克罗伯的理论也并没有冲突之处，譬如把母舅称作祖父，或是把孙媳称作子媳,就表示了每一个名词附着类似的态度。在一个把社会中人物分成"可亲"和"可畏"的两辈时,凡是在可畏辈分中的例外,就不便用他同辈的称呼,所以得把这些例外提出来,和辈分原则相反的插入另一类里去了。这就是说,亲属名词是附着一定的感情意义。那是和克罗伯的主张相通的。

拉德克利夫—布朗虽则确立了亲属分类和社会结构的关系,但是并没有说明亲属名词的积极的社会作用。那就是我在上面所说的,我们怎样用亲属名词所包含的感情和权利义务,藉语言的力量推广到别人身上,使被推及的人分得这种感情和权利义务。再换一句话说,拉德克利夫—布朗只指出了亲属体系在表现一种社会结构原则,并没有说到,亲属名词的扩展有实现这社会原则的功能。譬如说,在一个社会中,同胞团结是一个基本结构上的原则,可是怎样使同胞间得到团结呢? 为实现及维持这原则,这社会中一定有很多规定的行为,亲属称呼是达到这目的的一种手段。

我们这样的注重亲属名词的创造性,使我们可以更容易解释在同一类别里的亲属对己并不一定有完全相同一致的社会关系。这一点在拉德克利夫—布朗的理论中也并没有指出。譬如说在同胞团结原则中所发生直系和旁系亲属不加区别的类分法称呼中,并不是说其他社会关系也同样地不加区别。在这种社会里,亲生的父亲对于儿女的责任可以比他兄弟对他子女的责任多得多。这是说家庭的三角结构并没有抹煞,虽在称呼上这三角形已埋没在同胞团结原则之下了。从我们看来,这正表示了语言的创造作用。这是想利用在家庭的亲密生活中所养成的称呼来扩展这亲密关系到同胞团体之间,以达到团结的目的。语言不只是事实的复本,而是生活的工具,用来创造人与物间,或人与人间新的关系。

马林诺夫斯基在《文化论》里说得很明白。对于美拉尼西亚一地的现行称呼加以语言学的分析结果,使我深信类分性的称呼法确有一重要及特具的功能。这功能是只有从个人的生命史中所用称呼的意义的发展过程,加以详细分析才能见到。这样称呼是在父母兄弟姊妹的关系中形成的。在家庭中所用的一切称呼都有一定的及个别的意义,而且都是这些称呼尚未推广于他人之前已学会的。父母的称呼第一步推广是及于父亲的兄弟及母亲的姊妹,但在推广到这些亲属时,很明白的是一种隐喻性质,而且称呼本身亦得到了新的意义和原有者不同,不会因之和原来所指的意义相混杂。但是为什么有这种推广呢?因为在初民社会中近亲有一种义务,在嫡亲父母死亡或不能履行其义务时,要代替他们履行,并且在其他情况下亦将分担他们一部分的责任。不过,除非等到正式收养手续完成之后,代行父母义务的近亲并不能取得父母的地位,他们是从来没有完全相混及视作相等的。他们不过是部分的同化。一人对于他人的称呼常是带着相当法律的性质,尤其是在初民社会中为然。……在这里我们用语言上的模拟来推广称呼于有部分相同的亲属。①

又说:"嫡亲父母和那些推广所及的人部分同化而被称作父母的亲属的区别,在具体情况中是很明显的;这部分的相似性,常为语言的称呼及隐喻的象征所夸张。推广类别性称呼的功能是在用推广亲属称呼的隐喻方式以确立各种父母责任的法律关系。"②

马林诺夫斯基从语言的性质说明了亲属名词扩展作用的积极

---

① 费孝通译《文化论》,第26—37页。
② 同上。

第十六章 亲属扩展

创造性。他并没有具体地说明亲属扩展时所走不同的路线和其原因。那是拉德克利夫—布朗所注意的问题了。每个社会因为不同的原因,采取了不同的结构原则,好像同胞原则,辈分原则等;实现这些原则时,亲属扩展成了一个重要的工具。

总结起来说:为了生活的需要建立不同的社会关系,社会关系包括感情和行为的内容。家庭是最早也是最基本的生活集团,因之它是社会关系的养成所。家庭生活中所养成的基本关系,在生活向外推广时,被利用到较广的社会场合上去。个人在家庭之外去建立社会关系最方便的路线是利用原有的家庭关系。这是亲属路线。根据生育和婚姻,每个人都生在一个谱系秩序里。在这秩序中,他因生活的需要分出亲疏,形成一个亲属范围。更因亲疏的程度分成若干基本类别。每个类别有一个亲属名词。有些社会中,家外的社会关系比较简单,所以亲属的基本类别可以只限于家内,父母、兄弟、姊妹等。他们可以直从这基地向外扩展。有些比较复杂的社会中,亲属基地较广,可以包括父母原有的家庭,因之他们基本的亲属名词也较多,在我们中国就有伯叔姑姨舅等词汇。整个词汇表示该社会所记认的亲属体系。从亲属基地出发依着谱系秩序扩展到较广的范围,譬如,父亲的哥哥是"伯父",这是基本的亲属类别。这些基本类别向外扩展,凡是父系,父辈,年较父长的男性亲属(系、辈、年龄、性别均是谱系里的原则)都称作"伯父"时,这是亲属的初层扩展。

我曾分出亲属名词和亲属称呼。亲属名词是亲属关系的定名,而亲属称呼是亲属接触时所用的口头的称呼。这两者在没有扩展之前是相同的,但是在性质比较复杂的实际情境中,称呼的扩展却有更大的伸缩性,而且时常可以有意地弯曲客观的谱系秩序,以示好感,甚至包括毫无亲属关系的人。这是亲属的次层扩展。

笼统说来,初层扩展是权利和义务的扩展,即是马林诺夫斯基所谓法律关系的扩展;而次层扩展则是感情的扩展,近于克罗伯所谓心理的表示。亲属基本类别的建立依赖于社会生活基本团体的广狭而定,初层扩展是以该地社会结构所采取的原则为归依,这是拉德克利夫—布朗所分析的对象。次层扩充和永久性的社会结构的关系较小,而是依当时社会接触的具体情境所需的主观态度而定。

氏　　族

我在第十章论社会性的断乳时曾指出家庭的三角结构是一种暂时的组织。家庭的基本功能既是抚育,抚育的目的就在使孩子们能自立,所以等到任务完成,这个结构也就失去了它的基本功能。但是在抚育过程中,在这团体里共同生活的分子间却结下了亲密的感情,以及很多合作的习惯。这些感情和习惯,一旦养成却并不因抚育作用的完成而消失。一个长成了的儿子或是女儿固然可以脱离原有三角结构而自己去建立一个新的三角,尽管这样独立成家,但是和原有的父母和同胞所具的社会关系总是存在的。凡是有需要合作的时候,这些现存的关系就很容易被利用上了。

我在上章又指出,从另一方面看,抚育孩子的任务时常需要家庭之外的人帮忙,最容易求助到的人就是在同一抚育单位中生活过的人,具有亲密感情和合作习惯的父母和同胞昆伸。这一个圈子就是从家庭扩展出来的第一层亲属。这一个圈子和家庭一般是双系的；父亲的父母和同胞以及母亲的父母和同胞是一样的。这也是亲属双系性的基础。我在第八章里曾说到母舅在抚育作用里的重要性，也就是说在这第一层的亲属里是包括父母双系的。

但是亲属的扩展还要顾到实际生活的情境。一群并不住在一起的人，在生活的互助上必然赶不上一群住在一起的人。我在第七章论亲属居处的离合时曾说到，除了很少例外一个家庭并不能和夫妇双方原来的家庭同时住在一起的。在居处的联系上，必然会发生单系偏重的情形。亲属的扩展是建立在实际生活需要上的。住在一起，或相近的人容易往来，因之也成了亲属扩展的对象。居处联系上的单系偏重影响到了亲属扩展的方面，扩展到的范围也随着有了偏重。

在继替过程中，单系偏重的情形更为显著。为了免除社会的混乱，财产和地位最好是能完整地传下去，那就需要严格地走单系路线。这路线却又和双系抚育里所孕育的人情不合，至多只能做到偏重两字。一旦我们走出实际生活上的互助的范围，用法律来维持的亲属关系，也可称为第二层的扩展，单系原则才充分地表现了出来。氏族是第二层的扩展中所组成的单系亲属团体。第一层的亲属关系是以从家庭生活中余留的感情，以及日常生活上的互助为基础，所以并没有法律性的联系和无形的组织。氏族却不然。这是一个经济和政治性的组织，有共同的利益要保护，有共同的目的要追求，所以有统治的机构，有规定的权利和义务。它可以视作邦国的原始形态，所不同的是氏族是利用亲属关系而邦国是利用乡土关系。

在人类学里有不同的看法。摩根根据了类分法亲属体系推测出集体婚姻的社会组织之后，他更进一步，认为在人类进化史中，氏族的组织是先于家庭而出现。氏族组织发生的原因，在摩根看来是出于早期乱交引起了生物性的弊病，经人类发觉之后，才想出来矫正的方案。乱交可能发生血亲的交配。血亲交配，据当时很多学者的看法，是会使种族孱弱的，那等于中国古时"同姓相婚，其生不蕃"的理论。要避免血亲交配只有实行外婚。外婚的单位是氏族。依摩根的说法，氏族在早期是婚姻的单位，甲族的女子集体和甲族的男子发生婚姻关系（也就是性的关系）。后来，个别婚约代替了集体婚姻，才有个别家庭。

自从摩根提出了氏族先于家庭的问题之后，在人类学界中曾有很多的讨论，一直到现在还有人在辩论。洛伊在他的《初民社会》中对摩根在《古代社会》中所提理论的批评，在我看来是很周到的。① 可是我觉得家庭，亲属，氏族并不必一定要分出历史上的先后来，它们尽可以同时发生，不但不冲突，而且是相成的；一直到现在还是可以并存不悖的。

亲属是一种社会关系，家庭和氏族是两种根据亲属而组成的团体。社会关系规定着人和人相互间一定的行为。社会团体是一群有一定社会关系的人为了某项事务发生分工合作的组织。家庭和氏族所同之点是在它们都是根据亲属关系而组成的，这是说组织的成员是有生育的或是婚姻的关系。但是这两种团体不但结构形态上有差别：家庭是双系的，氏族是单系的；而且各自做不同的事务：家庭是为了抚育，氏族是为了处理经济和政治的事务。

在生育制度里讲氏族，我们不免要偏重到它在监督、管理继替过程上的事务。我在第十一章里曾偶然说到"亲属体系可以说是

---

① 《初民社会》，第七章。

特地为了要用来作有条不紊的继替原则而定下的"。我的意思就是在：若用了亲属原则来规划继替作用，我们必需要一个层次分明的单系亲属谱系。这一层意思我在第十四和第十五两章又加上了说明。若是抚育作用中不牵涉继替作用，在日落生活合作上扩展出来的亲属是双系的，这是我在本章中所谓第一层的亲属扩展。第二层的扩展走上单系的路线的原因是在适合继承作用的需要。

对于继替问题特别关心的就是这些可能继承的人。这些人要保护自己的权利，得监督着继替作用使它按着公认的原则进行，于是这些人有了共同的目的和共同的利益，产生了组织，发生了社会的制裁力来管理这事务。这是氏族。

我说我在这里讲生育制度时不免要偏重氏族的这项任务，因为我顾到氏族还有很多其他和生育制度并不发生直接关系的事务。洛伊叙述氏族组织时曾举西伯利亚的奥斯加克人的例子。他说："氏族中的男子迁徙不相离，很讲义气。富人赒济穷人认为然之理。氏族不独是一个社会单位，而且是一个政治单位；每一氏族有一酋长，他的职位传给儿子或次一等的亲人，他的主要任务为排解争议。若干氏族结合为联盟，联盟之首长称王。奥斯加克氏族，除社会的及政治的性质以外，还有宗教的功能也很重要。每个氏族有其独有之神偈，有法师掌管，有祭祀及其他仪式，氏族中人都来参加。"[①]

洛伊比较了许多不同地方的氏族所做事之后，发觉非但氏族的功能很复杂，而且各地方的变异性又很高。从这变异性引起了一源抑多源的问题。我觉得这些事实的重要性是在说明氏族组织

---

① 《初民社会》，第142页。

所可能做的事务很多，随各地的需要而决定。我在论家庭的功能时也说过，家庭虽则以抚育作用为主，但是时常有许多和抚育作用不相关的事也交给了它去担任。氏族也是如此。而且氏族所包括的人多，所能做的事情更多，结果氏族的功能中，政治的、经济的、宗教的事务远超过继替过程的监督者了。

还有一点应当注意的就是在财产和地位不太发展的社会中，继替过程比较简单，不必有一个管理的组织。在我们中国，有些地方氏族组织在农村里就不很发达；在市镇的地主阶层中，这种组织才形成普遍。这表示氏族并不是一个普遍的组织，因为它所做的基本功能并不是普遍的。这和家庭不同，家庭所担任的抚育作用是基本而普通的，所以洛伊说"双系性的家庭是一个绝对普通的制度；反之，单系性的氏族分布虽广，究竟有个限度。"①

氏族的功能既然以政治、经济、宗教等为主，这些制度的发展也直接影响到了氏族的存在问题。洛伊也说："世界上许多文明民族，如希腊人，从前是经过一个有氏族组织的时期的。但这个事实也许只表示到了某一文明程度，氏族制就要衰颓。"②家庭虽则也是曾吸收了很多政治、经济、宗教等功能，但是它有一个基本的抚育作用守得住，虽则其他的功能已经逐步移了出去，它还是能存在。氏族在生育制度中其实并不是一个必需及重要的组织。它是靠其他功能而得到发展机会的。一旦其他的功能不再利用亲属关系时，氏族也会像一朵花一般地萎谢了。至于氏族其他功能的内容，因为和生育制度没有太深的关系，所以我不想在这里讨论了。

---

① 《初民社会》，第175页。
② 同上。

乡 土 重 建

中国社会变迁中的文化结症

任何对于中国问题的讨论总难免流于空泛和偏执。空泛,因为中国具有这样长的历史和这样广的幅员,一切归纳出来的结论都有例外,都需要加以限度;偏执,因为当前的中国正在变迁的中程,部分的和片面的观察都不易得到应有的分寸。因之,我在开讲之始愿意很明白地交代清楚,我并不想讨论本题所包括的全部,我只想贡献一种见解,希望能帮助我们了解中国社会变迁的方向。我在这次演讲中,并不能把社会各方面,好像经济、政治、宗教、教育等等的变迁情形一一枚举,只愿分析在这些方面所共具的基本问题,也可说是文化的问题。所谓文化,我是指一个团体为了位育处境所制下的一套生活方式。我说一"套",因为文化只指一个团体中在时间和空间上有相当一致性的个人行为。这是成"套"的。成套的原因是在:团体中个人行为的一致性是出于他们接受相同的价值观念。人类行为是被所接受的价值观念所推动的。在任何处境中,个人可能采取的行为很多,但是他所属的团体却准备下一套是非的标准,价值的观念,限制了个人行为上的选择。大体上说,人类行为是被团体文化所决定的。在同一文化中育成的个人,在行为上有着一致性。

讲到这里,我应该特别提出位育这个词。一个团体的生活方式是这团体对它处境的位育(在孔庙的大成殿前有一个匾写着"中和位育"。潘光旦先生就用这儒家的中心思想的"位育"两字翻译英文的 adaptation，普通也翻作"适应"。意思是指人和自然的相互迁就以达到生活的目的）。位育是手段，生活是目的，文化是位育的设备和工具。文化中的价值体系也应当作这样看法。当然在任何文化中有些价值观念是出于人类集体生活的基础上，只要人类社会存在一日，这些价值观念的效用也存在一日。但是在任何文化中也必然有一些价值观念是用来位育暂时性的处境的。处境有变，这些价值也会失其效用。我们若要了解一个在变迁中的社会，对于第二类的价值观念必然更有兴趣。因之，我在这次演讲中将要偏重于这方面，去分析那些失"时宜"的传统观念。

我这里所说的"处境"其实可以代以常用的"环境"一词。但是我嫌环境一词太偏重地理性的人生舞台，地理的变动固然常常引起新的位育方式，新的文化；但是在中国近百年来，地理变动的要素并不重要。中国现代的社会变迁，重要的还是被社会的和技术的要素所引起的。社会的要素是指人和人的关系，技术的要素是指人和自然关系中人的一方面。处境一词似乎可以包括这意思。

对于变迁的概念，我也想作一注脚。变迁是一个替易或发展的过程，从一种状态变成另一种状态。若要描写这过程，最方便的是比较这两种状态的差别。但这是须在后起的局面多少已成形的时候才能有此方便。中国社会变成什么样子，现在还没有人敢说。所以我只能先说明传统的方式。传统的方式不但有记载可按，而且有现实的生活可查；关于新兴的方式则除了可以观察者外，只能参考所采取新的要素在其他社会里所引起的变迁了。我并不愿承认中国从西洋传入了新工具必然会变成和西洋社会相同的生活方式。我不过是借镜西洋指出这可能的趋向。

中国社会变迁的过程最简单的说法是农业文化和工业文化的替易。这个说法固然需要更精细的解释,不能单从字面上做文章,但是大体上指出了中国是在逐渐脱离原有位育于农业处境的生活方式,进入自从工业革命之后在西洋所发生的那一种方式。让我从这一句笼统的说法作出发点,进而说明农业处境的特性和在这处境里所发生的价值观念和社会结构。

中国传统处境的特性之一是"匮乏经济"(economy of scarcity),正和工业处境的"丰裕经济"(economy of abundance)相对照。我所说的匮乏和丰裕,并不单指生活程度的高下,而是偏重于经济结构的本质。匮乏经济不但是生活程度低,而且没有发展的机会,物质基础被限制了;丰裕是指不断的累积和扩展,机会多,事业众(我在《初访美国》中有较长的说明)。在这两种经济中所养成的基本态度是不同的,价值体系是不同的。在匮乏经济中主要的态度是"知足",知足是欲望的自限。在丰裕经济中所维持的精神是"无餍求得"。关于西洋资本主义的发展和"无餍求得"精神的关系,已经由今天的主席Tawney教授分析过,我不必在这里详述。我在这里想用同样方法来分析的是匮乏经济和知足观念的关系。

传统匮乏经济的形成有着许多条件。首先,中国是个农业国家。中国人民的生活多少是直接用人力取给于土地的。土地经济中的报酬递减原则限制了中国资源的供给。其次,我们可耕地的面积受着地理的限制。北方有着戈壁的沙漠,而且日渐南移,黄沙覆盖了农业发祥地的黄河平原。西方有着高山。东方和南方是海洋,农夫们缺乏航海的冒险性。中华腹地,年复一年地滋长着人口,可耕的可说都耕了。悠久的历史固然是我们的骄傲,但这骄傲并不该迷眩了我们为此所担负的代价。这个旧世界是一个匮乏的世界，多的是人，少的是资源。

马尔萨斯的人口论似乎最适合于中国的情势了。但是我却常觉得并不够解释为什么中国人口会这样多，使他们生活程度不能不降得这样低。人究竟不是普通的动物，依着生物原性去增加他们后裔的。中国人口的庞大实在是农业经济所造成的，在利用人力和简单的工具去经营农业的时代，这也许是不能避免的现象。农作活动是富于季候性的。在农忙时节，很短的时间中，必须做完某项工作，不能提早，也不能延迟。若是要保证在农忙时节不缺乏劳力，在每一个区域之内，必须储备着大量人口。农忙一过，农田上用不着这些劳力了，但是这批人口还得养着。生产是季候性的，消费却是终年的事。农田不但得报酬所费的劳力本身，而且还要担负培养和储备这些劳力的费用。农业和工业性质的不同也分出了担负的轻重。表现出来的是人多资源少的现象。

土地所需劳力的分量是跟着农业技术而改变的。若是农业中工具改进，或是应用其他动力，所需维持的人口也可减低。但是，在这里我们却碰着了一种恶性循环。农业里所应用人力的成分愈高，农闲时失业的劳力也愈多。这些劳工自然不能饿了肚子等农忙，他们必须寻找利用多余劳力的机会。人多事少，使劳力的价值降低。劳力便宜，节省劳力的工具不必发生，即使发生了也经不起人力的竞争，不值得应用。不进步的技术限制了技术的进步，结果是技术的停顿。技术停顿和匮乏经济互为因果，一直维持了几千年的中国的社会。

我承认物质生活的享受总是人生的一种引诱。但是我们应当问的，在一个资源有限的匮乏经济中这种引诱会引起什么结果？在村子里，每一方田上都有着靠它生活的人。若是有一个人要扩张他的农田,势非把别人赶走不成。一人的物质享受必然是其他人生活的痛苦。路上的冻死骨未始不就是朱门酒肉臭的结果。人不向自然去争取享受,而在有限的供给中求一己的富裕,结果不免于人相争食。这并不是东方的特色,而是人类社会的基本原则。桑巴克曾说,在资本主义以前的社会通性是"从权力得到财富"。在中国历史上固然不缺乏刘邦、朱元璋之类的人物,但是每个人若都像项王一般,存着"取而代之"的心思,这个社会显然是难于安定了。没有机会的匮乏经济中是担当不起这一种英雄气概的。刘邦、朱元璋究竟是亿万人中的幸运儿,不足为训;历史上读不到的是屈死篱下的好汉。尊荣享受所给的对象是个人,幻灭是社会的混乱。这史实,这教训,这领悟,凝成一种态度,知足安分;一代又一代,知足安分的得到了生存和平安,谁能否认这不是处世要诀?

我这种分析并不想把价值观念只视作客观经济处境的心理反映。观念是文化中不能分的一部分;是一种帮助社会位育处境的力量。在资源有限的匮乏经济里有不知足不安分的人,而且对于物质享受的爱好,本是人性之常,但是这种精神并不能使人在这处境中获得满足,于是有知足安分的观念发生了。这观念把人安定在这种处境里。我并不是在批评这种观念,我不过想了解这观念。

从这个角度里去看传统的儒家思想,可以帮助我们对它的领会。我常觉得我们这位"万世师表"所企图的是在规划出一个社会结构,在这结构中有着各种身份(君臣父子之类),每个人在某种身份中应当怎样想,怎样做。社会结构本是人造的,人造的东西都可以是一种艺术。社会也可以是一种艺术。身份安排定当,大家安分地生活下去,人生的兴趣就在其中——"吾与点也"。这正是像英国的国术足球。球员们从不感觉到球场应当要加宽一些,球得加重一些，或是增加几个球员。他们是安"分"的。他们更不会坚持一套规则只许自己用手，不许人家用手，自己门上装个铁网，人家门前不许守卫。这样做不成了玩球了。人生的鹄的若在"游于艺"的话，我们似乎必须有一套社会结构。这结构的创立固然需要合于艺术的原则，大同之境，而人也必须要有安分的精神。这精神就是"礼"，我很想翻译成英国人民所熟悉的 sportsmanship。Sportsmanship 是承认自己所处的地位，自动的服从于这地位的应有的行为，也就是"克己"。在北平街上，有些门上还可以看到"知足常乐"四字。快乐是人生的至境，知足是达到这境界的手段。

　　我并不知道在传统社会中的中国人是否快乐；但是知足的态度却使他并不能欣赏进步的价值，尤其是一种不说明目的的"进步"。孔子对于生产技术是不发生兴趣的，他是一个在农业社会里不懂农事的人。他的门徒中比较更极端一些的像孟子，劳力的被视作小人了。当时和儒家不太和合的庄子，在限制欲望、知足这一点上是表示赞同的，以"有限"去追求"无限"，怎么会不是件无聊而且危险的事呢？唯一对于技术有兴趣的墨家，在中国思想上所占的地位远不如儒家，这也可以说明在一个劳力充斥的农业处境中去讲节省劳力的技术，是件劳而无功的事。我在这里并不能对中国传统思想多作介绍，我所想的是指出知足、安分、克己这一套价值观念是和传统的匮乏经济相配合的，共同维持着这个技术停顿、社会静止的局面。

　　在这里我想对儒家偏重身份的观念再下一些注释。儒家的注重伦常，有它的社会背景，中国传统社会结构的基础是亲属关系。亲属关系供给了显明的社会身份的基图，夫妇、父子间的分工合作是人类生存和绵续的基本功能所必需的。这些身份比其他社会团体中的身份容易安排,容易规律。而且以婚姻和生育所结成的关系,一表三千里,从家庭这个起点,可以扩张成一个很大的范围。而且在亲属扩展的过程中,又有性别、年龄、辈分等清楚的原则去规定各人相对的行为和态度。在儒家的社会结构中,亲属也总是一个主要的纲目,甚至可以说是一切社会关系的模范。

以亲属关系作结构的纲目是同儒家以礼作社会活动的规模相配合的。礼,依我以上的注释,是依赖着相关各人自动地承认自己的地位,并不是法。法是社会加之于各人使他们遵守的轨道。自动的合作,必须养成于亲密、习惯、熟悉的日常共处中。"学而时习之"的习字,是养成礼的过程。足球的指导员一定明白球员的合作必须经过朝夕的练习。从这个意义上说,礼也很近于哈佛大学Mayo教授所谓 social skill,直译是"社会技术",意译是"洒扫应对"。用普通社会学的名词来说:积极的和自动的合作需要高度的契洽,契洽是指行为前提的不谋而合,充分的会意;这却需要有相同的经验,长期的共处,使各人的想法、做法都能心领神会。换一句话说,人和人之间的亲密合作,不能是临时约定,而需要历史养成。亲属在这方面说正是人和人的历史关系,家庭又正是养成亲密合作的场合。在家庭和亲属关系里,"社会技术"最易陶养,以礼来规范生活的社会也最易实现。儒家想创造一个礼尚往来的理想社会结构,中国原有的亲属组织也就成这结构的底子了。

也许我们可以问这种把社会身份规定住了的结构不是一种保守主义么?从人类文化的物质基础上说也许是这样。但是我觉得儒家并不是反对物质的享受,孔子至少承认富人也可以为善,虽则和穷人为善的方法不完全相同。他对于贫富、财货并不关心,他所关心的是人和人的相处,并不在人对自然的利用。我们若要为儒家辩护,可以说不论人对自然的利用到什么程度,人和人相处相得还是和人生直接有关的问题。对于这问题,人类还得不住地用工夫,求善道。因之,儒家可以有理由对物质享受之道不加关心。不关心并不是疾视,"你去问别人好了"。若是我们从人和人的关系上去看,儒家并不是保守的,而是有理想的,有理想的就不能对现实满意。孔子的栖栖皇皇,坐不暖席,为的是他有理想。社会结构的标准是完整,是大同。这个概念和法国社会学家的前驱 Le Play 和 Durkheim 很相近。大同或是社会完整,很不易加以简单的定义,若是必须要说的话,我认为这是一种社会组织的程度,在这程度上个人觉得和团体相合,而且在作这整体的一部分时,个人从团体中获得他生活需要的高度满足。Durkheim 在他的《自杀论》里反面地说明了不完整社会的形态。在他之前 Le Play 已有 6 册巨著分析工业初期欧洲社会的解组。这两位大师对于英国人类学的影响之深早已显著,但是他们对于现代社会的批判却并没有引起海峡对岸的回响。可是,远隔大西洋的美国,这基本概念,社会完整,却被许多研究工业组织的学者们所重视了,可惜的是数十年中,人类已经受到两次大战的打击了。回念我们被视为古旧的中华文化,几千年来这问题久已成为思想家的主题。东西相隔,我们的传统竟迄今没有人能应用来解释当前人类文化的危机。人类进步似乎已不应单限于人对自然利用的范围,应当及早扩张到人和人共同相处的道理上去了。

我对中国传统秩序已说了不少的话,可是我还只能粗枝大叶地提出一些问题罢了。我这篇话只想说明中国传统价值观念是和传统社会的性质相配合的,而且互相发生作用的。希望并没有引起一种误会,认为我是主张回返传统或是盲目于饥饿的群众。即使我承认传统社会曾经给予若干人生活的幸福或乐趣,我也决不愿意对这传统有丝毫的留恋。不论是好是坏,这传统的局面是已经走了,去了。最主要的理由是处境已变。在一个已经工业化了的西洋的旁边,决没有保持匮乏经济在东方的可能。适应于匮乏经济的一套生活方式,维持这套生活方式的价值体系是不能再帮助我们生存在这个新的处境里了。"悠然见南山"的情境尽管高,尽管可以娱人性灵,但是逼人而来的新处境里已找不到无邪的东篱了。我不反对我们能置身当年情境欣赏传统的幽美,但这欣赏并不应挡住我们正视现实:这一个利用自然动力,机器和庞大组织的生产方法;这人口汇集,车如流水的都市;这财富累积,无餍求得的社会;这疾如流星,四通八达的交通;这已经发现了利用原子能的新世界——回到我最初的命题,这自从工业革命之后在西洋所发生的那一套生活方式,这是一个丰裕的经济。

我并不觉得自己配谈西洋文化,我缺乏分析这新处境所需的知识,但是从别人的著作中看去,似乎工业革命曾在欧洲社会引起过一个很重要的转变;在西洋人民的生活中已有一套新的原则在活动,在若干方面正和我在上面所指出的那种生活方式刚刚相反。当然,我并不是说东方和西方事事相左,我们的白天是你们的黑夜;你们的白天是我们的黑夜。人类文化有着基本的相同点,但是今天我是在讨论变迁,变迁是出自相异。

若是匮乏经济和丰裕经济只是财富多寡之别,东方和西方正可以相邻而处,各不相扰。贫而无谄,富而好施,还是可以往来无阻。但是这两种经济的不同却有甚于此。匮乏经济是封闭的、静止的经济,而丰裕经济却是扩展的、动的经济。工业革命之后的西洋,代表着一个扩展的过程,一个无孔不入的进取性的力量。甘地想从个人意志上立下一道匮乏经济的最后防线,显然是劳而无功。这世界已因交通的发达而形成不可分割的一体,在这一体之内,手艺和机器相竞争,人力和自动力相竞争,结果匮乏经济欲退无地,本已薄弱的财富,因手工业的崩溃、生产力的减少,而益趋贫弱。在这方面说,确是一个弱肉强食的场合。尽管你可以瞧不起锦衣玉食,但是当饥寒交迫的时候,谁也不能不承认生活确是有一道物质基础的。当经济的竞争把人推到不能不承认物质生活的重要时,怎能不憬然醒悟最初不重视物质生活的失策了。

即在东西接触之初,西学的实用是早经公认的了,我们可以很简单地说,直接使东方受到患难的是西方的武器和生产技术。这就是"西学为用"的用的方面。在学习和接受西学之用的方面时,我们逐渐发现了用和体是相关联的,是一套文化。技术是人利用自然的方法,重视技术,发展技术是出一种人对自然的新关系。匮乏经济因为资源有限,所以在位育的方式上是修己以顺天,控制自己的欲望以应付有限的资源;在丰裕经济中则相反,是修天以顺己,控制自然来应付自己的欲望。这种对自然的要求控制使人们对它要求了解,于是有了科学。西学确是重于人和自然的关系,根本上脱不了利用厚生之道,是重"用"的。但是这偏重的背后却有一种新的看法,这看法规定着人在宇宙里的地位,是出于西洋宗教的基源。这一点,今天的主席 Tawney 先生已经分析过,不必重述。我想指出的是在基督教传统中所孕育的那种无餍求得的现代精神,只有在一个丰裕经济中才能充分发挥,成为领导一个时代的基本力量。我在论匮乏经济时曾指出一种循环:劳力愈多,技术愈不发达,技术愈不发达,劳力也愈多;在丰裕经济中也有一种循环;科学愈发达,技术愈进步,技术愈进步,科学也愈发达。到现在至少已有一部分人感觉到，科学发达得太快，技术进步得太快，人类已不知怎样去利用已有的科学和技术来得到和平的生活了。这两种循环比较起来，前者已造成人类的贫穷，后者已造成了人类的不安全，都可以说是恶性的。

中国传统文化中不发生科学，决不是中国人心思不灵，手脚不巧，而是中国的匮乏经济和儒家的知足教条配上了，使我们不去注重人和自然间的问题，而去注重人和人间的位育问题了。我不敢说在人事上中国传统文化是否有很大的造就，但是在科学上没有发达，那是无法否认的。一直到现在我还是不敢说中国的科学已有基础。我怀疑在中国经济得到解放之前科学在中国是会入土滋长的。我们要知道过去100年东西的接触，并没有造下中国能在本土发达科学的处境。这远东的大国至今不过是西洋工业的市场，本身并不是一个工业的基地。我似乎觉得工业化和科学化是相配的，分不开的。日本工业发达之后，科学上的成就并无逊于西洋，是一个很好的证据。中国经历了100多年，在接受西洋文化上还没有显著的成效，在我看来，是在我们匮乏经济的恶性循环并没有打破，非但没有在经济上得到解放，反而因为和现代工业国家接触之后，更形穷困。在这生产力日降，生活程度日落的处境中，绝不会有"现代化"的希望的。

在接受西洋生产技术的过程中，还有一种困难，我愿意在这里加重地提到，那就是利用现代技术的社会组织。在西洋，因为现代技术的需要产生了集中的工厂。工厂在中国都市里也发生了，机器也装上了，工人也招来了。虽则在规模上比不了西洋，但是这新的生产组织至少也传入了中国。中国乡土工业的崩溃使很多农民不得不背井离乡地到都市里来找工做。工厂里要工人，决不会缺乏。可是招得工人却并不等于说这批工人都能在新秩序里得到生活的满足。有效的工作，成为这新秩序的安定力量。依我们在战时内地工厂里实地研究的结果说，事实上并不如此（可参考史国衡著《昆厂劳工》）。我们认为在中国现代的工厂里，扩大一些，现代的都市里，正表示着一种社会解组的过程，原因是现代工厂的组织还没有发达到完整的程度。

我在上面已说过社会完整的意思。在完整的社会里社会所要个人做的事，养孩子，从事生产，甚至当兵打仗，个人会认真地觉得是自己的事。这就是我所谓"个人觉得和团体相合"的意思，要使人对于社会身份里的活动不感觉到是一种责任，而是一种享受——孔子所谓"不如好之者"的境界——至少要先使人对于他所做活动和自己生活的关系有认识；活动、生活、社会三者要能结合得起来。这里，在我看来，必须要一个完整的人格，就是个人的一举一动都得在一个意义之下关联起来，这意义又必须要合于社会所要求于他的任务。现代技术的发达在社会组织的本身引入了一个"超人"的标准，那就是最小成本最大收获的经济律。在这标准之下，再加上了机械活动的配合律，串成一套生产活动，支配这活动的最终目的并不是参加活动者的个人目的，甚至并非社会的目的，而是为生产而生产，为效率而效率的超于人的目的。资本主义的不断累积，是出于积财富于天上的动机。

在这种活动体系中，一个工人实在不易了解在这体系中他个人活动的意义何在，除了从这活动中所得到的报酬。他们能吸收到个人生活体系中去的只是这报酬，并不是活动的本身。他们对于活动本身并不发生兴趣，没有乐趣，更谈不到"好之"的境界。于是在现代工业里的劳工最主要的要求是，少做工，多得报酬，这还是欧美劳工运动的基本目标。在社会学的观点上看，是社会解组的现象，因为这里充分表现了社会缺乏完整。Le Play 和 Durkheim 很早的见到这个趋势，感觉到人类社会的危机。

西洋这社会解组的趋势并没有很快地走上危机，因为现代技术虽则一方面打破了社会的完整性，但是另一方面却增进了一般人民的物质享受。而且他们有充分的时间，逐步地用"法"把社会关系维持下去。基督教和罗马法本是西洋文化的两大遗产，和现代技术结合，造成了个人资本主义的一种文化。在中国，现代技术并没有带来物质生活的提高，相反的，在国际的工业竞争中，中国沦入了更穷困的地步。现代技术所具破坏社会完整的力量却已在中国社会中开始发生效果。未得其利，先蒙其弊，使中国的人民对传统已失信任，对西洋的新秩序又难于接受，进入歧途。

在歧途上的中国正接受着一个严重的试验。我当然希望欧美的文化既已发生了现代技术，能百尺竿头，再进一步，创造出一个和现代技术能配合的完整的社会结构。这可以使在技术上后进的东方减轻一些负担。但是我不能不怀疑现在这种结构已经存在，虽则我愿意承认社会主义在英国的出现确表示着对这方向的迈进。以往只在技术上求发明，而忽略各社会组织上求进步和配合，不能不说是人类历史上的憾事。我们的传统，固然使我们在近百年来迎合不上世界的新处境，使无数的人民蒙受穷困的灾难，但是虽苦了自己，还没有贻害别人。忽略技术的结果似乎没有忽略社会结构的弊病为大。若是西方经过了这两次大战而不觉悟到非注意到人和人的关系时，我想也许我们几千年来在这方面的研讨和经验，未始没有足以用来参考的地方。在这里我记起 Radcliffe-Brown 教授的话，他发挥了社会人类学的理论之后，在中国的一次旅行中,发现了荀子的著作里有着不少和他相同的见解。在欧洲曾有过一次文艺复兴,为这现代文化开了一扇大门,我不敢否认世界文化史中可能再有一次文艺复兴。这一次文艺复兴也许将以人事科学为主题,中国和其他东方国家传统可能成为复兴的底子。我不必在这方面多作猜测,在我们中国立场上讲,我们只有承认现在有的弱点,积极地接受西洋文化的成就,但是我们也应当明了怎样去利用现代技术和怎样同时能建立一个和现代技术相配的社会结构是两个不能分的问题。若是我们还想骄傲自己历史地位,只有在这当前人类共同的课题上表现出我们的贡献来。

中国社会变迁,是世界的文化问题。若是东方的穷困会成为西方社会解体的促进因素,则我们共同的前途是十分暗淡的。我愿意在结束我这次演讲之前,能再度表达我对欧美文化的希望,能在这次巨大的惨剧之后,对他们文化基础作一个深切的研讨,让我们东西两大文化共同来擘画一个完整的世界社会。

  1947年1月30日在伦敦经济政治学院学术演讲稿

乡村·市镇·都会

相成相克的两种看法

对于中国乡村和都市的关系有相成和相克的两种看法：

从理论上说，乡村和都市本是相关的一体。乡村是农产品的生产基地，它所出产的并不能全部自消，剩余下来的若堆积在已没有需要的乡下也就失去了经济价值。都市则和乡村不同。住在都市里的人并不从事农业，所以他们所需要的粮食必须靠乡村的供给，因之，都市成了粮食的大市场。市场愈大，粮食的价值也愈高，乡村里人得利也愈多。都市是工业的中心，工业需要原料，工业原料有一部分是农产品，大豆、桐油、棉花、烟草，就是很好的例子。这些工业原料比粮食有时经济利益较大，所以被称作经济作物。都市里工业发达可以使乡村能因地制宜，发展这类经济作物。另一方面说，都市里的工业制造品除了供给市民外，很大的一部分是输入乡村的。都市就用工业制造品去换取乡村里的粮食和工业原料。乡市之间的商业愈繁荣，双方居民的生活程度也愈高。这种看法没有人能否认。如果想提高中国人民生活程度，这个乡市相成论是十分重要的。中国最大多数的人民是住在乡村里从事农业的，要使他们的收入增加，只有扩充和疏通乡市的往来，极力从发展都市入手去安定和扩大农业品的市场，乡村才有繁荣的希望。

但是从过去历史看，中国都市的发达似乎并没有促进乡村的繁荣。相反的，都市兴起和乡村衰落在近百年来像是一件事的两面。在抗战初年，重要都市被敌人占领之后，乡市往来被封锁了，后方的乡村的确有一度的（即使不说繁荣）喘息。这现象也反证了都市和乡村实在害多利少。这个看法若是正确的，为乡下人着想，乡市的通路愈是淤塞，愈是封锁，反而愈好。

这两种看法其实都是正确的，前者说明了正常经济结构中应有的现象，后者说明了中国当前经济畸形发展的事实。让我先分析一下为什么在中国应当是相成的经济配偶会弄得反目相克的呢？

传统市镇并非生产基地

第一我们应当了解的是乡市的差别在中国并不是农工的差别。在传统经济中，我们的基本工业是分散的，在数量上讲，大部分是在乡村中，小农制和乡村工业在中国经济中的配合有极长的历史。孟子已经劝过人家在田园四周种些桑树，意思是农业本身并养不活农场极小的人家，唯一的求生方法是兼职，农闲的时候做些手工业。基本工业分散的结果，乡市之间并不成为农工的分工了。乡村是传统中国的农工并重的生产基地。它们在日常生活中保持着高度的自给。惯于降低生活来应付灾荒的乡下老百姓，除了盐，很可以安于自给自足的经济，虽则这种自给自足的经济必然是匮乏的。

在乡村里生产者之间,各人所生产的东西可能并不完全相同,于是需要交换。这种贸易在大部分的中国到现在还是在日中为市式的"街"、"集"等临时集合的摊子上进行的。街集之类的贸易场合里甚至还有直接以货易货的方式,即是以货币作媒介的,货币也常只是价值的筹码;带着货物上街的人,还是带了其他货物回家的。乡村里很大部分的贸易活动就到这类街集为止。

在比较富庶的地方,这类街集集合的时间可以频繁些,频繁到每天都有,更在这些集合的场所设立了为憩息之用的茶馆,为收货贩运者贮货的小仓库——成了一个永久性的小市镇。我愿意相信这类从乡村贸易需要里产生的小市镇在中国各处都有,但是中国很多较大的市镇却并不都是这样兴起的。

中国人口的繁殖,使乡间的劳力过剩。过剩的劳力在只有农业和小规模的家庭手工业的传统经济中并不能离开乡村,他们尽力地以降低生活程度为手段向别人争取工作机会。劳力成本的降落,使一部分稍有一些土地的人付出很低的代价就可以得到脱离劳作的机会了。他们出租了土地,自己就离乡住入较为完全的城里去。在乡间做个小小富翁并不是件太安心的事,那是我们中国人的普通经验,用不着我来举例作证的。那些地主们在他们住宅周围筑个城墙,可以保卫。他们有资本可以开典当铺,可以在谷贱时收谷,谷贵时卖谷,可以放高利贷,可以等乡间的自耕农来押田借谷,过一个时候贱价收买。Tawney 教授曾说:那些离地地主和佃户的关系其实是金融性质的。我想我们很可说,这类市镇所具的金融性质确在商业性质之上,至于工业实在说不上。在这类市镇中,固然有兼做大户人家门房的裁缝铺,有满储红漆嫁奁的木匠铺，有卖膏丸补药的药材铺，有技术精良专做首饰的银匠铺——这些只是附靠着地主们的艺匠，与欧洲中古封主堡垒里那些艺匠的性质相同。

这些市镇并不是生产基地，他们并没有多少出产可以去和乡村里的生产者交换贸易。他们需要粮食，需要劳役，可是他们并不必以出产去交换，他们有地租、利息等可以征收。乡村对于这些市镇实在说不上什么经济上的互助，只是一项担负而已。

乡村靠不上都会

自从和西洋发生了密切的经济关系以来，在我们国土上又发生了一种和市镇不同的工商业社区，我们可称它作都会，以通商口岸作主体，包括其他以推销和生产现代商品为主的通都大邑。这种都会确是个生产中心。但是它们和乡村的关系却并不是像我们在上节所提到的理论那样简单。我已说过中国传统经济中曾有很发达的手工业，技术上当然很差，出品也不漂亮，但是却是乡下老百姓的收入来源。现代都会一方面把大批洋货运了进来，一方面又用机器制造日用品。结果是乡村里的手工业遭殃了。现在到乡村里去看，已经没有多少人家自己纺纱织布了。都会兴起把乡村里一项重要的收入夺走了。如果乡村里农业因之繁荣了，手工业的崩溃并没有什么关系。可惜的是农业并没有因都会兴起而繁荣起来。都会里确是需要粮食。需要增加，粮食价格不是也可以提高了么？不然。中国的现代交通只沟通了几个都会，并不深入乡村。这种特殊的，有人说这专门是为推销洋货而设计的交通系统，的确会发生向海外运粮食比向国内产粮食的乡村中去购买和运输为便宜的事情。而且,在都会和乡村之间还隔着一个市镇。

西洋货实际上运到乡村里的并不多。牙刷、牙膏之类当然用不着,就是布匹还是以洋纱土织的居多。乡下老百姓决不是和外汇发生直接关系的人。中间有市镇挡着。市镇上这些不事生产的地主们,在享乐一道上是素有训练的。他们知道洋货的长处。他们把从乡村里搜来的农产品送入都会,换得了洋货自己消费了。乡下的生产者并没有看到洋货的影子,看到了也买不起。乡村里的老百姓本来靠手工业贴补的,现在这项收入没有了,生活自然更贫穷了。他们不能不早日出售农产物,不能不借债,不能不当东西,结果不能不卖地。从与日俱增的地租、利息——且不提因政治而引起的摊派、捐税、敲诈——使他们每年留在乡村里自己消费的产物一天减少一天,大批无偿地向市镇里输送。在市镇里过一道手,送入都会。市镇里的地主的享受增加了,但是乡村的血液却渐形枯竭。

这个分析,说明了在中国的过去和现在,乡村和都市(包括传统的市镇和现代的都会)是相克的。如果我们不能改变这个局面,将来也还是这样。所谓相克,也只是依一方面而说,就是都市克乡村。乡村则在供奉都市。在这情形下,乡村没有了都市是件幸事,都市却绝不能没有乡村。我们若了解这一点,我们才能明白为什么在抗战时期,后方乡村有过一度喘息的机会,为什么工合运动可以很快地发展。我们也才能明白为什么很多地方的老百姓并不因目前军事把乡村和都市隔断而发慌。这是乡村里的老百姓所求之不得的。乡村和都市一隔断,受打击的是都市。以往近百年来,都市并没有成为一个自立的生产基地,主要的是洋货的经纪站。洋货固然没有大量地流入乡村，但是用来换取洋货的土产却几乎全部靠乡村供奉的。供奉的来源一断，除了不受偿的救济品和借来的东西外，洋货是进不来了。现在我们似乎已碰着了这个僵局。

都市破产、乡村原始化的悲剧

自从现代交通纵贯南北的路线打通了由自然地形所划分的三大流域之后，南北朝的局面在今后历史上已不易有出现的机会。可是这都市和乡村间近百年来所累积的矛盾却终于暴露了一种新的裂痕，点线和面脱离了政治和经济的联系。在短期看，乡村离开都市可以避免农产品的大量外流，使乡下老百姓在粮食上不致匮乏以致饥荒。这本是一种消极性的反应，因为乡村一离开都市，它们必须更向自给自足的标准走。自给自足得到的固然是安全，但是代价是生活程度更没有提高的可能。回复到原始的简陋生活，自然不是解决中国经济问题的上策。可是我们也必须承认，乡村的宁愿抛离都市，老百姓宁愿生活简陋，原因是都市在过去一个世纪里太对不起乡村了。先夺去了他们收入来源的手工业，他们穷困了，更乘人之急，用高利贷去骗取他们的土地，最后他们还剩些什么可以生活的呢？乡村若决心脱离都市，对它们短期间并不会有比以往更苦的遭遇；但是都市却不能没有乡村。所以问题是发生在都市里。

都会工商业的基础并不直接建筑在乡村生产者的购买力上，现代货物的市场是都市里的居民。这些人的购买力很大部分倚赖于乡村的供奉。乡村的脱离都市最先是威胁了直接靠供奉的市镇里的地主们，接下去影响了整个都市的畸形经济。为了都市经济的持续，不能不利用一切可能的力量去打开乡村的封锁了。愈打，累积下来的乡市矛盾暴露得更清楚，合拢机会也更少。

中国的经济决不能长久停在都市破产、乡村原始化的状态中；尤其是在这正在复兴中的世界上，我们的向后转，可能在很短时间里造成经济的陷落，沉没在痛苦的海底。怎样能使乡市合拢呢？方向是很清楚的，那就是做到我在本文开始时所说的一段理论，乡村和都市在统一生产的机构中分工合作。要达到这目标，在都市方面的问题是怎样能成为一个生产基地，不必继续不断地向乡村吸血。在乡村方面的问题，是怎样能逐渐放弃手工业的需要，而由农业的路线上谋取繁荣的经济。这些问题固然是相关的，但是如果要分缓急先后，在我看来，应该是从都市下手。在都市方面，最急的也许是怎样把传统的市镇变质，从消费集团成为生产社区，使市镇的居民能在地租和利息之外找到更合理、更稳定的收入。这样才容易使他们放弃那些传统的收入。这些市民应当觉悟，世界已经改变，依赖特权的收入终究是不可靠的，等人家来逼你放弃，还不如先找到其他合理的收入，自动放弃来得便宜。中国是否可以像英国一般不必革命而得到社会进步，主要的决定因素就在这种人有没有决心。

乡村和都市应当是相成的，但是我们的历史不幸走上了使两者相克的道路，最后竟至表现了分裂。这是历史的悲剧。我们决不能让这悲剧再演下去。这是一切经济建设首先要解决的前提。

1947 年 4 月 20 日于清华新林院

论 城·市·镇

我觉得,我们对于城乡关系问题的讨论,已经到了对这有关的双方——城和乡——的性质在概念上应当作更进一步加以详细检讨的时候了。记得我最初写《乡村·市镇·都会》的那篇短文中,就已感觉到应当把我们通常归入"城"的一类的社区,加以分别成"市镇"和"都会"两种形式,我那时的看法多少带了一点历史的观点,就是把没有受到现代工业影响的"城"和由于现代工业的发生而出现的"城"分开来说,前者称之作"市镇",后者称之作"都会"。半年多以来,参考了许多朋友们的讨论,我已觉得这种分类还不够,不够的意思是说,依这分类,每个形式中还有值得再加以分类的"次形"。换一句话说,在原来所分出的形式中,还包括若干在某些方面性质相异的社区。当我们讨论时,如果不在概念上有清楚的规定,很容易因为用同一名词指着不同对象而发生混淆。我在本文中,想对于"城"这一类社区加以分析,希望能有助于今后的讨论。

人口与城乡

怎样的社区才能算是一个"城"?这问题是很不容易确切回答

的。美国人口局规定 2 500 人以上集居的社区称之为"城"city，以别于乡。凡是居民超过 10 万人，其中至少要有 5 万人住在"市区"，近郊的区域的密度每方里 150 人以上的社区，称作"都会"metropolitan district。若干社会学家对于这类规定并不同意，但又没有一致的看法。譬如，Mark Jefferson 认为人口密度须每方里在 1 万人以上才能构成城市，而 Walter. F. Willcox 却认为 1 000 人已足。无论他们所规定的数目多大出入，有一点是相同的，就是根据人口密度区别"城"和"乡"。

究竟人口密度要高到什么程度才算是够得上构成城市社区的资格？依我看来，这里并没有一个绝对的标准，譬如中国有很多省区的平均人口密度已超过每方里 500 以上的（山东 615；浙江 657；江苏 896），这些省区里有些地方据说每方里人口可以达到 6 000 的，成都平原平均密度就在 2 000 以上。如果依 Willcox 的说法，这些都可称作城市社区了。这种说法显然和常识不合。如果各地的标准不必一律，问题也就发生了"怎样去决定每个地方的标准呢？"这问题也说明，单以人口密度一项来看是不能用来区别城乡了。

从人口角度去区别城乡，其实并不只是一个数量和密度的问题，而是分布的问题。这是说，人类经济生活发展到某一程度，一个区域里会发生若干人口密集的中心地点，像一个细胞中发生了核心。一个区域的核心就是"城"，核心的外围人口密度较低的地带是"乡"。如果我们对照着核心和外围来看，数量和密度上确有显著的差别，但是差别的程度却依人口集中的程度而决定，并没有一定的标准。因之我们要讨论城乡的区别就得先分析人口为什么会发生集中的形态。

在自给经济中，不论是采集、渔猎、游牧或是农业，每个生活单位可以孤立地存在时，一个区域里散布着类似的集团，并不需要有细胞核心形的中心地点。各个生活单位是一个简单的细胞，并不和他单位合组成一个共同的细胞。它们尽可以鸡犬相闻而不相往来。

单以农业的区域来说，如果没有其他原因，纯从耕种技术上的需要，每个农家最好是住在他所经营的土地上。这样他们可以免于运输和往来的跋涉，而且易于看守他的田地——这是散居式的社区。美国的农家大多还是散居式的，和我们聚居的村落不同（但在四川，因为地形和历史的原因，还可以看到散居的形式），经济上充分自给的农家聚居在一个地点构成村落，并不是出于耕种技术上经济的需要，而是出于社会的需要，主要的是亲属的联系和安全的保卫。在一个兄弟平均继承土地的社会中，一个农家经历了几代就可以长成一个小小的同姓村落。如果这地方的四围还有可以开垦的土地，这种村落也可以继续长大。亲属的联系使他们在一块儿居住。土地和居住地点距离增长，在经济上说是不利的。但是集居却在自卫上有其利益。农业的人民是很容易受到侵略的，除非在安全上有着保障，不必自卫，妇孺老幼加上存贮的农产品最好是集中在一个容易保卫的地点，周围加上一些防御工程，成为一个"村落"。

在我们各地乡村的建筑上很可以看得出自卫的性质。在山区不易有较大村落的地方，分散的农家常常建筑近于堡垒式的住宅，至少向外是没有窗的。在较大的村落里也有在中心区筑了围墙，在必要时居民可以撤退到这围墙之内去，每家的农产品在必要时也可以集中到这类堡垒里去。在安全较为可靠的江南乡村中，人数多，河道可以封锁的情形下，房屋的建筑式也改变了，每家并没有个别的围墙,窗门可以开向通路。

这一类多少是自给的生活单位的聚居,不论人数有多少,在性质上并不能构成我们普通所谓"城"。"城"的形成必须是功能上的区位分化,那就是说,有一个赋予某种特殊社区功能的中心区。换句话说,为了功能分化而发生的集中形式。

衙门围墙式的城

说到这里,我想把以上统称的"城"字予以较狭的定义了。我想把这字用来指一个区域的政治中心。"城"字本意是指包围在一个社区的防御工事,也即是城墙。如我上面所说的,实际上这类防御工事可以有大有小,小到一家、一村,但是我们称作"城"的却又常限于一种较大规模的防御工事,它所保卫的是一区域的政治中心。城墙的工程浩大,费用繁重,不是被包围在内的人民所能担负的,它须是一个较大区域中人民共同的事业。除了凭借政治力量,为了政治的目的,这种城墙是建筑不起来的。

"城"墙是统治者的保卫工具,在一个依靠武力来统治的政治体系中,"城"是权力的象征,是权力的必需品。因之,"城"的地点也是依政治和军事的需要而决定的。在皇权代表的驻扎地点必然要有一个保卫的"城"。有时几个县的政府合住在一个城里,所以城墙其实是衙门的围墙。在云南,我们可以看得很清楚,县城的形势是:一半在居高临下的山丘上,一半在平地里,这是易于防守的形势。在没有山丘可以筑城的地方,沿城要掘一道环城的水道,也就是所谓"池"。城池是连成一个名词的。这条水沟也称隍,"城隍老爷"也是政治权力的象征。在城内，都有一些可以种植的田地；就是像北平、南京、苏州等一类大城，也有它的农业区。这些田地被围在城里，可以供给居民必要的菜蔬和其他不易贮藏的农产品。不但在历史上我们常读到长期守城待援的事例，就是在我们自有的经验中，城门也有时会阻碍经常的出入，那时城里的田园的重要性就显著了。最理想的"城"是一个能自足的堡垒。

这种城区在人口上并不一定比村落为多为密。在云南有许多县城，譬如呈贡，在人数上较附近的村子为小。但是这种有着较坚固防御工事设备的城区有它吸引人口的力量。许多脱离劳作不必经常在乡村里居住的拥有较易注目的财富，而且继续和农民维持剥削关系的地主们，在乡村里住着并不安全。他们就被吸收到这类"城"里去了。从积极方面说，他们要维持剥削关系必须凭借政治势力，必要时得动用政府的武力，靠近政治中心居住可以使他们和政府的关系拉得紧些。地主们集居到这类城里来了之后，增添了这类社区的经济特色。他们在四乡带来了财富，而且经常的依靠地租，吸收着四乡的农产品。这笔财富一部分是被地主们所消费了，一部分被利用来成为继续吸引四乡财富的金融力量。

为了地主消费的需要在城里或城的附近发生了手工业的区域。他们从事于各种日用品的生产，供给地主们消耗。地主集中的数目多，财富集中的力量雄厚，这类手工业也愈发达，手艺也愈精细，种类也愈多。成都、苏州、杭州、扬州等可以作这类"城"的最发达的形式。为了各个城里货物的流通，以及各地比较珍贵的土产的收集，在这种城里商业也发达了起来。这种城的经济基础是建筑在大量不从事生产的消费者身上，消费的力量是从土地的剥削关系里收吸来的。

地主们除了从地租获得他的收入之外还利用他的资本作高利贷、典当、米行等一类金融性质的活动来增加对乡村的吸血。我在云南一个县城里调查高利贷活动的情形时，有一位熟习这情形的朋友告诉我："城里这些人全是放债的。"这句话并非完全系事实，只是指放债的人很多的意思。典当是高利贷的一种方式。米行在性质上也富于金融性质，在谷贱时向乡间收米，米贵再卖给乡间；但是也有一部分是卖给城里的工人，以及运往其他地方去的，是一种商业。而且乡间出卖的是谷子，到了城里才碾成米。碾米的工作，有时用水力，现在已大多用柴油机和电机，是最基本的农产品加工的作坊工业。因之，在这类城里也有这类作坊工业。

不论附属于"城"的工商业怎样发达，在以地主为主要居民的社区里，它的特性还是在消费上。这些人口之所以聚集的基本原因是在依靠政治以获得安全的事实上。

贸易里发达出来的市和镇

乡村里农家经济自给性固然高，但并不是完全的，他们自身需要交换，而且有若干消费品依赖于外来的供给，这里发生了乡村里的商业活动，在这活动上另外发生了一种使人口聚集的力量。这种力量所形成较密集的社区我们可以称之为"市"，用以和"城"相分别。

在中国内地还通行着临时性的市集，各地方的名称不同：街、墟、集、市——但都是指以生产者之间相互交换为基础的场合。生产者并不需要天天做买卖，所以这类市集常是隔几天才有一次，在云南普通是6天一街。赶街的那一天，各村的乡民提着他们要出卖的东西上街，再用卖得的钱去买他们所要的东西。街子有大小（依交通方便和附近人口的数目而定），大的可以有几万人，昆明附近的龙街、狗街、羊街等都是这种大街子。在高地望下去，像个人海，挤得真是摩肩接踵。但是这种热闹场面并不是长久的，一到太阳偏西，一个个又赶着回家；黄昏时节，只剩下一片荒场。

街子式的市集并不构成一个经常的社区，它不过是临时性的集合，本身只是一个地点，依着交通的方便而定。为了要容得下大量的人数，所以这地点必须有一个广场。但是商业活动逐渐发达，市集的集合逐渐频繁，在附近发生了囤积货物的栈房。居民需要外来货物的程度提高了，贩运商人不必挑了货担按着不同市集循环找卖客，商店也产生了。从商业的基础长成的永久性的社区，我们不妨称之作"镇"。

在太湖流域，水道交通比较陆路交通方便，镇也特别宜于发达。在我所调查过的江村，有着一种代理村子里农家卖买的航船。一个航船大概要服务100家人家。每天一早从村子里驶向镇里，下午回村。我所观察过的镇经常有几百个航船为几万农家办货。镇里的商店和个别的航船维持着经常的供应关系。这样大的一个消费区域才能养得起一个以商业为基础的镇。这种镇在内地是极少见的。

市镇和城不但在概念上可以分开，事实上也是常常分开的。在云南这种情形可以看得很清楚。昆明这个大城的附近就围绕着六七个很大的街子。当然昆明城里的商业也很发达，但是这不是乡民所倚赖的市场。正义路上的百货公司的金店，晓东街的美货铺面，甚至金碧路上的广货和越货店——它们的顾客是昆明的居民以及各县城里来采办的商贩,不是四乡的农民。农民的商业不在昆明,而在昆明附近的街子上。

更清楚的是在居民不多的县城里。以昆明南的呈贡说,县城里虽有一条街,但是市集却不在城里,而在离城约15分钟的龙街。县城和市集遥遥相望,并不并合在一起。那是因为这两种社区的性质是不同的,前者是以政治及安全为目的,所以地点的选择是以易守难攻为主要考虑之点。而后者是以商业为目的,地点必须是在交通要道,四围农村最容易达到的中心。以太湖流域的情形说,我的故乡吴江县的县城在商业上远不及县境里的镇,好像震泽、同里都比吴江县城为发达。在清代,震泽和吴江分县的时候,两个县政府却一起挤在这荒凉的县城里,不利用经济繁荣的镇作政治中心,也表现出"城"和"镇"在性质上的分化。

城和镇在表面上有着许多相似之处,那因为镇也是地主们蚁集之所。在经济中心里住着,地主们可以有机会利用他的资本作商业的活动。但在传统社会地位来说,镇里的商人地主没有城里的官僚地主为优越。这种传统逐渐消失之后,镇的地位事实已有超过了县城的。镇上经济的繁荣,商店的发达,同样要一批手工业的匠人来服役,因之在这方面很类似于城。

本文中想特别提出城和镇的两个概念来,目的是想指出这两种性质上不完全相同的社区,它们和乡村的关系也有差别。这里所指的城,那种以官僚地主为基础的社区,对于乡村偏重于统治和剥削的关系;而那种我称作镇的社区,因为是偏重于乡村间的商业中心,在经济上是有助于乡村的。

最后让我补一笔,在很多事例中,城镇可能是合一的,我在本文中,因为注重于社区的分类,所以着眼于比较单纯的事例,两种形式的混合是不免的，但是为了分析的方便，我们在概念上最好能分开来。

　　如果我们要分析现实的社区，还得增加一个概念就是"都会"。我在本文里不能对这一个概念多加说明，只能简单地说，它是以现代工商业为基础的人口密集的社区。但是中国的都会性质上也不能完全和西洋的都会相比，因为它主要的经济基础是殖民地性质的。它可以说是西洋都会的附庸。关于这一方面，我想留到以后再分析了。

不是崩溃而是瘫痪

崩溃之谜

"中国似乎是一切原则的例外"——的确，中国在现代西洋人，或是熟习西洋观念的人，看来多少是个谜。譬如说目前的经济，已经有过不少人预测说，总崩溃就在眼前了；可是一关一关，似乎还是在拖，而且也好像还是拖得过去。这样很使不少人觉得拖是一个万应灵丹了。拖拖也许会拖得出头，正如抗战一般，拖到胜利；经济的困难是不是也可能拖到繁荣呢？

要中国的经济霍然崩溃我想是不太可能，但是拖却拖不出繁荣倒是一定。小农经济不会崩溃只会瘫痪。瘫痪是慢性的，逐渐加深的。慢性和逐渐加深的病并不是轻症。医生和病人都最怕这种深入每个细胞的瘫痪。在病人说，急性的病，就是不治，痛苦也受得少；瘫痪才是活受罪。在医生说，急病一定求治得早，开刀上药还来得及，慢性的瘫痪要使病人了解非求医不成时，大概已深入膏肓，不能治了。

在工业化的现代经济里，如果出起毛病来，常常是成为头条新闻的，干脆、明白，每个人都看得到，因为没有人能不受影响。崩溃、危机等字都是用来形容现代化的经济现象的。譬如英国去冬的煤荒，星期二动力部长在阁议里还在盼望可以安渡难关，星期五宣布紧急方案,星期一半个英国停电停工,星期三全国停电停工——真像是闪电式的。这叫做"危机"。

美国1929年的不景气也是有一点迅雷不及掩耳,3月里胡佛上台时,"有史以来没有比现在更繁荣了"。10月21日,证券市场有一点小风波,三天之内,风暴掀天,一百二百万的股票转了手,到29日,一星期又一天,证券市场崩溃了,持券人损失了15亿美元。

有人以为中国年来物价一跳一跳,总会跳到"霍然崩溃"的程度,可是这似乎早应降临的不幸,总是被拖了下去。我不敢预言在若干都市里不会有些类似闪电式的大事件发生,但是以整个中国的经济说,却显然在沿着另一种公式进行,是日渐瘫痪,一直到溃烂不治。

现代工业国家会有惊人的危机发生是因为它们的经济是一个密切相关的分工体系,牵一脉动全身的。像一部机器,即使是一个小零件损坏了一些,全部机器就会停下来。正因为这样,它们的经济危机并不是每一部门的败坏,而常是某一部门受到阻碍,或是活动周转不灵。它们只要把零件修好了,或是阻碍活动的因素矫正了,全部机构又可以上轨道照常运行。危机之后可以接着复兴,甚至可以繁荣。现代经济的危机不过是生产的停顿,并不是指生产能力的败坏。依我上面譬喻说是急性病,身体的元气是没有伤的,如果治得快,复原也快。

我们没有这种危机,有的是每个细胞逐渐在瘫痪。病害得重得多,是沉疴不是险症。

小农经济的坚韧

中国经济的基本结构是一个个并存排列在无数村子里的独立

小农。在小农之间很少分工。大家种同样的作物，大家从他自己的土地上得到各人生活上基本需要的粮食。邻舍如果病了，不能耕种，并不会使自己的生产活动受到阻碍。说得刻薄一点，这正是一个帮工得些外快的机会，至少也可以卖个人情。

我们的农业还没有进步到大量种植商品作物的程度。美国大部分农民并不是种植供给自家消费的作物的。他们种了东西，预备出卖。麦子、烟草等等自己不用，所吃的面包和香烟还得向店里买。这种农业才是整个分工的经济中的一部门，所以会发生农产品卖不出去，用来当燃料等事。这种农民才会遭遇经济危机。

商品作物在中国农业中只占很小的部分。大多数的农民是为了自家的消费而生产的。从佃户说，他得缴纳一部分农产品给地主，这是供奉，不是商品。农家的经济是尽力求自给。当然，农家并不是样样东西都靠自己的，他们可以买些香烟、耳环之类，而且以现在情形说，布匹也大多是购买的了。因之，他们总得出卖一部分农产品才能购买这些东西。但是这和现代经济的互相倚赖性是不同的。第一，这些农民现在所依靠都市供给的并不是他们生活上不能长期缺乏的物品。在抗战年头，我们自己都经验到两三年不买衣料还是可以过得去的。第二，这些物品的缺乏更不会影响到农业生产。农业上的工具，不但简单，而且都是可以长久使用的。所以我虽不说中国农家全是自给，但是我却认为他们在相当长的时期内是可以自给的。

在这种小小的生产细胞中，不但消费可以自给，生产要素也是高度的自给。劳力是靠自己下田，必要时和别人换换工。劳力的自给更加强了农业经济的韧性。如果一块土地是雇工来耕种的，这块土地上的出产必须高过所付的工资；而工资的决定又要看在这地方其他受雇机会中能得的数目；低过这数目，工人会到别的部内去卖工，不到农田上来了。因之，工资可以规定一块地是否值得耕植，所谓土地利用的边际。但是在劳力自给的农家，他们并没有工资这问题。"反正也没有其他用处"的劳力，无论怎样，只有在田里讨生活。土地不好，收成坏，并不能发生"不值得耕"的边际。他们是以生活程度来迁就现实的。生活程度是个别的，是大有伸缩性的。农业生产直接和这一直可以降到死亡的生活程度一沟通，除了死亡的威胁似乎很少可能使农民自动放弃耕作，于是农业生产停顿也成了不太容易发生的事了。

天灾和逃荒

这种小农经济里会不会生产停顿的呢？——会的。什么时候会停顿呢？——遭到了灾。我们说话时"灾"字之下常连着个"荒"字。荒是指农业生产的停顿，灾是指土地无法耕种的情形。成灾的原因最普通的是自然的变化，所谓天灾。农作物的生理决定了它能生长的环境。大旱大水，可以成灾。除了人想收获农作物的果实外，还有其他动物也在觊觎，蝗虫螟虫等等无不是与人争收的，在人看来也是灾。

灾是农业的威胁，对此除了祈祷烧香，立庙供奉之外，农民们并没有积极控制的方法。所幸这些出于自然原因的灾并不常常不留余粒的。灾有轻重。虽则中国农民从来就没有和灾分过手,七八成的收成已经说丰年,标准很低;但是事实上太重的灾也只限于较小的区域,并不常在广大的平面上赤地千里的。一个区域里的农民成灾到不能以降低生活程度的手段来应付时,实在没有粮食时,传统的办法是"逃荒"。像我这种在太湖流域里长大的孩子,绝不会忘记一年一度甚至几度的"难民到了"的恐怖。这就是所谓"就食江南"。运粮食到灾区去救济显然不是老办法,因为这是需要比较廉洁和有效的行政机构,大概这是我们向来所不常有的。逃荒很可能是我们人口移动的经常原因。汉丁顿氏论中国民族性时特别重视这个现象。慷慨的,有同情心的人不容易不顾一切地就道,结果是被淘汰了。身体弱的,不容易适应别地水土的人在路上死了。留下的是代表着我们民族性的一辈肯低头、自私、不康健却也不容易死的难民们。

从经济的角度去看逃荒,这是些微有一些像现代经济危机般会蔓延的。这蔓延并不是有机性的,而是机械性的。灾区里的难民拥到了附近比较好的地方,如果这地方所有的粮食只够自己吃的,经这批难民来一挤,也变成不够吃的灾区了,于是只有加入难民团体一起出外就食了。这些难民一方面是边走、边死,另一方面是边走、边增;一直要到有余粮可以挡住他们前进的地方才停得下来。淮河流域的难民,逃荒可以一直逃到太湖流域,而且依我童时的记忆,这是每年必有的现象。

在自己粮食不够敷余的地方逢着逃荒的到来,冲突是可能发生的。如果灾区大,难民众,这个行列不能不借武力来获得救济时,也就成了我们历史上常见的各种各式的所谓"寇"和"贼"了,但是也有不少是从这些贱称中蜕变成为"王"为"帝"

的——这是我们小农经济中相当于现代工业经济中危机的现象。

排斥了救济的瘫痪

在救济事业的发达下,上述那种逃荒的现象可不致大规模的发生了。去年湘桂的灾荒情形相当严重,如果不是发生在去年,很可能会引起历史性的混乱,但是去年正有着经常的救济机关,而且这机关又拥有雄伟的资力,足以在短期间把外洋面粉投入灾区,至少把灾区封住没有蔓延开来。

天灾还是容易看得到的病症,所以救济工作还能及时办到。现在我们所患的病,却比灾荒更深入。这是人造的灾荒,普遍的和继续的在把劳力和土地隔开,把劳力和农时隔开,结果是土地的荒废。土地荒废就等于农业停顿。

农民可以黏紧在土地上,以降低生活程度为手段去开垦不太有利的土地,还是以能免于一死为条件的。我充分承认在中国人命确已如草芥,但是求生的努力还是一切活动的动力。如果这一点都不能给他们,他们并没有理由真的爱土如命,还是不肯放弃土地,不让土地荒废的。

现在差不多已到了这地步。多年战争的结果,本来可以增加国民收入的种种作业一项一项地关闭了。工业停了,渔业不成了唯一还能继续生产的只有我们这片土地了。于是大家的生活都得依靠这土地了。不但如此,一切的费用包括大规模在消耗中的弹药,大批向外洋输送中的钱财,最后都得要这片土地来担负。公务员和军人感觉物价高了,还可以向政府要求加薪,要求配给粮食;可是政府哪里来粮食,还不是向这片土地要?通货膨胀了,物价高,公务员和军人生活苦,而这苦很快地摊派一大部分到农民身上去了。本来可以维持耕种者生活的土地,加上了这摊派,根本没有维持耕种者生活的能力了,在这里发生了一个很奇怪的现象,就是不耕种的人反而可以有粮食吃,耕种的人却没有饭吃了。到了这时候,人要求生的话,只有放弃土地了,在前年年底,我们在云南乡下已看见农民把田契贴在门上全家离乡的事件。事隔一年半,这已是到处都在发生的现象了。报章杂志上关于乡村的通信,很少不记载着这类情形。把巨大的战争担负压到土地上去,必然会把人和土地挤开来的。

中国的耕地本来已经有很大的部分是不能给人温饱以上的报酬的,换一句话说,土地利用的边际实在已经太低;所以一遇着较重的征税,立刻承当不起。比较好的土地是否还能维持耕种呢?并不。在抗战初年后方乡村中壮丁不是被征,也已经逃亡,这是征兵的结果。抗战结束后,征兵的区域更广了,政令所到的地方,人口逃亡的情形是不免的。这还只是减少劳力而已。更重要自然是直接受到战事的地方。粮食和劳力愈不易得,为了充实自己,削弱敌人,凡是两军争夺的区域,粮食和劳力的争为己用也成了军略上必需的要着。粮食的真空地带,人是住不下的,人走了土地也就不会再出粮食了。

更使情形严重的是农业富于季节性。在任何时候,给战争破坏过的地方,虽则破坏的本身可能只有短期,但必须等到一季之后才能再行种植。这样,使战争所到之处不但当时遭殃,而且要长期停顿在不生产的状态中。

这是我所谓经济瘫痪的意义。静悄悄的，荒芜的土地跟着战区的扩大而推广。一家一家的小农离开了生产事业。他们吃还是要吃的，性质上和逃荒并无不同，可是这些应该急速予以救济的人造灾民，却并不加以救济，反而因为他们不纳粮，不应征，加以迫害。这些人成了战争的对象，也成了战争的主力，战争因之更扩大，在这公式下，一直可以蔓延开去。中国经济中生产细胞逐一破坏，形成瘫痪。

瘫痪是慢性的崩溃，可是并不使经济结构突然受阻，在还有可以生产的细胞时，还是可以维持着半身不遂的局面，这就是拖。拖并不会拖出希望来的，每增加一个失去生产效能的细胞，也必加重一分生产细胞的担负和缩短一分生产细胞的寿命。瘫痪是排除救济的灾荒，因为这是人为的灾荒，自然不能盼望制造灾荒的人自己去予以救济。在本质上原是和经济崩溃和灾荒相类的，但是在打算挽救这一点上却远没有这二者的简单。

这沉疴是愈拖愈深了。眼看一个一个细胞在破坏，眼看生产部门，一门一门在封闭，而大家还是在拖，一直要拖到没有了健全的、生产的细胞为止，那时候：即使有机会改弦易辙，想走上建设的路，每一个零件都已经腐败了的机器是用不成了的。瘫痪是在腐蚀生产的能力，比了生产停顿的经济崩溃严重得多。

1947年5月22日于清华新林院

基层行政的僵化

题 前 的 话

自从政治效率问题被视作了中国是否还能得到国际尊重的关键后,朝野在不愉快的心情下对此似乎已有相当警惕。不论任何性质的政府,也不论政府有任何政策,如果让贪污和无能腐蚀了行政效率,一切都是落空的,国事只有日趋恶化,这一点已没有人否认。因之,不论各人政见怎样不同,提高行政效率必是大家的共同愿望;因之,我相信,在这共同愿望下大家应该有推诚讨论的雅量和热忱。这是我这篇短论的基本假定。

目前对于社会上普遍的贪污无能的现象有两种看法。一部分人认为这是"人心不古,道德堕落"的结果。他们把这罪恶归咎于若干豪门,希望有几个当代的"包龙图"那种铁面无私,明察秋毫的传奇人物出现,只要把这些"老虎"开了刀,或是退求其次也得杀几只鸡给猴子看看,吏治就会澄清,行政效率立刻会提高。这自是大快人心之事,在心理上可以一新耳目振作起来。且不论传奇人物是否真有出现可能,即使出现了,偶然的斩了几个头,是否会像野火般烧过了,春风来时,更成了荒草的一片沃土?

另外一种看法,多少是想开脱个人和政府的责任,认为贪污无能是中国由来已久的暗疾,这是个文化和社会问题。他们可以举出事实来证明这看法:哪家老妈子买菜不虚报账目?哪场草台戏开场不是以抬元宝接在跳加官的后面?把责任推给了祖宗,就好像可以自己洗手,咎不在我,要改良也得慢慢来了。我们刚因不愉快的公开指摘,不能再讳隐暗疾,却又以老病无医来自宥,这是可怕的。

我同意说这是社会文化问题,但并不包含和个人无关的意思,只是说这不是一两人觉悟或悔改就可以了事的;正因为这是有关很多人,和控制这许多人行为的社会习尚的事,所以保管和执行社会权力的政府责任更大。同时正因为这是积疾,不能头痛医头,脚痛医脚,必须及早求七年之艾,立刻应当着手治疗,耽搁不得。

如果政府里的负责人真挚地觉悟这有关国家生存的严重暗疾是一个社会和文化问题,他们就应当明白,一两道命令决难见效,必须准备痛下决心在社会和文化各方面力求适当的改革。从何改革起呢?于是必须有确切的诊断。因之,初步必须的工作是充分的和虚心的检讨,开放舆论,让社会各方面对这问题能有无所顾忌的发表意见的机会。我着重无所顾忌四字,因为这些意见必然会令人听来不太愉快的。良药难得是不太苦口的。这类严重的问题如果在英国发生,他们国会一定要组织皇家委员会进行多方面的考查和研讨,征集民间的意见,提出报告。在英国这类报告是有名的,而且是有力的。我不敢希望我们能做到这程度,但是总希望能在民间有一个富于建设性的检讨运动。这是我写这篇短论的基本希望。

行政效率的低落,贪污无能,原因很复杂,但并不是无从了解的原因所造成的。因为原因众多所以绝不是三字口诀所能表达。我在这短论里只能从一个角落里去分析这问题的一方面。我想提出来讨论是地方基层行政，这是普通不太注意但是和老百姓生活最密切的一层。我所根据的事实是我和几位同事直接在云南乡村观察所得的。我虽则相信中国各地情形不完全相同，但是在这里想分析的若干原则问题，据我询问所及的，却也相当普遍。如果我在以下所说的不合于某些地方的实情，我极愿意知道，而且愿意修改我这里的结论。

传统皇权的无为主义

中央集权的行政制度在中国已有极长的历史。自从秦始皇废封建、置郡县以后，地方官吏在原则上都是由中央遣放的。而且在传统规律中曾有当地人避免做当地官吏的惯例。从表面上看来中国以往的政治只有自上而下的一个方向，人民似乎完全是被动的，地方的意见是不考虑的。事实上果真如是的话，中国的政治也成了最专制的方式，除非中国人是天生的奴才，这样幅员辽阔的王国，非有比罗马强上多少倍的军队和交通体系，这种统治不太可能维持。不论任何统治如果要加以维持，即使得不到人民积极的拥护，也必须得到人民消极的容忍。换句话说，政治绝不能只在自上而下的单轨上运行。人民的意见是不论任何性质的政治所不能不加以考虑的，这是自下而上的轨道。一个健全的、能持久的政治必须是上通下达，来往自如的双轨形式。这在现代民主政治中看得很清楚，其实即是在所谓专制政治的实际运行中也是如此的。如果这双轨中有一道淤塞了，就会发生桀纣之类的暴君。专制政治容易发生桀纣，那是因为自下而上的轨道是容易淤塞的缘故。可是专制政治下也并不完全是桀纣，这也说明了这条轨道并不是永远淤塞的。

中国以往的专制政治中有着两道防线，使可能成为暴君的皇帝不致成为暴君。第一道防线是政治哲学里的无为主义。这是从经验里累积出来的道理。中国历史上并不是没有主张过甚至试验过用政治权力来为国家社会多做些事的。商鞅变法，增加了政府所做的事情，也可以说实现了政治的能力，结果国富民强，打下了秦国统一天下的基础，但是商鞅在传统的批评下是被诅咒的，他个人的不得善终被视作天道不爽的报应。王莽、王安石又是我们熟习的史例。他们违背政治上的无为主义，结果都失败了。为什么呢？同情他们的人惋惜当时"反动势力"的阻梗，其实忘了这几位想把政治的权变成能的人物，都忽略了在法律范围管不住皇帝的专制政治下，政府的有为只是在自上而下的单轨上开快车。政府所做的事是否能为人民所接受无从知道，而且即使有一些政策是人民所拥护的，但是人民并没有保证每一个政策都是合于他们意思的。单轨上的火车开快了，一旦开出了民意之外，遭殃的还是人民。天下没有人能信任无法控制的野马，是有理由的。西洋的政治史是加强对权力的控制，使它逐渐向民意负责，那就是宪法；中国的政治史是软禁权力，使它不出乱子，以政治的无为主义来代替宪法。这是我所谓防止专制政治发生暴君的第一道防线。

现在我们可以认为这种无为主义的不彻底，要不得，这是因为现代生活中我们必须动用政治权力才能完成许多有关人民福利之事的缘故。在乡土性的地方自足的经济时代，这超于地方性的权力没有积极加以动用的需要。这不但在中国如此,在西洋也如此。宪法是现代的产物,在现代之前,西洋的政权是受着神权的牢笼。就是在现代工业发达之前所成立的美国宪法,主要的哲学还是"最少管事的政府是最好的政府"的无为主义。也许因为我们儒家的思想在统治阶级中支配力量太大,所以我们在过去不必在制度上去作有形的牢笼来软禁政权,以致到现在还没有宪法的传统。

由下而上的政治轨道

在这篇短论里我想着重的倒不是第一道防线,而是第二道防线。我们以往的政治一方面在精神上牢笼了政权,另一方面又在行政机构的范围上加以极严重的限制,那是把集权的中央悬空起来,不使它进入人民日常有关的地方公益范围之中。中央所派遣的官员到知县为止,不再下去了。自上向下的单轨只筑到县衙门就停了,并不到每家人家大门前或大门之内的。普通讲中国行政机构的人很少注意到从县衙门到每家大门之间的一段情形,其实这一段是最有趣的,同时也最重要的,因为这是中国传统中央集权的专制体制和地方自治的民主体制打交涉的关键,如果不弄明白这个关键,中国传统政治是无法理解的。

这关键得从两面说起,一面是衙门,一面是民间。先从衙门说:我说中央所派的官员到县为止,因为在过去县以下并不承认任何行政单位。知县是父母官,是亲民之官,是直接和人民发生关系的皇权的代表。事实上,知县老爷是青天,高得望不见;衙门是禁地,没有普通老百姓可以自由出入的。所以在父母之官和子民之间有着往来接头的人物。在衙门里是皂隶、公人、班头、差人之类的胥吏。这种人是直接代表统治者和人民接触的，但是这种人的社会地位却特别低，不但在社会上受人奚落，甚至被统治者所轻视，可以和贱民一般剥夺若干公权。这一点是很值得注意的，因为这是最容易滥用权力的地位，如果在社会地位上不用特殊的压力打击他们的自尊心，这些人可以比犬狼还凶猛。当这种职司的人在社会地位上爬不起来时，他即使滥用权力，并不能借此擢升，因之他们的贪婪有了个事实上的限制。

在无为主义政治中当地方官是近于闲差，我们可以在历史上看到很多在这职务下游山玩水，发展文艺才能的例子。他们的任务不过于收税和收粮，处理民间诉讼。对于后者，清高的自求无讼，贪污的虽则可以行贿，但是一旦行贿，讼诉也自会减少，反正要花钱，何必去打官司呢？差人的任务也因之只限于传达命令，大多是要地方出钱出人的命令。

如果县政府的命令直接发到各家人家去的，那才真是以县为基层的行政体系了。事实上并不然，县政府的命令是发到地方的自治单位的，在乡村里被称为"公家"那一类的组织。我称这类组织作为自治单位是因为这是一地方社区里人民因为公共的需要而自动组织成的团体。公共的需要是指水利、自卫、调解、互助、娱乐、宗教等。这些是地方的公务，在中国的传统（依旧活着的传统）里是并非政府的事务，而是由人民自理的。在这些公务外还有一个重要任务就是应付衙门。

我把应付衙门这任务和其他地方公务分开来说是有原因的。在自治组织里负责的，那些被称为管事和董事等地方领袖并不出面和衙门有政务上的往来。这件事却另外由一种人担任，被称为乡约等一类地方代表。在传统政治里表面上并不承认有自下而上的政治轨道。君要臣死,臣不得不死。违抗命令就是罪名。但是自上而下的命令谁也不敢保证一定是人民乐于或有力接受的。所以事实上一定要敷下双轨。衙门里差人到地方上来把命令传给乡约。乡约是个苦差,大多是由人民轮流担任的,他并没有权势,只是充当自上而下的那道轨道的终点。他接到了衙门里的公事,就得去请示自治组织里的管事,管事如果认为不能接受的话就退回去。命令是违抗了,这乡约就被差人送入衙门,打屁股,甚至押了起来。这样,专制皇权的面子是顾全了。另一方面,自下而上的政治活动也开始了。地方的管事用他绅士的地位去和地方官以私人的关系开始接头了。如果接头的结果达不到协议,地方的管事由自己或委托亲戚朋友,再往上行动,到地方官上司那里去打交涉,协议达到了,命令自动修改,乡约也就回乡。

在这种机构中,管事决不能在公务上和差人接头,因为如果自治团体成了行政机构里的一级,自下而上的轨道就被淤塞了。管事必须有社会地位,可以出入衙门,直接和有权修改命令的官员协商。这是中国社会中的绅士(参考拙作《论绅士》)。

在这简单的叙述中我希望能说明几点:一、中国传统政治结构是有着中央集权和地方自治的两层。二、中央所做的事是极有限的,地方上的公益不受中央的干涉,由自治团体管理。三、表面上,我们只看见自上而下的政治轨道执行政府命令,但是事实上,一到政令和人民接触时,在差人和乡约的特殊机构中,转入了自下而上的政治轨道,这轨道并不在政府之内,但是其效力却很大的,就是中国政治中极重要的人物——绅士。绅士可以从一切社会关系:亲戚、同乡、同年等等,把压力透到上层,一直可以到皇帝本人。

四、自治团体是由当地人民具体需要中发生的，而且享受着地方人民所授予的权力，不受中央干涉。于是人民对于"天高皇帝远"的中央权力极少接触，履行了有限的义务后，可以鼓腹而歌，帝力于我何有哉！

自治单位完整性的破坏

在上述那种行政机构中，无能不是个恶名，贪污也有个限度，行政效率根本不发生问题。和人民直接有关的公务，有着地方自治团体负责，而地方自治团体是人民自己经营的具体有关生活和生存的事的，所以效率是不能低的。在云南呈贡化城的人民如果娶了亲不生孩子每年都要受公家的罚，甚至于打屁股。宗教的、习俗的制裁力支持着这些自治团体的公务。皇帝无为而能天下治的原因是有着无数这类团体遍地地勤修民政，集权的中央可以有权无能，坐享其成。

可是乡土性的地方自足时代是过去了。超过于地方性的公务日渐复杂，要维持这有权无能的中央是不合时宜了，这一点任何人都应该承认的。事实的需要使中央的任务日益扩大。这扩大并不引起制度上的困难，因为中国的传统本是中央集权的，甚至可以说，在法律上中央的权力可以大到无限。于是防止权力被滥用的第一道防线溃决了。无为主义的防线的溃决我们不必加以惋惜，这本是消极的办法，不适用于现代社会。我在本文中想提出来检讨的是第二道防线，在专制和集权名义所容忍着的高度地方自治。保甲制度的推行把这防线也冲破了。

保甲制度是把自上而下的政治轨道筑到每家的门前,最近要实行的警管制更把这轨道延长到了门内。保甲制度有它推行的原因,自上而下的轨道半途停下来,像传统的形态,对于政令的执行是不易彻底的。为了要在这单轨上开快车,轨道是延长了。保甲制度本来是有意成为基层的自治单位,从这起点筑起一条公开的自下而上的轨道,实现现代的民主政体。如果能贯彻这目的自然是好的。设计这制度的人却忽略了一点,政治是生活的一部分,政治单位必须根据生活单位。生活上互相依赖的单位的性质和范围却受着很多自然的、历史的和社会的条件所决定。我们绝不能硬派一个人进入一个家庭来凑足一定的数目。同样的地方团体有它的完整性。保甲却是以数目来规定的,而且力求一律化的。把这保甲原则压上原有的地方自治单位,未免会发生格格不入的情形了。原来是一个单位的被分割了,原来是分别的单位被合并了,甚至东凑西拼,支离碎割,表面上的一律,造成实际上的混乱。

生活是不能在混乱中继续下去的,于是在乡村中常看到重叠的两套。一套是官方,一套是民方。如果官方那一套只是官样文章,那倒也罢了;事实上这一套却是有着中央权力的支持,民方那一套却是不合法的。于是官民两套在基层社会开始纠缠。

政治双轨的拆除

问题的严重以致僵化是发生在保甲的人选上。保甲是执行上级机关命令的行政机构,同时却是合法的地方公务的执行者。这两种任务在传统结构中由三种人物分担:衙门里的差人,地方上的乡约和自治团体的领袖管事。现在把这三种人合而为一是假定了中央的命令必然是合于人民意愿和地方能力的。这假定当然是堂皇的，但是比了传统任何皇权的自信还大。从这假定中发生的中央和地方合一的保甲制度发生了许多事实上的困难了。

即使到现在，很多地方凡是有地位的人是不愿做保长的，传统的绅士为了他在政治结构中的特殊作用不能进入行政机构。他一旦走了进去，唯一的自下而上的轨道就淤塞了。保长对于县长是下属对上司，他的责任是执行命令，不能讨价还价。为了维持这传统方式，当保长的常是社会没有声望的人，等于以前的乡约。可是事实上保长和乡约是不同的，乡约是没有权力的，而保长却有权力。以并不代表地方利益的人来握住地方的权力，而且他是合法的地方公务执行者，他有权来管理地方的公款，这变化在地方上引起的迷惑是深刻的。结果是地方上有地位的人和保长处在对立的地位而没有桥梁可通。

乡村里有声望的人为了自己的利益，放弃地方立场加入行政系统，较为合算。他当了保长之后还是可以支配地方自治事务。但是事实上，他的地位改变了，因为他不能拒绝上级命令，不能动用自下而上的政治轨道，这类地方也就完全成了下情不能上达的政治死角。受不了时只有革命了。

保甲制度不但在区位上破坏了原有的社区单位，使许多民生所关的事无法进行，而且在政治结构上破坏了传统的专制安全瓣，把基层的社会逼入了政治死角。而事实上新的机构并不能有效地去接收原有的自治机构来推行地方公务，旧的机构却失去了合法地位，无从正式活动。基层政务就这样僵持了，表现出来的是基层行政的没有效率。

中央延长自上而下的政治轨道，目的是在有效促进政令。中央的政令是容易下达了，可是地方的公务却僵持了。中央下达的政令中，除了要钱要人之外，凡是要在地方上建设的事，好像增产等等，却因为地方社会结构的紊乱和机构的僵持，公文停留在保公所里，走不出来。在这种情形下，不论才能有多高，绝没有施展的机会。别人批评行政人员无能，我很觉得不平。

从乡村的基层看去，使我觉得行政效率的丧失，人的因素可能不及制度，也许应当说政体为大。制度上发生的病症必然是有历史性的，所谓历史性并不是说这是宿疾，由来已久。在过去，如果几千年来，我们一直生着像现在这样严重病，带病延年也决不能延得这样长。现在的病症是从我们转变中发生的。我们必须在历史背景中，才能了解这病源，但是得病的责任并不是我们祖宗，而是我们自己。

依我在上边的分析，也许可以看到，基层行政的僵化是因为我们一方面加强了中央的职能，另一方面又堵住了自下而上的政治轨道，把传统集权和分权，中央和地方的调协关键破坏了，而并没有创制新的办法出来代替旧的。我们似乎有意无意地想试验政治单轨制。一个历史上从没有成功过的方式，目前所遭遇的政治上的严重局面，也许值得我们彻底自省，及早改变这企图了罢。

再论双轨政治

上月我写了一篇《基层行政的僵化》，在《大公报》发表之后，半个月里我接到了若干相识的和不相识的朋友们的来信。秋来气候变得太激烈，旧疾时发，执笔维艰，未能一一答复，因之我想在这里再借《大公报》的一栏篇幅把上文未尽之意，或是可能引起误会的地方，加以申引说明。

批评者的论点

有一位朋友很率直地问我是否想做司马光。他说："自历史言，保甲制固曾中衰，然彼一时也，此一时也。彼时交通不便，行政人员又未受训练，加以主其事者刚愎自用，所托非人，以致未见实效。今则不然，上述之阻碍已不存在，更有进者，吾国现处数千年之大变局，兴革万端，而人民之程度犹未达自觉之境，故所兴所革必自上为之，保甲制乃深入民间之执行机构，正宜加强其效力，而先生反提回原之论，其将以现代之司马光自期乎？先生岂知腐儒之已成历史之陈物乎？"

我是否想做司马光，无关宏旨，不必置论。在这段话里，在我读来，却包含两个很重要的论点，我愿意代为发挥一下：

一、传统皇权的无为主义是出于客观情势的限制，包括技术和行政的条件。这些限制使企图加强中央对地方权力的改革家无法贯彻他们的主张。司马光之流的"腐儒"不过是在客观条件所发生的事实结果上做做文章罢了，并没有实在的力量。现在客观情势已经改变，中央集权事实上已经可能，而且跟着铁路、公路、飞机的应用，大一统的局面业已在形成中，这时需要的应当是怎样因势适情地去加强这集权制的机构，现代司马光不会发生作用的。

二、为什么要集权呢？这位朋友也提出了一个值得我们考虑的意见。中国社会的需要现代化并不是由于自身矛盾的爆发，而是所谓"外铄"的，由于和西洋文化接触之后所引起的。于是感觉到需要变和明白怎样变的人并不是大众，而是少数的先知先觉。少数人为了全体的适应于现代社会，必须设法去"改良"大多数人的生活。这里所谓"改良"就表示了我在上文中所说的自上而下的过程。中央权力的加强正合于推行这种改良工作的需要。

民主和宪法

这两点，如我所发挥的意思说，我大体上有一部分是可以同意的。其实，先就第一点说，我在上次的论文中并没有否定中央权力加强的需要和趋势，更没有意思要重提皇权无为论。我所着重的并不是中央和地方分权的问题而是中央权力的责任问题。关于这点，我想引用另一封批评我的信来加以说明。

"我对于你近来所发表的文章时常感觉到不够爽直的毛病。你为什么一定要避免，也许并不是你有意的，许多简单明白的名词，而绕着很多圈子说话，结果使读者捉不住要点。譬如你那篇论基层行政的文章，你造下了不少好像政治的双轨和单轨等名词，而实际要说的不就是民主和宪法么？"

我想这位朋友说得很对的，我在那篇文章中想着重的是防止权力的滥用。防止的方法有积极的和消极的两途。传统中国所采用的是消极的办法：皇权无为，衙门无讼。这些办法在有着"客观情势的限制"时是足够了，但是现在这种限制已经放松了（还没有完全不存在），所以消极的办法是不够了。积极的办法是在加强"自下而上"的政治轨道，就是民主和宪法。我不用这两个现存的名词是有意的，原因是这两个字已经用滥了，羊头和狗肉混得太久，会使人不感肉味，所以我在分析一个具体现象时，感觉到这些名词不够达意。如果要用这些名词，我还得先加说明：宪法是限制政府权力的契约，订立这契约的是人民和政府两造。民主是表达人民意见的方法和代表民意的机构。在这样的定义下，我可以说加强自下而上的政治轨道来防止权力的滥用就是民主和宪法了。

防止权力滥用，并不一定是指反对中央集权及加强中央政府的任务。英国的内阁现在可以管到每家每餐有没有肉吃，克利浦斯甚至可以使女人的裙子"愈短愈妙"——这是集权，但是他们并没有，也不能，滥用权力，因为无论内阁的权力大到怎样程度，却大不出国会所授予他们的范围。英国政府所有的权力是有限的，限于人民所允许他们的程度。这样说来，防止权力的滥用并不一定是回原到皇权无为主义了。

限制权力的消极方法逐渐失去其客观条件，是件不应当忽视的事实。正因为如此，所以我们得在积极方法上去打算。这套积极方法在中国传统的政治机构中并不发达，于是我们不得不向西洋，尤其是英美学习。

两橛还是双轨

传统中国给我们的遗产中所不足而必须向英美学习的并不是限制权力的需要，而是政治权力大可有为的现代情势中积极性防止它被滥用的有效机构。我们遗产中找得到"民为贵"的精神，找得到"不与民争"的态度，也找得到基本社会团体的自治习惯；但是找不到像英美一般的宪法和民主。

中国传统政治机构究竟是怎么样的呢？在这里我可以提到张东荪先生对于我那篇论文的意见了。他在《我亦追论宪政兼及文化的诊断》里说："他认为中国政治轨道有两个，一是自上而下的，另一是自下而上的。虽然自上而下与自下而上等用语容易导人于误解，但事实上却有这样两橛的分别。所以我特别避用这些容易误会的名词，而只把上一橛名为甲橛，把下一橛名为乙橛。甲橛是皇帝的政权和官僚的政治，乙橛是乡民为了地方公益而自己实行的互助。"

张先生为了要避了上下这两个似乎带着价值观念的字，用橛来代替轨道。这些本来都是取譬之意，总不会十分切当的；但是这一换，却把我想说明的传统结构的形态的一方面更形容得毕肖了一些。两橛是指两部分，首尾衔接的两段，一根竹竿的两节。这就是我在上文中所说："把集权的中央悬空起来，不使它进入人民日常有关的地方公益范围之中。中央所派遣的官员到知县为止，不再下去了。自上向下的单轨只筑到县衙门就停了。"在地方上，有另外一套自治机构，所以可以说是两橛。两橛的形态是从有形组织 formal organization 上看出来的。如果我们只从法定组织 de jure organization 看去,连乙橛都看不到,因为地方的自治组织是实有 de facto 组织,不是法定组织。

可是我在上文中又提出了一个理论上的原则:"政治绝不能只在自上而下的单轨上运行的。一个健全的,能持久的政治必须是上通下达,来还自如的双轨形式。"如果这原则可以确立的话,则中国传统政治中不能只是相联或相配的"两橛"结构(我在上文中曾用"中央集权和地方自治的两层"的说法),因之使我在传统结构中发现了一种"无形组织"informal organization,"就是中国政治中极重要的人物——绅士。"这个无形组织是一条自下而上的"无形轨道"。所以我又说:"绅士可以从一切社会关系:亲戚、同乡、同年等等,把压力透到上层,一直可以到皇帝本人。"如果我对于绅士的政治功能的说法是正确的,则政治双轨原则不但"在现代民主政治中看得清楚,其实即是在所谓专制政治的实际运行中也是如此的"。

为了要形容政治结构的全部形态,包括有形、无形、法定、实有的各种组织,用"两橛"不如用"双轨"形容来得切当。两橛是分层的,双轨是平行的。在英国,威斯敏士特的巴力门和唐宁街的首相官邸是并峙的,在美国,Capitol 和 White House 也是遥遥相望的,这些象征着这双轨平行形式。

地方人才

关于绅士在传统政治里的功能曾引起另一位来信的朋友的责问:

"我曾读过你在《观察》上发表的《论绅士》,所得的印象乃是此种人物系以卑颜屈膝之态度取得皇帝之怜惜;得免于徭役赋税者。但是在你《基层行政的僵化》一文中,却又力言绅士在传统政治中之贡献,岂非矛盾?更从该文的结构看去,又似乎对于这所谓自下而上的传统轨道,恋恋不舍。你是否对这种所谓绅士的人物还寄托着改革中国政治的希望么?这是我所不敢苟同的落伍见解。"

我不敢说我潜意识里没有这位朋友所说的"恋恋不舍"之情,但是就文论文,即有此情亦当在文外。在那篇论文中我并没有把怎样恢复政治双轨的意见说明,因为我只想提出原则上的问题,以及现状的诊断罢了。

如果能把附着在绅士这个名词上的恶感和成见除去,我想地方上的领袖人才在恢复政治双轨中实是有相当重要的地位的。我在《重访英伦》的《访堪村话农业》一文中曾提到过英国乡村里缺乏社会重心的话。以往那种贵族、乡绅、牧师等人物现在已经失去了被人民尊重的地位,但是在英国乡村里却有一种人在担负过渡性的领袖责任。我称他们的责任是过渡性,因为依我看来,将来乡村社区里自会生长出新的社会重心和新的领袖人物来的。现在那些过渡性的领袖是从都市里退休回去的医生、公务员、学者和富于服务心的太太们。这些人并不是从乡间出身的,他们的职业也不在乡间,但是退休到了地方上却成了地方自治的机构中的重要人物了。

到火车站开了汽车来接我的是一位太太,她是地方法庭上的审判官,是地方政府的理事,是战时招待疏散儿童的委员,衔头多得很,还有人告诉我她是"义务车夫",凡是有人病了,有像我这种客人下乡，她百忙里也会抽空出来开车接送的。她是个大学毕业生，懂得文学和艺术，又有兴趣和我一起在牛津的农业研究所费了半天和各个专家谈话，发出我所想不到的具体问题。她是一位伦敦商人的太太。

再举那个到中国来过的医官作例。他曾为我们海关设计防疫事宜，又在印度做过多年医官，年龄太老了退休回来，住在堪村，他在堪村主持着地方卫生事务，推动水管的设置，在地方政府中是这类委员会的主席。他曾经给我看一本地方政府手册，职员表中名字有好几十个，各种委员会我一时也看不完。我问他这些是谁呢？他指着一个个名字说："这是泥水匠，这是种田的……这些是和我们一般性质的……"我指着前面几个名字问他："你们和他们合得来么？""当然，不但合得来，而且我们是个很好的队伍（team）；我们不很知道地方上的需要，他们不很知道怎样才能满足这些需要，我们一合拢来，地方上的事就好办了。"

这段话可能影响了我在上次论文中所含蓄的见解，不论这是不是"落伍"，我很羡慕英国乡村里有这些退休回村的专家们，和不在麻将桌上消耗时间而愿意在乡间做"义务车夫"的太太们。这些人物如果允许我把他们包括在"绅士"一类中，我愿意把地方自治的前途寄托在他们的身上。

或者有人认为这是英国的情形和我们国情不同的，中国的绅士都是"劣"的，是剥削人民的。我并不愿为他们辩护，虽则我确知道有些绅士们是热心于公务的。我不愿辩护的原因是在中国传统绅士是地主占绝对多数。地主的经济基础可以说是剥削农民的。如果中国也有一大批不必寄生在地方上的，而有专长的人才退回到乡间去，我想他们并不一定不能做到英国那种情形。问题是在像那种医官们的中国人一旦老了却并不回乡罢了。

提高行政效率重在地方

说到这里,我可以重提第一位朋友给我信中的第二点了。处于激速变迁中的社会是否需要个强有力的集权的中央政府?从表面上看去这个论调是很有理由的。我并不是个迷信"人民"的人,我承认经过几千年专制政治压迫下来的中国老百姓,政治程度是极低的。他们怕事,他们盲从,这些都可以是事实。中国现代化的需要不是基层老百姓所自觉,即使觉到了生活不能这样下去,也不一定知道怎样解决他们的问题,这些我也充分承认,但是我从这些事实中得出来的结论却不是加强远离老百姓的中央权力,而是,相反的,应该在基层自治事务中去加强启发和领导作用。

我在上次论文中所表示最使我痛心的就是保甲成了中央法令的执行机关,而不是,也不能成为一个自治单位,在保甲的人选上又因为我在上文中所说的那些原因,无法得到能启发和领导地方自治工作的人去参加,相反的,差不多已成了流氓地痞的渊薮。在这现行的机构中,中央尽管有良法美意,一到最后执行者手上,就会变成扰民的举动。即使假定创立现行保甲制的用意是为了要增加行政效率,结果却是欲速不达,反而使基层行政沦于僵化。

中央集权并不是说地方上的事由中央代办,真正做地方上事务的还是地方上的人,中央不信托原有在地方上办事的人,而要自己去挑选执行法令的人,结果这些人只会传传命令,事情办不成;或是借着中央所授的权力在没有乡谊的人群中为非作恶。这又何尝是中央集权的本意呢？

如果真的想推动老百姓向现代化生活迈进的，在我看来只有把人才渗透到和老百姓日常生活有关的地方自治事务中去。我们传统对于衙门的畏惧和厌恶不是旦夕之间可以改变的，何况这几十年来，衙门里总是伸手出来要，从来没有给过，这些经验使一切从官方发动的改革都成了十足的官样文章。所以我说如果真心要改革社会，只有从民间的自治机构入手。

英国人民政治程度可算是很高的了，但是凡属地方上不了解或没有准备的中央命令还是常常行不通的。最近若干煤矿罢工，就是抗议中央不顾地方实情滥下命令的表示。中央的政治机构是集成的作用，它配合、调解地方的活动，如果把它看成一个自己能发动能完成的机构，我们概念上是有毛病的。

问题还存在

最后我想补充说明就是在传统结构中自下而上的轨道是脆弱的；利用无形的组织，绅士之间的社会关系，去防止权力的滥用，不但并不能限制皇权本身，而且并不是常常有效的。这也是绅士自身腐化的原因。他们可以利用这种政治上的地位去谋私利，甚至倚势凌人，鱼肉小民。这种无形轨道没有理由加以维持，更谈不到加强。从这方面说，我实在没有对这种机构"恋恋不舍"。

为了适应中央集权逐渐加强，政府逐渐大可有为的趋势，要维持政治机构的健全，我们必须加强双轨中的自下而上的那一道。加强的方法在我看来大概只有学习英美的代议制。关于这一点，近来很有表示怀疑的。梁漱溟先生那篇《预告选灾，追论宪政》把这怀疑用文化的观念明白表达了出来。但是因为梁先生说："读者设于本文有批评见教之处，不妨待之全部理论主张看过之后也。"所以我在这里不便对这篇文章说什么话。可是如果对英美代议制怀疑的，不论怀疑它值得不值得学，或是有没有能力去学，怎样去防止权力的滥用，还是个急切得加以回答的问题。这问题并不是对任何人或任何党而发的，今后无论哪一党所组成的政府必然得做比以往的政府更多的事，传统的无为主义已经失其意义，而在我们的文化遗产中所有防止权力滥用的机构又是十分脆弱。我们是否将坐视双轨体系的被破坏？坐视中央权力无限扩大？坐视地方自治的式微？如果我们果真没有能力学习英美代议制，我们有什么代替品呢？以往我们没有学像英美代议制是"不为"呢，还是"不能"？我很愿意梁先生能在这些问题上给我们一些指教。

损蚀冲洗下的乡土

李林塞尔(Lilienthal)在他所著 TVA 一书中,曾用"采矿"一词来描写美国田纳西河流域以往的植棉方法。采矿是把地下所储藏的资源挖掘出来,资源挖掘出来之后,这地也就没有用了。美国以往的植棉区域,也有相类的情形,一块地上种了几年棉花,把地里的养料拔完了,这地也就不能再种作物,除非另加肥田粉。到后来,土地只给农作物一个生长的空间,所能从土里长出来的,都得依靠不断加到土里去的原料,像工厂里的机器,李氏认为这是和农业的原则不合的。土地是有生命的机体,地力得培养,如果培养得法,可以取之不竭,用之不穷,不是个矿山。

田纳西河流域土地变质,农作技术的不良固然是一个重要原因,河水的冲洗影响更大。土质变坏,作物不长,加以原有的森林日渐砍伐之后,土地大多暴露。童山濯濯,大雨过后,泥土里没有草根,留不住本来可以滋养土地的水分,反而被水溶解了各色各样植物的营养品,挟之而去。水往低处聚,汇成巨流,澎湃急涌,拖带力也愈来愈大,一路把膏腴之地冲洗侵蚀,浩浩荡荡,奔流到海不复回——经过这样冲洗过的土地,由肥田而成瘠土,由农地而成荒区。

李氏主持下的 TVA 计划主要的贡献就在土地复原。一方面用巨坝控制水流;另一方面是利用水力发电,更用电制造化学肥料,医治瘠土；再一方面选择农作物，培养泥土肥力种植森林，恢复自然的有机循环。这个有类于黄河的祸水，竟成了这地域人民的命脉。

我提到这一套已经为国人所熟知的常识，并不是想鼓吹把这套计划拿到中国来实施而已，而是想借这个例子来说明性质上极可类比的一个社会现象，就是我们乡土社会被损蚀冲洗的过程。如果我们在物质建设上想采取 TVA 一般的计划，我们还得把这土地复原的概念扩大成乡土复员。除非乡土社区里的地方人才能培养、保留、应用，地方性的任何建设是没有基础的，而一切建设计划又必然是要地方支持的。因之我写这篇短论，提出这个问题来讨论。

落叶归根的社会有机循环

乡土复员的意思其实还是从近来在上海《大公报》专栏里发表过的几篇有关基层行政问题的讨论中引申来的。燕鸣轩先生在他《论基层行政的僵化》一文中，详细说明了地方自治机构逐步腐烂的经过。黄明正先生也在他《从经济角度看基层行政的僵化》一文中，强调这一方面的情形。黄先生似乎认为被我"评价太高，期许太切"的绅士，自古至今，一直是和老百姓利益相冲突的。燕先生则和我近一些，承认"这条轨的黄金时期，士大夫阶级多能担负下'道在师儒'的光荣使命，为民师表，移风易俗，促成郅治的太平景象。当这一条轨到了腐烂时期，绅士们勾结了贪官，变成了土豪劣绅。"——这是说现在基层行政的僵化是因为这条轨道腐烂的结果。他至少承认有此一轨,此轨如果不腐烂,还是可以发生正作用的。我对于历史知道得很少,所以我不妨留此问题给更适合讨论这问题的人去讨论罢。我想我们同意的是目前地方上各种公务腐败不堪,政治的双轨实际都已淤塞。站在自上而下的路线上看,地方官无法执行职务,竟有成为绅士们的傀儡。中央在名义上是集权,机构上也已筑下了直达民间户内的轨道,而实际上却半身不遂,所筑轨道反而给别人利用来营私舞弊,大权旁落在无数土皇帝手上,空担了个恶名,站在由下而上的路线上看,有如我自己,上通的轨道影子都不见了,以致连以往"道在师儒"时代的无形轨道都觉得值得回念了。回头看看一般谈政治和经济改革的人,眼睛却大多只对着中枢政策,这一大片广大苦海里在法外特殊政治机构中苟延喘息的老百姓的惨景,连提都没有人提一提,怎能不令人痛心?

腐烂的乡土上什么新鲜时髦的外国好制度都建立不起来的。腐烂是病状,形成这结果的有一个过程,也就是我在本文中所要提出的,乡土社会被损蚀冲洗的经过。引起这损蚀冲洗作用的是许多经济、政治、社会、文化的因素,这些因素发生在我们近百年的历史里。

我在本文开始时引了一节关于美国南部土地损蚀和冲洗的情形,因为这情形给我一种启示,使我觉得中国的乡土社会中本来包含着赖以维持其健全性的习惯、制度、道德、人才,曾在过去百年中,也不断地受到一种被损蚀和冲洗的作用,结果剩下了贫穷、疾病、压迫和痛苦。我这种看法,也暗示除非能大规模地复员乡土,像 TVA 一般地复原土地,我们在表面上所做一切花样,用意且不加怀疑,也无法挽回这个沉沦的大局。

像我在以往几篇讨论中的假定一般,我想在以往传统的环境中,我们中国是有一套足以使大多数人民能过得去的办法的。生活程度固然很低,局面的混乱也没有停过,但是标准放低了看,多少是常常做到"黎民不饥不寒"的小康水准的。在现在看来,这小康水准也可称作过去了的黄金时代,而且要恢复到这水准,已非易事了。

中国传统小康经济是建筑在小心侍候土地,尽力保持土力,使人们老是可以取资于地面上培植的作物的基础上。这是李林塞尔所要在田纳西河流域恢复的有机循环。任何一个到中国乡村里去观察的人,都很容易见到农民们怎样把土里长出来的,经过了人类一度应用之后,很小心地重又回到土里去。人的生命并不从掠夺地力中得来,而只是这有机循环的一环。甚至当生命离开了躯壳,这臭皮囊还得入土为安,在什么地方出生的,回到什么地方去。

人和地在乡土社会中有着感情的联系,一种桑梓情谊,落叶归根的有机循环中所培养出来的精神。这种精神在那些倚赖矿产来维持生活的人看来是迂阔的。海外的华侨可以劳苦终日,一文一文地储蓄了寄回家乡,死了还把棺材遥远地运回去安葬;那种万本归原的办法是西洋人所不能了解的。在我们传统文化里却看得比什么都重要。我自己就有一个老祖,中了举,派到云南去做官,受不住瘴气,死在任所。他的弟弟牺牲了自己的前途,跋涉长途去运柩回吴江,经了有好几年,遇着各种困难,完成这在现代文化中认为毫无必要的使命。但在我们家谱上却大书特书,认为历代事业中最伟大的一项。如果我们从这类事情所代表的意义来看,可能是值得我们细加思索的。这象征着乡土联系的最高表现,而乡土联系却维持着这自然的有机循环。也就是这有机循环,从农民一朝的拾粪起,到万里关山运柩回乡止,那一套所维系着的人地关联,支持着这历久未衰的中国文化。

我希望读者不要误解我竟"落伍"落到提倡拾粪运柩,这些是在某种环境中所流露出来代表一种精神的方式,方式尽可以变,我绝不留恋于任何方式,但是我确觉悟到这种精神的重要。我因为怕有些把中国传统看得全无是处的人,因为我提到了拾粪运柩而连其所表示的精神一并忽视,所以不得不借重李林塞尔的话,以及标准美国事业的 TVA,来作重提此种精神的助证。

乡下人为孩子提名,最普通的是"阿根",人也有根的,个人不过是根上长出的枝条,他的茂盛来自这个根,他的使命也在加强这个根。这个根就是供给他生长资料,供给他教育文化的社会:小之一家一村,大之一乡一国。这个根正是李林塞尔所谓 grass roots。惟有根固的枝叶才能茂盛,也只有枝叶茂盛的根才能固。从社会说,取之于一乡的必须回之于一乡;这样,这个社会才能维持它的水准。不论是人才还是物资,如果像矿苗一样只取不回,经过一个时候这地方必定会荒芜。取与回的循环可以很广,很复杂,但是却不能转不过来。TVA 是一个大循环,我们内地拾粪的小农场是个小循环。循环愈大,水准愈高;但是能维持任何水准,必须有个循环。采矿式的消耗,性质上是自杀的,自杀可以慢性,但终必有枯竭的时限。一个健全的和能平衡的文化必须站在有机循环的基础上。

回不了家的乡村子弟

在我们传统的乡土文化中,人才是分散在地方上的。最近潘光旦先生和我一同分析了915个清朝贡生、举人和进士的出身。从他们地域分布上说,52.5%出自城市,41.16%出身自乡村,另有6.34%出自介于城乡之间的市镇。如果再依省分别来看,以有较多材料的直、苏、浙、鲁、皖、晋、豫7省说,乡项百分比超过城项的有鲁、皖、晋、豫4省。这些数字告诉我们,即以必须很长文字训练才能有机会中试的人才,竟有一半是从乡间出来的。更有意义的是我们所分析的人物中父亲已有功名的和父亲没有功名的比例,城乡双方几乎相等;城方是68∶32,乡方是64∶36。这是说中国人才缺乏集中性的事实,也就是原来在乡间的,并不因为被科举选择出来之后就脱离本乡。这和现代西洋社会不同。Sorokin教授曾说:"(在西洋)一切升迁的途径几于全部集中在都市以内。如果不先变做城里人,一个乡间的寒门子弟已几乎完全不再有攀登的机会。"——中国落叶归根的传统为我们乡土社会保持着地方人才。这些人物即使跃登龙门,也并不忘本;不但不损蚀本乡的元力,送往外洋,而且对于根源的保卫和培养时常看成一种责任。因之,常有一地有了一个成名的人物,所谓开了风气,接着会有相当长的时期,人才辈出的。循环作育,蔚为大观。人才不脱离草根,使中国文化能深入地方,也使人才的来源充沛浩阔。

我在《再论双轨政治》一文中提到地方人才的问题时,曾说起了英国退休的公务员分散到乡间和地方上去服务的情形。燕鸣轩先生给我私人的信上曾说:"先生所希望的中国绅士像英国的绅士,事实上恐怕不相类的。"从目前的情形说固然不相类,但是我还觉得在传统社会中,似乎曾有过类似的情形。杨开道先生曾写过一本《中国乡约制度》,从这本书里看去,中国士大夫对于地方事业的负责可以说比任何其他国家的中间阶级为甚。即使我们说这些人服务地方为的是保障他们自身的地主利益,是养鸡取蛋的作用;我们也得承认这和杀鸡取蛋是大大不同了。何况在中国传统土地制度还有着"家无三代富"的升降流动机构,形成另一循环,使刻苦耐劳的小农有着上升的机会,并不像那富者愈富,贫者愈贫的两极化的情形呢。

燕先生很清楚地告诉我们地方权力变质的经过:最初是贡爷老爷,继之是洋秀才,最后是团阀。为什么会这样变质的呢?那就引到了我在本文中所提到的损蚀和冲洗过程了。以前保留在地方上的人才被吸走了;原来应当回到地方上去发生领导作用的人,离乡背井,不回来了。一期又一期的损蚀冲洗,发生了那些渣滓,腐化了中国社会的基层乡土。

乡土培植出来的人已不复为乡土所用,这是目前很清楚的现象。今年暑假很多毕业生找不到职业,在一次"欢送会"里很不欢地谈到了这青年失业问题。有一位老师劝这些青年回乡去,在原则上是能说服他们的,但是他们几乎一致地说:"我们已经回不了家了。"结果我还没有知道有哪个回了去的,他们依旧挤在人浮于事的都市里,甚至有靠朋友接济过日子的。

他们"已经回不了家"是不愿,也是不能。在没有离乡之前,好像有一种力量在推他们出来,他们的父兄也为他们想尽方法实现离乡的梦,有的甚至为此卖了产业,借了债。大学毕业了,他们却发现这几年的离乡生活已把他们和乡土的联系割断了。且不提那些正在被战事所蹂躏的区域,就是在战区之外的地方,乡间也是容不下大学毕业生的。在学校里,即使什么学问和技术都没有学得,可是生活方式、价值观念却必然会起重要的变化,足够使他自己觉得已异于乡下人,而无法再和充满着土气的人为伍了。言语无味,面目可憎。即使肯屈就乡里，在别人看来也已非昔比，刮目相视，结果不免到家里都成了个客人，无法住下去了——这是从个人的感觉上所发生的隔膜。城乡之别在中国已经大异其趣，做人对事种种方面已经可以互相不能了解，文化的差异造下了城乡的解纽。

如果有大学生真的回乡了，他向哪里去找可以应用他在大学里所学得的那一套知识的职业呢？说是英雄无用武之地可以，大才无法小用也可以，事实上，大学并不是为乡土社区造人才的。现在的教育是传授新知识的，所谓新知识，其实就是从西洋来的知识。这本来是可以的，知识不应分国籍，我们目前正应当赶快现代化，要现代化就得输入西洋文化。乡间的传统正待改良。新知识正是改良的方案。但是一个乡间出来的学生学得了一些新知识，却找不到一条桥可以把这套知识应用到乡间去；如果这条桥不能造就，现代的教育，从乡土社会论，是悬空了的，不切实的。乡间把子弟送了出来受教育，结果连人都收不回。

不但大学是如此，就是中等教育也是如此。我们曾在云南一个乡城附近的村子里作研究。靠近村子不远有个农业学校，这村因为靠近县城，所以园艺很发达，乡下朋友常指着学校的农场和他们说笑话；我们到农校里找他们教员谈话，也有些是很有专门训练的，说村子里的蔬菜大可改良。乡下朋友说老师们种菜像是种花，赔本的，不错；老师们说乡下的菜长得不高，也不错。所错的是各人做各的，合不起来。学生们出来，没有这么多"校农场"给他们"实习"和"试验"；回家去，家里没有这么多本钱来赔。结果，有些当了小学教员，有些转入军校，有些就在家里赋闲，整天无所事事地鬼混，在县城里造了一批新的"流氓"，他们也就逐渐变成燕先生所称的"团阀"的干部。

我们的大学多少也难免有此情形，所不同的是大都市中吸收新人物的能力比县城里大一些，除了当教员之外还有衙门、工厂里可以找职员做，但是有两点是相同的，一是他们并没利用新知识去改良传统社会，一是产生了一批寄生性的"团阀"阶层，既不能从生产去获取生活，只有用权势去获取财富了。

从这方面说，现在这种教育不但没有做到把中国现代化的任务，反而发生了一种副作用，成了吸收乡间人才外出的机构，有一点像"采矿"，损蚀了乡土社会。

流落于东西文化之外的寄生阶层

有人可以说现代化本来就是都市化。现代文化是都市产物，都市人口总是从乡间吸收来的。在乡间即使有人才也没有发展的可能，一到都市里，机会多，个性可以自由发展，所以城市是造就人才的地方。在乡间至多有"潜才"，不能说有"人才"，所以都市化对于乡村是有利无害的。在西洋，这种情形是很显然的。在中国，不能是例外。

这种说法是有理由的，但是也不全是事实，而且最后一句话，说中国不能是例外，更值得考虑。所谓"例外"是指在中国有很多条件和西洋不同，因之西洋社会的通则有时并不能不加修改地应用在中国。

我在本文开始时提出 TVA 是有用意的。念过李林塞尔那本书的，可以说上面的理论在美国也并不完全正确。美国都市的发达，确曾损蚀过内地的乡土社会。田纳西河流域，所谓 Deep South 在实施TVA计划之前是一个极悲惨的世界。每年每个农家的收入只有150元,和美国人当时工人的平均收入低下5倍;没有电灯,没有电话,没有公共医院。名剧《烟草路》里描写出来的生活比我们的农村还不如。美国可以有纽约的"自由发展",但是在Deep South却没有免于饥饿的自由。为什么?和中国目前的情形一样,社会的有机循环脱了链。南部的物质(土地里"采"出来的棉"矿")和人才不断地输出而没有回来。这土地,这人民,受到了损蚀,一直到罗斯福才重建了这循环,繁荣才恢复。

都市和乡村是必须来回流通的。美国都市的工业依靠广大农村作市场。农村的损蚀固然乡下人先遭困乏,但是困乏的乡间也会引起都市的恐慌。罗斯福发动TVA的计划目的还是在挽救都市的经济恐慌。李林塞尔最得意的杰作就是在恢复由城到乡的这条桥梁。从这桥梁上,城市里所孕育出来的现代知识输入了乡间,乡间出来的人才,受了现代科学的教育后,可以回去服务农村了。

提倡都市化是不错的,但是同时却不应忽视了城乡的有机联系。如果其间桥梁一断,都市会成整个社会机体的癌,病发的时候城乡一起遭殃。中国却正患着这病症,而且,依我看来,目前正在病发的时候了——表现出来的是乡间的经济瘫痪和行政僵化,都市的经济恐慌和行政腐败。

中国城乡关系本来就和西洋不同。这一层意见我已在《乡村·市镇·都会》一文里申说过,这里不必重复。那篇论文中我还只就经济的素质上加以说明这三者的关系。在本文上节里我又从文化的背景上加染了一笔。如果我们说都会代表西洋文化,乡村代表传统文化,那是不正确的;我的意思是:都会是两套文化接触的场合,被西洋文化改变了生活和思想方式的人回不了乡村,有一部分被都会里新兴的生产事业所吸收了，但是还有一部分却流落在生产事业之外，发生了一层倚赖权势过活的新人物，他们转而阻碍了城乡双方生产事业的发展。

这一层新人物从他们来路上说，直接间接是从乡土社会里吸收出来的。在东西文化接触之前，这些人物可能就被科学的机构所吸住，依旧在乡村和市镇间居住，"学而优则仕，仕而优则学"，也是燕先生所谓"贡爷老爷"，受着传统儒家哲学的教育，执行"道在师儒"的社会任务。他们可能在土地制度之内剥削农民，但是乡间财富并不大规模的外流。以整个社会说，有如叉麻将，叉来叉去，最后不会有太大的输赢。

如果中国都会里的生产事业发达得快，乡间吸收出来的人都能找到发展才能的适当地位，乡土社会虽则被损蚀了，但是都市却繁荣了，我们可能走上美国的道路，等都市财富积聚得无法消化时，再像 TVA 一般流回农村去。果真这样，我们的局面也必大非今观了。不幸的是我们的经济和政治却处于次殖民地的地位，大规模的工业化并不可能。西洋文化并没有全盘输入，只输入了它的上层或表面的一层，包括思想、意识、生活方式和享受欲望，并没有把维持这上层的底子——经济基础——搬了过来。这个脱节可真脱得严重，也是发生那流落在西洋和传统文化之外，流落在生产事业之外的倚赖权势为生的阶层，中国悲剧中的主角和导演。

洪流冲洗下的中国

土地的损蚀只是冲洗的开端。地方给采矿性的棉花拔尽之后，大片的土地上没有了覆盖的草皮，吸收不住水分，汇成巨流，造成灾区。社会性的损蚀作用同样会引起类似冲洗的人口流亡。损蚀作用中所带走的还有选择：最早离乡的多少是自动的，在经济地位上说是较富的，在教育程度上说是较优秀的。财富和人才离了乡，再加上了都市工业势力的压迫，农村开始穷困，小康之家降而为穷户，穷户就站不住脚，开始离乡；但是在乡间至少还有个中坚阶层足以维持——两极的移动多少是都市化过程中对农村所发生的一般影响。这两极也就是都市中劳资阶层的来源。

但是当中国所特有的流落在城乡生产机构之外的新阶层一旦出现，一旦庞大，他们利用着权势构成种种法外的"团阀"（法外并不指他们表面的地位而言，指他们获取财富的手段而言），乡间知识程度较低，团结力较弱，组织较松弛的农民，也最容易成为这种人物寄生的对象。使黄明正先生"暗自饮泣之黯然的图画是每个在乡下住的人所熟知的"。当我疏散在乡间时，这些人物的蛮强无理的敲诈掠劫曾使我多次因激于"侠义"出头干涉而陷入纠纷和痛苦。这些也是我一生中永远不敢忘怀的经验。这些人物的盛气凌人反衬出中国广大人民的善良和忍耐。但是善良和忍耐并不是敲诈掠劫的理由。容忍有其限度。当限度到来时，中国农民的坚韧也成了他们自救的力量。从局部的情态去看，任何还有正义感的人不会放错他的同情心的，但是从整个局面合起来看，却是一个大悲剧，演出的是反抗、流血、摧残、流亡、沉沦。本来是乡土里流出去的，父母伯叔卖了田地，节衣缩食，指望着回来繁荣乡土的子弟，当他们回来时，却带来了这一种礼物！

我记得有一次向一个冒充军官来乡间敲诈的人说："你不也是从乡间长大的么？如果有像你一样的人到你乡间去这样胡闹的

话,你觉得怎样?"他曾为我这话低下头去,"可是——"他犹豫了一下,没有回答——这些是同一出悲剧中的角色。如果我们把一切责任都放在这些人肩头,同样是偏面的,不根本的,而且是无济于事的。

可是由这种人物所激起农民的仇恨,却逐渐形成一片火海。虽则明知这火海里并没有人得到便宜,但是到这程度,好像泥土里没有了草根,水愈聚愈多,最后必然会造成决堤的洪流。

地方上现在已没有任何挡得住那种借权势和暴力来敲诈劫掠的力量了。贡爷老爷已经不存在,洋秀才都挤在城里,农民除了束手待毙,只有自己出来抵抗,而整个生产机构也就难免于瘫痪了。

整个中国,不论上层下层,大小规模,多少正在演着性质相似的悲剧,但在生活已经极贫困的乡间,这悲剧也就演出得更不加掩饰,更认真,更没有退步。日积月累,灾难终于降临,大有横决难收之势了——这就是我想说明的损蚀和冲洗我们乡土社会的过程。这过程的发生是由于社会有机循环的破坏。很显然的,如果我的分析有若干正确性的话,我们必须从速恢复城乡之间的循环关系。关于怎样才能恢复的问题,我想留到以后论"乡土复员"里再提出来讨论了。

1947 年 11 月 26 日于清华胜因院

黎民不饥不寒的小康水准

我在《损蚀冲洗下的乡土》一文的结尾说起我想提出一些怎样才能重建中国城乡有机循环的意见,并且预定了《乡土复员》这个题目。忽忽已有一个月,好像欠了一笔债似的,使我很着慌,屡次下笔都不克交卷,其间固然有许多冗杂的事务阻挠着思考,而这问题本身的复杂,也是个很重大的原因,何况当前的一切似乎还谈不到建设。破坏之动员未已,乡土复员的说法,竟带着讽刺的意味。可是话还得说回来,在一般人民对国是失望感慨之余,也没有比这个时候更需要彻底自觉,在恩怨之外,找出这空前变局的结症所在。宿疾求艾,即使并不是怎样急救灵丹,也是我们应当致力之处。虽说是书生之见,但也只有书生才能暂时在切身的烦恼之外,瞩望将来,注视这个可能的免亡之道。所以最后,我还是鼓着勇气,贡献一点较远的看法。我这几篇乡土复员论将从一个问题出发:假如我们还希望走上一条安康的道路,我们应当向哪个方向出发。至于我们怎样能走上这条路,那不是我在这几篇短论里所想讨论的了。

土地分配和民生

现在论乡土经济衰落的人,大都注目于中国的土地制度,尤其是租佃制度。租佃制度引起人的注意是有理由的,而且是现实的。一个自己没有土地,租别人土地来经营耕种的人,普通都得把正产,主要农作物的出产的一半以上,在地租的名义下,交给地主。"一半以上"正产量作为地租算不算很高呢?单凭百分比是看不出意义来的。我曾根据我自己调查的结果,用产米量和食米量的比例来说明地租的真实分量。这里不妨举出一个村子的情形来表示。在"江村"(太湖附近的一个村子)每农家经营的农场平均面积是 8 亩半,合 1.29 英亩。每英亩产米平均约数是 40 蒲式耳(每蒲式耳约重 67 磅。这种产量,在中国一般情形说,可算是收获很丰富的了),每农家平均产米总量 51.6 蒲式耳。每农家人口平均是 4.1,合壮丁数 2.9(所谓合壮丁数是指食米量而言,依 Atwater 标准经我们修正后折合)。每壮丁每年平均食米量为 7 蒲式耳,即 470 磅,每家共需食米 20.3 蒲式耳。总产量减去食米量剩余 31.3 蒲式耳。如果这家的农田是租来的,租额如果是正产量的一半,合 25.8 蒲式耳。把地租交出后,只剩余 5.5 蒲式耳的米,农场上其他作物的产量依我们估计其价值约合米量 10 蒲式耳。这家人可以用在食米之外的消费量及农业投资只有 15.5 蒲式耳米等值的数目。于是问题是:这点钱够不够呢?依我的估计中国农民普通的支出各项的比例是:吃米 42.5%,其他消费 42.5%,农业投资 15%,依这比例,这家人需 28.4 蒲式耳米等值的钱作吃米之外的其他费用。这个人家如果在农场之外别无其他收入,每年要缺 12.9 蒲式耳的米。

如果农场较大,交了地租之后,剩余可以略增。但是农场的面积一方面是限于可供耕种的土地面积和人口的比例,另一方面又限于现有技术下,家有劳力所能经营的面积。我在云南农村中曾经分析过农业劳力的问题。在最忙的农期中,一夫一妻所能耕面积只有3亩强。换一句话说,他们如果要经营较大农场,在最忙的时候必须换取或雇佣劳力帮同工作。能耕面积因之也有赖于劳力的组织。在一般情形中,如果技术和劳力组织不加改进,一个农家所能经营的农田面积并不能超过现有平均农场过远。现在农场面积平均数目各地因作物及土质不同固然略有伸缩,以太湖流域说,江村的情形决非例外。

扩大农场的机会很小,这不是一个分配的问题,而是农业人口和可耕地面积比例的问题。分配是从所有权上说的,中国土地分配不平均是事实。但握有较多土地的地主通常并不是自己经营农田的。大地主还是分成了小农场出租给佃户。所以从经营着眼,如果要扩大农场,分配问题远没有技术及组织为重要,最基本的是农业人口怎样能减少的问题。

但如果说重分配既不能扩大农场,对于生产并无重大贡献,因之我们不注意这问题,那却又不对的。分配问题在民生上有极严重的影响。如我上述的情形,假如江村的农民都是自耕农,他们单靠现有的土地也足以达到"不饥不寒"的水准了。61.6蒲式耳米等值的收获可以经常支出20.3蒲式耳的吃米,20.3蒲式耳米等值的消费品,和8.4蒲式耳米等值的农业投资。另外还有12.6蒲式耳米作其他特殊费用的准备——这正是我所说的"小康水准"。

农工混合的乡土经济

如果我以上的分析是正确的,在租佃制下经营小农场上的佃户并不能靠土地维持"不饥不寒"的水准,则在传统的乡土经济早应该发生土地问题了,为什么土地问题到近二三十年来才见严重呢？

乡土经济中土地问题早已存在,我想是事实；但是在传统经济中却有一道防线挡住了这潜在的问题暴露成佃户和地主中间的严重冲突。这道防线是乡土工业。关于乡土工业在传统经济中的地位,我曾一再写文论述过。简单地说,在海禁未开之前,中国人民日用消费品是自给的。中国从来不是个纯粹的农业国家,而一直有着相当发达的工业。可是传统的工业却并不集中在都市里,而分散在无数的乡村里,所以是乡土工业。各地依它的土产加工制造成消费品,日积月累,各种工业都有著名的地域。中国早年出口的生丝最有名的叫辑里丝,查海关报告还有这英文译音；辑里丝是太湖附近很小一个区域里出的丝,居然成了个中国出口生丝的别名。其他如龙井的茶,景德的瓷器,高阳的布,都属此类。这些还只是些最著名的土产,其实每个小区域,甚至许多村子都有一两样附近所熟知的土产,土产中又有很多是制造品。而制造这些土产的却是一家家的农户。轻工业中最重要的纺织,在传统中国是家庭工业。我幼年还帮助祖母纺过纱,我母亲的嫁妆里还有个织布机,"不闻机杼声"这诗句在我是极亲切的。制造工业分散在家庭里固然使中国传统工业在技术上不易进步,但却是一个传统经济中的重要事实,使普通土地不足的农家可以靠这些家庭工业里的收入,维持小康生活。

中国的农场为什么会这样小,是一个基本问题,直接的原因可以说是人口太多,但是为什么人口会这样多呢？这问题有人认为是不必问的,人口繁殖是生物现象；也有人认为是儒家思想提倡的结果。我却愿意从劳力上来看：农作活动有季候性，在一个短的时期中需要相当多的劳力，也就是所谓"农忙"。农村里必须养着能足够应付农忙时所需的人口，虽则农忙一过，这些人在农田上可以并没有工作可做，也就是所谓农闲。在充分利用人力来工作的农业技术下，农忙和农闲所需劳力的差别可以很大。如果单看农忙期间的农村，人口并不能说太多，因为没有这样多的手脚，现有农田在现有技术下并不能充分经营。依我这种看法，所谓中国农村人口太多是从生活程度上说的，并不是从农业生产上说的。除非农业技术能改变，农村人口不易减少。抗战后期因乡村壮丁的流亡已在后方农村中发生了缺乏劳工的情形。

农业虽则在短期需要大量劳力，但是有 2/3 的日子是没有农作可做的，于是发生周期性失业的情形。换一句话说，我们是"养工一年，用在农忙"。这些劳工并不能离开农村，离开了，农忙期会缺工，可是农闲期怎么办呢？这里引入了乡土工业，乡土工业在劳力利用上和农业互相配合了来维持农工混合的经济。也只有这种农工混合的乡土经济才能维持原有的土地分配形态。一个自己没有土地的小农场上的佃户，在男耕女织的农工合作下，勉强能达到他们生活的小康水准，同时也使传统的地主们可以收取正产量一半的地租，并不引起农民们的反抗。反对地主利益的人可以说这种乡土工业正是给他们剥削佃户的机会；从整个经济分析上说，农业技术、劳力需要、人口数量、农场面积、乡土工业、地租数量、地主权利等因素是一个有机的配合。中国传统社会能很久地维持着这配合，那是因为它至少可以给在这种经济里生活的人不饥不寒的小康的生活。任何经济结构如果不能维持最低限度的民生，是决不能持久的。

传统有机配合的脱栓

在过去近一个世纪来,上述传统有机配合开始破坏了。破坏在哪里开始的呢?在我看来,第一个脱栓的齿轮是乡土工业。农业技术、人口数量、农场面积、地租数量、地主权利等齿轮,并没有变;跟着乡土工业那一齿轮脱了栓的却是那传统有机配合所维持的小康生活。

乡土工业的衰落由于它和西洋都市机器工业竞争的结果,这一点不需我在这里费词引证。机器工业在大规模生产的方式下成本减轻了,品质提高了,土货成了个贬损的名词,洋气才是风头,骨子里不过是两种生产方法的优劣。费了较高成本制造出既不雅观,又不适用的土货,怎能在既便宜又漂亮的洋货旁争得购买者呢?土货的市场让给了洋货,在享乐上是提高了买得起洋货者的水准,可是同时却引起了乡村里无数靠着制造土货的工人们的失业。

贫穷跟着乡土工业的衰落侵入乡村,这个魔手是间接的,impersonal 的,捉不住、看不清对象的,是一种无可抵御的势力。只感觉到而摸不着的,要反抗也无从反抗起,要抵御也无从抵御起。一个织土布的媳妇,没有人要买她的出品时,代替机杼声的也只有叹息罢了。她去怨恨谁呢?

这时她只有指望丈夫在农田上的收获了。一家的生活压在土地上。也在这时,传统经济里早就潜伏着的土地问题暴露了。地主并没有丧失他收租的权利,租额并没有减低。而且传统的地主并不是生产的阶层,他们是"食于人"的。在新的处境里他们也没有大量的改变这种身分。相反的,因为西洋舶来品的刺激,更提高了他们的享受,消费增加,依赖于地租的收入也更不能放松。可是当他们下乡收租时,却发现他们的佃户并不像以往一般驯服了。怎能驯服呢?交了租就要挨饿了。为了生存,佃户和地主之间发生了严重冲突。地主不会明白为什么佃户变了,他还是收取和以往同样的租额,并不是过分的要求。佃户们眼里的收租者却变了,成了来要他最后一粒谷的催命鬼——看不见的是没有声音的西洋工业势力,它打碎了传统有机配合中的一个齿轮,那一个地主本来不关心而其实是保证他们特权的齿轮,乡土工业。

破坏乡土工业的力量是深入、遥远、庞大、有力的,它背后还有着巨舰大炮,"帝国主义",有组织的,而且是现代化的。缺乏团结力,缺乏组织,缺乏科学知识,分散在乡村里兼营着农业的传统工人,对于这个力量怎能抗得住,可是地主的势力,和了外来工业势力相比,却脆弱得多,于是为了求生存不能不奋斗的农民挑选了地主做对象——这样,在近代史上,中国的土地问题日深一日。

地主阶层合理的出路

不饥不寒是民生的最低水准,如果人有生存的权利,也就应当承认争取这水准是公道而且合理——这是民生主义中基本的内容。可是中国不停地在被解除它原有的工业生产力,小康的降而为小贫,小贫的降而为大贫,大贫的铤而走险,乡土在冲洗中。农民们在要求回复失去了的生活水准。

在这个局面中，如果不能挽回我们在衰亡中的工业，本来间接依靠原有乡土工业，通过地租形式，而维持的地主阶层，迟早是会被打击而消灭的。这些地主并不能自己去耕种土地，而得假手于农民，这片土地又不能同时养活地主和佃户双重人物，地主却不能采取消灭佃户的手段来维持自己的收入。另一方面，没有了地主的农民还是可以耕种土地——所以在地主和农民的争斗中，农民必然占据优势的。从理论上说，地租原是在土地能在供养耕者之外还有剩余的情形下发生的。可是中国的租佃制度却并不直接建筑在土地生产的剩余上，而间接地建筑在农民兼营的乡村工业上，所以乡土工业崩溃实在打击了中国"地租"的基础，注定了地主阶层的命运。

地主并不能在同意之外获得地租。虽则在短期间地主固然可以靠压力来赢得"被迫的同意"，但压力包括费用，而反抗可以无限地增长，因为反抗的动力是生存的要求，和压力正比累积；二者竞赛，以有限压无限，总有穷时，所以我们可以预言其结果。

为地主着想，合理的出路决不应是加速自己的灭亡，而是适应新的局势，另建他们生活的基础。和农民的"不饥不寒"的水准去对抗是徒劳无功的，只有承认这人类生存的基本事实，而在土地之外另谋出路。说来似乎矛盾，地主得在土地之外去找出路，而事实上却一点都不矛盾，因为中国的地主原本不是靠土地的。当西洋工业势力侵入打击中国乡土工业时，地主们如果要保持他们的生存，就应当勇敢地迎战。这战线上如果不能获胜，他们的生存总难维持，不论直接清算他们的是谁。

我承认对外的迎战是艰难的，但不论怎样艰难，这是地主阶层生死关键所在，无法推诿的考验，而在这恢复工业的艰难事业中，尤需广大农民的支持，因为在已经成熟的西洋侵略性的工业经济的滩头，要确立我们民族工业的阵地，在策略上大概不能避免走上复兴乡土性工业的路子。换一句话，还得依赖能耐苦的农民以生活程度来和西洋劳工相竞争——这是从经济上说的。从政治上说，西洋工业背后随时可转变为军事侵略的政治压力，也必须以国内的政治安定和统一才能应付，那更需要国民中80%以上的农民的支持。从任何一方面看，地主阶层在面临生存威胁之际，不但应当，而且只有以放弃地租为条件来和农民共同克服这危机。这是孙中山先生眼光远大之处，耕者有其田的政策是一个地主阶层自保的钥匙。

我这种说法，完全是站在地主阶层的生存兴趣上立论的。我很明白，完全站在农民阶层的立场上，还有一条路：那就是抓住土地，占有土地上所能出产的，不放松，必要时不惜出之以武力的保卫。完全占得住土地上所生产的一切，确可恢复小康水准，而且从他们看，一个没有力量在向外战线上团结保卫的阶层，也不会有能力维持向内的战线，两线作战是兵家之忌。这套想法并不是没有理由，但是，依我看来，如果加上国家观念，这种做法总可以说是不幸的。而且中国复兴的基础最后不能不是工业的复兴，生产力的增大和生活水准的提高，这不是单纯农业所可以达到的；何况内战的直接结果是破坏，破坏的结果是外来势力的增高，中国工业更难建设。中国农民固然是吃得起痛苦的，但是耐苦也不应是理想的价值。

历史并不常是合理的，但是任何历史的情境中总包含着一条合理的出路，历史能不能合理发展，是在人能不能有合理的行为。

一个被视为"书生"的人,有责任把合理的方向指出来,至于能不能化为历史,那应当是政治家的事了。

地主阶层面临考验

特权的动摇

上一篇乡土复员论里，我提出一种看法：中国土地问题严重性的表面化是由于乡土工业衰落而引起的，土地的生产并不能单独同时养活地主和佃户两重人物，中国现有的人地比例，注定了"耕者有其田"的秩序。如果我们承认当前严重局面基本上是土地问题在作祟，则土地问题的合理解决自应是重建和平秩序的前提。合理解决，在我看来，却不只是在土地权的重分配。我说"不只是"，因为要能做到土地权重分配，实行耕者有其田，必须有一个条件就是本来靠地租维持生活的地主得另外找到一个经济的基础。有人会说，地主这阶层是寄生在农民身上的剥削者，他们已经侥幸地被供养了几千年，现在该被清算了；把田拿走了，如果他们自己没法找到生存的机会，那是活该。我不愿在道德立场上讨论这问题，只想从事实上说，如果地主阶层找不到新的生产性的经济基础，他们不会轻易放弃土地的，于是，如果要实现耕者有其田，就不免要在同意的方式之外用暴力的手段了。再换一句话说，如果不给地主阶层一个经济的出路，土地问题的解决过程中避免不了暴力的因素。我的立场是想在和平方式中去解决这无法拖延的基本问题，所以特别愿意强调和平解决所必需的条件。我承认地主阶层即使找到了新的经济基础，不一定就能和平解决土地问题，这只是一个必要的条件，而并非足够的条件。

我也承认"另外找到一个经济基础"的责任是在地主阶层自己，因为他们在传统社会中是握有特权的阶层。拉斯基教授在工党上台前夕给英国特权阶层的忠告，很适用于中国当前的形势。如果特权阶层不自动的放弃特权，在和平的情势中获取另外经济基础和社会地位，就将被迫放弃特权，在暴力的运用里，损失最大的也就将是这个阶层。

事实上，当前的地主阶层已感觉到他们的特权不可靠了。这里我可以抄录一节一位在家乡（苏州附近）的朋友给我的信：

> 以前农民"拔田"（有永佃权的佃户向地主买俗称田底的地权）每亩需粳20担，农民花得起这笔钱的很少。现在市价只要两担。很多地主在困难重重，前途又无希望之中，甚至肯收更低的代价把田卖掉。

这其实是乡土衰落所必然会发生的结果。地主们放弃土地，离乡入城，已有相当久的历史。现在城市里多少中下层的居民不是从原有的地主阶层里出来的呢？他们如果在城市里得到了谋生的职业，或是投资的机会，即使没有"重重困难"去迫他们出卖土地，他们也不会留恋于已不一定收得到租的土地。但是关键是在他们身虽离乡，而并不易在土地之外找到一个稳定的经济基础。中国民族工业的萧条，使他们的收入还是直接间接地取之于农民。

一查他们的职业，公务员和军队占着很大的比例。这说明了，如果我们在农业之外不能开辟出广大的生产基础，本来寄生于土地上的，不论他们离村多么远，不论他们名义上怎样不带土气，最后，转转弯弯的还是寄生在农民身上。地租名目可以变成赋税，变成摊派，实际还是一样，土地得供养这一批不事生产的人物。这是说地主阶层即使放弃了土地，如果没有新的生产去吸收他们，问题还是没有变。因之，我觉得现在的关键已不是在地主们愿意不愿意放弃土地，而是怎样转变为生产者的问题。

寄生阶层的保守性

地主阶层既已感觉到特权基础的动摇，但未能及时在土地之外去另谋出路，依旧在四面楚歌中求片刻的苟延，在明知愈拖愈不利的命运前恐惧战栗——那是值得我们更进一层去分析的事实。

中国地主阶层踟躇不进，因循苟且，不能毅然在工业里自谋合理的出路，有外在和内在的两层原因。外在的原因是西洋雄厚的工业势力和复杂的国际政治，这方面已经受到注意，我不必在这里多讲。我在本文里想提出来的将偏重于内在的原因，那是地主阶层的生活方式、理想、抱负和知识所给予他们的束缚。

特权所给人的享受会向灵魂深处索取它的代价。它腐蚀握有特权者的个人的志气，它也腐蚀维持这特权的社会的活力。这可能说是上帝的公平，也可以是历史的公律。特权阶级的生活只要现状不变就能维持，因之在心理上憎恶变革，保守是他们根据阶层利益而养成的精神，在土地制度里获得特权的阶层保守的精神更是牢固。农业本身技术的成分远不比工业,作物的生长是自然过程,人不过在旁扶植,农夫是靠天吃饭的,明白主观的限制。另一方面说,小农生产是自给自足的,在经济上不受市场竞争的打击或鼓励。这种性质的作业里不容易表现出技术的重要性来。技术不需日求新异,整个人事也易于安排配合,成为一种稳定的社会结构。现代工业社会是稳定不住的,基本上是因为技术的分量太重,技术这一道里,效率、经济、精巧等一类标准太明显,加上了竞争性的市场,技术必然领先变革,于是文化的其他部分也不能不随着变了。因之以现代工业社会里特权阶级来比较传统农业社会里特权阶级,后者的保守性和固执性可以更为显著。

尤其在中国,这种特权阶级在以往是不必具备着高度警觉性的。地主阶层可能的威胁来自两方,一方是农民的反抗,一方是暴力集团的侵害。中国地主阶层经了长久历史的陶养,对这两种威胁已经发生了相当的免疫性,这种免疫性结晶在儒家的思想和相配的制度里。从这个角度里去看儒家思想和制度,很可以见到它的实用性,甚至相当微妙的作用。儒家是反对地主们在享受上无餍求得的,克勤克俭,把主观的欲望约制住了,使他们不致尽量地向农民榨取。这有限的土地生产力和农民已经很低的生产水准是经不起地主阶层们的挥霍的。把中国一般中小地主描写成养尊处优、穷奢极侈的人物,我觉得是不太切当的。"一粥一饭"式的家训即使不能算是实况的描写,地主阶层平均所占的土地面积也可以告诉我们,他们所能维持的也不能太过于小康的水准。拥有100亩农田以上的地主,据陈振汉先生的推算,全国约有80万人,合全体农业人口的3‰。除了这少数有资格谈得到优裕生活的大地主外,克勤克俭是必须的生活条件。我在去年暑假里回家乡时曾问过当地的朋友,"完全靠地租,想生活得相当舒服需多少田?"我得到的回答是"400亩上下"。我知道有几家亲戚有田在二三百亩左右的,他们的生活实在赶不上一个有几十亩田的自耕农。省俭之成为中国一般的性格实有它的经济基础。主观欲望上的约制使租佃关系中紧张程度得以减轻。

中国传统租佃关系里还常充满着人的因素。这因素又被儒家的"中庸"、不走极端所浸染得富有弹性。我幼年常听祖母讲:有些下乡收租的地主非但没有收到租反而放了一批赈。我提到这事实,并非说中国地主阶层怎样慈善;很显然的,如果都像这种放赈式的收租,这阶层早就不存在了,而且我也知道有地主把佃户的女儿都拉回家做丫头的。但是我要借此指出的,在传统的礼教中确有鼓励不走极端的力量,在消弭租佃之间的冲突。有人不妨说这是猫哭老鼠的假慈悲,这是地主剥削农民的力外裹着的糖衣。我并不反对这说法,我只要说明,此假哭,此糖衣,确曾减少过农民反抗的可能。

另一方面足以侵害地主利益的是各种各式的暴力集团。在人口增殖,生产无法扩大的局面里,以暴力来取得财富的方法永远是引诱人的。如果地主得自谋保卫,他们不能不讲组织,讲武备,警觉性也够维持他们一点生气。但是在中国却发生了传统保镖性的皇权。皇权的最后成分是暴力,它的形成是由于被需要安定的经济力量所招安,以按期的报效代替周期的被劫掠。这过程是我们熟悉的,从上海乞丐头儿起到大小帮会,以及边地的保商组织,都是这一类。梁山泊那样狠的好汉,也难免"招安"的梦想。这其实是暴力集团升沉的自然史。中国历史上贵为天子的,无论胡汉,还不都是以劫掠始而以收税终吗?

从地主阶层说,他们自己是不武装的,但是利用着暴力集团间的矛盾,以暴制暴地选择他们付保镖费的对象。保镖的目的在获得这笔钱,如果有其他暴力团体兴起了,最初是剿,剿不了则抚,抚不了就得拼,拼不了就让位,这是改朝换代。不要说得太远,就在我幼时,军阀们争雄的时候,我知道得很清楚,军阀打是打他们的,老百姓只要先躲一阵流弹,再希望不碰着败兵,最后自有商会出来劳军,一切如旧;劳军过后还在城门口看到几个扰民的小兵的头颅,旁边是一张"安民告示"——换了一个保镖。

这个降伏了其他暴力集团的皇权,如果认真要统治起来,侵害地主利益怎么办呢?这里又碰到了我已说过的传统对皇权的两道防线了,这里不再重复。

中国地主阶层并不是一个突出的特权集团,而是经了长久的位育,在内有着免疫性,在外有着一道道的防线,使他们可以在一个稳定的农业经济里,过着寄生性的生活。研究寄生虫的生物学家常会告诉我们有关这类动物的无数难于置信的寄生本领,生理和环境真是神工鬼斧般的配搭得巧妙异常,没有这一套,这类动物是无法生存的。但是因为它们的专门化,一旦环境改变了,也常是最先淘汰的,它们没有积极谋适应的能力。当我着手分析社会上寄生性的特权阶层时,也不免常引起这种感觉;他们的生存和繁荣不是靠他们个体的能力,而是靠着微妙的制度上的搭配。因之,他们对制度上的变革必然是厌恶的,保守性也特别强。

传统性格阻碍着新生

当我在客观的立场去分析中国地主阶层的合理出路时,我觉得只有从民族工业里打算，但是再去看一看这阶层的特性，未免使我为他们担忧了，因为由于他们历史上的特殊社会地位所产生的性格和现代工业所需的才能很不相合。这件事实可能足以部分的解释为什么我们和西洋接触已有了一个世纪，而民族工业还是这样幼稚（把一切责任放在帝国主义身上是不够的）。

首先我可以提出来说的是对于技术的贱视。上面已讲过贱视技术是维持稳定的社会所必需的条件。贱视技术的结果使地主阶层里的人物和工艺隔离了。工艺是人和自然的接触，改造自然以为己用的活动。生产活动也就是取用于自然的活动，所以基本上是工艺性的。脱离了生产的地主阶层无需讲求工艺，转而因害怕工艺的发达会威胁他们利益所寄托的社会结构。嫉视工艺，称之为淫巧，称之为末技，称之为玩物丧志，不但把社会上可能的技术进步遏制了，而且自己和自然之间立下了一道鸿沟。于是文艺代替了工艺。文艺是象征标记的玩弄。工艺本来也不能完全不求助于象征标记，算术和科学是从工艺里发生出来的，但是这里的象征标记最后要在自然现象里实证的，只是手段性的；文艺里的象征标记却不须实证，它们可以直接给人感情和思维上的满足。对自然本身缺乏实用性的兴趣，使实证的科学，甚至写实的艺术，都无从发达。中国传统以地主阶层为基础的思想和学术，很深刻地表现着这种特性。

厌恶及贱视和具体事物的直接接触和运用，使这种人对自然现象缺乏感情上的爱好。中国的文人特别不惯用手去抚弄物件，高贵的姿态是把双手放在袖子里。从小好奇心就被限于在冥想里得到满足，孩子们可以和玩具绝缘，更谈不到自由地制造和破坏，连沙泥都不准染指的。这一套教育和整个成人的生活方式相衔接，相配合。技巧不入上流。

　　这种人所关心的是社会身分，在人家眼睛里的贬褒，俗称面子。在衣着上要和非运用双手不能谋生的平民划出区别。尽管穷，长衫是不进当铺的。身后要跟着侍从，使唤人，一方表示是役人的身分，一方可以避免和自然多接触，用象征标记来驱使环境，获得满足。传统对于享受的定义显然和西洋的概念差别很大，西洋的所谓享受是以能使用的物资的多少来衡量，而中国传统却以使唤的人数作标准。

　　这一套和工业组织所需要的精神真是格格不相入。工业基础是技术，是双手接触自然，是在支配自然里求表现和得到满足。我曾有机会在战时后方的一个规模相当大的工厂里去住过，员工人事的磨擦最大的起因，并不是绝对的待遇上的不平均，而是相关于身分的荣辱。实际上收入比职员为高的工人不安于自己的地位，宁愿做职员，坐办公厅，使唤人，胸前别一个徽章。这并非是工人们不谙计算，而是员工之间身分的划分太明显，态度上充满着歧视。这里利用现代机器的还是那传统的社会结构。一个工人对职员"没有礼貌"可以构成被开除的理由。一个毫没有工厂经验的留学生或是大学毕业生可以得到工程师或随习工程师的位子，他们决不会去做工头，不会住在工人宿舍里，不会在工人食堂里吃饭；而一个没有进过高等学校但富有经验和才干的工人，也极难得到负设计、管理责任的地位。这种分化，尤其在国营工厂里是如此，被称为"资格"的鸿沟，反映出中国的传统社会结构的素质，我想，这也是阻碍着中国工业现代化的一个不太使人自觉，实际上却极致命的势力。

　　我在这里所提到的不过是这病症的一个症候，其他类似症候还多，但已足以使我们看到背负着这一套生活方式的地主阶层的子弟们即使有机会去向工业里谋出路，他们的习惯，包括手和脑，是否能适合于这路上的工作，实在很成问题，何况大部分的人还没有在这路上去谋发展呢？最能吸收这种人的职业是所谓"公教"，"公教人员"现在已成了个十分熟悉的名词，甚至很多从事工业的人，因为国营工厂的发达，也可以包括在这名词之中。这个新名词在旧词汇里就是"衙门"里的人物。衙门本是传统地主阶层，也称士大夫的出入之所。与其说中国的新事业改变了传统，不如说它们被传统所同化，成了装旧酒的新瓶子罢了。

我在上一篇乡土复员论里曾说起为地主阶层打算得及早放弃土地另谋经济基础，在本文里我想指出的是该放弃的不只是有形的特权，而且必须把从这特权里所养成的那一套生活方式，包括志趣和态度，一起连根抛弃。这是一个时代所给的考验。

当我发表了上一篇乡土复员论之后，曾接到若干来信，其中有一位质问我是否想以资本特权来代替土地特权，想转移阵地，放弃农业夺取工业。更问我是否想为地主阶层做谋臣策士。我觉得这些质问的确很中要点，我承认自己虽已属"没落的地主"或已抛弃了地主身分的人，但确自觉有为这个进退两难，前后夹攻下的阶层，考虑他们的前途的责任。这阶层在现在还是存在着，是一个事实，它是个历史的产物，在时代的巨变中进退维谷。我并不想在维持地主阶层特权的前提下作打算，而是想怎样为这阶层里的人求一条合理的出路：怎样才能使他们可以放弃这事实上既不易又不值得维持的特权。

我也曾想过所谓"转移阵地"的说法；详细一些说，就是由政府发行土地公债，使地主在获得报酬之下把土地脱手给农民，把地租改为利息,再把他们的资本投入工业。这办法对于地主是有利的,真是所谓"以资本特权代替土地特权"。但是这种办法还是解决不了基本问题。且把农民能否担负债务的利息的问题搁开,从地主本身说,如果他们维持特权的身分和附着于特权的那一套生活方式,他们并不能在工业中开拓出一个新的基础来。地主阶层如果不自己去经营工业,找什么对象去继续他们的寄生生活呢?对于这些问题的考虑,使我写下这第二篇乡土复员论。我在这里可以回答那位朋友的是:我确是认为只有"放弃农业,开拓(不是夺取)工业"才是现有地主阶层应当采取的道路,但是同时他们必须放弃特权,把他们这阶层的性质由寄生而变成服务。

现代工业技术的下乡

提高农民生活程度的道路

普通一个农家的收入有下列几个来源：(一)农田上的主要作物，(二)辅助作物，(三)家禽家畜，(四)贩运，(五)出卖劳力，(六)乡土工业。他的支出大体可以分为下列几个项目：(一)衣、食、住、行、娱乐、宗教、医药等日常生活的维持费，(二)婚丧等生命关节上的费用，(三)保卫、社戏等社区公益费用，(四)捐税，(五)地租，(六)灾祸、劫掠、敲诈、瘟疫等意外的打击。

想提高农民的生活程度，主要的是增加支出中的第一项。增加的方法不外提高收入和减少其他项目上的支出。最理想的是收入中项项都能提高，其他支出项项都能节省。但事实上并不能如此，于是不能不有所偏重。在收入上，我们得看哪一项最容易见效，而且最有希望，限制比较最小；在支出上，我们得看哪一项最应当减少。所谓"应当"是指以农民健全生活为标准。

我在讨论土地问题时曾提到地主阶层应放弃特权，是从农民支出方面着想的，地租在经常的支出中所占成分很高，要提高农民生活程度(即使要达到不饥不寒的小康水准)，决不能继续像过去和现在一般把这样重的一块磐石系在农民颈上。这就是"耕者有其田"。我这样说并没有忽视支出的其他项目。和地租同样在压迫农民生活的,有时甚至更压得紧的,是最后一项。这一项应当包括各种非法的摊派,供给过境的军队的消耗,以及各种强拉的工役。如果把这些划到第四项,则捐税也就成了亟该减轻的项目了。这些是比改革土地制度更紧急的,但是因为这是不易发生异议的,所以我也没有特别提出来讨论。

农民担负的减轻是乡土复员的前提,但是单从这方面下手,我们可能提高农民的生活程度还是很有限的。所以我曾偏重到收入方面去讨论这问题。这种偏重并非认为减轻支出的那一方面可以缓办(若干批评我的朋友在这点上有误会我原意的),而是认为我们应当做得比这些更多一点。更应该多的那一点是我所提到的乡土工业。

我对于乡土工业的意见,又曾引起许多批评,因之我想在这里再谈一谈。我们如果看一下我所列下的农民收入来源,从收入数量上说,(一)、(六)两项比较最重要。在比较繁荣的乡村中第六项的收入甚至可以和其他项目的总数相等。也正是这一项在过去几十年中跌落得最凶,这个事实我想很少人能否认。于是我提出了一个问题:在这许多可能得到收入的项目中,如果我们想设法增加的话,最可能入手的是哪一项?

在设法回答这问题时,我曾请教过农业专家,如果我们利用一切科学所给我们的知识,像选种、除虫、加肥等等,土地生产能增加多少?有的认为不过20%,最高的估计可能到100%。即使做到加倍的程度,可以增加的限度还是很低。当然这是在作物不改变的前提下所作的估计。董时进先生曾指出过:如果要在农业本身去谋农民经济的改善，直接从改良作物入手不如从改种经济作物入手为有希望。经济作物是指值钱的作物，也是指作工业原料的作物，好像油桐、桑麻等。

我所想的，其实不过是再推进一步：如果农民把经济作物的收获直接当原料卖出去，不如在可能范围里自己加工，甚至制造成了成品出卖，在收入上讲应当更上算。这就是把农业联上了工业了。这其实也就是我们传统乡土经济的方式，在和西洋现代工业势力接触之前，我们乡村中本来是有相当发达的工业的。我也认为乡土工业是形成中国小农经济的一个重要因素。我这种分析使若干读者认为我主张退回闭关时代的经济形态，于是各种"梦呓"、"幻想"等名字加到了我的身上，而忽略了我一再着重的"乡土工业变质"的主张。在这些读者看来，乡土工业必然是落后的，是手工的，是封建的，是小商品生产的。其实在动力、技术、社会关系（生产者和原料及生产工具的关系）、经济组织各方面都是可以变的，而我要提出来讨论的正是乡土工业的内容应当怎样安排，谁知道这些问题竟会这样容易的在几个时髦的名字之下被罩住了？

为了农业的收入着想

在进入乡土工业内容的讨论前，还有几个先决问题得说一下。首先是我们何必维持这种农工混合的乡村社区？在这种社区里，工业的现代化会受到限制，为了工业着想，这种方式是要不得的。关于分散在乡村里的工业在现代技术的应用上有它的限制，这一点我充分同意，下面还要提到。我的出发点却并不是"为了工业着想"，而是"为了这三万万几千万的农民着想"。为农民着想，工业如果离开了乡村，试问他们从哪条路上去提高他们的收入呢？主张工业集中在都市里的朋友们曾答复这问题："他们可以离开乡村进城来当工人。"这句话是不错的，假如都市工业能很快地把乡村人口吸收到都市里去，使留在乡村里的农民能得到完全靠土地生产来维持生活的农场，这问题自然简单了。我们且不必希望每个农家能像美国那样有四五百英亩的农场，只求增加一倍土地，每家有10英亩的土地，都市就得收容近2万万的人口。如果能这样，中国将是世界上空前的都市化的国家了。我们的资本、资源、人才各方面全够不上这条件（吴景超先生在他的《工业化过程中的资本与人口》一文中曾分析过这些条件）。于是主张都市工业的人不能不附加一个降低人口的条件了，俾佛利支先生的乌托邦里中国只该有3000万人，不到现有人口的1/10。说我提倡乡土工业是梦呓和幻想的朋友，不知道曾否考虑到大规模工业化有多少可能？

我个人也是主张减少人口的，但是我认为在事实上中国能维持现在这数目不再增加已经不是件易事。所以在我们为中国经济前途打算时，最好承认这庞大人口的事实，那也就是说，中国农场扩大的可能很小；至少还有很长的时间，我们不易脱离小农经济的基础。于是我们的问题并不是都市工业效率高呢还是乡土工业效率高？而是我们求工业的充分现代化而让80%的农民收入减少，生活程度降低呢还是求农民多一点收入，而让工业在技术上受一点限制？我的选择是后面这半句。有朋友为我"惋惜"，但是叫我怎样使人家不"惋惜"呢？中国的经济条件拉着我，插不起翅膀飞向"前进"，如果这是落后，落后的不是我的选择（谁不想一转眼中国就有美国那样多的工厂），而是我们这个古老的国家，这片这样多人耕种得这样久的古老的土地。承认限制是自由的开始，我们还得靠这片土地一步步求解放我们经济的束缚的方法，第一步就是在小农经济的基础上谋农民收入的增加。

如果都市和乡村隔得开，都市能孤立地发展它的现代工业，主张都市工业的朋友们尽可不必考虑我这种被称为"迷恋于过去"的论调。困难的是如果乡村不能繁荣，农民收入不能增加，都市工业尽管现代化得和西洋媲美，工厂里出产的货品试问向哪里去销售？工厂不是展览会，不是博物馆，没有市场就得关门。让我再问：除了给农民工业，有什么方法能有效地增加他们的收入？一个即使能做到不饥不寒的乡村，还是很少有余力来胃纳强大生产力的都市货物的。

乡土工业这个名字，我知道是不够漂亮，不够生动的，但是在这乡土中国，漂亮和生动常等于奢侈；让我冒着"落伍"的指责，再回到乡土工业上来说说罢。

电和内燃机使现代工业分散成为可能

我所谓乡土工业包括下列几个要素：（一）一个农家可以不必放弃他们的农业而参加工业，（二）所以地点是分散在乡村里或乡村附近，（三）这种工业的所有权是属于参加这工业的农民的，所以应当是合作性质的，（四）这种工业的原料主要是由农民自己可以供给的，（五）最主要的是这工业所得到的收益是能最广地分配给农民。

根据我这样的说明，就可以知道我并不主张：（一）一切工业都分散到乡村中去,(二)一定利用手工生产,(三)全在农家家庭里经营,(四)商品由各家分别出售。把这几个误会挖走后,我可进而讨论动力、技术、规模、组织等问题了。

传统的乡土工业是手工生产的,因为在传统经济中没有其他可以分散的重要动力。当工业革命开始的时候,主要的发明是蒸汽动力。用蒸汽来做生产动力,机器的位置给规定了集中在一地的形式。蒸汽所推动的引擎(发动机)和制造机之间必须有一根皮条连着,所以这两种机器愈靠得近愈经济。因之早年的工厂形式是许多制造机中间拥着一个锅炉,锅炉上是一个烟囱,正像一个火车头拖着一大串车厢,节节连住,不能脱链的。烟囱也象征了工业。货物的运输靠火车,火车有一定的站,不能零零星星地把货物运送到分散的栈房里,货物的散集必须有个中心。这样立下了现代集中式工业都市的形态,那是蒸汽动力的产物。

电力的应用把工业的区位改变了,这时代象征工业的不再是烟囱,而是蛛网形的电线。19世纪的伦敦是个黑雾的都市,现在雾并没有改它的浓度,但是煤灰减少了,雾也白净得多了。电,这个使工业能分散的动力,把工业推进了一个新阶段。美国靠了TVA这类水电工程,使工业深入了南部落后的区域。那是因为电超越了区位的限制,发电机和制造机之间无需有一定的距离。

中国乡土工业的复兴必须以这种新动力作基础。有了这种动力,我们才能依每种制造过程的性质去安排工厂的规模和位置。

我是对扬子江水利工程计划抱有巨大希望的一个人。当抗战还在进行,萨凡奇先生冒险调查了这中国经济复兴的命脉回来,宣布这难于上青天的蜀道所能供给半个中国的电力时,我觉得我的乡土复员论有了物质的基础了。这工程计划听说现在已被搁置,

"扬域安"这个名词也好像已经入睡,但是只要蜀道尚存,我相信总有一天,它会向广大的乡村输入复兴的血液。只要我们有一个为中国人民生活打算的政府,这金饭碗决不会长久埋在土里的。我诚恳地希望喜欢用幻想来塞人口的朋友们,不要用同样的方法来对付这类计划,和从这计划所允许给中国人民的幸福。

内燃机的发明和在运输上的应用,卡车和公路的发达,更使货物的散集不必集中在少数据点。电话和航邮又使经营上的往来减少了密集的需要。这种种技术上的进步,使分散工业不成为幻想了。为了避免空军的袭击,英国的战时工业就尽量利用这分散原则,在工党执政之下,更注重工业落后区的复兴政策。军事的立体化促进了工业的分散化。这是当前工业区位组织变化的趋势,我想"落伍"两字在这里似乎不太能应用,除非把历史倒看。

一段历史的教训

技术的改变,不但会影响工业的区位,而且会改变工业组织的结构和财富的分配方式。新技术常会成为少数人的特有机会,造成社会新的分化形态。最近曾和吴晗先生讨论这个问题,他告诉我一段中国历史上关于水碓的故事。碾是除去谷类外皮和把谷粒碾成粉屑的过程,在农业中是一种极基本的工作。传统的技术大多用人力和畜力,但在公元3世纪中叶,司马昭当权时,已有人发明了利用水力来碾谷类的技术。这在中国经济史中是极重要的,因为传统的生产技术中,唯一被利用的无生能力就是水力。用水力代替人力,据当时估计,可以有百倍的利益。唐代高力士所用的水碓,"并转五轮,日破麦三百斛",规模已经相当大。如果从那时起,这种技术能普遍推广,加以改进,到一千六百多年后的今天,中国乡村里应当可以有相当发达的利用水力的工业了。但是事实上却不然。

水碓规模大,建造时需要资本;水道不是私家的,利用水力需要权力;利益大,引诱人,争得凶,需要不怕势力的地位——这是说普通农家是没有份了。这个重要的发明,一起首就被豪门巨室所专有了。他们有钱可以投资,有势力可以占用沟渠,甚至妨碍灌溉,大发其财。《晋书·王戎传》曾说这位豪门的"水碓周遍天下"。这新的技术一方面引起了和农家水利的需要的冲突,另一方面引起了权贵间的争夺。这种专以谋利为目的的新工业,并不能和农业的需要相配合。许多本来作灌溉之用的沟渠被豪门的水碓所截袭和改道,以致影响农产。单以公元764年在长安城北白渠上拆除了的硙碓70余所说,就增加了粳稻岁收300万石(《唐会要》)。权贵中间的争夺火并,更有很多记载,从唐开始,我们看到政府一再下令拆除水碓,宋金皆著为禁令。这个新技术也就逐渐衰落,至少也不能好好利用来为人民服务了。到现在内地农村中大多数农家还是用着最简单的杵臼在舂米。我住在云南呈贡时一进南门街上就有一个石臼,时常看见有人在舂,象征着几千年中国技术的没有进步。我听了水碓这一段历史,更使我警惕,一个技术如果不能配合在人民的需要里,作为提高人民生活水准之用,被冻结还算是幸事。

我追述这段历史并不是想对现在正在采用的新动力作预言,说它也会有被冻结的一天,但是想指出如果新动力所开放出来的经济机会不分散到大多数人手上去,一样会引成豪门的独占,一样会在人民生活上引起恶果。利用新动力和新技术的人数愈多也愈能保证它不会危害社会,而得到正当的利用。这是我主张我们不应当走上西洋资本主义的路上去发展我们新工业的理由。

若干在原则上,同情我的朋友觉得怀疑的是我所主张的乡土工业因为规模小,不能大量生产,成本高,不能和西洋大工业的出品竞争,所以尽管用意很好,恐怕不太切实。关于这些问题我将在下篇里提出来从长讨论。

分散在乡村里的小型工厂

我在上篇说明了因为电力和内燃机的应用使现代工业已有分散的可能,但是这只是指一部分工业而言的,主要的是轻工业,日用品的制造工业,以及作为工业原料的农产物的加工。我所希望在乡村里发展的就是这一类工业。有朋友曾向我指出技术上的可能并不就等于经济上的值得。因为电力只解决了动力问题,内燃机只解决了运输问题,而大规模生产的利益却在分工的细密,屑物的利用,专家的雇用,管理的合理,以及利用复杂的机器,有能力作试验性的改良。这些在小规模的乡土工业中是做不到的,因之乡土工业是不经济的,不经济的事业是站不稳的。本文想就这个问题申论一下。

乡土工业的规模

批评我的朋友们心目中以为乡土工业必然是在家庭里经营的,而且和乡土工业对照的却是福特汽车工厂一类的现代工业,于是觉得把现代工业分散下乡是一件不可思议的事了。乡土工业固然也可以包括家庭工业,但是并不限于家庭工业。如果我们能利用了新的动力,乡土工业的规模也就富于伸缩性了。传统乡土工业规模之所以不能扩大，还是因为受了动力的限制。在利用有生动力（人力和畜力）来生产的手工业中，机械的应用也受到限制。在一段制造过程中要有多人合作是极困难的，因之最普通的是一个人一个单位。几个布机挤在一间房里不过是为了热闹或是为了房子不够用，从技术或经济上说是无此需要的。这也是家庭工业的技术基础。在若干手工业里也有把全部制造过程分成若干段落来完成的，纺织工业里纺和织时常分开，在织的一段里也可以把经线工作划出来。这些段落并没有必须在一个地点，甚至不必在太接近的地点经营。譬如现在云南织布中心的玉溪，纱是向昆明纺纱厂购买，经线的工作是在玉溪县城里，然后发到农家去织。有些手工业却不能这样，譬如云南易门的土纸业，舀纸和炕纸是分工的（舀纸是用帘子从纸浆里舀成纸模，然后在炕上烘干，就是炕纸），但纸模不能存放太久，所以这两部分工作，虽各有专工，却得靠近在一起，形成小规模的作坊工业。

在现代工业里，用了无生动力（蒸汽力，电力等）使制造过程可以分得很细，各节制造工作间的关系也因之更密切，所以必须在一起工作的人数增加了。但是这并不是说人愈多工作效率也愈高，每种工业依它的技术的需要而决定它制造单位的规模。制造单位并不一定等于经营单位。经营单位是工厂；在一个工厂里可以有若干制造单位。这些单位可以在一墙之内，但也可以分在各地。抗战时后方的大工厂常有把各个制造单位分得很远的。

制造单位的规模是以技术来决定的。譬如在制丝工业里，缫丝的蚕茧必须在一定温度里煮过，煮茧的设备和缫丝机必须靠近在一起，而一个煮茧机里所煮的茧量却可以供若干缫丝机之用，所以一个最小的制丝单位，在现有技术下，必须包括若干缫丝机。这说明了一定的技术有一定的规模，小了会不经济。但也不是可以无限扩大的。

在重工业里大规模的制造单位是技术上所必须的，但是在很多的轻工业中制造单位一向并不很大。1928年上海1 498个工厂里有1 071个（占全数71%）是在90个工人之下的；有312个（占全数20%）是在30个工人之下的。这可以说明在上海一样的都市中也并不像一般人所想象的全是福特汽车厂这样的大工业。那些90个工人之下的小型工厂假如有电力可以利用，全可建立在乡村里。如果这1 000多个小型工厂分散到了乡村里，我相信比起集中在上海，对于乡村人民经济上的帮助一定可以更可观。

手工和机器的配合

有些朋友把手工业和机器工业视作相对立的，因之认为乡土工业必然是手工业，因之也必然没有前途。事实上即是在高度机械化的制造工业里，手艺还是有重要的地位，在普通的轻工业中手工的成分也常占很大的部分。在都市里的工厂很多用手工来做的部分也包括在厂内，所雇用的工人因之也显得多了。在乡土工业里这些手工的部分尽可保留在家庭里，而把需要机器的部分集中在小型工厂里。手工和机器正不妨配合起来，韩德章先生在《战时农村工业的新动向》中曾说：

以制糖而论，旧法榨糖，蔗汁混入杂质颇多。煮糖之际，一部分蔗糖经高温而转化，以致减少结晶糖的出量，且旧法制造白糖,只凭重力滤去糖蜜,耗费时日,仍难获纯净的产品。倘使改用机器榨蔗,用压滤机除去杂质,用真空釜浓缩蔗汁,用离心力分蜜机去除糖蜜,则上述诸困难迎刃而解。这样新式作业一样可以用小规模的设备在农村生产。战前浙江金华蔗糖合作社的联合社,曾建议筹设小规模机器制糖工厂,其全副机器设备,均可采用国产,且代价不过数千元,轻而易举。同时这种小规模的机器制糖设备还有一种长处,就是每种工具均能单独使用,可以随时同手工作业配合。如自土榨榨得蔗汁,亦可以用真空釜浓缩,人工煮制的带蜜糖,亦可用离心力分蜜机去除糖蜜。人工不足的作业,可用机器代替,节余的人工,仍可从事其他不必需机器的工作,因此在这样的糖厂里,可以用小规模的设备,完成大规模的作业,可称一举两得。战时农村手工业的局部利用机器,已有显著的效果,如四川铜梁实验制纸工厂,采用机器打浆,手工抄纸,成绩斐然可观。因为在制纸工程中,用手工打浆,人工最费,而机器抄纸设备最昂贵。今以机器打浆,手工抄纸,则截长补短,恰到好处。由此类推,烧瓷程序中之舂泥部分,织帆布或麻袋程序中之打麻部分,亦可以设法利用机器,而以手工完成其余不费人力的部分。

韩先生更列举"如制造油漆、油墨、洋烛、假漆、滑润油、漆布、肥皂所需之植物油料,制炼精糖所需之土糖,制酒精所需之糖蜜(制土糖之副产),制调味粉所需之面筋,制蚊香所需之除虫菊粉等等,都可以用农村手工业的方式先行农产加工,再供新式工业原料之用"。而且"反过来看,在农村里织布、织袜、织毛线衣,以及制造熟皮器、漆器、金属器、抽纱、挑花、丝绣、毛毯、地毡、人造果汁、混成酒等等，都是以新式工业所生产的半制造品为原料，施以加工，而制成可供直接消费的制造品。可知若干农村工业借着新式工业的树立而存在。如能利用二者之特性，取得密切的联系，平衡发展，则吾国工业化的推动，必能加速"。

这是说在都市中本来挤在一厂内的手工和机器的两部分在机器工业却可以分散，机器部分集中在小型工厂里，手工部分则仍留在农家，这可以说是工厂的社区化，整个乡村可说是一个工厂，小型工厂是个核心，核心的规模可以技术的需要而规定。如果我们立一个笼统的标准，说在90个工人之下的规模可以普遍适合乡土环境，我们相信有很多的轻工业可以这样地吸收在乡土工业里去了。

在制造过程上，机器加工的一部分在必要时甚至可以移出乡村，成立为农家生产的原料及已经加过工的半制造品精制的服务工厂，关于这一点在讨论乡土工业的组织里还可提到，暂时搁开。

乡土工业中的成本问题

这些小型工厂在技术上说是可以建立在都市里也可以建立在乡村里，从经济上说各有各的弱点和优点。在都市里的优点是大家看得到的，主要是在经营上的便利，而且靠近运输中心，在原料及配料的获取上也比较方便。这些乡土工业可能比不上都市工业，但是这些弱点是可以克服的，那也入于我在下面将提到的组织问题的范围。乡土工业在经济上的优点却有都市工业所不易得到的。最主要的在我看来,是乡村工业中工资较低。维持同样的生活程度,乡村中所需的费用较都市里便宜。粮食和房租,也就是生活最基本的吃和住,在乡间价格较低。因之同样的劳力,在都市里的成本高。

从生活程度说,乡间也比都市低,因之乡间居民维持生活的费用也低。我这样说是就提高生活程度的过程中而说的。我们最终的目的固然在拉平城乡生活程度,但在这过程中,乡间居民还得利用他们较低的生活要求去培植他们的生产机会(在讨论乡土工业的资本问题时还要提到这一层意思)。还有一层我们得考虑到的,就是最尖锐的竞争将在输入的工业品和乡土工业产品之间。在这竞争中,在技术、组织、经营各方面,乡土工业至少在初期,必处于劣势,所以可能设法减低成本的主要因素将在工资一项。日本工业的所以能和西洋工业相竞争也就靠这一点。

我知道这里又会引起一种误会,说我在主张日本式剥削劳工的制度了,所以我立刻要说明,我这里讲以便宜劳力来减少生产成本并不指资本主义工业组织中的剥削方式,而是在劳动者自有或公有生产工具的组织中出现的方式。让我再申说一下:因为乡村劳动力便宜,所以在传统的较发达的乡土工业中曾发生剥削性的方式。譬如云南玉溪的织布业:乡民向布庄领取原料织成布匹后交回布庄,所得的工资,经我们的计算,竟低于劳动者个人所需的食粮。布庄把成本较都市出品为低的布匹出卖,得到很多的赢余。这是剥削方式。我在下面所要说明的乡土工业组织,将指出这种中间层的剥削是阻碍乡土工业的主要因素。如果把现有布庄的赢余分配给织布者,劳动者所得的收入可以增加很多。在这里我还要进一步说的，如果我们做到了这一步，乡土工业里的劳工还是不能希望能赶上在西洋劳工的收入水准，那是因为我们的技术、组织、经营方式一时决难赶得上他们。这就是说，剥削的中间商人取消了，我们还得要在较低的生活程度去和西洋工业相竞争才有希望。这就是我在《黎民不饥不寒的小康水准》一文中所说："在已经成熟的西洋侵略性的工业经济的滩头，要确立我们民族工业的阵地，在策略上大概不能避免走上复兴乡土性工业的路子"的原意。

有人可以说以便宜劳力来和西洋成熟的工业相竞争并不一定要把工业建立在乡村里。这是对的，我只想说在乡土工业中最易发挥这条件的效力罢了。我刚刚提到玉溪织布业的情形就不易发生在都市里（虽则双方都实行着剥削制度），因为在都市里工业至少要能供养工人们最低限度的生活，饭都吃不饱，工作也无法进行；在乡间，一个兼营农工的家庭，各项的收入是统筹的。我们曾问过那些织布的媳妇们，工资既然这样低，为什么还要做呢？她们的回答："反正空闲着，织织布也可以贴补贴补。"一方面这是说生产机会的狭小，使她们没有其他选择，另一方面是说在这情形下，农业正在津贴工业。我们要分析乡土经济必须从农家的单位出发，各种生产事业配合了维持这家的生存，因之使农工双方都富于伸缩性。同时也因为这种配合，农家转业的速率也低，除非破坏了这家庭结构。

如果我们民族工业的建立必然要经过一段艰难的过程，这艰难的过程中不允许担负很高的工资的话，乡土工业是最能适应这过程中的条件的。当然，我决不是说我们只从工资一项去抵拒输入工业，那是太惨了（虽则现在的情形确是这样），其他方面同时得努力，譬如国家的保护政策，包括关税和津贴，而且我们还得在技术、组织和经营上努力设法，使这艰难的过程缩短。这是下篇所要讨论的问题。

乡土工业的新形式

技术的改进是提高生产力所必须的条件，一个社会的生活程度最后也决定在生产力，但是单就技术上求改进却并不一定能提高社会上大多数人民的生活程度，因为这里还包含着一个分配的问题，那就是，从新技术中所增加的生产结果不一定能分给社会上大多数人民的。我在上面曾举出一个我们自己历史上利用水力的故事来说明新技术一旦被少数人所独占了，对于普通人民所引起的危害。这种例子其实不必在很古的历史里去寻找，我们眼前所见到的经济情况，尽够我们体悉这句话的正确性了。

在一个充分利用体力劳动的经济里，引入一种新的动力，必然会有许多出卖劳力的人失去出卖劳力的机会。这些人如果分得到新动力，或是可以得到其他不必再靠劳力（指以体力作生产动力）去谋生的工作机会，我们可以说对他们是一种解放。没有人应当主张维持体力劳动的经济，对于新技术自没有反对的理由，但是我们决不能忽视，新技术如果没有新的社会组织（尤其是分配方式）相配合，也极可能引起对人民生活上有害结果。问题不是在新技术应否采用，而在怎样可以对人民有利地应用这些新的技术。在封建性或官僚性的社会中引入新技术就很难避免水碓故事的重演。新技术所带来的生产结果怎样能最有效地分到人民大众的手上是提倡新技术的人有责任推求的问题。所以我在上篇中说明乡土工业的性质时曾在第五点里强调说："最主要的是这工业所得到的收益是能最广地分配给农民"。在这里可以加一句：因为中国最大多数的人民是农民。

我并不愿意说主张在都市里发展大工业的朋友们一定代表少数可以独占新工业的特殊阶层的利益，所以忽略了我上述的原则。他们在发展都市大工业计划中也可以设计出一个方案来，使新工业的生产结果有一部分回到大多数中国人民所住的乡村里去的。譬如英国现在所实行的农产品津贴制度，以及由国库担负乡村住宅及其他公益事业的改良计划，另一方面厉行累积所得税，把工业里得来的生产结果灌入经济落后的乡村。那是个大循环的迂回路线，在原则上是极值得我们注意的，但是要在中国实行这种政策则还缺乏若干必须的条件。即以英国说，这些也只是最近几年来社会主义的工党政府所做的事，到现在还常被保守党所反对。工党能这样做，一方面是逼于时势，亟求粮食增产；另一方面是他们的工业发达，农村人口稀少，以多济少，有此能力。中国即使有个社会主义的政府，想采取这种迂回政策，脆弱和幼稚的工业是无力担负这巨额的乡村建设费用的，而且在都市工业发达过程中，至少在初期，所不能避免的乡村失业现象，已使乡村经济枯涸和社会骚扰到超过于可以救济的范围。所以我认为我们的情势并不合于采取这迂回的路线，而应当实行更广泛和更直接的方策，那就是我在这里提出的复兴和改良乡土工业。

怎样可以使乡土工业成为增进农家收入的生产事业呢？单

在技术上求改良是不够的,所以我在本文将进而讨论组织问题。

传统乡土工业的两种形式

在中国传统经济中虽有乡土工业,但是这种工业不但技术落后,而且在组织上更为原始。技术的停顿有一部分的原因就在组织的不良。让我先在这方面分析一下。

中国传统工业大体上可以分成三种性质:(一)皇家的独占工业,(二)民间的作坊工业,(三)家庭工业。举凡盐铁、军备,以及宫廷用品大部分是由官方所独占的(在此不必深论),民间可以经营的偏于日用品的制造,分别在作坊和家庭中经营;家庭工业和作坊工业是传统乡土工业的两种形式。我们在云南乡村中曾研究过这两种形式的性质,张之毅先生写过一个报告《易村手工业》,我在这里不妨简略一述。

家庭工业,从经济功能上看去,可以说是"在农闲基础上用来解决生计困难的工业"。一个农家在从事农业之余(农业所需劳力是季候性的,平均不过100多天)利用自有的或购入的原料,制造日用品,个别到市集上去兜售。这种农夫家并没有大量资本,所以常是随制随卖,在有市集的区域里,经常地兼做运输和商人的任务。譬如易村的篾器,好像竹篮、畚箕、篾箱等等,就是以本村所产的竹料,各家各自制造了各自出售的。这是最原始的乡土工业组织。进一步有商贩到村子里来收购,然后运到别的地方在市集或商店里出售。商贩可以预先和生产者约定,先付若干定费,使生产者可以购买原料。更进是商贩供给原料,像我在上面所提到的玉溪布业。玉溪的布业里还有两种方式:通常是农家用织好的布到布庄去换纱,换得的纱再织了布去换纱,每次可以多余一些,就是工资,没有资本的农家也可以赊欠原料。后来有个大布庄为了要提高品质,制造了新布机借给农家,并且把经线的工作集中在镇里,农家妇工只供给劳力,领取按件以货币计算的工资。家庭工业发达到这布庄散集制的程度,生产者已成了和生产工具、原料、资本脱离了的出卖劳力的工人了。

家庭工业的基础是农业里的剩余劳力,乡村的作坊工业却不然,它的基础是农业里累积下来的资本。因为土地权分配的不平均,一辈拥有较大农场的人家,还是能累积资金,这笔资金如果不窖藏,在乡村中有三个利用的方法:(一)高利贷,(二)投资工业,(三)收买土地。第一项利息最高,第二项次之,第三项最少。依易村的材料说高利贷是八分四,造纸工业是六分,地租是一分三。投资工业的吸引力相当高,于是发生了作坊工业。

作坊工业是指需要特殊设备,雇用技术工人的工业,好像造纸、榨油、碾米、烧窑等。特殊设备需要资本。以易村的土纸作坊为例,以民国二十八年市价计算,每个作坊固定资本要2 000元,常年开支1 200元,合目前20万倍生活指数计算要6.4亿元。普通的农家自没有染指的希望了。这种作坊是由坊主经营的,但是在技术上则雇用工匠(也有由自家的子弟学习了技艺在自有的作坊中工作,最多是坊主的亲属)按件计算工资。出品在附近的市集中卖给商贩,也有商贩到村子里来收购。

这种作坊工业本来可以看做资本主义经济的起点，但是因为原料、运销的限制，企业不易扩大，在资本方面非但股份的方式不通行，而且沿用着农田的分割习惯，在继承过程中，甚至可以割裂经营单位。我们在易村就看见兄弟各自备原料，分期利用公有的纸坊。在经营上，更谈不到合理化的问题了。

作坊工业虽则在经营上并不考究经济原则，但是比了农田却利息高得多，于是有权势的人不会放松这好处。在没有法律保障的社会里，一切有利的事业不能和权势脱离关系的，豪夺强占，使平民望而却步。较大的作坊直接间接必须托庇在权势之下，成为官僚资本的领域。倚恃权势来维持的工业对竞争是免疫的，它不必在技术上求进步，经济上求合理，只要抓住独占的机会就好了。这种工业因之也不会发展的。工业里所得到的利益集中在少数人手里，对于一般平民是无份的。不但无份，这集中了的资本如果不能吸收在工业的再生产里，横流而入土地中，成为集中土地权的魔手。因之，在这类作坊工业附近的地区，佃户的百分比也比较高。坊主通过高利贷而成为地主。那是传统乡土经济中常见的现象。

家庭工业的合作组织

从上面的分析看去，如果在作坊工业的形式中去引入新技术，对于乡土经济不但无益，甚至可以有害，因为新技术将加速上述的土地集中过程，形成更悬殊的贫富鸿沟。如果想从家庭工业的形式中入手改良，组织散漫，制造单位太小，能做的工作极少。所以我们如果要复兴乡土工业，在组织上不能不运用新的形式。我在上篇所述乡土工业的要素中曾写下第三点："这种工业的所有权是属于参加这工业的农民的，所以应当是合作性质的。"

我在玉溪研究织布业的时候，曾看到家庭工业自身演化成富于剥削性的布庄散集制度，因而想到如果布庄的所有权属于生产者时，生产者被剥削的情形就可以取消，同时却解决了家庭工业在购备原料，整理原料和运销成品中分别经营的困难。这里我又记起了江苏太湖沿岸一带乡村中育蚕合作社的情形来。远在 20 年前，江苏省立女子蚕业学校为了推广现代的育蚕技术，曾在这地区成立那种合作社。由育蚕的农家自行组织合作社去接受蚕校推广部的指导。推广部把特制的蚕种批发给合作社，在村子里选定适当房屋，培育稚蚕，称"稚蚕公育"，指导员可以依科学方法处理室内的环境，保证稚蚕的康健发育。经过了一定时期，然后在指导下分发到各家去培育。结成了蚕茧，再集合烘干杀蛹，合作运销——在经营上和玉溪的布业有相同之点，不同的是生产者在生产过程中的地位和所得的利益。布庄散集制下，生产者成了工资劳动者，而在育蚕合作社中，生产者却是整个生产过程的主体，蚕校的推广部是一个服务机关。这一点不同在经济组织上却十分重要，因为合作社的方式保证了生产者获得全部利益的权利，取消了剥削成分。

我在以前几篇乡土复员论中屡次提到知识服务的意思其实就是从这个事例里发生的。我在过去的 20 年来一直有机会从旁观察女蚕校推广部的工作，更亲自看到这几百个在乡村里用她们知识服务人民，使中国丝业的基础能逐渐现代化的女青年努力的情形，印象极深，使我认为这是一个极正确的道路。她们一直没有得到应有的宣扬，不像其他乡村工作者那样话多于事；不但如此，这种为人民服务的事业,在过去和当前的环境中,摧残和阻碍是经常的遭遇。日本为了要破坏中国的丝业,对此更作系统的破坏。当我去暑回乡时重见到乡村里合作社的朋友们,听见他们诉说胜利之后所有的逆境,看到这一个乡土复员的试验,已临垂危,真使我痛心。但是我在乡民对这种已证明对他们有利的工作的信心里获得了我自己的信念,如果知识能用来服务人民,中国现代化是绝对有办法的。总有一天中国会有一个为民服务的政府,这政府还得走这道路。

数千年来没有受教育机会的农民和现代技术之间必须有一个桥梁,这桥梁不能被利用来谋少数人的利益,而必须是服务性的。技术专门学校可能是最适当的桥梁,在英美也有这种例子,我在访问威斯康星大学时曾看见他们怎样参加该省农业改良工作;牛津大学农业经济研究所所长曾告诉我,他们怎样设立乡村服务站供给当地农民的咨询和研究各地的改良方案。这种机构在中国更重要,因为中国乡村里的人民和现代知识太隔膜,在组织上还得有人帮他们确立能维护他们自己利益的社团。女蚕校20年来努力的成绩是值得每一个想为乡村服务的人用来自勉自励的。

服务工厂代替作坊

话说回来,在家庭工业基础上去建立合作机构,只限于育蚕、织布业一些能在家内小单位里经营的工业。我们在分析传统乡土工业中已看见规模稍大的作坊已经脱离家庭的基础。在这种工业里我们怎样去推行合作原则呢?

女蚕校的推广部在改良制丝时也曾发生过这问题。如果育蚕的人家把蚕茧出卖，他们只能得到生丝工业中一部分的利益，可是最有利的一部分却在制造生丝。在传统方式中，乡民是自家用土法制丝，分别出售给丝商。各家分别制丝在技术上受限制，出品不易改良到现代标准。女蚕校推广部曾推广过改良土丝的机器，但是结果所生产的生丝并不能出口，因之价值不高。后来在吴江震泽开弦弓村创立了一个小型的合作丝厂。设备的资本由学校作保向银行借贷，原料由社员供给，出品直接售给出口商，利益分发给社员，丝厂里的工人来自社员家属，按日付予工资，不分红利。在组织原则上是以供给原料的生产者为主体，做到了工业利益分配得最广的原则。

这种村单位的小型工厂，设立在电力供给不到之处，技术上限制还是太大，虽则出品的品质提高了，经营上不能合理化。所以推广部又试验代缫制度。代缫丝厂依技术的需要设计它的规模，承接各地育蚕合作社的原料予以代缫。生丝出售后，扣除生产费用，把余款交付合作社。在战前这种代缫制度已经试验成功，但是几个工厂都给日本军队烧毁，有一处曾经几次有计划的破坏，因为依日本自己刊物上所述，他们十分明白这种工厂在中国经济复兴中的重要性，去暑女蚕校在万般艰难中，得到妇女指导委员会的支持，恢复了一个厂。这一个嫩苗在目前风雨飘摇中还能存在，实是一件值得珍惜的希望。

我在上篇里曾说乡土工业的规模是有伸缩性的，在技术的需要之下，可以在合作基础上成立服务工厂，把那一部分不宜分散在农家的集中到村单位的小型工厂里，再把不宜分散在村子里的，集中到中心村里为一个区域中的原料生产者服务。譬如，我们继续推广利用生丝原料的制造事业，好像织绸、织袜、织绢以及制造其他用丝的日用品，有很多又可回到农家或乡村里去，出品再集中了在运销合作社的机构中推广到消费者手里。

在访问英国时我曾见过他们全国消费合作总社的朋友，交谈之下，他甚至向我建议，中国这类生产合作社如果发达到一个程度，他们消费合作总社极愿意发生关系，直接沟通国际间的生产者和消费者，这话虽则现在说来还是太早，但是这种可能性是值得注意的。这是反国际独占的一个方案，我愿意留这一句话给将来有志于国际合作运动的人去实施。

这种合作性的乡土工业我相信在原则上大多数朋友一定能接受的，技术上的困难也是可以克服的，问题是资本哪里来？关于这个问题，却需要另篇加以讨论了。

自力更生的重建资本

我在《乡土工业的新形式》的结尾曾提到中国经济复兴的资本问题。这问题是极基本的,不论我们想建设哪一种性质的工业,都会碰到它。因为如果我们不能有效地,而且相当迅速地蓄聚资本,我们一切建设计划都是落空的。同时,在我们设想中国工业化的过程时,也得注意到,哪一种形式的工业最能达到这有效和迅速蓄积资本的目的。

资本从哪里来

我们先得承认一个不太令人愉快的事实,那就是中国是一个资本贫乏的国家,这也是说,如果我们想提高人民生活程度,想提高生产力,想改良生产技术,还得先创造一个先决条件,增加资本。所谓资本是指生产者所能利用生产工具的价值,我们说中国资本贫乏是很具体的,意思是每一个生产者平均能利用的生产工具价值很低。最近汪馥荪先生在《经济评论》发表了一篇《中国资本初步估计》,对于我们资本贫乏的情形分析得很清楚。据他的估计中国平均每人分得到的资本约值7英镑,和英国相比,相差50倍。单以就业人口说,平均每人资本约值47美金(约12英镑),和美国相比，相差几达100倍。汪先生曾打了一个简单的譬喻："如果美国农人每人摊到一把镰刀，那么我们只好每100人共一把镰刀，如果中国农民每人也分到一把镰刀，美国一个农民当然不会要100把镰刀的。这就是为什么我们农人用镰刀而美国农人用百倍于镰刀的收割器。"

中国农民想用收割器，我们就得出钱来买，或是开工厂来制造。哪里来这笔资本呢？资本的来源不出下列若干方式：（一）抢劫，（二）人家赠送，（三）借贷，（四）自己省出来。抢劫固然不是正当办法，我提到这个办法因为国际间还没有共守的法律和道德时，一个国家为了急于要资本，历史上并不缺乏这类例子。早一些说，西班牙劫掠美洲，规模之大，相当惊人；英国有官许海盗专门路劫海上的商船。有历史家说，这是促进英国工业革命的一个要素。近一些说，德国的拆运征服区的机器，都属这一类的行为。我并不主张我们也去抢劫资本，所以不妨把这个可能性搁开。

在国际上大规模赠予资本是极少见的，为了军事需要供给物资，或是为了人道主义供给救济品固然有，但是纯粹为了经济发展而无偿供给资本的办法还是一种理想。近似的方式是借贷。在借贷的名义下可能事实上成为赠予的例子却是有的。此外还有一种方式是国际投资，别国人拿了钱办了工厂，后来被本国人收回来。譬如美国早年的资本是由英国输入的，第一次世界大战时，美国由债务国变成债权国，它把英国人手上的美国债券和股份收买了回来。这次战争中，印度对英国也发生类似的情形。国际投资固然可以使我们在短期中获得工业化发轫期所需的大量资本，而且可以希望从利用这资本的生产盈余去清偿此项债务。但是国际投资，不论是私人的或国家的，必然有政治性的条件，至少投资国家为了要维护它的利益，必然要求受资国家政治的安定，因之这个外来的经济力也必然会成为保守现状的力量。在政治上亟需变动，社会结构正在革命阶段中的国家，只能有政治借款而不易有建设性的经济借款。政治借款的结果可以使这国家丧失主权，实质上沦为殖民地。在中国工业化的过程中，我们固然盼望国际的协助，但是决不能把国际投资作为必须的条件。

所以归根到底，这笔资本还得由自己省出来，那就是说，得在我们现有生产品中划出一部分来，不加以消费，而去换取生产工具，节约消费去创造资本。

悲观和乐观的两种看法

靠自力更生去创造重建经济基础的资本这道路走得通么？这里发生了两种不同的看法。吴景超先生相当悲观地说："中国因为大多数的人都是贫穷的，所以储蓄的力量很低。根据中国农业实验所的报告，中国的农民，有一半以上是欠债的。这些人不但没有储蓄，而且每年的消费，还超过其收入。他们以借贷的方法来补偿收入的不足，因而使那些有储蓄的人，不能以其储蓄来投资，而是以其储蓄借与他人，满足消费上的需要。在这种情形之下，如要靠我们自己的储蓄，来满足工业化的需要，不知要等到何年何月了。"

吴先生的意思是说中国以现在的生产技术所开发的资源还不够维持全部人口的最低生活水准，所以不易有储蓄。生活水准既已这样低，大部分人民还在饥寒线下，怎么能再挤得出资本来？因之吴先生认为如果要从减少消费中去求资本的形成，不能从每个人节约上想法，饥寒线之下讲节约是残酷的，而只有从减少消费者的数目上去想法。这是我对吴先生那篇文章的了解。

汪馥荪先生代表比较乐观的看法。他在上引一文中说："一个资本贫乏的国家，在它的资本蓄积初期，人民生活之必须压低，是不能避免的，这对于生活程度已经非常低下的人民，是一种极其痛苦的事。然而这并不一定不可能，人类承受痛苦的能力，往往超出人类自己的想象，尤其是这种忍受是在有一种光明的希望作支持的时候。"他接着以抗战时期后方的情形作为人类忍受能力的"有力的见证"。他说："我们在抗战期中，国家资本的损失，拿战前的币值表示，在战争的前6年就已经达到150万万元，差不多相当我们的全部资本的30%，整个战争期中资本的损失当不止此，可是我们后方的工业生产，在同一时期，期末较期初增加乃至六倍，尤其值得我们注意的，是拆开这个逐年累进的生产指数，我们发现资本物生产的上升率，比起其他个别产品，并不落后。这证明我们在生活水准日趋降低的环境里，依旧发挥蓄积资本的能力；这证明人类蓄积资本的能力，超出了人类本身的想象。"

汪先生既认为人类储蓄能力极大，在任何生活水准上都可以有储蓄，他对于人口问题的看法自然和吴先生不同了。中国的资本和土地都是贫乏的，不贫乏的是劳力，也是人口，我们累积资本的路径其势不能不指望这丰富的劳力了。换一句简单的话说，如果每个人都能有储蓄的话，人口愈多，资本积累得也应当愈快了。

这样说来，悲观和乐观的两种看法的分歧点是在他们对于个人储蓄能力的估计不同。在我看来，储蓄能力是有伸缩性的，但是这伸缩性却系于很多社会条件，在一定条件之下却有它的限度。说中国人民绝难有储蓄未免过分，说在任何情形下都可以有储蓄也是过分。我们还得对这问题加以分析。

怎么会穷得没有资本的？

首先我们可以问的是中国农民是否所生产的只够他们维持现有生活的消费？吴先生所提到中国农民有一半以上是欠债的固然是事实，但是我们却不应忘记在农民所支出的项目下并不全是消费的。其中包含着地租、捐税和摊派。我并不知道一个在土地上从事生产的中国农民，他所消费的部分占全部支出的百分比。但是我们知道，据吴文晖先生的估计，贫雇农（平均每户7亩）占全部农民的68%。这些农户或是全部或是部分的租田经营，依一般估计全部靠卖工或租佃经营的约占全部农民的30%，部分靠租佃经营的占20%。所以有一半的农民在支出中有付出地租的一个项目，或承受极低的工资，实际上将大部生产结果贡献给了地主，另一方面有土地而不自耕种的地主们却拥有全部耕地的26%，再加上雇工经营土地的富农的27%，我们可以说近一半的耕地是由贫雇农去耕种的。这一大片土地的生产中至少有一半并不进入生产者的消费中。这样说我们可以有一个约略的估计，就是中国土地上至少有1/4的收获在地租项目及类似的剥削制度下脱离了生产者的掌握。结果使一半的农民不够靠所剩余的一部分来维持生活，不能不借贷过活。其实他们所借来的原本是他们劳动力所生产的，只是因为分配给了地主所以不能不说是借贷了。我并不知道究竟地租中有多少在借贷名义中重返农民手上作为消费之用。但是我们可以断定的是决不能是全部，所以我们也可以断定说，就目前而论中国农民并没有全部把他们所生产的消费掉，而是有一笔可观的剩余，这笔剩余在现在的土地制度中送入了地主手上。如果中国一半以上的农民已经在饥寒线下，这地位是人造的，并不完全是自然的结果。因之，我们可以相信，如果财富不外流，乡村中还有相当积聚资本的能力。

我在《黎民不饥不寒的小康水准》一文中曾给中国的乡土经济一个简单的素描。农民从土地里得来的收入决没有能力维持这样高的地租，这就是说，这一片土地并不能单独养活地主和佃户两重人物。以往地主能从佃户身上吸收这样高的地租是因为佃户们在耕种之外另有收入，收入的来源是传统的手工业。手工业崩溃，而地租不减，结果使佃户们无法生存，造成日见严重的土地问题。贫穷的深刻化是出于乡土生产力降低，而剥削加重（土地权外流，由地租项下输出增加，捐税摊派的日增不已）双方并行的结果。这种情形如果让它继续下去，自然谈不到资本累积的问题。所以资本的形成不能不从取消那种向乡土吸血的作用入手。我在本节里所要提出来的是如果乡土能保持它的财富，原来用来供养寄生性的地主阶层的一部分，减去从高利贷中重又借贷回乡的数目，有累积成资本的可能。中国之所以穷到资本都积聚不起来，其中一个重要的原因是有着一个寄生的阶层，每年要吸去乡土生产力的1/4。我很赞成吴景超先生减低消费者数目的说法，但是我们如果要从事减少消费者数目入手来解决中国经济问题，最先应当淘汰的自是消费最多，生产最少的分子，以以往及现有的情形说,就是这占人口 1/10 的地主阶层。

乡土还是我们复兴的基地

汪先生所说"人类承受痛苦的能力,往往超出人类自己的想象",自有他大体上的正确性,但是"人类自己的想象"本是一句有伸缩性的话,所以很难从这里看到人类积聚资本的能力的限度。汪先生在他"有力的见证"里提到我们在抗战时代,后方曾在极艰苦的生活中,6年里增加了6倍左右的资本物。这自是值得骄傲的成绩。但是我们也不能把这成绩完全归功于人类承受痛苦的能力。我不知道汪先生曾否考虑到抗战时沿海资本的内移和国际的协助。如果后方没有机会承受初期从别处运入的资本,是否能有此成绩,还是值得怀疑的。这怀疑并不是想否定人类积聚资本的心理要素,也就是汪先生所说"尤其是这种忍受是在有一种光明的希望作支持的时候"。

汪先生用抗战时代我们中国人民所表现积聚资本的能力来说明心理因素的重要是极适合的。因为抗战是一个家喻户晓的生存争斗。每个人考虑到生和死,主人和奴隶的选择。在忍痛还是死亡的比较,个人受罪还是子子孙孙被奴属的比较中,一个普通人是不会有太多的犹豫。我们知道人类有"甚于生"的价值足以使人为此视死如归。但是这种局面是非常的,而且这种非常局面能维持得多久也值得考虑。每一个人固然都可以成为英雄来,但是以英雄期望于每个人是不现实的。

在一个常态的、平时的、长期的现实里,我们要希望一个人能承受的痛苦必须有一限度,那就是生存和康健。生存和康健不但是事实的需要,也是一个社会应当做到的最低水准。我说这是事实的需要,因为生存和健康是维持生产劳动的必须条件。我说这是应当承认的水准,因为我认为除了自卫之外社会没有理由要求一个公民为了别人作没有报酬的牺牲他的康健和生存。

我这样说也就包含着我们今后经济复兴的根本纲领,那就是:保证每个人能得到不饥不寒的水准,同时也要保证在这水准上的剩余能储蓄起来有效地积聚和利用成为资本。这两个纲领其实是相成的。因为在饥寒的人民中累积的资本塔尖是不稳定的。除了在战时(不是内战),一个不足以维持不饥不寒的生活的生产者不但在体力上支持不住他的生产工作,而且在心理上找不到工作的意义。"光明的希望"不能是一句口号,更不能是一个骗局。"光明的希望"之所以有光明必须在希望者有兑现的信念。

一方面要维持不饥不寒的小康水准,一方面又要积聚资本,我们有此能力么?如果保持我们原有的分配方式,我想吴景超先生的悲观论是有根据的,真是"不知要等到哪年哪月了"。这里我要回到我的乡土复员论了。我在前面已提出乡土财富不应再任其外流的主张,地主放弃土地权,使经常在乡村里无偿输出至少值农产1/4的财富保留在乡村里。其中一部分补足他们本来要乞贷的数目,假定有一半的农民不能有剩余,我们还可以希望有1/8的农家收入可能在不饥不寒的水准之上储蓄成为资本。

汪先生曾规定一个较低的目标就是增加现有资本的一倍,约值87亿美元。以中国每人每年平均收入3英镑或12美元计算,4亿农民中有2亿可以有1/4的剩余,需要14年,但是如果这资本每年能加以有效的利用,还可以复利计算,缩短到10年左右。这是极约略的估计，不过表示汪先生所谓"应该不太难筹"的实质棱角罢了。

如果我们接受这个估计，我们可以说，即在平时，没有战争的刺激，中国乡村里现有的生产力也有累积资本的能力，假如我们能使乡土财富不致无偿地外流。换一句话说，中国土地问题解决之后，我们的乡土还是一个创造复兴能力的基地。

但是问题还是在怎样使乡土里生产者能在小康水准上把剩余节约下来作为生产的资本？这里我们还得讨论到心理的因素和社会的结构。关于这些，我将在下篇申论。

节约储蓄的保证

我在上篇里提出一种看法：如果我们能解决现有的土地问题，使占农业人口一半以上的贫雇农不必在租佃及雇佣方式中把农业生产总数 1/4 供养这占人口 10% 的地主和富农，他们从他们生产劳力结果中获得了不饥不寒的小康生活后，还应当有一部分的剩余可以作为重建乡土的资本。

这里我应当提到一种和我不同的看法。这种看法认为现有的土地制度是有助于积聚资本，如果像我所说的把地主取消了，耕者有其田，土地的生产结果平均分配之后，在积聚资本上说，恐怕更难有希望了。换一句话说，如果我们承认中国经济重建的资本还得靠自己，我们的工业还得依赖农业的津贴和支持，如果我们也承认在乡土经济里还有储蓄的潜力，问题是：在积聚资本上说，维持现有土地制度为有效呢？还是改革现有土地制度为有效？在利用资本上说，由地主去投资为有效呢？由农业生产者自己去投资为有效？还是由政府去投资为有效？谁掌握这资本对于中国重建为最有效，对于中国人民生活改善的保障最大？我在本文将就这些问题申论一下。

沙土上的金字塔

上述两种看法差别的关键是在对生产和分配相关性的认识不

同。后一种看法认为分配不过是把已有的生产结果加以配别到各种生产要素上去，如果生产结果本来很贫乏，分来分去多不出什么来，还是贫乏。非但如此，如果一旦平均分配了，贫乏的程度固然可以拉平一些，但是连一个比较富裕的人都没有了。在公平原则上讲固然是"要穷大家穷"，但是在资本积累上说，这样一拉平，连仅有的一点积聚资本的能力都丧失了。贫穷也一直将贫穷下去。再进一步说，中国原来已经够贫乏了，要在贫乏的水准上积聚资本不能不压低人民生活程度，压低的结果是非常痛苦的，所以不能不出于强制。中国过去和现在许多地方的土地制度，地主征收了生产过半的地租，固然使农民生活很苦，但却是中国略具规模的一些工商业资本的来源。如果土地平均分配，耕者有其地，各个生产者把他所生产的都消费了，不是会影响到整个中国经济的资本积聚力了么？

　　我在上篇也承认中国自力更生的重建资本大概离不了依旧向这片已经育养了这民族几千年的土地的想法。我和上述的意见不同的是在我认为传统向土地积聚资本的方式效率太低，而且甚至可以说没有效果的。在传统的不平均分配方式中生活的农民固然被强迫减低了消费量，使他们生产的剩余增加了，但是集中到少数地主手里的财富却并不一定用在再生产的过程里，不一定成为资本。其中必然有一大部分被消耗于维持这一部分不事生产者的消费，而且是奢侈的消费。另一方面，农民生活水准降低到一个程度将无法维持生活，生活是必须维持的，于是不得不乞求于高利贷之门。这些放高利贷的却常常就是从地租里吸收财富的地主，他们经过了一道手续，又把积聚的一部分财富，送回去给农民去消费了。这一道手续却很严重。一个跌入高利贷手上的农民，很难翻身，中农变成贫农，贫农变成雇农，在农业梯阶上，一直跌下去，丧失他们生产的机会。在这机构中一般农民的生活程度往下跌,消费量逐渐减少,农家的经济不得不走上高度自给的路上。地主们即使有把他们奢侈消费后所剩余的财富用在生产事业中成为资本,生产品也流不回乡村,因为生活程度日落的农民没有购买力,所以这些资本只能促进地主阶层的挥霍。这一个现象在我们传统经济中看得很清楚。以往城镇里手艺品在品质上的成就很高,但是在数量上却被市场所限制;日用品的制造并没有机会发展成大工业。少数艺术珍品的手工业并不能吸收大量资本。在土地制度中流入地主手上的财富,经过他们消费之后所留下的,既不能吸收到工商业里去,不是窖藏起来,又得下乡去收买土地。土地权更集中,乡村无偿输出的数量也更多,乡土萧条得更快,形成一个恶性循环。

如果土地是吸不完的财源,如果农业生产者是不知饥寒的机械,上述的恶性循环可能一直维持下去。但是事实上土地是会损蚀贫乏的,生产者忍受饥寒的能力也是有限的,他们在受着报酬递减率控制下的土地上,辛苦工作的结果,所得到的除了痛苦之外别无其他时,他们会为了生活,揭竿而起。农业生产停顿还不够,这一股求生的力量溃决进入地主们用了城墙所保卫住的为他们制造奢侈品的城镇时,连他们所积聚的资本也会破坏无余。这里才暴露出用不平均分配的土地制度所形成的积聚资本机构内在的矛盾,不但效率低,而且会毫无结果的,成了一座沙土上的金字塔,最后终于没入沙土。

对以政治力量强迫储蓄的过虑

我在上节里的说法基本的根据有二:一是把乡土经济里的剩

余交给地主是靠不住的,靠不住的意思是其中有大部分会被消耗掉,即使有小部分用来作生产资本,贫乏的乡土不易沾这种工业的光。二是农民忍受痛苦的能力在看不到"光明的希望"的情形下是有限度的。限度一到,他们会反抗,不但破坏了那积聚财富的土地制度,连利用这财富所变成的资本也可能一把火烧光。这些话事实上已不是理论而是我们当前的经验,问题是我们能不能在这经验里获得教训。

我同意于汪馥荪先生,在一个资本贫乏的国家,在资本积蓄初期,人民必须准备承受痛苦。我不能和汪先生同意的是人民承受痛苦的能力是无限的。我在上篇说到过这生物性的限度,就是不饥不寒的小康水准。这个限度是无论什么经济计划所不应忽视的。当我在这乡土复员论中提出这标准后,曾有不少讥笑我这种见解的,认为我是保守、落伍,甚至反动。我实在不明白讥笑我的人的根据是什么,除了这几个字看上去不够"进步",其实我提出这标准来有两层意思,一是这应当是每个人民的权利,任何政权必须保障这最低的限度,在这限度之下生活的人有一切理由要求生活的改善。二是这也应当是每个人民在这一两代中认为满意和正当的水准,超过这水准的生活是对国民经济的危害,因为在这一两代中,中国最基本的工作是创造现代化的经济基础,这基础需要大量资本,这资本要由每个人节约聚积而成。在不饥不寒的水准之下要求人民节约是对不起人民,在不饥不寒的水准之上生活是对不起国家。

假定我们能做到了我在上篇所说的情形,现存的土地问题解决了,农村中的财富平均分配了,在提高他们生活水准到不饥不寒的程度是可以做得到,但是怎样能使他们达到了这水准就开始节约,把所剩余的投资到生产事业里去呢?我们得承认人基本上是自私的,在达到了不饥不寒的水准之后,他们的欲望并不会就满足的,达到了这水准还有余力时,自然有一个趋势就是要增加享受。增加享受本来是不错的,但是为了长期打算,我们要征服贫穷,只能把当前的享受延迟下去。怎样使人能延迟他们的享受呢?其实只有两条路,一是强迫,一是自愿。

强迫储蓄原则上本来没有什么可以反对。譬如现在的英国征收高度的累积所得税,正是以政治权力强迫储蓄的好例子。换一句话说,以政府代替地主来把握这一笔从乡土经济中得到的剩余。政府可以用财政政策保护收入较低的农民,而把小康水准上的收入征归国库,然后依政府的计划发展工业。这本是极合理想的路径,不但资本积聚得快而且利用资本的效率也较高。值得我们考虑的是中国的情形是否有实行这种路径的客观环境。

把这个权力交给政府必须先保证这政府不会滥用这个权力,而且不会比地主们更腐化。能做这个保证的不是某某少数人或少数集团的良心,而是人民一般的政治警觉性。我并不是愿意低估我们农民的政治程度,但是比较现实的说,因为曾经有几千年专制政治的传统,一下子就希望他们担负现代国家公民的责任,去监督政府的行为,似乎是不近于事实的。在人民尚没有能力来控制政府的时代,把政府的权力扩大,必然会引诱获得权力的人,滥用他的权力。所以在我看来,如果中国有一天真正走上民主的道路,使一个政府能向人民负责,受人民控制,在早期,还得设法减轻这政府的事务,减弱这政府的权力。减轻事务和减弱权力并不是说社会上的事情停顿,而是说让出很多事务和权力来给各种非政府的,直接由地方人民经营的团体去做,去负责。这个广泛的基层民主才是民主政府不致变质的保证。

我提出这个看法因为我见到用政治力量来强迫储蓄的办法很容易有流弊。目前的情形值得我们时时引以为戒。现在的政府的权力是够大了，它可以用通货膨胀的手段，征集财富，老百姓的所得可以在几天之中打了个对折。但是人民并不能控制政府怎样去利用这笔钱。试问有多少是用到了生产事业里去的呢？就以那些国营工厂来说，究竟有多少可称作合理的投资。一个没有工业经验的国家，一上来就从国营入手是难于胜任的。

我固然相信我们中国总是会有个有效率而且民主的政府，我所希望的是我们得预防这种政府的一再变质，所以觉得不应加重这种政府的权职。

还有一点我们得考虑到的，如果人民看不到他们被政府所征收去的财富所做的事对于他们的利益，政府要强迫他们纳捐，就会发生阻力。中国在经济建设中如果利用政府收税的力量，积蓄了财富，投资于一时不易有生活上见效的重工业里，在相当长的时期中很可能遭遇类似苏联早年所碰着的困难。要广大的农民明了吃不得、穿不着、摸不到、看不见的重工业的重要性是一件极繁重的教育工作，不是轻而易举的。结果，为了要急速地工业化，要很快地得到所需的资本，不能不加强压力，在这情形中，民主的幼苗最易遏制。

一个工业落后的国家，政治程度较低的人民，很可能产生一个强有力的集权政府，用政治力量积聚资本，计划工业，等这经济基础安定之后，再讲从来没有享受的政治自由等一类在生活上比较了饥寒为次要的权利。如果这种国家能有这个机会不能不说是幸运，因为一个人民所不能控制的权力能为人民服务是一件奇迹。

奇迹可以有，但不能视作当然，所以为了要保证一个权力不能不向人民服务，还得先由人民控制住这权力，这才是政治上的常轨。为了避免官僚资本和独裁政治的出现，所以我不能不对以政府来强迫人民储蓄，以政府负责经营工业的路线发生戒心。

效率和储蓄的保证

我愿意偏重于自愿的储蓄。如果中国大多数的农民确已到了深具国家观念的程度，政府的"强迫"也可以成为"自愿"的。我是假定中国老百姓还是把家族看得比国家为重的事实，所以我怀疑以政府权力来推行国家经济不能不出于强迫一路。我想偏重自愿，就得把经济建设的重点放到老百姓认为是自己的家族范围之内。我并不说我们应当如此，我明白家族范围内的经济有着很大的限制，但是要老百姓宁愿忍受一些痛苦，就得就他们能看得到的"光明的希望"设法，他们所看得到的不是绕了大圈才回到自己利益的国家经济，而是比较切近他们的家族的前途。要他们储蓄就得使他们看得到所储蓄的确实增加了他们的收入，这些收入即使再用来投资，还是属于他们自己的。

说到这里，我想可以提出分配对生产的积极作用了。把分配看成处理生产结果的方式是一种静态的看法，忽视了通过心理要素所发生对于生产的影响。动态的看法必须记住生产和消费是人的行为，人的行为是有动机的，也就包括汪先生所谓"光明的希望"。动机决定生产的效率和储蓄的速率。哈佛大学工业研究所曾于第一次世界大战起开始研究工作效率的问题，继续了20多年，结果认为了解工作的意义是增加效率最基本的条件。所谓工作意义是工作者认为自己的工作是有价值的。什么才是有价值的呢？那就得依这社会的文化来决定。譬如在我们传统文化中"光耀门楣"是一种价值，那是在家族主义之下发生的。又好像美国的"比别人强"是一种价值，那是在竞争社会中发生的。这些价值标准并非一成不变，它是相配于一定的社会形态；在一定的社会形态中，要鼓励一个人做一件事，就得把这件事和这社会的价值标准联系起来。

中国乡土社会中，一直到现在，最有力的动机是"创立家业"。在一个天灾人祸不断的生活中，安全是主要的企求。中国的农民是现实的，不轻易信任人的；他们把安全的基础筑在自己能力所及的家园。他们为了要得到一方比较可靠的土地，可以劳苦终身。经济剩余的微小，又奖励了他们世代间的累积，一个勤俭起家的农户经常是要几代不懈的努力。这被自己祖先血汗所浸透的土地，在他们自有着超出于经济打算的爱护。中国这片贫乏的大地上能有这样多的人，勤俭耕植，甚至已落到了值得利用的边际以下，不能不归功或归罪于这种深入人心的意识。

我们尽管可以客观地指出这种乡土意识有很多方面已不合于现代要求，但是我们不能不承认这是客观存在的事实，而且如果我们想自力更生积聚重建资本，要求广大人民抛弃享受的欲望，勤俭节约，我想我们还得通过这传统的意识，来完成这急迫的任务。

这就是说，把土地给渴望土地的人，把生活中节约下来的财富创立他们自己能支配，能保障他们生活的资本。土地里能吸收的资本是有限的，多余下来的，并不应像以往一般的在土地权的转手上叉麻将，而得开出一条广大的投资领域，那就是我在乡土复员论中一再提出的乡土工业。资本原是生产工具的价值，我们所谓积聚资本，并不是窖藏财富，而是增加生产者所以利用的动力和工具。如果农民不必每年把一半的收获贡献给地主，而可以由自己支配时，他们很容易看到去买一头牛，添一把镰刀比多喝半斤酒、吃二斤肉更为有"光明的希望"。这就是积聚资本的具体过程。由买牛买镰刀进而买织袜机、缝纫机，那就是由农业走上工业的正道。他们对于用自己血汗换来的牛和镰刀、织袜机和缝纫机的爱护必然是热烈的。他们绝不会像滇缅公路上的司机，关了油门下坡，宁愿损坏机器，牺牲旅客安全，而不肯多费几滴自己可以揩油的汽油。他们不会像许多国营工厂里的机器一般可以搁在灰尘里不加利用。那是因为"动机"不同。我们在这种分配方式中保障了工作效率，也保障了资本积聚的速率。

我并不主张我们将停留在这种家族生产之上，但是我觉得这是一个最可靠的起点，也是一个最可靠的基础。从这起点，有了这基础，我们才能通过家族合作的道路去兴办集体的生产事业。譬如各家有了缝纫机，他们就会了解联合批购原料，聘请技师，联合运销的合作社的利益。又譬如各家都有了土地，才会有集合去购买打水机的要求。集体性的生产和经营还得从每个人体悉了它的利益之后才能有基础。集体生产有了基础，乡土经济才能迈进一步。

只有在广大的农民开始有力量储蓄，开始在他们的生产事业中投资，我们才能希望有供给这些生产工具的大工业的兴起。在抗战后期我们从联总等一类机关运来了不少农业的机械，我们也在若干地方开设了制造生产工具的工厂，但是这些东西并没有有效地吸收到农村中去，那是由于计划者本末倒置的结果。一个无力投资的贫乏的乡土连送给他们的工具都使用不上的。这种教训应当使我们认清症结的所在了。

中国并不是贫乏到毫无积聚资本的能力,这能力还是在我们乡土的基层。我们可以自力更生,但是先得爱护和培植这力量,把传统损蚀这力量的土地制度改革了,更从传统勤俭的美德下手,在所得归所有者支配的奖励下,表现出这美德的实际利益。在乡土基层上着手开始积聚资本,充实生产,中国的经济现代化才有着落。这是本文所要说明的主要意见。

对于各家批评的总答复(后记)

这本《乡土重建》继续《乡土中国》,加入《观察》社的"观察丛书"。这两本集子虽则是同时写的,但性质上却属于两个层次。在《乡土中国》里,我想勾出一些中国基层社会结构的原则,接下去应当是更具体地把这结构,从各部分的配搭中,描画出一个棱角。关于这工作,我也在尝试。就是我在《观察》周刊所发表过的从"社会结构看中国"那一套,但是牵涉太广,一时还不能整理出一个样子。这里所做的其实是第三步工作,就是把这传统结构配入当前的处境里去看出我们现在身受的种种问题的症结,然后再提出一些积极性的主张来,希望有助于当前各种问题的解决。现在我把第三步的工作倒过来先做,至少是先发表了,总不免有一点乱了步骤。

其实我所规划给自己所做的工作早就超过我的能力。如果为了我自己打算,最好是等自己的思想长成了,好像树上的果子结得熟透了,再摘下来,给人家尝,不至于生涩难堪。但是我并不想这样做,反而愿意这样生涩涩的拿出来,甚至给人吐弃了也甘心,那是因为我相信,思想这个东西是社会性的,不但得之于社会,而且只有在社会中才能成长,并不能关了门让它坐大。

我承认历史上曾经有过一个时代,文字是少数人用来下酒消遣的,是一种娱乐,这个时代我想是过去了。我承认历史上也有过一个时代,文字是被视作权威的,是载道的,是经典;从文字的玩弄里，像符咒一般，可以获取权力和利益，支配别人，这个时代我想即使还没有完全过去，也快要过去了。我们现在所处的时代，文字不过是人类社会化的一种工具。我所谓社会化就是从交换经验获取共同了解以发生共同行动来达到共同生活的过程。

我们所生活的处境已经不再是孤立的、自足的、有传统可据的乡土社会。现代生活是个众多复杂，脉脉相关，许多人的共同生活。这许多人各自带着他个别的历史，怀着各人的抱负，走入这个没有人可以独善其身的场合。在这场合里，起初每个人，囿于自我的经验，都会觉得自己才是对的、正确的、应当如此的。但是每个人如果都是如此的话，共同生活也就没有了基础。你要强迫别人依着自己认为对的走，别人也在要强迫你依他所认为对的走。如果不能各自走各自的路时，局面也就僵了。这时，要维持共同生活不能不大家说个明白再走。说个明白就是把自己认为对的说出来；各人说出来的不同，于是要问什么使各人看法不同？各人所根据的经验怎样？每个人的经验决不能是完全的，是否可以互相补充？把各人的经验会合了，是否大家可以求得一个一致的看法？——这是社会化的必经阶段。人多了，不能大家直接用嘴，用话商量，于是用笔用字来代替。文字在这里有了新的用处，它是用来表达一种经验，一种看法，一种意见，不是一种真理，更不是一种教条。

我这样说无非是想交代明白我自己写作的态度。我忠实地记录下我思考的结果，这结果是从我自己的经验和我所听到和读到的许多别人的经验和思想中所思索出来的。我把这结果用文字记录下来，也不过是供给别人思索时的参考。世界在变动，人类的经验，靠了语言的传递和文字的保留，在累积，在丰富。我不是个宗教家敢于承认自己在全知全能的上帝的启示中得到了真理;我不过是个摸象的瞎子,用自己有限的手掌去摸索我所要知道的对象,所不同的是并不敢自以为见了全象而排斥别的瞎子在同一对象上摸索所得的知识,我所希望的是许许多多瞎子所得片面的知识能加得拢来,使我们大家共有的知识能更完全一些,更丰富一些。

在这种态度之下写作出来的论文,在作者并不是说教,在读者也不应求全。目的既在讨论,讨论的参加者只有想在看到别人和自己不同的意见中去求自己看法的修正,互相尊重,互相观摩是必须的精神。

本书里所收集的论文都分别发表过。大概是因为在这些论文中所提到的问题比较和现实生活更接近,所以引起的讨论也比较更多。这自是令人高兴的事。我写这些论文的目的本是在抛砖引玉,在各家踊跃的发表意见中使我得到许多启发。这是我不能不在这里对肯给我指示的朋友表示感谢的。

同时我也不能不承认,在相当多的读者里对于我所写出的意见有若干误会。当读到梁漱溟先生说的"真令人怀疑:究竟写一篇文章所给人的影响,是增加了明白,还是增加了不明白?"我不免深具同感。我也在答复一位朋友的信上说过:"那真是使我不太明白我的文字怎样会这样的传达了和我相反的意见。我甚至想这种误会可能读者应负的责任比作者更多一点。"一个作者看到别人歪曲他的原意是件很苦恼的事。我也承认近年来言论界里确有过分"断章取义"对不起作者的批评,但是再往远处一看,也有令人兴奋之处。因为从这种热烈的讨论,热烈到感情用事,感情用事到攻击私人,我们可以看出近年中国思想界的一个重要现象,一个很好的现象,虽则好的里面不免也夹杂着不应当有的部分。

假如我们分析为什么现在写文章的人常会增加"不明白"的原因，我们可以注意到思想社会化的范围在激速地扩大中。以往那些有关于中国文化、社会、政治、经济的问题只在很小的圈子里讨论，在熟人里辩论。在熟人所组成的小圈子里，经过长期的亲密接触，读阅同样的书籍，有着相类似的经验，所以他们有着一套共同能理解的名词。而且每个圈子有它自己的问题，有它自己的语言，井水不犯河水似的各自说它们自己的话。近10多年来，每个人的生活一天不如一天，最大多数的人都已到了快要无法生活下去的绝境，这时，大家对造成这绝境的各种因素不能不注意，而且大家已深切感觉到这是全国人民的共同问题，于是对于这类问题的讨论也感觉到共同的兴趣和需要。不但注意这些问题人数增加，而且参加讨论的情绪也更热烈。以往在小圈子里讨论的限制被这势力所打破了。在这过程中，许多讨论者之间的观点、假设以及所用名词的意义不免有很大的距离，文字的隔膜因之也特别表现得清楚。

如果在这过程中，我们有尽量发表意见的自由，在思想的交流里，这套文字的隔膜不难克服的。误会固然不免，但是在可以坦白的交换意见中，误会不过是要求更深了解的表示。不幸的是在现有局面中，发表意见的自由并未得到保证。限制这种自由的有政治的和物质的两种条件。政治上我们不能享受言论的自由是大家都知道的事，用不着我在这里多说。我所要指出的是言论的充分自由是民主社会的基本条件，也只有在民主社会中，人民才能真的提高他们对自身生活问题理解的水准，使他们能得到从理智里发挥出来的共同意见，产生负责任的一致行为。

我们现在不但受到因政治原因而发生对自由发表意见的限

制,而且同时,物质的环境也剥夺了我们发表和获悉意见的机会。在出版界的现状里,能有机会把自己意见写下,印出,送到读者面前的作者在数量上说实在太少了。就以有此机会的作者说,他们又受到严格的篇幅限制。在一般刊物上所能发表的文章,不过从几百到几千字。作者不容易把他的意见所根据的事实和假设在这有限篇幅中尽量说明。很多误会是从这些限制中发生的。

为了迁就发表的篇幅限制,一个作者不得不把一套相关的意见切成了片断,送到读者面前。同一读者却又并不常能接触着所有的片断,结果不免断章取义。这结果实在不能完全由读者负责。

这一个充满着需要思想交流的时代,碰着这一个发表意见的机会重重受到限制的局面,文字所引起的"不明白"是必然的。我们固然要在各方面努力去解除我们身受的限制,但在限制充分解除前,讨论时参加的人也不能不尽量的体悉和谅解,避免由文字的误会而引起私人的意气。否则由误会增加歧异,讨论也反而会成为思想社会化的障碍了。

因为这个原因我在这后记里对于若干我认为是由于文字隔膜而发生的误会,不愿多提,只想就本文里没有充分说明的若干假设加以申论、补充和修改。

本书的代序是前年年底我在伦敦母校的一篇公开演讲记录。这篇演讲的听众是母校的师生,大都是英国人,因此其中的语气和措辞是以不太了解中国文化的朋友作对象而发的。但是这篇演讲却说明了我对于中国传统文化和当前社会变迁的关系的一个简略、但亦是综合的看法。在我的看法里,文化是推陈出新的,因为文化不过是一种求生的手段。生是目的,"生"而要"求"那是因为生活的维持需要利用物资,物资最终的来源是自然,所以文化是人利用自然时所采取的方法。生活、自然、文化三者都是变数。生活的基础是生物性的,温饱是生物基础给人规定下的生活最低水准,因为饥寒会使人的生命不能维持下去。但是生活却不等于生命,比生命还要多一点,那是因为人有理想,要活得更好,更有价值,在追求更有价值的生活,使人不肯停留在一种生活水准上,因而使"生活"成了一个变数。自然也是变动的,这里不但指地理上的变动,像山变成海,海变成山一类的变动,而且从自然和人的关系上说,也跟着人利用自然的知识而改变。对于印第安人,美洲的油藏并不构成和生活有关的自然部分;但是在汽车和飞机的时代油藏是一种重要的资源了。生活和自然既然都是变数,沟通二者的文化更不能不是变数了。

文化是一种手段,它的价值在它是否能达到求生的目的,所以文化一离开人使用它的处境也就不发生价值问题,自身没有所谓好或是不好。生活的要求和生活的处境既是变动的,一种手段在某一个情景可以是有效的,但这并不保证它在另一情况中一定也有效,所以文化的价值也是常会变的。在一个情景中是好的,在另一个情景却可以是不好的了。皮毛的衣服在寒带有用,在热带没有用,甚至有害。这也是说,文化的批评必须是相对的,必须从一定的情景中去说的。

人类创造文化为的是要增进他们生活的价值,他们并不会以维持文化为目的而牺牲生活的。所以拉长了看,一个对于生活没有用处的文化要素,不论是物质的器物或是社会的制度,甚至信仰的教条,决不能长期保留。一个活着的文化要素因之必然对于利用它的人有他的用处。

问题开始复杂的原因是起于在一起生活的人中间有了利益上

的分化。一种文化要素可以对于社会中一部分的人有利益而对于其他部分的人没有利益,甚至有害。有利的要保持它,有害的要取消它,没有利害关系的对之无所谓。保守和改革双方因之发生了争执,这文化要素能否维持就得看双方力的消长。这是政治过程。

文化要素——包括社会制度——的功罪不能脱离它的社会背景而作定论的。譬如说当资本主义初兴起的时期,它解放了被封建社会所遏制的生产力,在这点上讲,它曾把人类的生活提高了一层。而且在资本累积之初,新生产力的利用,使在封建社会中的中产阶层得到了新的权力,使被拉住在土地上的农民得到了新的解放,所以对他们都是有利的,但是对于封建社会中特权阶层却是有害的,因为他们的特权被新的生产力和新的社会势力所取消了。这是就资本主义发展的早期历史而说的。到了资本主义成熟,又发生了新的社会分化。在独占性的企业控制之下,新技术和新组织所带来的更大的生产潜力却又被遏制了。劳动阶层的生活并不能得到可能的提高。这时资本主义对文化的发展却成了阻碍了。因之,我们对于一种文化要素的了解不能离开它的历史背景。

从它的历史背景里去分析它——这是研究文化的科学态度。再换一句话,我们得先了解每一个文化要素在当时社会中各种人生活上发生的作用;客观的叙述比依照另一时期另一社会背景去作感情上的贬褒更能帮助我们对它的了解。

我企图从我们传统的小农经济中去指出各种文化要素怎样配合而发生作用的。这是一种想去了解我们传统文化的企图,这企图并不带着要保守它的意思。相反的,这是一切有效改革所必须根据的知识,文化的改革并不能一切从头做起,也不能在空地上造好了新形式,然后搬进来应用,文化改革是推陈出新。新的得在旧的上边改出来。历史的绵续性确是急求改革的企图的累赘。可是事实上却并不能避免这些拖住文化的旧东西、旧习惯。这些是客观的限制。只有认识限制才能得到自由。认识限制并不等于顺服限制,而是在知己知彼的较量中去克服限制的必须步骤。

文化的改革必须有步骤,有重点。我们身处在生活中充满了问题,传统文化不能答复我们要求的情况中,不免对一切传统无条件地发生了强烈的反感,否定传统的情感。这情感固然是促进社会去改革文化的动力,但是也可以使改革的步骤混乱而阻碍了改革的效力。战争中讲策略,建筑时讲设计,医学里讲诊断,文化的改革同样要用理智去规划。文化的分析是规划改革的根据。

我多年来研究的对象是中国的乡村。乡村只是整个中国社会的一部分,我从这部分的认识中得来的看法自不免亦有所偏。这一点读者必须先知道的。我决不敢说乡村之外的中国是不重要的,更不敢相信乡村可以和其他部分隔绝了去解决它的问题。我只能说在乡村里可以看到中国大部分人民的生活,一切问题都牵连到这些在乡村里住的人民。我也相信目前生活最苦的是住在乡村里的人民,所以对于他们生活的认识应当是讨论中国改造和重建的重要前提。

我研究中国乡村的原因有一大部分是出于我私人做学问的程序。我最早是读人类学的,从人类学里我发觉要去了解人类的生活,最好是先从比较简单的标本下手,所以我第一次实地研究的对象是广西的瑶民。从广西回来,我才着手研究比较复杂的乡村的乡村社区,最先是挑定我所熟悉的家乡。抗战开始后,我在云南工作,于是集中力量去研究内地乡村。从乡村的研究里,我曾想逐渐踏进更复杂的市镇社区。可是因为种种限制,我并没有如愿以偿。

我所计划的街集调查并没有实行。一直到现在我还在寻求机会去实地研究一个市镇。至于比市镇更复杂的都会,我还不敢作任何具体的研究计划。

但是我明白如果不了解乡村以外各种性质的社区,很容易像摸象的瞎子把象形容成四根大柱子。所以我在讨论乡土重建问题之前收了两篇有关城乡关系的论文。我更在第二篇中把我对于乡村以外各种社区的性质作一些初步的分析。这种分析在我个人的研究程序上说可能是太早,因为这里所根据的材料大都并非有系统的研究结果,而多偏于个人的印象;但是因为城乡关系这个问题曾引起过许多讨论,在概念上似乎应当加以厘正,以避免各人所用同一的名词指着不同的内容,使讨论无法进行。

我还留着"都会"性社区没有在这书里提出来详论。可是有些主张都市化的朋友常把上海这一类"商埠"和纽约、伦敦等一类"都会"合并在一起不加分别。在有些现象上它们是相同的,但是也有许多方面是不同的。我很愿意在这里,就它们不同的方面补充一说。

纽约、伦敦这类都会可以说是广大的经济区域的神经中枢。它支配着这一个区域里的经济活动。这个中心的繁荣也就代表这区域的繁荣。不同区域间的经济往来是由中枢相联系的,譬如美国内地和英国内地小镇间货物的交易,也是一种分工的表现,并不是直接的,而必须经过纽约和伦敦这类都会。同一区域内经济上的配合也靠这中枢的调排。这中枢的效率愈高,对整个区域的经济也愈有利。这是一个"城乡"相成的都会形式。

上海在这方面却和这些都会不同。它不是一个独立的经济区域的中枢,而是一个被政治条约所开出来的"商埠"。上海式的商埠（treatyport），在它们历史发展上有它们特别的性质。它们是一个经济上处于劣势的区域向外开的一扇门。它们的发展并不像纽约伦敦式的都会一般由于它们所处的区域自身经济发展的结果。它们是由外来势力和一个经济劣势的区域接触时发生的。譬如上海它在没有辟为商埠之前不过是一个小渔村。它在原来的经济区域中处于一个极不重要的地位。但是自从成了一扇门之后，情形却完全改变了。它繁荣了，但是它的繁荣却并不代表它所在区域的繁荣，因为它是优势区域势力伸入劣势区域的一个驻足所。上海式一类商埠曾有很长的时间在政治上被划成特别区域，称作租界，甚至这租界可以是"公共"的；这并非偶然，因为它在经济上并不是中国经济的中枢，中枢像是心脏，必须是机体本身的，而租界性商埠在经济上只是一个缺口，一种漏卮。

　　我说商埠是一个经济缺口，目的是想指出它基本上和"城"一般是消费的社区。或者有人会质问我商业是两利的，有外货输入自然也有土货输出，否则贸易终于会停顿的。这种说法在纽约和伦敦的关系上是对的，在上海却不尽然。上海的确有东西向外输出，土货输出不足，继之以黄金白银；再不足，把将来的收入都押了出去。但是这些东西都不是上海本身，甚至它所支配区域之内的工业产品，也是以乡村里所出产的工业原料为主。如果上海这种商埠只是内外的沟通者，那也可以成了纽约和伦敦。事实上又不然，它从生产者手上拿来的输出原料运了出去，并不拿相等价值的输入还给生产者。它白拿了东西，和外国做了买卖，得到的洋货却自己消费了。

　　这种商埠和"城"不同的地方是在前者所消费的并不仰仗自己经济区域里的制造品，而后者的消费品还是在自己区域里制造出来的。商埠的经济作用是以洋货代替土货，在地主之外加上一种买办。"城"的主角是地主，而商埠的主角是买办。洋货固然经过商埠一直侵入到内地的城镇里，但是主要销路还是在商埠本身。由于政治上的特殊地位，给各种在内地住不下或住不舒适的人一个客栈。我说是"客栈"，因为他们是带了钱进去住的。他们的收入来源并不在商埠本身，而是在周围的乡村里。大大小小的麦管插在中国经济基地的乡村，把财富在各式各种的名目中吸收到这种商埠里来。我们只要想工业这样落后的上海能维持这样的人口，它决不可能是自给自足的，它是被供养着的，用了从乡村里的剥削出来的财富，到外国去换了工业品来，在"租界"里消费，这是"商埠"异于"都会"的特性。这是城乡相克的形式。

现代都会是现代化工业的产品，一个没有工业化的区域里不能发生纽约伦敦之类的都会的。商埠都是工业化的区域侵入另一个结构上还维持着封建性的劣势经济区域的过程中所发生的特殊性质的社区。把它看成一个普通的都会就不正确了。

我并不能在这方面多作发挥，因为我已说过，我对于这类社区还没有深切的研究，这里所说的不过是一种提示，也许可以作研究这问题的朋友们的参考。同时我加上这一小段补充，也可以对城乡社区性质分析作初步的结束。

因为我的知识偏重在乡村方面，所以我看一个问题时也不免从这方面入手。《不是崩溃而是瘫痪》是就乡村这方面说的。我在那篇论文中已明白交代清楚在都市里也许不免发生崩溃，而在乡土经济中崩溃却似乎不容易发生，会发生是瘫痪的现象。不但我这样说，而且我也说明了所谓崩溃是好像一部机器因为零件脱落而陷于停顿，是一种有类于机械性的现象；瘫痪是构成一个有机体的各个不太相关的细胞的破坏,它所给全体的影响并不是致命的,而是逐渐的,亏耗性的,有一点相类于生物性的现象。这些都是譬喻,为了比较容易表达我的意思而作的譬喻,都市和乡村的区别并非真是机械和生物的区别,只是有类于这种区别罢了。

我这篇论文是在分析乡土经济瘫痪过程,同时也部分地解释了为什么中国的经济,会在这样逆转的处境中拖得这样久,不发生像现代工业经济里所可能发生的生产停顿式的崩溃。

这篇文章引起了不少并不包含于作者原意中的联想,而且所引起的联想也因读者着眼点不同而相差很远。有些认为这样说法等于是说这种已使人难堪的局面还可以拖下去,所以是在维护既成局面;有些认为这是一种极深的悲观主义,因为瘫痪将延长下去一直到全身的细胞都溃烂才结束。别人在我描写出来的画面前作什么联想是他们的自由,我所希望的只是最好不必因为所联想到的不愉快的事,归罪到描写这画面的人。

有些朋友指出说我所描写的画面并不完全,因为旧的细胞确是在瘫痪,但是新的细胞也不断地在生长,瘫痪不是一个形容全体的确当名字,更确当一些应当是新陈代谢。因为一个大体上是乡土性的中国,单靠神经中枢的改变并不能使这躯体得到新生,必须经过脱胎换骨地一步一步,一个一个细胞的转变,旧的死去,新的发生。如果只看旧的不免充满着悲观,应当看到眼睛里去的是这新陈代谢的过程。

我想这个说法是很可能对的,可是我自己却处于正在逐渐瘫痪的过程中,我所可以描写的、分析的也只是我自己所能经验到的事实,所以偏重于被认为太悲观的画面了。读者大概不应希望我写出我所没有看到的事实。假如中国确是在新陈代谢,关于新生的一面,让看到的人根据事实去分析吧,我极愿做一个这类分析的读者。

我同情于希望能多知道、知道得更完全些的读者们,我自己在阅读别人的作品时也是这样的。但是我也希望读者能就作者所说的话去批评,而不必从"没有说的话"去表示不满。如果能就作者没有说到的部分加以补充,那是最理想的,也就是我在这后记的开始时所说到的希望。如果因为作者有些话没有说而就加以种种有关作者私人用意的猜测,对于增加对问题的认识的一点上是毫无帮助的。

我认为应当鼓励的是每个人根据他自己所看得到的说话,各人都能这样,则经验可以加得起来,使每个人都能在讨论中增加他的知识。事实上,没有一个人能看得到全局的,重要的是在不要排斥任何现实的材料,把部分的能逐渐综合起来。

《基层行政的僵化》是我想从政治的角度里去认清我们乡土社会的结构的企图。在发表这篇论文之前,我在《观察》周刊开始了那个"从社会结构看中国"的系统,第一篇就是《论绅士》。我挑这个对象入手是因为这是个比较上没有被人注意,而在中国传统结构里相当重要,也相当复杂的部分。这篇《基层行政的僵化》想指出传统绅权解体之后所发生的僵化现象。这篇论文很快地得到了反应,其中有一部分认为我在提倡绅权的恢复,这和我原意不合的,我是主张用另一套的政治机构来代替绅权的,所以在《再论双轨政治》中申论了一番,说明我所希望的是民主的建立;但是为了要说明知识分子下乡服务的重要,所以提到我在英国乡间看到的情形。接着说,如果这些人也能包括在绅士一流人物中,则我确对他们寄托着希望。有些读者对于假设词没有注意,不但断章,甚至断句去念,把假设词取下了,自以为可以用来作为我在提倡绅权的证据了。其实如果肯耐心把全文细读一遍,我很相信可以不致得到这种结论的。

我觉得要了解中国传统的政治结构应当注意四种不同权力间错综复杂的关系。这四种权力是皇权、绅权、帮权和民权。皇权这名词曾引起过问题,因为皇字在历史上可能只可指秦统一之后的中央统治权力。我想指的对象却要包括秦统一以前一直到现在那种不向人民负责的政府权力。在《论师儒》一文中,我用了"皇权"一词来说秦以前这种权力,但曾经朋友指出,"皇权"这名词这样用法是和历史不合的。我曾想用"君权"一词来代替"皇权"。但"君权"一词似乎又带着最高当局个人的权力,并不能包括和他共同执行,甚至分享统治权的许多不同的分子。君和臣是相并立的两词,不宜用君字包括臣字。用"皇权"一词却可以包括得广一些。

皇权本身是个复杂的结构。譬如说,汉代的皇权中可以分出:皇帝、重臣、皇室、宫廷、外戚、宦官和官僚,官僚中还有文武的分别。这许多部分间有着他们共同的利害,但同时也包含着矛盾,皇权的重心跟着有变动。如果我们根据这一段历史加以分析,也可以找出一个变动的过程,有着可以理解的程序。

提到这些话是要说有时一个概念要找到一个确当的名词去表示它是很困难的。我所要表示的是一个不限定于哪一段历史现象里表现出来的权力形态,而我们所用的那套名词却都带着历史意味的。所以我在没有找到比皇权更好的名词前,只能在这名词之后加上一个括弧,说明这种权力并不是一定指统一的中央权力,凡是根据武力取得和以武力维持的统治权力都可以归在我这里所谓"皇权"的一类里。如果有人能想出比这更确当的名词,我是最先愿意放弃这名词的人。

在上述的四种权力中，在传统社会中，民权是最不发达，不发达到有人认为并不存在。他们认为前三者交横错综地统治着基层的人民，一切决定众人有关事件的权力都集中在统治者手上，人民是一层没有自身组织的被统治者。我的看法稍有不同。我承认民权很不发达，但是在基层上还有着并不由上述三者权力所顾问的领域。这领域我在写这几篇论文时笼统地留给了民权。后来我因为既有朋友提醒了我，我不能不再细细看看这领域里的复杂情形，于是在《乡土中国》里引申出四种不同性质的权力来：横暴权力、同意权力、教化权力和时势权力。民权的意思应当属于同意权力的性质，但是在中国基层的宗族和地方组织中，同意权力的活动极有限，主要的却是教化权力。因之我用民权一词去指上述皇权、绅权、帮权留下的领域并不太确当而且因之发生了疑问。我在这里还不能理出一个更明确的看法来答复这疑问，只愿意用这个例子来说明讨论的重要和用处。我们对于现实的认识就是这样一步一步深入进去的。我愿意和大家一同切磋，交换意见。但是对于有些人因为一两句话不合他们的感情，根本把问题取消的，则觉得是件憾事。

在我那几篇论文中引起最多讨论的是绅权的性质，这是个值得从长商榷的题目。我很想接着本书再编出一本《中国社会结构讨论集》，把各家的讨论收集起来作为深入研究的开端，所以在这里不必多作申论。简单地说，对于绅权的性质有两种看法：一是认为绅权乃是皇权的延长，它是皇权统治人民的一种机构，绅和官是一体。另外一种看法是绅权和皇权来源不同，绅权是社会经济的产物，握有传统的势力，而皇权却是靠武力获得的，建立在武力上，因之皇权和绅权可以发生冲突的。在中国历史上，这两项势力常常发生争执，因之也时有相对的消长。在一个时间，譬如六朝门第制度坚强时，皇权固然可以用武力来夺取，但支配社会标准的势力却握在帝皇所无可奈何的绅权手上；门第制度的破坏可以说是皇权打击绅权的胜利。科举发达，加强了皇权对绅权的控制，皇权的集权性也随之加强。这时，绅权退取消极的守势，利用官僚机构消极地怠工以软禁皇权，自求逃免专制权力的压迫。这一种看法我在《论绅士》一文中曾发表过。

这两种看法可能只是各有偏重，前者偏重于皇权和绅权合作以对付其他势力的现象，后者偏重于皇权和绅权二者的矛盾性。我认为二者都有事实根据，至于哪一方面比较重要，也得看在哪种情况之下来决定。至于把绅权的来源归于皇权，我却并不同意。发生这种印象的是因为在法律上说皇权是全能的，可以高于一切的。其实法律本是皇权所颁布的，从这方面看去，当然看不见其他权力的存在了。我们应当注意不是这些表面的法，而是权力实际的运用，法不过是权力运用中的一个工具。实际上皇权是否全能的呢？这里引起了权力的限制问题，也是我在《再论双轨政治》中所要讨论的主题。

我认为一个毫无限制的统治权力是不可能长久存在的。名义上尽管有绝对的权力，但在实际上却是不能维持的。所以我认为一个政治机构，要能维持，不能只有自上而下的一条轨道。能维持的政权必然是双轨的，就是说在自上而下的轨道外还要有一条自下而上的轨道。有形的双轨政治就是现代的宪法和民主。宪法限制了政治权力，民主加强了自下而上的轨道。在我们传统结构中并没有宪法和民主，有形的双轨并不存在，于是我要问，传统结构有没有自下而上的轨道？这轨道的效率如何？这里我看到绅权的作用。我说绅权有着自下而上的轨道的意味，但并不就是说这是民主的，绅权并不是民权，这点我早已说明过。

绅权既不是一条康庄的自下而上的政治轨道，中国专制的皇权怎么会维持得这样久的呢？于是我又提出"两道防线"的说法，意思是说自上而下的轨道如果不四通八达，轨道上的车子也开不快，自下而上的轨道也可以不一定要浚导开阔了。这两条轨道是相配的。

我所提到的两道防线是"无为政治"和"绅权缓冲"。我所谓无为政治并不是指像现在的英皇一般在宪法上的无能，而是指事实上的无能。这里还得立刻指出，历史上并非没有大有作为、能力强的皇帝，但是有为的结果却在单轨上开快车，促起人民的反抗而终归消灭。这道防线是无形的，所以有时可以是无效的，但是受到历史教训的皇帝，为了要保持自己的统治，却得承认无为是一种自保之道。这道防线和第二道防线是相关的。一个用武力得来的皇位，固然可以用武力防止别人来夺取它，但是却不能凭武力来推行政务。于是发生了一个庞大的官僚机构。皇权固然希望这机构成为自己的爪牙，但是要使爪牙能统治天下，就得给他们足够的武力作支持，而在这一个交通困难、幅员辽阔的天下，有了武力的爪牙，很可能就是要"取而代之"的人物。皇权要自固，武力必须独占。这里发生了皇权自身的一种矛盾，在中国历史上有着不少从这矛盾里闹出来的变动局面。为了要独占武力，又要能统治天下，皇权和绅权妥协了。官僚机构成了两种权力的重叠地带。

皇权和地方权力的绅权妥协，从皇权本身说是受到了事实上的限制。名义上皇权是无限的，但是"天高皇帝远"中间夹着"官僚—绅士"这一层,使人民并不直接和"政治老虎"对着面。

这两道防线是消极性的,而且在一个有为的皇帝面前可以不发生有效的作用。这和用宪法民主一类积极方面去限制皇权不同。

至于有人以为我在提倡绅权,那是他们的"以为",我觉得大可不必辩白的。我在原文中已屡次说传统机构已经不合当前的情况,我亦曾强调说无为政治是做不通了。虽则我也认为在一个民主政府实现的初期最好不要太集权,太集权可能会使这种政府又变质。但是我承认事实上为了经济复兴需要的强迫,这个政府不能太不管事。这里要取得怎样一个平衡,我自己还没有答案。但是可以说的,政府权能的增加必须在人民控制得住的范围之内。如果要加强政府权能,必须先加强民主的机构,那也就是说,政治双轨同时加强。集权的中央必须是向人民负责,而且要直接负责。那是说行使政权的职位必须由直接代表人民的组织决定它们的存废去就。

简单地说,我所希望的是:皇权变质而成向人民负责的中央政权,绅权变质而成民选的立法代表,官僚变质而成有效率的文官制度中的公务员,帮权变质而成工商业的公会和职业团体,而把整个政治机构安定在底层的同意权力的基础上——这是我所希望的转变,至于怎样转变得过来,我一时还不能直接加以答复。

在这里可以附带提到的是:在这几篇论文中,帮权这个对象不但没有分析,而且也很少提到它。我自己对这方面的知识实在太少,很希望有朋友能向这方面深入研究,那是要了解中国社会整个结构时所不能少的部分。

从基层乡土着眼去看中国的重建问题,主要的自是:怎样把现代知识输入中国经济中最基本的生产基地乡村里去。输入现代知识必须有人的媒介。知识分子怎样才能下乡是重建乡土的一个基本问题。现在的情形却正是相反,乡土社会中一批一批地把能有机会和现代知识接触的人才送走了,为此我写下了《损蚀冲洗下的乡土》。接着这一篇分析之后,我开始提出"乡土复员论"。

在我看来,乡土重建有一个前提就是要解决土地问题。为了要说明土地问题的严重性,我提出了一种看法:中国的土地制度在传统经济中其实早已伏下了病根。我们的土地已有大部分只能生产仅足维持劳动者生存的报酬,它们已到了利用的边际上,实际已不发生经济地租。这种土地应当是租不出去的,因为如果这土地的收获中交出了一半作地租后,所剩余的不够养活在这土地上的劳动者了。但是在中国乡村里,这类土地却还有人承租,原因是租这种土地来耕种的人并不完全靠土地上的收获来维持生活,而利用农业里多余的劳力从事各种手工业,增加收入。单从土地利用上看是不值得租种,但是在农家经济上说,租了田地来种,多少可以得到一些收入,和其他收入合并了,足以维持生存。从整个乡土经济说,那是手工业津贴了土地制度。

农工混合的乡土经济才能维持住传统土地制度,也维持了地主的收入。我接着指出西洋工业的侵入,打击了手工业,把中国乡村逐渐单纯农业化了,这时,土地不能同时养活地主和佃户的事实暴露了,形成日益严重的土地问题。

我这项分析是同时顾到了引起土地问题的和外来的两方面的因素,但是有些读者不知怎么会看出题外的枝节来,甚至有说我不明白地租的意义,也有说我抹煞历史事实等一类的话。既有这类批评,我只有承认原文中大概有词未达意的地方,所以重复说了一篇。至于断章断句地说我在维护地主利益等一类话,我只有信托公平的读者自己的断决,在这里用不着辩白了。

构成当前土地问题的内外两个因素,是必须加以应付的。一块不能同时养活地主和佃户两重人物的土地上要能续继生产,只有让耕者去享受这土地上的出产,这是惟一的办法;换一句话说是"耕者有其田"。这已是句老话,至于怎样能实现这目的,其实也不出下面几个可能性:地主自动放弃地租。放弃可以是有赔偿的,可以是没有赔偿的;有赔偿的话赔偿的数目决不能影响到耕者的温饱水准,不然也就等于没有放弃地租了。地主如果不自动放弃地租,而事实上,当前的情势已无法维持,则只有走上被迫放弃的道路。放弃的程度可以是一部分的,可以是全部的。要希望地主有远见,在没有受到压力就自动放弃特权是不容易想象的,问题是要用多少压力才能使地主明白非放弃不可了。决定这问题的因素很多,其中一个因素是要看原有靠地租生活是否能在转变到生产事业里去,不一定要和传统土地制度共存亡。我提出地主阶层的子弟转变的问题曾被那些以为我在维护地主利益的批评者发生了误会。我愿意明白地说,我所着眼是地主这个制度,要取消的是制度,不是那批人,人可以转变到别的社会层里去的。要减少改革制度的阻力就得对那些人的生活有个合理的安排,最合理的安排就是使原来不事生产的,现在也加入生产了。

土地问题的解决,可以减少寄生在土地上的一层人物。但是只从这分配上着手,我们并不能希望对生产上有太大的促进作用。要提高乡村里的人的生活程度,还得开源,增加收入,在这里就得应付引起土地问题的外来因素,重建西洋工业所摧残的乡土工业了。

乡土工业这个名词是我在这一个系统的论文中造下的。最初我常用手工业这个名词,譬如在讨论《人性和机器》这本小册里就用了"中国手工业的前途"作为副题。乡土工业在以往确是等于手工业,而我的意思却在希望乡土工业的技术基础由手工而变成机器,因之在名词上引起了许多混淆。有人认为我提倡手工业而反对机器,有人说我"留恋"于过去。为了免除这些混淆我才采用这乡土工业一词。乡土工业可以是手工的,也可以是机器的;可以是家庭性的,也可以是工厂性的。重要的是在这种工业并不隔离于乡村,在原料、劳工、资本等各方面以乡村的来源为主。

我屡次说乡土工业是我们在打算重建中国经济时应当注意的一项。这也说明了我并没有说一切工业都要分散到乡村里去。这是不可能的。任何人都能明白,一个炼钢厂不可能化成乡土工业的。但是许多批评者,我不明白为什么原因,一定要咬定我在设想一个全盘乡土性的经济,这样咬定之后当然很容易加上一个幻想的帽子,而把怎样去推进乡土工业的问题轻轻取消了。

我也并没有认为乡土工业可以单独发展。乡土工业要变质,就得有许多机器,而且在动力上,需要电力的供给。在这里又有人反过来认为中国电气化是个幻想,说是幻想,又可以把变质问题取消了。在我看来乡土工业的转变并不是突然也不一定是彻底的。重要的是在增加乡民的收入,增加一点是一点,愈多愈好,愈快愈好。有多少可用的机器就用多少,有多少可以引入的现代知识就引进去多少。

这里当然还有许多值得研究的问题,那就是在有限的资本下,重工业和乡土工业之间应当维持什么样的比例?重工业的经营应当采取什么方式?我对于这问题的看法,在最后两篇里曾经间接暗示了，如果工业建设的资本得由广大农民节约储蓄出来，最有效的办法是让这些资本直接由积聚者投在他们可以看到的乡土工业里。至于重工业的建设依实际情况说总得由政府去经营，如果政府不能把握住一笔大的资本（不从豪门积聚的财富里征收得来，就得从国际借款上想法），就得慢慢靠人民的节约储蓄。现在这样贫乏的状况里要很快地拥出大笔资本，很难会不遭受反抗的。在我看来，一个要能受人民拥护的政府，经了这多年的战争，必然得先做到与民休息，培养元气的最低标准，那就是说不再增加人民的负担；不但不增加人民的负担，而且得很具体地增加人民的收入，看得到的收入。在这创痛之后即刻强制人民去为国营工业积资本，在政治上看去，是件冒险的政策。所以我倾向于先发展乡土工业的意思，然后用这种工业里所创造出来的资本去发展较大规模的重工业。简单说，我们得从土地里长出乡土工业，在乡土工业长出民族工业。这条路线是比较慢的，但也比较稳的。

在确立乡土工业的过程中，政府有很多事可以做，而且必须做的。现代技术的下乡不能不由政府出来推动。我在上面所提到知识分子下乡的困难，就因为乡村里缺少可以应用现代知识的事业。在种种能应用现代知识的事业中，最基本的是生产事业，而生产事业中最容易有效的是工业。

以往种种乡村建设的尝试，似乎太偏重了文字教育、卫生等一类并不直接增加农家收入的事业。这些事并不是不重要，但是它们是消费性的，没有外力来资助就不易继续。要乡土在自力更新的原则中重建起来，一切新事业本身必须是要经济上算得过来的，所以乡土工业可能是一种最有效的入手处。

我们有理由想到如果乡土工业不过是一种中国工业化的过渡

步骤，这个步骤会不会阻碍中国高度工业化的发展。换一句话说，如果我们投了资在不太有效率的乡土工业，而到后来这些工业还是要被大规模工业所代替的话，这笔资本不是投得冤枉了吗？我觉得事实上虽则有此可能，但是并不会太严重的。第一是在许多轻工业大规模生产的利益并不一定是显著的，而且乡土工业并不限于家庭工业，有许多乡土工业，开头就可以用村子或区域作设计的单位。每种工业有它适中的规模，需要我们研究和试验。第二乡土工业本身是可以演进的，投资的数量既然小，设备的利用在较短期间就可以出本，所以改良和扩大并不会招致过甚的损失——我在这里只能就原则上作些提示，事实上非在实际情况中不能答复这类问题。

如果说我这种想法是幻想，倒不如说我这种想法太迁就了事实。所以我在社会学年会讨论这问题的开始曾这样说："如果原子能征服了月球，吴景超先生和我一同去设计一个建设月球的方案，我相信我们不会有什么不同的意见的。每个人所想象的天堂离不了树上长满葡萄，河里淌着牛乳那一套。可是我们现在要应付的是吴先生描写在《劫后灾黎》一书里的中国。"

话又说回来，我这本《乡土重建》能完全不成为一个幻想吗？我不敢说，因为现实告诉我们，我们讲"重建"还太早，洪流正在冲洗，《劫后灾黎》的"后"字还用得不太切当，乡土要重建必须有一个前提，那就是有一个为人民服务的政府。这个前提如果不存在，这一套讨论重建问题的话也都不发生直接意思了。我这套话也可以说都是白说的。但是我也不能想象中国永远能这样下去，有一天重建乡土的前提存在了，我这里所提出的问题还是要我们细细研究的。所以我觉得这套意见还是有用的。也许早一些把这些问题着手研究，到重建的时候到来时，不致完全靠一时的冲动去应付，而遭受许多不必要的损失。而且，像我这样的书生，除了这种工作之外，还能有多少为国家服务的机会呢？为了这个原因，我还是写下了这许多字，而且还要把它印成小书，贡献给读者作思考时的参考。

最后，我得感谢王芸生先生，他鼓励我把这套意见写出来，更给我机会在《大公报》上陆续发表，而且还允许我把这些已发表过的论文编成此书，在《观察》社出版。其中有一篇《论城·市·镇》曾在《中国建设》发表过，在此也附带向编者道谢。

我本来的计划是把各家对这套论文的批评一起编入，成为一本讨论集。为此我曾经分别得到了许多原作者的同意。但是编就一看，分量太重，在印刷和出版的条件下，不能不放弃这计划。让我对许多曾经给我指教，又允许我重印他们批评的朋友们表示我的感激。

1948 年 6 月 19 日于清华胜因院

费孝通先生学术年表

费宗惠 张荣华

1910 年(清宣统二年)

11 月 2 日,生于江苏省吴江县县城(旧属苏州府)松陵镇富家桥弄一个既传统又善于接受新思想的知识分子家庭。

父亲费玄韫(璞安,1879—1972)曾在科举考试中取得生员资格,1905 年赴日本留学,读教育专业。回国后兴办新学,曾任江苏省教育厅视学,一生致力于教育。1911 年辛亥革命后被选为吴江县议长。母亲杨纫兰(1880—1927)毕业于上海务本女学,受到过良好的教育,在松陵镇积善弄创办私立吴江第一蒙养院(幼稚园),是一位敢于开风气之先的女性。

1913 年

入吴江县第一蒙养院"开始(接受)正规教育",该院后并入爱德女校,成为该校附设的幼儿园。

1916 年

入吴江县第一初等小学(俗称"雷震殿小学"),喜欢听校长沈天民所讲授的"乡土志"课,认为乡土志讲的"都是些有关我们熟悉的地方,想知道的知识"。

1920—1923 年

举家迁至苏州城十全街,入振华女校(今苏州第十中学)读书。

1924—1926 年

转入苏州东吴大学第一附属中学。在商务印书馆主办的《少年》杂志上，发表《秀才先生的恶作剧》、《一根红缎带》、《新年的礼物》等文章。

1927 年

在《少年》杂志发表《圣诞节的话》、《圣诞节续话》。开始参加苏州进步青年的一些政治活动，担任苏州《民报》副刊编辑。协助二哥费青办平成工人义务夜校。

1928 年

入东吴大学医预科。

在《少年》杂志和东吴一中毕业纪念刊《水荇》上发表《年终》、《雪花》、《一封未寄出的信》、《死》、《桂花》、《冬》等文章。

1929 年

任东吴大学学生会秘书、校刊通讯秘书，参加东吴大学学潮。

1930 年

夏，参加上海沪江大学暑期学习班。

秋，由东吴大学转入燕京大学社会学系，师从吴文藻教授。

1931 年

参加北平学生反对日本帝国主义侵占我国东北三省的游行示威活动。

翻译《印度农村改造问题》一文。

1932 年

参加燕京大学研究班，听美国著名社会学家派克教授讲学。

以姐姐费达生名义发表《提倡小规模制丝合作社》一文，与费青合译《中国战争目击记》（又名《龙旗下》）。

1933 年

燕京大学社会学系毕业，获社会学学士学位。撰写毕业论文《亲迎婚俗之研究》。考入清华大学研究院社会学人类学系，师从史禄国教授。

发表《人类学几大派——功能学派之地位》、《中国文化内部变异的研究举例》、《社会变迁中的都市与乡村》、《社会研究的程序》、《我们在建设乡村事业中的经验》、《社会学家派克论中国》等文章。翻译《现代的迷大斯》("The Modern Midas")、《季亭史社会学理论摘要》。

1934 年

在史禄国教授指导下专修体质人类学课程。

发表《周族婚姻制度及社会组织一考》、《论社会组织》、《从社会进化到社会平衡》、《分析中华民族人种成分的方法和尝试》、《论内省和意识》、《复兴丝业的先声》等文章。

1935 年

翻译《社会变迁》一书。到北平清河军营对士兵进行人体测量。和王同惠一起开始翻译《甘肃土人的婚姻》。

6 月，从清华大学研究院毕业，获硕士学位。毕业论文是(1) "Anthropology of Koreans" (2) "Anthropology of Criminals in Peiping"。

取得公费留学资格（庚子赔款资助的奖学金）。

8 月，与王同惠结婚，同赴广西大瑶山做特种民族研究的课题，从柳州以东象县的大藤瑶山开始，途中以《桂林通讯》为总题，报告田野工作情况，文章刊于《北京晨报》、《益世报》和《宇宙旬刊》。

12 月 16 日，在转移调查地点途中，因向导失引，费孝通误踏捕虎陷阱，身负重伤，王同惠觅援求救途中失足落入山涧，溺水遇难。

调查被迫中断。

1936 年

年初,在广州柔济医院疗伤,开始整理编写《花篮瑶社会组织》。

4月—6月,离广州赴上海、北京继续养伤。6月底回家乡养伤。

7月初至8月,在江苏省吴江县开弦弓村做实地调查。

9月初,从上海乘轮船赴英国留学。

10月,入英国伦敦大学政治经济学院,师从马林诺夫斯基教授。

年底,抵柏林看望费青,并翻译马林诺夫斯基《文化论》。

1937 年

在伦敦大学政治经济学院学习,参加"席明纳"(讨论会),研究文化变迁问题。在马林诺夫斯基指导下整理开弦弓村调查的资料,撰写博士论文。为天津《益世报》开辟"伦市寄言"专栏。

1938 年

春,申请论文答辩。

夏,博士论文《开弦弓——一个中国农村的经济生活》通过论文答辩,交付出版社时改名为"Peasant Life in China"(中文译名《江村经济——中国农民的生活》),获哲学博士学位。

秋初,离英返国。10月底抵达昆明。

11月15日,赴禄丰县做实地调查。

12月,任云南大学社会学教授并在西南联大兼课。

1939 年

博士论文"Peasant Life in China"在英国出版,马林诺夫斯基为之作序,称该书"将被认为是人类学实地调查和理论工作发展中的一个里程碑"。

主持云南大学和燕京大学合作成立的社会学研究工作站,任研究员。

与孟吟结为伉俪。

1940年

年初任云南大学社会学研究工作站站长。因日军轰炸昆明,社会学研究工作站迁至呈贡镇"老城墙村"的魁星阁。

12月,女儿费宗惠出生。

发表《农村土地权之外流》、《土地继承和农村的粉碎》、《患土地饥饿症者》、《农家费用的分析》、《西南工业的人力基础》等文章。

1941年

任云南大学社会学系教授兼系主任,除在云南大学和西南联大授课,大部分时间用于魁阁工作站的实地调查。

大量时评、政论及学术论文发表于《今日评论》、《星期评论》、《东方杂志》、《当代评论》、《社会科学学报》。

1942年

12月,接受赴美文化交流的邀请。

1943年

年初,与潘光旦教授等人赴大理讲学。《鸡足朝山记》在《生活导报》周刊连载。

6月,赴美访问,写"旅美寄言"系列文章。所著《禄村农田》一书作为吴文藻主编的《社会学丛刊》乙集的一种,由商务印书馆出版。

1944年

上半年继续旅美访问活动,"旅美寄言"系列文章在《生活导报》连载。

7月，返回中国，继续在云南做农村调查。

译著《人文类型》作为吴文藻主编的《社会学丛刊》甲集第三种，由商务印书馆出版。发表《物伤其类——哀云遗》、《邦各有其道》、《〈昆厂劳工〉书后》等文章。

1945年

被清华大学聘为教授，由云南大学转入西南联大，仍主持云南大学社会学系工作。

被推举为《时代评论》主编。

是年加入中国民主同盟。

整理旅美访问所写文章，出《初访美国》一书。

英文版 *Earthbound China*（中文版书名为《云南三村》）由美国芝加哥大学出版社出版。

大量的时评、政论性文章刊登在《时代评论》、《大公报》、《中央日报》、《自由论坛》、《民主周刊》等报刊上。

1946年

夏秋之交，因"李闻事件"到美国驻昆明领事馆避难。

10月，由昆明去南京，后去苏州。

11月，应英国文化交流协会邀请访问英国。

《人性和机器——中国手工业的前途》、《初访美国》、《民主·宪法·人权》、《内地的农村》等书均由生活书店出版。另有多篇时评、政论、随笔刊于《上海文化》、《文萃》、《时事评论》等刊物上。

1947年

2月，离开英国途经新加坡、香港返回中国上海。

3月，到北平，继续在清华大学任社会学教授。

暑期,整理"乡村社会学"课程讲义,后成《乡土中国》一书。

《重访英伦》由大公报馆出版;《生育制度》由商务印书馆出版。发表《美国人的性格》、《乡土重建》、《亦谈社会调查》、《小康经济——敬答吴景超先生对〈人性和机器〉的批评》近70篇文章。其中《从社会结构看中国》系列和《杂话乡土社会》等系列文章引人瞩目。

1948年

4月,赴西柏坡参加中共中央与各党派和民主人士共商筹备政协成立联合政府、制定共同纲领的会议。

发表《关于"乡土工业"和"绅权"》、《评〈文化新论〉》、《皇权与绅权》等文章。

《乡土中国》、《乡土重建》,与吴晗、袁方等合著《皇权与绅权》由上海观察社出版。"炉边天下"和"乡土复员论"两个系列,分别刊于《大公报》和《观察》杂志。另有大量文章发表于《中国建设》等刊物。

1949年

5月,出任清华大学校务委员会委员、副教务长。

9月,参加中国人民政治协商会议第一届全体会议,及北京市各界人民代表会议。

10月1日,参加中华人民共和国成立大典。

1950年

6月,被任命为中央民族访问团副团长,率团访问贵州、广西少数民族地区。

《大学的改造》由上海出版公司出版;《我这一年》由生活·读书·新知三联书店出版。发表《什么叫搞通了思想》、《不改造就落后》、《解放以来》等文章。

1951 年

1月,从西南返京。

6月,出任中央民族学院副院长。

8月,被任命为中央人民政府民族事务委员会委员。赴贵州、广西少数民族地区考察。

当选为中国民主同盟中央委员会委员,中国民主同盟北京市委员会副主任委员。

在《新观察》杂志发表《兄弟民族在贵州》系列文章,后由生活·读书·新知三联书店结集出版。并发表《发展为少数民族服务的文艺工作》、《贵州少数民族情况及民族工作》等文章。

1952 年

在中央民族学院组织教学、科研和行政工作,继续进行民族问题的研究。发表《西南兄弟民族的歌舞》、《关于广西壮族历史的推考》等多篇文章。

1953 年

发表《打开和平大门》、《学习共同纲领中的民族政策》等文章。

1954 年

春,当选为全国人民代表大会代表。9月,出席第一届全国人民代表大会。

是年,访问内蒙古自治区呼伦贝尔草原。

发表《中华人民共和国宪法草案保障了各民族发展自己的语言文字的自由》、《三个问题》、《对于宪法草案有关民族问题基本规定的一些体会》等多篇文章。

1955 年

赴南京、苏州、杭州等地调查知识分子问题。

《话说呼伦贝尔草原》系列文章在《新观察》杂志上连载。

1956 年

8月,赴西南进行少数民族社会史和知识分子问题调查。

10月,被任命为国务院专家局副局长、国家民族事务委员会副主任。

《话说呼伦贝尔草原》由通俗文艺出版社出版。发表《为西湖不平》、《为西湖一文补笔》、《开展少数民族地区和少数民族历史有关的地区的考古工作》、《关于建立中央民族博物馆的意见》、《开展少数民族地区调查研究工作》、《中国民族学当前的任务》等文章。

1957 年

1月,在西南调查民族社会史和知识分子状况。任中国科学院学部委员。

2月,在民盟中央有关会议上汇报关于知识分子的情况。

3月18日,在《人民日报》上发表了《知识分子的早春天气》一文。

4月下旬到5月中旬,重访开弦弓村调查农村经济情况,写《重访江村》一文。

5月13日,在《光明日报》上发表《"早春"前后》。

7月,被定为右派分子,受到批判。

发表《大理历史文物的初步察访》、《为社会学说几句话》、《一则以喜,一则以忧》等文章。

1958 年

被撤销民盟中央盟内一切职务。国务院专家局、国家民族事务委员会、中央民族学院的行政职务亦被解除,保留教授职位。

1959 年

4月,当选全国政协委员,出席全国政协会议。

12月,摘掉右派分子帽子。

配合当时中印、中阿、中巴划界工作,收集有关地区的民族、地理等英文资料。

1960—1961 年

赋闲在家,读书。

1962 年

夏,随全国政协视察团考察内蒙古。

撰写回忆文章《留英记》。

1963 年

翻译《工业文明的社会问题》。

1964 年

赋闲在家,读书。

《工业文明的社会问题》由商务印书馆出版。

1966 年

翻译《非洲的种族》,译稿文革中失散。

9月,受"文革"冲击,被抄家,遭批斗。

1967 年

接受批斗改造。看护老师潘光旦直至其病逝。

1968 年

在中央民族学院"劳动改造"。

1969—1971 年

到湖北潜江中央民族学院五七干校劳动。

1972 年

8月,由干校返京。接待来华访问的费正清夫妇。与吴文藻、谢冰心等人翻译《世界史》。

1973 年

继续翻译《世界史》。开始翻译《世界史纲》。

1974 年

4 月,接待来访的日本人类学家中根千枝。

1975 年

《世界史》由生活·读书·新知三联书店出版。

1976 年

参与中央民族学院内部刊物《民族问题资料摘译》的编辑工作。

1977 年

出任中华人民共和国最高人民法院特别法庭审判员。

1978 年

担任中国社会科学院民族研究所副所长。

11 月,赴日本出席联合国京都东亚学者学术讨论会,发表题为"对中国少数民族社会改革的体会"的演讲。

12 月参加广西、宁夏两自治区庆祝活动。重访广西金秀瑶山,后发表《四十三年后重访瑶山》。

当选全国政协常委。

发表《关于我国民族的识别问题》等文章。

1979 年

年初,应中国社会科学院院长胡乔木要求,出面主持恢复中国社会学的工作。

3 月,参加有关"恢复社会学"问题的讨论会,被推举为中国社会学研究会会长,主持召开首届理事会。发表题为"为社会学再说几句话"的演讲。

4月至5月,随中国社会科学院代表团赴美国考察,后发表《赴美访学观感点滴》、《访美掠影》。

10月,当选民盟中央副主席。

10月至11月,赴加拿大访问讲学。参加加拿大蒙特利尔麦吉尔大学柯明斯讲座,做题为"中国现代化与少数民族的发展"的演讲。被聘为加拿大奎尔大学客座教授。发表《访加巡回讲学纪要》。

重译《非洲的种族》。

发表《我国是统一的多民族国家》、《信得过的人——忆吴晗同志》等文章。

1980年

1月,任中国社会科学院社会学研究所所长。

3月,赴美国接受国际应用人类学会授予的该年度马林诺夫斯基奖,成为该会会员,做题为"迈向人民的人类学"的演讲。访问丹佛大学、威斯康辛大学、密歇根大学、印地安那大学、纽约市立大学、哈佛大学、加利福尼亚大学和康奈尔大学等八所美国高校。

10月,担任《社会学概论》编写组学术指导。

12月,参加国家民委召开的"五种丛书"编写会并做"关于编写《中国少数民族自治概况》的一些意见"的讲话。

被聘为北京大学教授。

《访美掠影》由生活·读书·新知三联书店出版。发表《与医学心理学者谈社会学》、《现代化与社会问题》、《社会学和企业管理》等文章。

1981年

4月,赴澳大利亚的布里斯班、悉尼、堪培拉等地讲学。

5月,出席第2期社会学讲习班开学典礼,并做题为"建立新中国的社会学"的讲话。

8月,赴广西壮族自治区参加龙胜各族联合自治县成立30周年活动。三访金秀瑶山。

10月,赴南京,应江苏省社会科学院、江苏省社联邀请做"建立面向中国实际的人民社会学"的演讲。三访江村。

11月,赴英国接受英国皇家人类学会授予的赫胥黎奖章,并做题为"三访江村"的演讲。

《民族与社会》由人民出版社出版。发表《略谈中国的现代化》、《略谈社会学——对〈中国青年报〉读者的回答》、《访澳杂记》、《澳大利亚的土著居民》、《怎样开展民族工作》、《社会学讲些什么》、《民族社会学调查的尝试》、《开展教育社会学的研究》、《农村调查的体会》等文章。

1982年

1月,四访江村,后发表《从鱼米、丝绸之乡到兔毛之乡》、《苏南社队工业问题》等文章。

2月,赴新疆访问。

3月,赴日本东京都,在日本国际文化会馆做题为"论中国家庭结构的变动"的演讲。

4月至7月,赴四川、武汉、山西、呼和浩特、吉林等地调研,出席座谈会并讲话,后发表《支持六江流域民族的综合调查》及《关于民族地区经济文化发展上的几个问题》。

8月,参加广西壮族自治区金秀瑶族自治县成立30周年纪念活动。四访金秀瑶山。发表《四上瑶山》。

10月,五访江村。

12月,在南京倡议加强对小城镇建设的研究。

被选为英国伦敦大学政治经济学院荣誉院士。

《杂写甲集》由天津人民出版社出版;与吴文藻、冰心等人合译《世界史纲》由人民出版社出版;译著《非洲的种族》由商务印书馆出版。发表《英伦杂感》、《缅怀肯尼雅塔》、《怎么去了解中国社会》、《关于社会学的几个问题》、《潘、胡译〈人类的由来〉书后》、《我是怎么搞调查的》、《深入进行民族学调查》、《从实际出发规划社会学学科建设》、《现代化与知识分子》、《怎样进行社会学调查》、《我看人看我》等文章。

1983年

3月,被选为第六届中国人民政治协商会议全国委员会副主席。

应邀参加香港中文大学社会科学院主办的第一届"现代化与中国文化"学术讨论会。针对"中国传统文化的影响"这一主题,做题为"家庭结构变化中的老年赡养问题"的演讲。

5月至6月,与中国社会科学院社会学所、江苏省委政策研究室、社科院联合调查组赴吴江,对十多个镇的历史和现状进行调查。六访江村。

7月,赴贵州省,在省政协做有关民族识别的报告。在另一报告会上做题为"开发智力资源"的讲话。

9月,参加江苏省小城镇研讨会,做题为"小城镇 大问题"的报告。

10月,七访江村。

11月,随全国政协小城镇调查组对苏州、无锡、常州、南通四个城市所属12个县进行考察,并写《小城镇 再探索》。

《从事社会学五十年》由天津人民出版社出版;《重访英伦》由湖南人民出版社出版。是年发表的文章内容,大多是对知识分子、智力资源开发和小城镇建设等问题的研究。

1984 年

3月,出席民族问题五种丛书工作会议,做题为"抓紧民族问题五种丛书的出版"的讲话。

4月,赴印度新德里参加"亚洲议员人口和发展论坛"首届大会,并发表题为"中国人口的合理安排的问题"的论文。

4月至5月,赴徐州、连云港、盐城、淮阴、扬州等20个县进行考察,发表《小城镇——苏北初探》。

7月,在香港中文大学做题为"小城镇的发展在中国的社会意义"的演讲。

8月,赴内蒙古自治区赤峰市的巴林右旗和翁牛特旗考察,发表《赤峰篇》。

9月,初访定西,发表《定西地区区域发展刍议》。

10月,赴镇江、阳中、泰州、泰兴、南京调查,发表《小城镇 新开拓》。八访江村。

11月,赴福建考察,后发表《武夷曲》。

12月,赴日本参加中国友好协会组织的访问活动。发表《访日杂咏》。

《杂写乙集》由天津人民出版社出版。发表《曾著〈东行日记〉重刊后记》、《开发边区及智力资源的使用和培养》、《旧话相应——〈柳无忌散文选〉书后》、《日译〈生育制度〉序》、《两篇文章》等文章。是年发表的文章内容,多是关于小城镇发展和重建社会学的问题。

1985 年

3月,辞去中国社会科学院社会学研究所所长。组建北京大学社会学研究所,任所长,并在北京大学开课,培养研究生。

5月,访问香港、泰国。

6月,出任中华人民共和国特别行政区基本法起草委员会副主任。赴包头、呼和浩特进行边区少数民族地区发展的调查,出席"边区开发科学研究工作会议",并做"谈谈边区开发的科学研究"的发言。发表《开展为内蒙古服务的调查研究》、《包头篇》等文章。

7月,九访江村,后发表《九访江村》。

8月,赴兰州,出席"开发大西北问题"座谈会,并赴定西、临夏、甘南考察。后发表《定西篇》、《甘南篇》、《开发甘南的意义和建议》等文章。

9月,赴赤峰考察。

10月,十访江村。

11月,赴香港出席香港中文大学社会科学院主办的第一届"现代化与中国文化"学术研讨会,对"中国家庭及其变迁"的问题,做"三论中国家庭结构的变动"的演讲。赴福建省闽江口考察,并发表《闽江口速写》。

12月,赴海南岛进行"地区发展与黎族聚居区"的考察;参加《海南开发与战略》研讨会。

《社会调查自白》由知识出版社出版;《杂写丙集》、《社会学探索》由天津人民出版社出版;《美国与美国人》由生活·读书·新知三联书店出版;《小城镇四记》由新华出版社出版。发表《能登三日记》、《对"一国两制"的理解》、《政协小记》、《港行漫笔》等文章。

1986年

2月上旬至3月上旬,出访温州。考察乡镇企业与小城镇,并在杭州做题为"小商品 大市场"的报告。

5月,赴江阴、无锡考察。第十一次走访江村,同行的有日本东京大学中根千枝教授和美国康奈尔大学巴特尔教授,后发表《淮阴行》。

赴香港出席第一届瑶族研究国际讨论会,并提交论文《瑶山调查五十年》。

6月,陪同胡耀邦总书记出访英国、法国、德国、意大利。在英国伦敦政治经济学院及德国波恩大学做题为"江村五十年"的演讲。

8月,赴定西参加全国贫困地区经济文化开发学术研讨会,并做"贫困与脱贫"的讲话。赴临夏考察。在兰州的省直机关大会上发表题为"为了西北地区更好更快地发展"的讲话。

9月,赴南京出席"江苏省小城镇研究汇报会",并赴淮阳、盐城考察中等城市的发展状况,后发表《小城镇研究的新发展》。

12月,陪同英国前首相卡拉汉赴南京、淮阴、扬州、无锡访问。赴海南出席海南黎族、苗族自治区经济发展战略研讨会。

在北京大学社会学系设立社会学博士后流动站。

被选为英国皇家人类学会荣誉会员。

《小城镇四记》获北京大学首届科研成果荣誉奖。

《江村经济》中译本由江苏人民出版社出版;《杂写丁集》、《论小城镇及其它》由天津人民出版社出版。

1987年

1月,赴香港访问。在中国民主同盟五届四中全会上被选为民盟中央主席。

3月,赴广州、深圳考察。

4月,赴河南民权县考察乡镇企业、小城镇建设。

5月底6月初,考察无锡、常熟、吴县、吴江四县市。十二访江村。赴常德、岳阳考察乡镇企业、小城镇建设。

7月,赴内蒙古自治区呼伦贝尔盟鄂温克族和鄂伦春族聚居区与大兴安岭林区考察。

8月,作为中央代表团成员赴呼和浩特参加内蒙古自治区成立40周年庆祝活动。赴甘肃省和青海省海东六县考察边区与民族地区的发展状况。后发表《游青海湖》、《撒拉餐单》、《临夏行》、《海东行》等文章。

9月,十三访江村。赴上海,在复旦大学与上海大学文学院社会学系师生座谈会,做题为"社会学的历史使命"的讲话。

出席"亚洲议员人口和发展论坛"第二次大会,做题为"关于中国人口分布问题"的报告。

10月,赴澳门参加东亚大学李约瑟讲座,并获东亚大学社会科学博士。宣读题为《中国人口分布问题的探索》的论文。发表与美国纽约市立大学亨特学院人类学教授巴博特访谈摘要《经历·见解·反思》。

在北京参加梁漱溟思想国际学术讨论会,并发表祝词"梁漱溟先生之所以成为思想家"。

11月,赴日本东京都成蹊大学,做题为"社会学中国派和我的学术经历"的学术报告。

12月,赴广州调研。

《小城镇四记》获北京市首届哲学社会科学研究荣誉奖。

《边区开发四题》由浙江人民出版社出版;《边区开发与社会调查》由天津人民出版社出版;《沿江六行》由江苏人民出版社出版;

译著《文化论》由中国民间文艺出版社出版;《政治社会文集——重访英伦》由台北唐山出版社出版。发表《海南行》、《〈云南三村〉序》、《苏南行》、《积极加强精神卫生工作》等文章。

1988 年

2月,赴美国纽约在联合国接受1988年"不列颠大英百科全书"奖。

3月,当选第七届全国人民代表大会常务委员会副委员长。赴香港参加《大公报》复刊40周年纪念。赴宝鸡对当地城乡一体化进程进行考察。

5月,赴长沙参加"全国城乡关系和边区发展研讨会",发表题为"压力·时机·对策"的讲话。

6月,赴香港出席香港大学社会科学院主办的主题为"宗教与伦理"的第三届"现代化与中国文化"研讨会,发表题为"论梁漱溟先生的文化观"的演讲。

7月,赴兰州出席"建立黄河上游多民族经济开发区研讨会"。赴内蒙古阿拉善盟、宁夏西海固考察边区及民族地区发展状况。第四次走访定西,后发表《访骆驼之乡》、《发挥民族优势脱贫致富》。

9月,赴美国访问。与哈佛大学教授费正清见面。

11月,赴香港,应香港中文大学邀请,在泰纳(Tanner)讲座宣读题为《中华民族的多元一体格局》的论文。

12月,作为中央代表团副团长赴广西参加广西壮族自治区成立30周庆祝活动。五访金秀瑶山。

《山水·人物》由江苏人民出版社出版;《费孝通选集》由天津人民出版社出版;《费孝通学术精华录》由北京师范学院出版社出

版;《费孝通外访杂写》由中国展望出版社出版;《费孝通民族研究文集》由民族出版社出版。

《边区开发与社会调查》获北京大学第二届科研成果荣誉奖。《社会学概论》获国家教委高校优秀教材二等奖。

发表《旧燕归来》、《一代良师》、《做人要做这样的人》、《话说呼伦贝尔森林》、《全国一盘棋——从沿海到边区的考察》等文章。

1989 年

1月,赴广西、湖南、广东三省(区)考察南岭地区。

2月,赴新加坡访问。

3月,赴香港接受香港大学授予的文学博士学位。

4月,率中国民主同盟代表团出访波兰,在华沙波兰民主党第十四次大会的"政治经济讨论会"上,做"异军突起的中国乡镇企业"的发言。访问华沙大学、雅盖隆大学。

5月,赴西安参加"城乡发展与边区少数民族地区发展研讨会",并做"四年思路回顾"的演讲。

7月,在"二十一世纪婴幼儿教育与发展"国际会议上,发表题为"从小培养二十一世纪的人"的书面发言。

9月,赴兰州、甘南及宝鸡考察地区发展及移民情况,后发表《宝鸡讲话》、《甘肃行》。

10月,赴南京、苏州、吴江、吴县、昆山视察。

发表《从私交到公关》、《答问发展与发展研究》等文章。

1990 年

4月10日,在江泽民同志接见时,提出"将上海建成大陆的香港"的构想。

4月至5月,赴南京、苏州、南通、扬州、镇江、杭州及上海,对长江三角洲进行考察。第十四次走访江村。后发表《长江三角洲之行》。

5月，赴兰州，参加"黄河上游多民族经济开发区"第一次协调会，做题为"开发大西北"的发言。赴云南访问，撰写《重访云南三村》。

7月，参加阜新举办的"区域规划与现代管理研修班"，做"结合实际 修正认识"的讲话。

8月，应苏联科学院的邀请访问苏联，在莫斯科访问了东方研究所、民族学研究所及远东研究所，后发表《红场小记》。

10月，赴包头考察边区大工业的扩散问题，撰写《包头行》。

11月，赴沧州考察。赴福州、泉州、石狮、厦门、福清考察，后发表《侨乡行》。

11月末，赴苏州参加郑必疆先生纪念会。

12月，赴日本东京都出席"东亚社会研讨会"，做题为"人的研究在中国"的讲话，在会议结束时，写下"各美其美，美人之美，美美与共，天下大同"十六字题词做纪念。

《杂写戊集》、《城乡和边区发展的思考》、《社会学在成长》由天津人民出版社出版；《从沿海到边区的考察》由上海人民出版社出版。发表《缅怀福武直先生》、《人的研究在中国——缺席的对话》、《在人生的天平上》、《中华民族研究的新探索》、《重访云南三村》等文章。

1991年

3月，在"中国民主同盟成立五十周年纪念"大会上，做题为"风雨同舟五十年"的讲话。

4月，赴苏州、吴江，第十五次走访江村。撰写《吴江行》。

4月底至5月,赴山东省惠民地区考察。赴河北省国家级贫困县广宗考察。

6月,赴凉山地区考察。在《凉山行》一文中提出关于大西南"一点、一线、一面"重建南方丝绸之路开发大西南的设想。

7月,赴长春、延吉、珲春、四平等地考察,后发表《志在富民》。

7月底至8月,赴丹东考察。

9月,赴河南省民权、兰考、郑州考察,后发表《重访民权》。

9月底至10月,赴湘西地区、黔江地区和鄂西地区考察山区经济发展及土家族、苗族聚居地区的社会经济发展状况,后发表《武陵行》。

11月,赴苏州参加苏州大学(原东吴大学)90周年校庆活动。并赴镇江、扬中、杭州、嘉兴等地考察乡镇企业发展状况。

《旧燕归来》由江苏人民出版社出版。发表《侨乡行》、《清华人的一代风骚》、《〈城乡协调发展研究〉后记》、《关于内蒙古经济发展的一些意见》等文章。

《中华民族多元一体格局》获北京大学学报首届优秀论文奖、北京大学第三届科研成果奖、北京市第二届哲学社会科学优秀成果特等奖。

1992年

1月,赴沧州考察。

3月,考察顺德、东莞、番禺,后发表《珠江模式的再认识》。

5月,赴曲阜、临沂、日照、潍坊、邹平、青州、泰安、济南考察,后发表《沂蒙行》。

6月,出席"北京大学社会学系建系十周年纪念会",做题为"孔林片思"的讲话。

7月,赴黑龙江考察,后发表《出口、腹地和交通网络》。

8月,赴上海市金山考察。

9月,赴甘肃考察乡镇企业。赴苏州、吴江、张家港、昆山、南京等地考察城乡发展情况。赴香港参加由北京大学、香港大学共同举办的"潘光旦纪念讲座",发表题为"中国城乡发展的道路"的演讲。

10月,赴沈阳考察城市市区街道经济。

11月,担任中华炎黄文化研究会顾问。赴无锡、常州、南京考察,出席"乡镇企业研讨会",发表题为"乡镇企业的新台阶"的讲话。

12月,赴地处黄河三角洲的东营、滨州、淄博、沧州等地考察,后发表《沧州行》。

《行行重行行》由宁夏人民出版社出版。发表《边区民族社会经济发展思考》、《对民族地区发展的思考》等文章。

1993年

2月底至3月初,赴邯郸考察,后发表《邯郸行》。

3月,赴新加坡访问,与新加坡东亚经济研究所交流。

4月至5月,赴江苏省沿江城市考察。赴佛山、南海等地考察。赴武汉、孝感、潜江等地,考察当地庭院经济的发展状况。

6月,赴烟台、威海、济南、泰安、费城、菏泽、德州等地考察,出席"全国乡镇企业发展与经营研讨班",发表题为"展视中国的乡镇企业"的讲话。

9月,赴日本福冈接受该年度亚洲文化大奖。在九洲大学发表题为"关于人类学在中国"的演讲。

10月,出席北京大学第二届"潘光旦纪念讲座"。赴香港出席香港中文大学新亚书院座谈会,做题为"略谈中国社会学"的演讲。赴苏州出席香港中文大学崇基学院、北京大学社会学人类学所主办的主题为"中国人观念与行为探讨"的第四届"现代化与中国文化"研讨会,做题为"个人·群体·社会"的演讲。第十六次走访江村。

11月,赴印度出席第四届英·甘地会议,发表题为"对'美好社会'的思考"的演讲,进一步阐释"各美其美,美人之美,美美与共,天下大同"的要义。被授予国际人类学、民族学联合终身会员。

《逝者如斯》由苏州大学出版社出版;《人的研究在中国》由天津人民出版社出版。发表《寻根絮语》、《〈史记〉的书生私见》、《淄博行》等文章。

1994年

1月,赴香港以邵逸夫爵士杰出学人身份访问香港中文大学逸夫书院,并做题为"近年来中国农村经济发展的几个阶段"的演讲。

2月,考察广州、深圳、海口、通什。

5月,考察信阳、郑州、安阳、濮阳、焦作,并参加中原经济协作区第九届年会。发表《信阳行》、《焦作行》、《从蚌龙想起》。

6月,赴徐州、苏州、吴江、南京访问。

7月,赴太原、五台山、代县、大同考察。

8月底至9月初,访问菲律宾,接受菲律宾拉蒙·麦格赛赛"社会领袖"奖;发表题为"社会科学对中国农村发展的贡献"的演讲。

9月,赴广宗、深州、藁城、衡水、石家庄及滨州考察,并发表《滨州讲话》。

10月,赴扬中、无锡、江阴、张家港、吴江、吴县、苏州考察。第十七次走访江村。赴蚌埠参加淮海经济区第九届市长专员联席会议,并考察凤阳小岗村、阜阳、蒙城等地。赴香港参加北京大学、香港大学主办的第三届"潘光旦纪念讲座"。

11月,赴沧州参加"沧州跨世纪研讨会"。赴南京参加"小城镇·大问题"座谈会,并做"小城镇研究十年反思"的演讲。赴福州参加"中华职业教育社成立十周年"大会,并考察福清、长乐、莆田。赴鹰潭、杭州、温州考察,后发表《家底实 闯新业——再访温州》。

12月,夫人孟吟病故。

《芳草天涯》由苏州大学出版社出版;《乡土重建与乡镇发展》由牛津大学出版社出版。发表《近年来中国农村经济发展的几个阶段》、《人不知而不愠——缅怀史禄国老师》、《从史禄国老师学体质人类学》、《逝者如斯而未尝往也》、《我的第二次学术生命》等文章。

1995年

3月,赴扬中、镇江、无锡考察。

4月,赴广州、南海、东莞、深圳、中山、阳江等地考察。赴漯河、新密、项城、郑州等地考察,后发表《豫中行》。

5月,赴苏州、吴县、吴江考察。第十八次走访江村。后发表《再访震泽》。

6月,在石家庄主持民盟中央扶贫工作现场会,发表"广宗扶贫"的讲话;会后访问无极县。赴天津考察,发表题为"天津献策"的讲话。出席北京大学第一届"社会文化人类学高级研讨班",提交题为《从马林诺斯基学习文化论的体会》的论文,发表题为"讲课插话"的讲话。赴毕节考察,后发表《毕节行》。

7月,赴赤峰考察,后发表《三访赤峰》。

8月,赴铁岭、哈尔滨、牡丹江考察,后发表《铁岭行》、《哈尔滨讲话》、《黑龙江行》。

9月,赴定西、临夏、甘南、白银等地考察。赴吴江、靖江、扬州、南京等地考察。

10月初,参加北京大学、香港中文大学主办的第四届"潘光旦纪念讲座"及纪念北京大学社会学人类学所建立10周年学术座谈会,发表"开风气 育人才"的演讲。

11月,参加中共中央统战部组织的对苏南(张家港、吴县、吴江、昆山)及上海浦东等地的考察。

12月,赴昆明参加"一二·一"运动50周年纪念活动。

《行行重行行》获全国高等学校首届人文科学研究优秀成果社会学类一等奖。《言以助味》由苏州大学出版社出版。发表《农村、小城镇、区域发展——我的社区研究历程的再回顾》、《晋商的理财文化》、《〈学术自述与反思〉序》、《区域经济浅谈》、《论中国小城镇的发展》等文章。

1996年

2月,参加国际幼儿教育会议,并在会上做"东方文明和二十一世纪和平"的讲话。

3月底至4月初,赴镇江、扬中、江阴、南通、张家港、常熟、吴江,考察沿江城市的港口交通发展及小城镇建设情况。第十九次走访江村,后发表《吴江的昨天、今天、明天》。

4月,赴广宗及石家庄郊区考察。

6月,赴徐州参加淮海经济协作区成立10周年大会。并考察淮阴、泗洪,后发表《重访徐州》。

7月,赴沈阳、鞍山、营口、大连、旅顺等地考察大中型企业情况。

8月,出席"国际图书馆协会联合会第62届年会",并做题为"从小书斋到世界新型图书馆"的发言。

9月,赴泰安及南京考察。参加复旦大学举办的第五届"潘光旦纪念讲座"后,赴吴江参加由北京大学、中国民主同盟中央委员会、吴江市联合主办的"费孝通教授从事学术活动六十年欢聚会"暨"中国文化对世界未来发展的贡献学术研讨会";发表题为"重读《江村经济》序言"的论文。第二十次走访江村。

11月底,在民盟第七届中央委员会第五次会议上辞去民盟中央主席职务,任名誉主席。

《爱我家乡》由群言出版社出版;《学术自述与反思》由生活·读书·新知三联书店出版;《费孝通学术文化随笔》由中国青年出版社出版;《费孝通选集》由海峡文艺出版社出版;《费孝通》画册由群言出版社出版。发表《简述我的民族研究经历和思考》、《再话浦东》、《再话天津》、《从人类学是一门交叉的学科谈起》、《社会发展与社会学》等文章。

1997年

1月,出席北京大学重点学科汇报会,做题为"开创学术新风气"的发言。出席北京大学社会学人类学所举办的第二届"社会文化人类学高级研讨班",做题为"重读《江村经济》序言"和"反思·对话·文化自觉"的讲话。

3月,赴常州、张家港、无锡、宜兴、吴县、湖州、长兴考察。第二十一次走访江村。

4月,赴深圳参加"民盟京九沿线地区经济发展研讨会",做题为"从京九铁路通车说开去"的讲话。赴香港出席香港中学大学崇基学院、北京大学社会学人类学所、台湾东华大学族群关系与文化研究所主办的题为"社会科学的应用与中国现代化"的第五届"现代化与中国文化"学术研讨会开幕式,做题为"人文价值再思考"的讲话。赴汕尾、广州、中山、顺德、南海、佛山、韶关等地考察。

5月,赴湖州、杭州、诸暨、绍兴、舟山、宁波等地考察。

7月1日,作为中国政府代表团主要成员之一,赴香港参加香港回归祖国的政权交接仪式。赴商丘、郑州、新乡、信阳考察。

8月,赴晋城考察。

8月底至9月,赴沈阳参加沈阳经贸洽谈会,后赴鞍山、阳泉、西安考察。

10月,赴绍兴、宁波、杭州、马鞍山考察。

11月,参加全国人大常委会执法检查组贯彻"科技进步法"的执法检查,赴南昌、九江、景德镇等地,并提出该地区关于"机遇、基地、机构、基金、人才"的发展思路。赴无锡参加"发达地区城市化进程中建筑环境的保护与发展研究"研讨会。赴上海考察浦东开发区。

12月,赴深圳参加"京九沿线地区经济合作与社会发展研讨会"做题为"为京九沿线城乡发展提供一些意见"的讲话。

《走出江村》由人民日报出版社出版;《行行重行行续集》由群言出版社出版;《江村农民生活及其变迁》由敦煌文艺出版社出版。发表《青春作伴好还乡》、《上海浦东开发开放中的一个重要问题》、《游滕王阁小记》、《长江三角洲的发展前景》等文章。

1998年

2月,参加北京大学100周年校庆活动,发表题为"完成'文化自觉'使命 创造现代中华文化"的讲话。

3月,第八届全国人大副委员长任职期满,除保留北京大学教授一职外,辞去所有公职。

3月下旬至4月,赴南京、常州、吴江等地考察。第二十二次走访江村。赴河北衡水,继续对京九铁路沿线地区的实地调查。赴邢台、石家庄考察。

5月,赴杭州参加"中国农村工业化与城市化协调发展国际研讨会",发表论文《中国农村工业化与城市化发展》。赴金华、福州、泉州、厦门考察。赴上海浦东,开展对城市现代化中社区建设的调研。

5月底6月初,赴济宁、菏泽、聊城考察,继续对京九铁路沿线的调研。

6月,被推选为中华炎黄研究会会长。出席北京大学举办的"二十一世纪文化自觉与跨文化国际系列讲座"暨第三届"社会文化人类学高级研讨班",发表题为"读马老师遗著《文化动态论》书后"、"从反思到文化自觉和交流"、"世变方激、赶紧补课"、"关于文化交流"的讲话。

7月,赴青岛、威海、烟台等地,进行小城镇建设的考察。

9月,赴南京、淮阴、连云港、盐城、南通,对苏北小城镇建设进行考察。

10月,赴西柏坡参加"'五一'口号发表五十周年纪念会"。赴苏州参加"苏州文化传统和现代化学术研讨会",并考察吴江、常熟、太仓。赴丽水、金华考察,三访温州。发表《筑码头 闯天下》。

11月,赴香港中文大学参加王宽诚基金会的学术活动。随即赴番禺接受该年度"霍英东杰出奖",并考察东莞、顺德、中山、深圳、珠海、广州等地。

12月中下旬,再赴香港,参加"中华文化与二十一世纪"国际研讨会，发表题为"中华文化在新世纪面临的挑战"的演讲。

《往事重重》和译著《甘肃土人的婚姻》由辽宁教育出版社出版。发表《区域发展的新思考》、《中国文化与新世纪的社会人类学》、《中国农村工业化和城市化问题》等文章。

1999年

2月，与北京大学社会学人类学研究所研究人员座谈，发表"参与超越 神游冥想"的讲话。

3月至4月，赴南京、扬州、镇江、常州、无锡、张家港、常熟、昆山、吴江等地考察小城镇。第二十三次走访江村，后发表《苏南乡村发展的新趋势》。赴衡水、石家庄、邢台等地考察小城镇建设。在北京大学社会学人类学所举办的"中国农村社会的变迁"系列讲座上，做题为"我对中国农民生活的认识过程"的讲话。

5月至7月，赴高淳、靖江、上海、温州、赣州、株洲、衡阳等地考察小城镇建设。

7月底至8月初，赴哈尔滨、佳木斯、同江，对中国少数民族中的"小民族"情况进行考察。看望了赫哲族同胞，深入了解其生活经济情况。在与当地干部座谈，发表题为"小民族 大家庭"的讲话。

8月，赴景德镇、黄山考察。赴大连考察城市现代化社区建设。参加中华炎黄文化研究会举办的暑期座谈会，发表题为"必须端正对异文化的态度"的讲话。

9月，赴衡水继续考察京九铁路沿线中心城市的发展情况。出席民盟中央、清华大学、中央民族大学共同召开的纪念潘光旦先生诞辰100周年座谈会，做题为"推己及人"的讲话。

10月，赴吴江，出席香港中文大学崇基学院、北京大学社会学人类学所、台湾东华大学族群关系与文化研究所主办，主题为"面向二十一世纪的中国社会学与人类学"的第六届"现代化与中国文化"研讨会开幕式，做题为"重建社会学与人类学的回顾和体会"的演讲。

11月，参加上海大学社会发展研究中心揭牌仪式，并担任中心主任，做题为"培养真正有学问的人才"的演讲。

12月，赴香港参加香港中文大学第55届毕业典礼并获得荣誉社会科学博士。后赴深圳、惠州、东莞、顺德、南海，对小城镇建设及城市现代化社区建设进行考察。

《芳草茵茵——田野笔记选录》由山东画报出版社出版；《费孝通文集》（十四卷本）、《费孝通诗存》由群言出版社出版；《青春作伴》由华文出版社出版；《费孝通散文》由浙江文艺出版社出版。发表《关于文化交流》、《文化的传统与创造》、《更高层次的文化走向》、《重建社会学与人类学的回顾和体会》、《爱国学者的一代人》、《家庭工业和私营企业》等文章。

2000年

3月底至4月初，赴南京、吴江考察。第二十四次走访江村。

4月，赴上海、深圳调查社区建设状况。

6月，赴常州考察。赴上海调查社区建设状况。赴西安参加"陕西省实施西部大开发研讨会"，发表题为"积极支持西部开发大战略"的讲话。并参观杨凌农业高科技示范区。

7月，赴上海、厦门调查社区建设情况，并出席由中国人类学会、北京大学、厦门市社会科学联合会主办的"二十一世纪人类的生存发展国际学术研讨会"暨第五届"社会文化人类学高级研讨班"，发表题为"新世纪 新问题 新挑战"的演讲。出席"国际人类学与民族学联合会(IUAES)中期会议",做题为"创建一个和而不同的全球社会"的主题发言。

8月,赴沈阳、鞍山了解社区建设情况。赴昆明参加"云南民族文化大省建设第二次高级研讨会",赴大理、丽江调查西部人文资源的开发和利用情况。赴泉州参加"汉民族研究2000年国际研讨会"。在福州调查社区建设情况。

9月,赴吴江考察,第二十五次走访江村。赴上海调查社区情况。赴兰州参加西北民族学院建院50周年活动,并主持召开"西部人文资源的开发和利用研讨会"。

10月,赴大连调查社区建设情况。赴吴江参加"2000年中国吴江贸易洽谈会"。在北京参加"中小企业二十一世纪展望"座谈会,做题为"新形势 新探索"的发言。参加由中华炎黄文化研究会、中国人民大学、中国艺术研究院联合主办的"二十一世纪中华文化世纪论坛——经济全球化与中化文化走向国际学术研讨会",宣读题为《经济全球化和中国"三级两跳"中对文化的思考》的论文。

11月至12月,赴上海参加"社区建设研讨会"及"2000年经济全球化"研讨会。赴广州、茂名、信宜、深圳调查小城镇及社区建设情况。赴香港参加香港中文大学举办的"杨庆堃纪念座谈会"。到深圳、珠海、江门、顺德、佛山等调查城市社区建设情况。

《费孝通论小城镇建设》、《费孝通人物随笔》、《费孝通文化随笔》、《费孝通域外随笔》、《费孝通论西部开发与区域经济》由群言出版社出版;《推己及人》由大众文艺出版社出版。发表《老来缅怀胡耀邦同志》、《补课札记——重温派克社会学》、《关于当前城市社区建设的一些思考》、《关于当前城市社区的再思考》、《论西部开发中的文化产业》、《故地重游多新见》等文章。

2001 年

3月至4月,赴常州、苏州、吴江、太仓和上海调查小城镇建设及社区建设情况。

5月,赴深圳参加"中国少数民族和民族地区名、特、优、新产品交易会"。赴杭州、湖州考察。赴南通参加南通师范学院50周年院庆。在北京参加中华炎黄文化研究会成立10周年大会。

5月底至6月初,出席在沈阳召开的"中国古代玉器与传统文化学术研讨会",做题为"中国古代玉器和传统文化"的发言。

6月,参加中央民族大学50周年校庆活动,参加中国民主同盟成立60周年庆祝大会。赴上海调研社区建设。

7月赴成都、乐山进行城镇化发展及西部人文资源保护开发利用的调研。赴兰州参加第六届"社会文化人类学高级研讨班",发表题为"人类学与二十一世纪"及"民族生存与发展"的讲话。考察定西,并撰写"关于把兰州列入西部大开发中心城市的建议",提交中央有关领导。

8月,参加中华炎黄文化研究会暑期论谈工作座谈会。

9月,赴上海参加社区论坛座谈会。赴合肥考察。

10月,赴香港出席由北京大学社会学人类学所、香港中文大学崇基学院、台湾东华大学族群关系与文化研究所、法鼓大学人文社会学院联合主办,主题为"科技发展与人文重建"的第七届"现代化与中国文化研讨会"开幕式。发表题为"进入二十一世纪时的回顾和前瞻"的讲话,后出席长城教育基金会主办的"中国西部少数民族地区教育发展研讨会",访问香港浸会大学。赴吴江参加"2001年吴江市经贸洽谈会"。

11月,赴海口、兴隆、三亚调研城市发展情况。赴深圳、东莞、广州调研城镇及城市发展情况。

《费孝通文集》第十五卷由群言出版社出版；《师承·补课·治学》由生活·读书·新知三联书店出版；《费孝通人生漫笔》由同心出版社出版。发表《关于"多元化的西部文化"和"文化生态失衡问题"的谈话》、《再谈中国古代玉器和传统文化》、《人类学二十一世纪》等文章。

2002 年

4月，赴上海参加上海大学举办的"社区建设理论研讨会"，发表"对上海社区建设的一点思考"的讲话。赴吴江调研城镇化发展情况。

5月，赴太原参加山西大学百年校庆。赴盐城调查城镇化发展情况。赴南京参加南京大学百年校庆，在"世界著名科学家论坛——科学与进步"会上作题为"文化论中人与自然关系的再认识"的讲话；参加"中国社会学的中国研究国际学术研讨会"；访问东南大学。赴上海、宁波、台州、杭州调查城镇化及社区建设发展情况。

6月，参加南开大学社会学专业班毕业20年聚会。

7月，赴长春参观吉林大学文学院，被授予吉林大学名誉教授，并对长春城镇化及社区建设情况进行调研。赴上海参加上海欧美同学会主办的"上海及长江三角洲地区合作与发展研讨会"，发表题为《上海作为国际大都市的回顾与前瞻》的论文。

8月，参加中华炎黄文化研究会暑期论坛工作座谈会。

9月至10月赴南京、苏州、吴江、张家港、常熟、太仓、昆山等地调查城镇化及社区建设发展情况。第二十六次走访江村。

10月，参加"费孝通教授从事学术活动65周年座谈会"。

11月，出席北京大学社会学系建系20周年庆祝大会，做题为"继往开来,建设二十一世纪中国的社会学"及"回眸七十年"的演讲。

《费孝通译文集》(上下册)由群言出版社出版。发表《关于"文化自觉"的一些自白》、《"补课"问题应引起知识界的注意》、《哲学社会科学的春天》等文章。

2003 年

3月,参加北京中国高校校友海外联谊会主办的"费孝通教育基金"成立大会。赴南京调查城镇化建设情况。

4月至6月,在吴江调研。赴上海参加"世博会与上海城市文化精神座谈会"。因"非典"留在上海,发表《"非典"的社会学反思》。

7月,考察大庆、哈尔滨,向中央有关部门提出《对大庆地质灾害治理的建议》和《对大庆利用俄原油的建设》,发表《大庆行》。

8月,赴太原参加"晋阳文化与民族精神"座谈会及中华炎黄文化研究会暑期论坛座谈会。

8月底至9月初,第十一次走访兰州;七访定西。赴西安调查城镇化建设情况,参观杨凌农业高科技示范区,发表《又一次访问定西》。

9月,赴广州、东莞、深圳访问。了解"内地与香港更紧密经贸关系安排"(CEPA)正式签署后,广东在推动包括粤港澳在内的泛珠江三角洲"9+2"计划的实施情况。

11月,获首届江苏省小城镇建设与研究终身成就奖。在"《小城镇 大问题》发表二十周年座谈会暨颁奖仪式"上发表题为《我的思路框架》的书面发言。

为《论人类学与文化自觉》一书序言。

在上海召开的由上海大学社会发展研究中心、北京大学社会学人类学所、香港中文大学崇基学院、台湾东华大学原住民学院联合主办的，主题为"文化的差异与共存"的第八届"现代化与中国文化研讨会"上发表题为"对文化历史性和社会性的思考"的书面发言。

12月，在北京参加"纪念费孝通教授《小城镇 大问题》发表二十周年座谈会"，并发表《我的思路框架》的书面发言。

12月28日住进北京医院。

发表《家乡小城镇大发展的二十年》、《发展如蜕变，说城镇与区域经济》、《试谈扩展社会的传统界限》等文章。

2004年

住院治疗。

2月，《论人类学与文化自觉》由华夏出版社出版。

7月，《费孝通文集》第16卷由群言出版社出版。

8月，在北京大学举办的"北京论坛"上发表《"美美与共"和人类文明》的书面发言。

9月，画册《老来依然一书生》由群言出版社出版。

2005年

4月24日，在北京病逝。

费孝通眼中的"礼"与"文化"

杨清媚

收录在本书中的三本著作《乡土中国》、《生育制度》和《乡土重建》是费孝通先生1940年代迁居云南时所作。其中,《生育制度》诸篇文章是从1941年开始写作,陆续在《东方杂志》上发表,1947年合集出版;而《乡土中国》和《乡土重建》则是在1947年开始动笔。《乡土重建》由发表在《大公报》上的数篇文章合集而成。①

重新编录并出版它们的原因,其实是受近年来学界重新讨论礼仪是否能够作为一种社会理论的进路来理解中国社会,这一热点的刺激和启发。在这些讨论中,最易引起人类学家关注的,是儒家的礼教作为道德展演的一种行为实践,如何通过各种仪式、艺术和日常生活的风俗等得以表现。这种礼仪特点,有别于宗教,不是基于对某种特定的神圣性的敬畏之心,而是一种基于现实生活的、弥散式的知识体系。因此,过去负责解释和构造这套知识体系的士大夫,成为理解中国社会结构和国家意识形态中非常关键的环节。这套知识体系留给我们的并不仅仅是国家与社会结构的某些

---

① 参见丁元竹整理:"费孝通学术历程与著作提要",潘乃谷、马戎主编,王铭铭执行主编:《社区研究与社会发展》(下),天津人民出版社1996年版,第1522—1545页。

延续性的特点,同时也是今日中国知识分子所身处的观念史的内在组成部分。

将费先生这三本书放在一起,我们可以隐约看到他对这个问题的思考及其变化,或可以使我们更进一步理解,费孝通思考中国社会的内在思路,并从中看到中国社会科学史的具体过程。

三本书的学术史背景

1938年,费孝通从英国伦敦经济学院取得博士学位后乘船归国,便一头扎进云南乡村里做调查。一开始仍以农村经济问题为中心,写作了诸如"农村土地权的外流"、"患土地饥饿症者"、"货币在农村中"等文章。1940年日军轰炸西南联大校区,燕大—云大实地研究工作站随之迁至云南呈贡乡下的魁阁,由费孝通主持。当时几乎整个北方学界精英云集在这块巴掌大的小地方,费孝通曾谈到,"在我们的圈子里,呈贡的名字很熟,冰心女士的三台山,华氏墓庐,沈从文先生的龙街,一时很有文化城的声望"①。不止如此,清华国情普查研究所亦已先一步搬到呈贡文庙。

铺叙这段历史,乃是为辅证费先生晚年对其师吴文藻的一段回忆。在1930年代初期,"社会学中国化"已成为学界的普遍要求和共识,但是如何"中国化",各家讲法不同。"出现了两种不同的倾向,一种是用中国已有书本资料,特别是历史资料填入西方社会

---

① 费孝通:"疏散——教授生活之一章",《费孝通文集》第4卷,群言出版社1999年版,第275页。

和人文科学的理论;另一种是用当时通行于英、美社会学的所谓'社会调查'方法,编写描述中国社会的论著。在当时的教会大学里偏重的是第二种倾向。开始引进这方法的还是在教会大学里教书的外籍教师,其中大多不懂中国话,雇用了一批中国助手,按照西方通用的问卷,到中国人的社会里去,按项提问,按表填写,然后以此为依据,加上统计,汇编成书。这在当时的社会学里还是先进的方法。……这个方法不久就为中国的社会学者所接受和运用并加以改进,适应中国情况。最著名的是当时在平民教育会工作后来转入清华大学的李景汉教授……接着杨开道教授也开始了北京附近的清河镇的社会调查。……吴文藻老师当时对上述两种研究方法都表示怀疑。……1933年燕京大学社会学系请到了美国芝加哥大学社会学系的 Robert Park 教授来校讲学,给燕京大学的师生们介绍了研究者深入到群众生活中去观察和体验的实地调查方法。吴老师很敏捷地发现了这正是改进当时'社会调查'使其科学化的方法。……吴老师把英国社会人类学的功能学派引进到中国来,实际上也就是想吸收人类学的方法,来改造当时的社会学,这对社会学的中国化,实在是一个很大的促进……事实上从那个时候起,社会人类学在中国的社会学里一直起着很重要的作用。"[①]

　　费孝通接手魁阁的工作之后,吴文藻提出的这个问题也同样摆在他面前。但是,不同于吴文藻在战时转入边疆和民族研究的思路,费孝通考虑更多的,是中国的历史和文化如何得以延续。他所谈论的核心词是"乡土",意味着中国社会的一种延续性的知识,包括了土地问题、乡土工业、绅士、乡村社会、乡土伦理等广泛内

---

① 费孝通:"开风气　育人才",《费孝通文集》第13卷,第376—377页。

容，其实可以概括为他对"礼"的思考。显然，清华国情普查所从统计入手的道路，并不是他的选择。

从江村和禄村的研究当中，费孝通基本描绘了一幅乡土工业的蓝图；而现在，他更意识到深入理解这个乡土社会的内部结构的紧迫性。《生育制度》可以视为费孝通从人类学的角度，对乡土社会进行通盘理解的初步尝试。继而，在《乡土中国》中提出了一个文化的理想类型，在《乡土重建》中则显露出对这一文化理想类型之结构的探讨。实际在《乡土重建》的写作过程中，费孝通参与历史学家吴晗等人的讨论会，开始思考皇权与绅权的关系问题，因之，《乡土重建》的许多讨论和1948年出版的《皇权与绅权》有所交叉和配合。

费孝通关于乡土社会的研究曾受益于梁漱溟颇多。当他从燕京大学毕业之时，梁漱溟曾邀请他到邹平参与自己的乡村建设实验。1941年，梁漱溟发表了《中国文化要义》一书，从儒家伦理来讨论中国社会的特点，提出"中国是伦理本位的社会"这一观点，[①]这实际也启发了费孝通对乡土社会的思考。

《生育制度》：来自乡土社会的生活实践

《生育制度》主要结合社会心理学和人类学的角度，意在说明传统文化从制度上如何保障中国社会的延续性，从夫妇人伦到世系继替、亲属关系的扩展等，简明地勾勒出社会不断创造自身的线

---

① 参见梁漱溟：《中国文化要义》，上海人民出版社2005版，第70—84页。

索。与当时诸多家庭社会学的研究不同,费孝通并未简单地将中国社会掰成新旧两截,去讨论婚姻、人口生育和代沟的现实问题。他将儒家经典视为传统中国实践的准则,这一准则在实践的过程中与现实生活会产生距离,而这一距离在绅士和农民两个层面的表现不同,逐渐由小变大。①

以家庭形态为例,费孝通指出,儒家伦理观念不足以确证现实社会的模型,在江村农民家庭中,以父母子结合成的三角,即基本的家庭形式最普遍;联合很多基本家庭而成的"大家庭"大多发生在市镇里,那里的居民经济基础并不是直接的农田经营,可以是经商或是离地地主。离地地主是食利阶层,他们需要政治和政治之外的权力来维持这些权利,因此在他们那里,是要反对财产分割的。②

人们通常的看法会以为家庭是婚姻的结果,费孝通以为不然;婚姻是个体之间的契约,是依靠继嗣制度的确立而确立的。换句话说,家庭自身的抚育功能需要有婚姻这种形式作为保障。不同的文化赋予家庭结构不同的内容,但是父母子三角关系总是普遍的。他认为家庭结构本身是一套社会设定的权力结构,通过亲属制度的规定来规范和限制继替原则。家庭作为最基本的生活集团,是社会关系的养成所,由于家庭抚育功能的需要,推展了第一层亲属,也即包括父母双系的社会关系。然而由于继嗣要求单系偏重,这套亲属制度扩展的第二层便不一定依赖家庭了,而有可能是地方社会组织或说政治经济共同体对亲属关系的利用。费孝

---

① 参见本书第230页。
② 参见本书第229—230页。

通所指出的这一点，突破了摩尔根论述的血缘群婚导致氏族组织出现继而才有家庭的进化论。

在更早的1930年代，李安宅从社会学角度来论述《礼记》和《仪礼》两部儒家经典，试图直接从经典的文本出发，来推断古代中国的社会制度和伦理规范，并认为这些制度与伦理在现代社会中依然有其内在的延续性，并推导出"政治的基本观念，即是人治的好人政府，则其行政之所资藉，自以伦理的人伦为依归；换句话说，所谓政治也者，就是礼教之大规模的实现；国家也者，就是家族之大规模的实现"。① 而十年后费孝通的《生育制度》实际对此提出了质疑。一是李安宅所提出的政治设想，背后所依据的是绅士阶层，作为一个有其政治经济基础的历史产物，这是否足以勾画整个中国的政治结构？二是绅士与农民的区分，对于理解整个中国的政治结构是否是关键问题？我想，这后面一个问题，也困扰着费孝通。这个困扰，在他后来的研究中伸展出两条线索，一条是自下而上地讨论以农民为主体的基层社会变革，另一条是自上而下地讨论绅士/知识分子对帝国形态的"中国"之理解。继《生育制度》之后的《乡土中国》和《乡土重建》大体在前一脉络中，但是中间亦包含着对后一条线索的一些呼应。

不过，更关键的问题在于，李安宅和费孝通都有一个共同的假设，即把儒家之"礼"，看成是理想社会的表达。但是瞿同祖在其《中国封建社会》中已经谈到过，当原属贵族阶级的宗法制度降至最低层的知识阶层——士身上时，封建就已经衰败。② 费孝通在

---

① 李安宅：《〈仪礼〉与〈礼记〉之社会学的研究》，上海人民出版社2005年版，第74页。
② 参见瞿同祖：《中国封建社会》，上海人民出版社2005版，第207页。

《生育制度》中对"大家庭"和氏族组织的论述,其实来自他所生活的江南市镇,本身是客观历史的结果,而不是他所设想的、基于乡土关系的"邦国"的原始形态。①

《生育制度》集书出版之后,潘光旦为之写序,既有肯定,同时也提出了尖锐的评论。他提出,1)人的了解必须是囫囵的,不囫囵不足以为了解;从制度入手,是不可能达成这种整体的理解,只能是支离破碎的;2)在改造主义的理想和实际政治结合之时,往往有其后果,例如参与构成纳粹主义的三种流派:社会有机体论、战争论和种族武断论;3)在社会和文化范畴中,事物现象往往互为本末先后因果,没有一件事情始终占先,这也意味着我们的研究方法应有囫囵的对象、囫囵的人,及人所处的在某一个时空段落里的囫囵情境;"位育"观是一个可以切入的角度。②

《乡土中国》与《乡土重建》:文化的上下交流及其结构

潘光旦的批评引起费孝通很大的震动。他随后写的《乡土中国》,大概是要避免潘光旦所说的社会学分派的弊端,试图以一种更抽象和观念的方式来讨论中国社会,也即他所说的对"社会行为形式的研究"③。在写《乡土重建》的时候,提出"所谓文化,我是指一个团体为了位育处境所制下的一套生活方式",认为"位育"就是指人和自然的相互迁就以达到生活目的,位育是手段,生活是目

---

① 参见本书第333页。
② 参见本书第135—141页。
③ 参见本书第97页。

的,文化是位育的设备和工具。① 对现代中国而言,这种适应是针对社会和技术带来的文化变迁——农业文化到工业文化的转型。

《乡土中国》中的"差序格局"概念,其实是《生育制度》中家庭与氏族之区分的发挥。费孝通提出一个假设:"中国乡土社会采取了差序格局,利用亲属的伦常去组合社群,经营各种事业,使这基本的家,变成氏族性了。一方面我们可以说在中国乡土社会中,不论政治、经济、宗教等功能都可以利用家族来担负,另一方面也可以说,为了要经营这许多事业,家的结构不能限于亲子的小组合,必须加以扩大。"②这个"差序格局"的原型,来自儒家丧服的"五服"观念,本身是儒家提倡的道德伦常。费孝通认为,在这个差序格局下造就的社会特点是熟人社会、礼治秩序,其权力结构是无为政治、长老统治。

如果说,在《生育制度》中,费孝通提出"礼"是一种节制人的生物性的社会制度;在《乡土社会》中,他认为,"礼"既是一套道德体系,又是一套权力结构;在《乡土重建》中,费孝通则进一步认为,"礼"的本质是一种文化的精神,即"知足、安份、克己这一套价值观念是和传统的匮乏经济相配合的,共同维持着这个技术停顿、社会静止的局面"。③

那么,"礼"是如何确立的呢?在写《生育制度》的时候,费孝通并未对这个问题有所解释,而在《乡土重建》中,开始尝试从"文化"的角度来思考。值得一提的是,他的思考进路和李安宅对《礼记》和《仪礼》的研究并不相同。在李安宅那里,"文化"约等于"民

---

① 参见本书第339—340页。
② 参见本书第43页。
③ 参见本书第344页。

风"或"民仪",起源于群体应对生活条件的努力,当它被加上具体的结构或肩架,就变成了制度。①但是,在费孝通看来,"礼"的产生固然与匮乏有限的经济能力相配合,而它之所以得以表达乃是通过儒家,确切地说是孔子,看到了当时时代和社会的特点,所总结出来的一套知识体系。这套知识的发明的确伟大,它通过"学而时习之"的"习"也即教育来养成"礼",通过"洒扫应对"的日常生活来培养人与人之间的关系,以此确立社会秩序;②也就是说,它既规训了社会,自身又不断在社会的变迁中通过后世儒家的不断注释而被传承下来,③最终形成了一种乡土社会的伦理。可是,费孝通意识到,在西方叩关以来,这种文化精神内在的创造力已经消退了。在中国社会势必要向现代化转型的时代趋势下,如何才能完成经济和文化的调适?在这种情况下,"礼"还有重新探讨的必要吗?

  费孝通的思路是从乡土社会基层看起。首先,他指出,传统中国的乡村经济不必要依赖城市就可以维持一种匮乏的自足。由于手工业交易的增加产生了市镇,都市要依赖乡村,本身是消费型的,但是地主通过放债和再投资土地生产的金融链条,反哺乡村。近代以来,由于通商口岸的设立带来大规模新型工业的冲击,改变了市镇贸易的流向,变成这些通商口岸大量吸收原来都市的金钱,这切断了乡村的金融血脉,并迫使都市地主进一步压迫乡村。因此问题发生在都市而不首先在乡村。他认为,应设法指导市镇的经济转型,使之从消费型变成生产型的社区,也即发展乡土工业,实际是以小农的方式发展工业。在很多地方,都市的规模很小,离

---

① 参见李安宅:《〈仪礼〉与〈礼记〉之社会学的研究》,第3页。
② 参见本书第345页。
③ 参见本书第83页。

乡村也很近,城与镇便无多大区分,例如他的家乡苏州、吴江等地。这些镇上住的地主,也多为商人或退休的小官。这一思路即费孝通后来在80年代提出小城镇建设的依据。

其次,在政治上提出对传统社会"双轨政治"的转变。原来的"双轨",一重是来自官僚体制对皇权的消极节制;另一重是来自地方自治团体也即"绅士"的积极活动对政府的作为进行节制。他认为可以学习英美的代议制,从制度上保障从乡土社会能够生长出新的社会重心和领袖人物。这些领袖人物,他希望是出于乡间,游历于乡村之外,最后又回到乡村的具备一定知识和技术的人才。他们能够通过乡村这个实验场,推动乡土工业的技术革新。而能够维系他们回到乡村的,一方面是教育的知识要能用于乡土工业,另一方面则是对家乡的感情,实际是乡土伦理所维持的血缘和地缘上的纽带。

综合上述讨论,费孝通从经验的层面对"礼"与现代化转型的关系作了讨论,提出创建乡土工业制度的可能性。

对"乡土社会"的反思与继承

可以说,费孝通这三本书在中国社会科学界推动了一种"乡土中国"印象的形成;这种印象的底层,是不需要文字的乡间农民。作为熟人社会,乡村不需要"文字"作为交流和沟通工具;只有在城镇的绅士阶层,才会有舞文弄墨的闲情。① 但是他却忽略了,他所

---

① 参见本书第19—24页。

看到的礼仪作为生活实践的乡土社会,是从南宋以后"礼下庶人"的历史结果,之前的农民生活未必如此。乡土社会并不是不需要文字的,在明清之时,乡间还有一批科举落榜留在村里当教书先生的读书人,他们通常也是编修地方史志的专家。即使在今天,这些地方文史作者仍然普遍存在。他们依靠文字的力量对皇权进行制约,其原因在于,文字背后是一套教育体系,这是皇帝无法完全控制而掌握在儒生手中的力量——即便是皇帝,也得尊重自己的老师。

没有文字的乡间,确如费孝通所设想的那样,是一个疲于应对皇权的软弱的绅士阶层,他们在现实政治中终究是为人臣子。只有依靠文字,可以书写读书人的自由心性,可以以文字令山水有灵,也可以实录地方的政治黑暗,这是皇权无法垄断和控制的。费孝通没有看到文字在乡间的力量,其实也间接抬高了皇帝的地位。也因此,在他的双轨政治设想中,绅士是无法充分超越皇权的。当然,教会乡民识字并不可能改变这种状况。在制度和社会环境已经更迭的情况下,现代的知识分子在何种意义上能够比照这些绅士和乡间读书人,使文字摆脱政治经济算计,重新恢复超脱性,已然是沿着费先生的这个话题另外的思考了。

在费孝通的论述背后,存在着曼海姆(Karl Mannheim)的知识社会学路径。他曾在1937年有关曼海姆《意识形态与乌托邦》的书评中谈到:"曼氏是要修改康德式静态的、绝对的、纯粹的知识论,要修改数量的、行为的社会学,要修改马克思片面的、部分的意志论,而创造一个综合的、价值的、相关的研究思想的方法。"[①]而曼

[①] 费孝通:"书评"之一,《费孝通文集》第1卷,第529—530页。

费孝通眼中的"礼"与"文化"

海姆亦指出,西方现代知识分子是在教会体系崩溃之后才产生的,其知识源头还是在教会时代的思想给养中。① 在燕京学派之中,和费孝通一样曾经关心过知识社会学问题的,也许还有田汝康——费孝通当时给田汝康的《芒市边民的摆》作序时,曾提及这点;以及李安宅。田汝康关心的是南传上座部佛教与地方社会的形成之关系;李安宅的《藏族宗教史之实地研究》讨论的是藏传佛教史与地方社会的关系。实际更清晰地呈现这些仍旧保留了教会体系的地方,其知识与社会的关系问题。

《乡土中国》、《生育制度》和《乡土重建》这三本书或许可以代表费孝通汉人社区研究的最高成就,但是远非他研究的全部。他在另一块研究领域还有也许是更重要的开拓,那就是他的民族研究。在《乡土重建》、《皇权与绅权》之后,"绅士"研究的线索实际难以为继,这里不仅有现实政治的原因,也在于他的乡土工业试验的最终失败。这促使他晚年重新思考"绅士"的"功能"问题,并最终承认,我们的新时代能够造就的或许不只有实干家,更需要新的"孔子"——能够重新奠定可以容纳多元一体的文化理论和文化精神的人;这是在清末帝国瓦解之后,中国特殊的民族国家形态已经提出的新的时代问题。

在这个意义上,我们对"礼"的思考,或许摆脱不了拉铁摩尔(Owen Lattimore)所划下的长城内外的界线:长城之内的农耕文明与长城之外的游牧文明,在历史中展开的长期对峙与交流——这是礼仪世界与宗教世界的对话。只是不幸的是,我们目前对两边

---

① 参见曼海姆:《意识形态与乌托邦》,黎鸣译,商务印书馆2000年版,第12—13页。

的理解都仍旧不充分。

费孝通在1940年代所作的这些精彩论述,作为前人的遗产,正如当年潘光旦的序言中所说,需要继承和扬弃以求新汇。我内心希望,每位读者在重新翻开这本书时,能够重新面对费孝通所成就的一个社会科学的时代,倘若这篇文章能够提示一些线索,已属莫大荣幸!

